U0572894

皮书系列为
"十二五""十三五""十四五"时期国家重点出版物出版专项规划项目

BLUE BOOK

智 库 成 果 出 版 与 传 播 平 台

文化贸易蓝皮书

BLUE BOOK OF CULTURAL TRADE

中国国际文化贸易发展报告

（2024）

REPORT ON THE DEVELOPMENT OF CHINA'S INTERNATIONAL

CULTURAL TRADE (2024)

主　编／李嘉珊　李小牧

副主编／刘　霞

社会科学文献出版社

SOCIAL SCIENCES ACADEMIC PRESS（CHINA）

图书在版编目（CIP）数据

中国国际文化贸易发展报告 . 2024 / 李嘉珊，李小

牧主编 . --北京：社会科学文献出版社，2024. 8.

（文化贸易蓝皮书）. --ISBN 978-7-5228-4102-1

Ⅰ. G124

中国国家版本馆 CIP 数据核字第 2024RT4992 号

文化贸易蓝皮书

中国国际文化贸易发展报告（2024）

主　　编／李嘉珊　李小牧

副 主 编／刘　霞

出 版 人／冀祥德
责任编辑／张炜丽　路　红
文稿编辑／陈彩伊
责任印制／王京美

出　　　版／社会科学文献出版社·皮书分社（010）59367127
　　　　　　地址：北京市北三环中路甲 29 号院华龙大厦　邮编：100029
　　　　　　网址：www. ssap. com. cn
发　　　行／社会科学文献出版社（010）59367028
印　　　装／天津千鹤文化传播有限公司

规　　　格／开　本：787mm×1092mm　1/16
　　　　　　印　张：29.5　字　数：443 千字
版　　　次／2024 年 8 月第 1 版　2024 年 8 月第 1 次印刷
书　　　号／ISBN 978-7-5228-4102-1
定　　　价／158.00 元

读者服务电话：4008918866

《中国国际文化贸易发展报告（2024）》
编　委　会

李　俊　商务部国际贸易经济合作研究院
蔡继辉　社会科学文献出版社
李怀亮　中国传媒大学
曲如晓　北京师范大学
高宏存　中央党校（国家行政学院）
常　静　北京第二外国语学院
张　平　北京舞蹈学院

撰　稿（按姓氏笔画排序）

马宜斐	王　丽	王子民	王海文	卢沫萱
师　雯	刘　鹏	刘　霞	刘恬恬	齐　芳
孙　静	孙俊新	孙乾坤	李　君	李　萍
李小牧	李继东	李嘉珊	杨宗萱	杨淳雅
吴思瑜	张　伟	张雨晴	张笑雨	张梦恬
陈志恒	林存真	林建勇	罗立彬	赵吉琴
赵沅沣	秦玉秋	袁华清	袁林凤	袁语汐
贾瑞哲	黄郌垚	黄铭姗	黄晶晶	程　钲
程相宾	储照胤	谢雨蓝	雷雅静	暴　蓉

主要编撰者简介

李嘉珊 北京第二外国语学院教授，中国服务贸易研究院和国家文化发展国际战略研究院常务副院长，交叉学科国际文化贸易负责人，首都国际服务贸易与文化贸易研究基地首席专家，中宣部对外文化交流（文化贸易）研究基地秘书长，文化和旅游研究基地首席专家，中国国际贸易学会常务理事兼服务贸易专业委员会秘书长，北京市"优秀教师"，英国纽卡斯尔大学、伦敦大学金史密斯学院客座研究员。主持并完成国家级、省部级和专项委托项目 30 余项，多项研究成果被采纳。出版多部学术著作，其中《国际文化贸易论》获商务部"商务发展研究成果奖（2017）"论著类二等奖。主编"服务贸易蓝皮书""文化贸易蓝皮书"，发表学术论文《"一带一路"倡议背景下中国对外文化投资的机遇与挑战》等 30 余篇。

李小牧 首都经济贸易大学副校长、经济学院教授，中国国际贸易学会副会长兼服务贸易专业委员会主任，中宣部对外文化交流（文化贸易）研究基地首席专家，国家社会科学基金重大项目首席专家。北京市"优秀教师"，北京高校"拔尖创新人才"、高水平教学创新团队带头人和北京高校哲学社会科学（"两区"建设）创新中心主任。先后主持完成国家社会科学基金重大项目、教育部人文社会科学研究项目及北京市哲学社会科学规划重大项目等近 20 项，多项咨政成果获国家领导人肯定性批示。主编"服务贸易蓝皮书""文化贸易蓝皮书"，出版专著《欧元：区域货币一体化的矛盾与挑战》等近 10 部，发表学术论文《文化保税区：新形势下的实践与理论探索》等 30 余篇。

刘　霞　北京第二外国语学院经济学院副教授，首都国际服务贸易与文化贸易研究基地研究员，主要研究领域为国际文化贸易、创新与贸易、文化与创新等。曾在《光明日报》《世界经济》《国际贸易问题》《经济管理》《国际贸易》等核心期刊上发表学术论文近 20 篇，其中发表于《世界经济》的论文获第二十一届"安子介国际贸易研究奖"优秀论文三等奖。主持国家社会科学基金青年项目、北京市哲学社会科学决策咨询项目一般项目、北京市教育科学"十四五"规划项目，参与出版著作与教材 10 多部。

序

随着全球化的深入发展，国际文化贸易已成为连接不同文明、促进各国文化对外交流互鉴的重要桥梁，对推动经济全球化和构建人类命运共同体具有不可替代的作用。2024年党的二十届三中全会指出"健全文化事业、文化产业发展体制机制，推动文化繁荣，丰富人民精神文化生活，提升国家文化软实力和中华文化影响力"。推动对外文化贸易发展，在丰富国内文化消费市场的同时，也是传承和弘扬中华优秀传统文化的重要方式。同时，在数字化技术飞速发展的新时代，发展对外文化贸易也是激发全民族文化创新创造活力的重要举措，对加强国际文化传播能力建设、促进文明交流互鉴、提升国家文化软实力和中华文化影响力具有重要意义。

近年来，中国致力于推动文化产品和文化服务的对外贸易发展，并取得了显著成效。对外文化贸易作为文化强国战略的重要组成部分，是一个国家的文化软实力的重要体现。商务部统计数据显示，2023年，我国文化贸易额超1600亿美元，其中，文化产品进口额为179.58亿美元，出口额为1484.05亿美元。同时，根据联合国商品贸易统计数据库数据，我国与共建"一带一路"国家之间的文化贸易也日渐活跃，2022年我国与共建"一带一路"国家之间的文化贸易额达248.5亿美元，其中进口额为37.4亿美元，出口额为211.1亿美元。从贸易方式来看，我国目前文化产品进出口贸易均以一般贸易为主。2022年文化产品进出口贸易中一般贸易出口额为866.8亿美元，占比为53.0%，加工贸易出口额为451.4亿美元，占比为27.6%。

互联网的普遍应用和数字化进程的加速为文化贸易注入了全新的活力与

动力。在此背景下，国产游戏产业积极拓展国际市场，日益成为推动中国文化对外贸易发展的新引擎。根据 Sensor Tower 的统计，米哈游开发的《原神》自全球发布以来，一直稳居中国手游收入榜前列，中国数字文化产品的国际竞争力正逐步增强。国产游戏融合了丰富的中华传统文化元素，通过角色设计、故事情节和游戏活动，不仅实现了商业上的突破，也促进了全球年轻用户对中国文化的深入理解和感知。数字技术的发展为演艺产业带来了新的平台，线上演艺内容、已经成为融合 5G、4K、XR、超清修复等媒介技术全新产品形态，演出的视听语言、虚实逻辑和互动模式实现全面重构。2023 年电影市场回暖，恢复趋势显著，电影总票房同比上涨 83.5% 至 549.2 亿元。此外，平台经济的兴起为文化旅游产业提供了新的商业模式和营销渠道，平台与地方文化旅游部门之间的合作也日益成为推动中国文旅产业发展的重要力量。

随着经济全球化进程的加快，中国对外文化贸易在发展过程中也取得了丰富的实践经验。近年来，国家重点文化出口企业在数字文化贸易、推动优秀传统文化国际传播、推动主题图书在海外市场焕发活力等方面成就显著。以数字影音作品、数字游戏、数字出版为代表的文化贸易新业态涌入文化贸易市场。2023 年中国自主研发游戏海外市场实际销售收入为 163.66 亿美元，规模连续 5 年超千亿元，网络文学海外市场规模突破 40 亿元。未来中国要进一步加快推动市场开放，推动文化贸易规则与国际接轨，实现中国文化贸易的多元化发展与互利共赢。深度参与国际数字文化贸易市场，进一步挖掘数字出版物、电影、电视剧、网络视听等优质文化产品和服务资源，促进我国文化市场的繁荣发展。同时，利用新兴科技和网络平台，建立具有广泛影响力的国际文化交流平台和文化贸易的全链条服务体系，加强中华文化品牌的市场推广，不断提升中国文化国际影响力。此外，高度重视并加强与对外文化贸易伙伴国之间的互联互通，进一步推动与共建"一带一路"国家在图书、影视、音乐、动漫、游戏、创意设计等领域的深度合作，共同开发具有市场潜力的文化产品和服务，促进中国对外文化贸易的高质量发展。

北京第二外国语学院国际文化贸易教研团队经过一年多的酝酿、调研、研讨与积累，顺利完成《中国国际文化贸易发展报告（2024）》。该报告紧紧围绕"发展文化贸易　助推中国对外文化交流"这一主题，从总报告、行业篇、专题篇、实践创新篇、国际借鉴篇五个部分，运用定性与定量分析法、案例研究法、文献分析法、实证分析法等研究方法对中国对外文化贸易核心行业、特色专题以及实践创新领域的发展现状、重点案例、面临问题及启示对策等方面进行了全方位、多角度深入研究，为数字经济背景下中国文化贸易高质量发展提出了具体的对策建议，也为未来文化贸易发展助推中国对外文化交流提供了重要的理论支撑和实践指导。

中国国际贸易学会会长

2024 年 8 月

摘　要

　　面对复杂多变的国际形势，各国经济贸易发展受地缘政治影响日益明显，中国对外文化贸易在高质量发展过程中也面临着一定的挑战，2023年，中国对外文化产品进出口贸易总额呈现小幅下降趋势，增速也有所放缓。根据海关总署的统计数据，2023年中国文化产品贸易进出口总额为1663.63亿美元，主要集中于文化用品、工艺美术品及收藏品，相比2022年同期减少约139亿美元，同比下降7.7%，出口额为1484.05亿美元，较2022年下降约152.7亿美元，同比下降9.3%。只有文化产品贸易进口额出现了8.3%的增长，较2022年增加13.7亿美元。尽管如此，数字技术的飞速发展也为我国对外文化贸易的高质量创新发展带来了机遇，文化新业态持续展现出显著的经济贸易带动效应。文化新业态行业主要包括广播电视集成播控，互联网搜索服务，互联网其他信息服务，数字出版，其他文化艺术业，动漫、游戏数字内容服务，互联网广告服务等16个领域，这些领域的发展对文化产业以及文化贸易的增长起到了关键作用。同时，2023年我国与共建"一带一路"国家的文化贸易等实现了质的提升，彰显了强劲的贸易韧性和国际竞争力。随着我国与更多国家签署了共建"一带一路"合作文件，我国与共建"一带一路"国家之间的文化产品和服务贸易往来逐渐密切。根据中国一带一路网数据，截至2023年6月，我国已与150多个国家、30多个国际组织签署了200多份共建"一带一路"合作文件。联合国商品贸易统计数据库数据显示，2022年，中国对共建"一带一路"国家的核心文化产品和服务贸易进出口额为248.5亿美元，主要集中

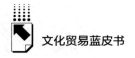

于可视艺术和手工艺品。

《中国国际文化贸易发展报告（2024）》分为总报告、行业篇、专题篇、实践创新篇和国际借鉴篇。其中，行业篇对演艺、广播影视、电影、图书版权、动漫、游戏、文化旅游、艺术品、创意设计等9个重点行业领域进行了深入分析。2023年是全面贯彻党的二十大精神的开局之年，也是实现"十四五"规划目标任务的关键一年。中国演艺市场需求也得到了充分释放，演唱会、音乐会、音乐剧、专业剧场等市场规模不断扩大，市场外溢效应日益明显。同时，得益于扶持政策的不断深化和"一带一路"倡议的持续推进，"视听中国"系列活动对外推广不断走深走实，文化出口基地建设持续提质增效，"微短剧"等新业态蓬勃发展，中国广播影视对外贸易整体稳中向好。随着中国国家文化出口基地的建设以及与各国文化合作的密切推进，中国图书版权贸易总额保持相对平稳，多部优质图书作品获奖，国际影响力增强，中国在国际书展中扮演着越来越重要的角色，以优质图书为媒介，讲述中国故事。专题篇主要对国家文化出口重点企业的国际化、国家文化公园国际化品牌建设、冰墩墩IP形象焕新等展开具体分析，并进一步针对中国数字文化贸易发展的新特征与新趋势、数字化时代下的音乐产业、文化数据跨境交易进行研究。实践创新篇则围绕数字文化贸易发展路径、人工智能对中国电影产业国际化发展战略的重构与探索、国家文化出口基地发展的创新实践与经验探索进行定性分析。国际借鉴篇从拉美地区数字文化贸易、阿根廷音乐产业数字化转型等方面为发展国际文化贸易提供了他国经验。

本书综合运用了定性与定量分析法、案例研究法、文献分析法、实证分析法等研究方法，对中国对外文化贸易各典型行业、特色专题以及实践创新领域的发展现状、重点案例、发展面临的问题及启示对策等进行深入探讨和分析。本书重点从加快推动市场开放，实现中国文化贸易的多元化发展与互利共赢、文化品牌塑造，提升文化产品和服务的国际影响力、加强文化与金融合作，促进文化企业高质量发展、数字文化产业积极发展，全面提升国际传播效果等方面为中国对外文化贸易高质量创新发展提出对策建议，也为数字经济背景下中国对外文化贸易高质量创新发展和助推中国对外文化交流提供了重要的经验与启示。

关键词：　国际文化贸易　文化新业态　数字化发展

目　录　◘

Ⅰ　总报告

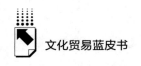

V　国际借鉴篇

皮书数据库阅读**使用指南**

总 报 告

B.1

发展文化贸易 助推中国对外文化交流

——中国对外文化贸易发展报告（2024）

李嘉珊 李小牧 刘 霞*

摘 要： 对外文化贸易对于推进中国对外文化交流和社会经济发展具有重要作用，能够有效助力社会主义文化强国建设。近年来，中国积极鼓励重点文化企业参与国际竞争，推动数字化技术赋能文化产业发展，并不断扩大优质文化产品和服务的进出口贸易规模。目前中国对外文化贸易呈现贸易结构不断优化、贸易方式以一般贸易为主、各区域文化产品出口贸易分布仍然不均衡的特点。同时，随着"一带一路"倡议的不断推进，中国与共建"一带一路"国家之间的文化贸易日渐活跃。此外，在政策支持下，文化贸易平台建设也逐渐完善，数字文化贸易逐渐占据对外文化贸易重要地位。与此

* 李嘉珊，北京第二外国语学院教授，国家文化发展国际战略研究院、中国服务贸易研究院常务副院长，研究方向为国际文化贸易、国际服务贸易；李小牧，首都经济贸易大学经济学院教授，主要研究方向为国际服务贸易、国际文化贸易、国际金融和世界经济；刘霞，北京第二外国语学院经济学院副教授，首都国际服务贸易与文化贸易研究基地研究员，研究方向为国际文化贸易、创新与贸易、文化与创新等。

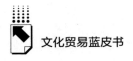
同时，中国对外文化贸易仍然存在着文化贸易领域的开放程度有待加深、文化贸易企业国际竞争力尚显不足、资本短缺与文化贸易企业融资困难并存等问题。为此，本报告从推动文化贸易市场开放、提升国际文化品牌影响力以及加强文化与金融合作等方面提出对策建议。

关键词： 对外文化贸易　数字文化产品和服务　对外文化交流

党的十九届五中全会明确提出到 2035 年建成文化强国，《中华人民共和国国民经济和社会发展第十四个五年规划和 2035 年远景目标纲要》也提出"促进满足人民文化需求和增强人民精神力量相统一，推进社会主义文化强国建设"。2021 年文化和旅游部《"十四五"文化和旅游发展规划》提出到 2025 年我国社会主义文化强国建设取得重大进展的目标。2022 年商务部等 27 部门《关于推进对外文化贸易高质量发展的意见》提出到 2025 年建成若干覆盖全国的文化贸易专业服务平台，形成一批具有国际影响力的数字文化平台和行业领军企业，我国文化产品和服务的竞争力进一步增强，文化品牌的国际影响力进一步提高，文化贸易对中华文化"走出去"的带动作用进一步提升、对文化强国建设的贡献显著增强的发展目标。因此，在经济全球化日益深化的背景下，文化贸易作为连接不同文明、促进文化交流与互鉴的重要桥梁，是加快建设文化强国的重点。从共建"一带一路"倡议到自由贸易试验区和海南自贸港建设，从《关于推进对外文化贸易高质量发展的意见》到对外文化贸易"千帆出海"行动计划，我国对外文化贸易的量与质正在快速提高。

一　截至2023年中国对外文化贸易发展状况

（一）2023年我国各月份对外文化产品贸易额呈波动状态

2023 年，由于世界经济复苏乏力，全球贸易整体表现低迷，外需的疲弱对我国出口形成了直接冲击，我国对外文化产品贸易出口增速明显减缓。但是我国对外文化产品贸易保持了份额的整体稳定，更在与共建"一带一路"国家的文化贸易等方面实现了质的提升，彰显了强大的韧性和综合竞争力。具体来看，2023 年中国对外文化产品贸易进出口总额为 1663.63 亿美元，出口额为 1484.05 亿美元，进口额为 179.58 亿美元；进出口总额相比 2022 年减少约 139 亿美元①，同比下降 7.7%，出口额较 2022 年下降 152.7 亿美元，同比下降 9.3%，进口额较 2022 年增加 13.7 亿美元，同比增加 8.3%（见图 1）。

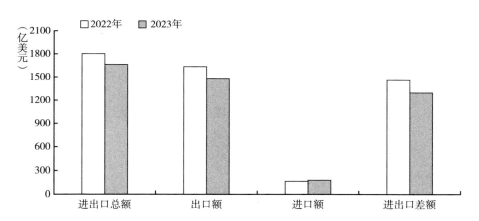

图 1　2022~2023 年中国对外文化产品贸易进出口额变化

资料来源：海关总署。

分月度来看，2023 年中国对外文化产品贸易出口额于 8 月达到峰值，为 153.8 亿美元，相比 2022 年同期减少了 16.9 亿美元，同比下降 9.9%。2023 年 1~8 月出口额总计 995.03 亿美元，同比下降 6.6%（见图 2）。2023 年 1~12 月中国对外文化产品贸易仍呈波动态势，3 月出口额、进口额增长最快，环比增长率分别为 64.0%、70.2%。其中，2023 年的 2 月、3 月、4 月对外文化产品贸易出口额分别同比增长 6.2%、33.3%、10.0%，

----

① 此处使用的 2022 年对外文化贸易数据为年度数据，2023 年数据为月度数据加总所得。

其余月份对外文化产品贸易出口额均较 2022 年有所下降。1 月、2 月、8 月、11 月、12 月对外文化产品贸易进口额分别同比下降 29.7%、15.5%、0.1%、0.3%、40.6%，其余月份对外文化产品贸易进口额均较 2022 年有所增加。

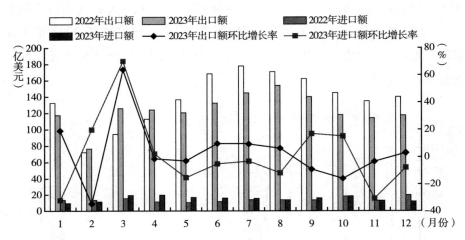

图 2　2022 年、2023 年中国对外文化产品贸易进出口额各月变化趋势

资料来源：海关总署。

（二）我国对外文化产品贸易已形成以一般贸易为主的贸易格局

从贸易方式来看，根据商务部数据，我国文化产品进出口贸易在 2022 年均以一般贸易为主（见图 3）。改革开放以来，我国文化产品加工贸易快速发展，但随着全球贸易的形势发生变化，我国文化产品一般贸易的占比不断提升，2018 年我国文化产品出口贸易中，一般贸易出口额为 416.2 亿美元，占比为 45.0%，加工贸易出口额为 376.2 亿美元，占比为 40.7%。2018 年文化产品进口贸易中，一般贸易进口额为 57.3 亿美元，占比为 58.2%，加工贸易进口额为 28.7 亿美元，占比为 29.1%。而在 2022 年，一般贸易出口额为 866.8 亿美元，占比为 53.0%，加工贸易出口额为 451.4 亿美元，占比为 27.6%。2022 年文化产品进口贸易中，一般贸易进口额为 95.2 亿美元，占比为 57.4%，加工贸易进口额为 14.8 亿美元，占比为 8.9%。可以看出，我国文化产品一般贸易的占比有明显提升，面对当前全球贸易的新形势，继续优化文化产品对外贸易方式有着重要的意义。

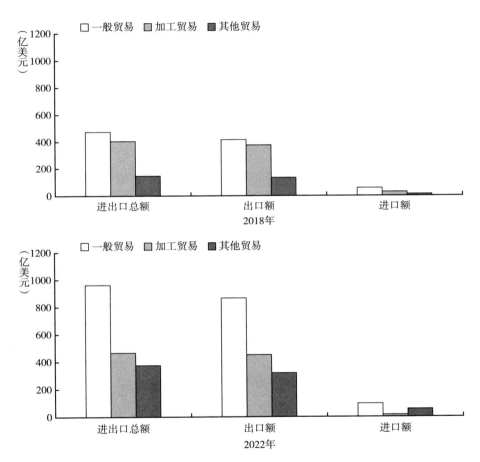

图 3　2018 年、2022 年按贸易方式分文化产品进出口情况

说明：2022 年数据为根据《文化产品进出口统计目录（2022 年版）》进行统计所得。
资料来源：商务部。

从贸易企业性质来看，在政策加持下，2022 年文化产品进出口贸易均以集体、私营及其他企业为主（见图 4）。在文化产品出口贸易中，国有企业出口额为 42.2 亿美元，占比为 2.6%，外资企业出口额为 395.8 亿美元，占比为24.2%，集体、私营及其他企业出口额为1198.8亿美元，占比为73.2%，可以看出，文化产品出口贸易发展中，集体、私营及其他企业成为突出力量。2022年，在文化产品进口贸易中，国有企业进口额为36.9亿美元，占比为22.2%，外资企业进口额为64.4亿美元，占比为38.8%，集体、私营及其他企业文化产品进口额为64.6亿美元，占文化产品进口总额的38.9%。可见，《关于鼓励、支持和引导非公有制经济发展文化产业的意见》等政策的实施效果显著，集体、私营及其他企业已经成为中国文化产品对外贸易的重要力量。

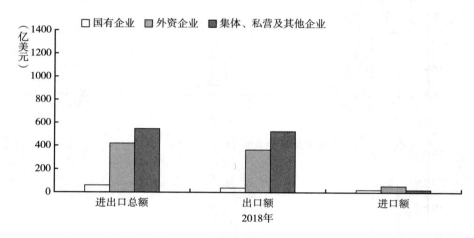

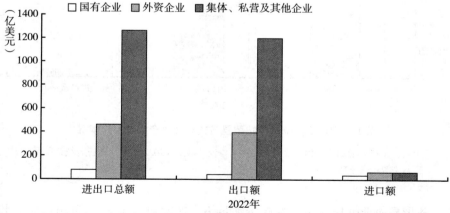

图4　2018年、2022年按贸易企业性质分文化产品进出口情况

说明：2022年数据为根据《文化产品进出口统计目录（2022年版）》进行统计所得。

资料来源：商务部。

（三）我国各区域文化产品出口贸易分布不均衡

2022 年中国对外文化贸易规模在不断扩大，结构优化态势也加快向好，但不可忽视的是，中国各区域文化贸易仍然处于不均衡的发展状态中。根据商务部统计数据，目前中国文化产品的出口主要集中在广东、山东、浙江等中国东部的省份，且各省（区、市）的文化产品贸易总额呈现从东部到中部、西部依次递减的趋势（见图 5）。

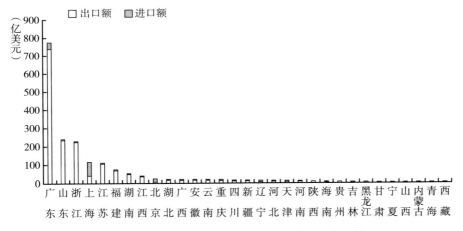

图 5　2022 年中国各省（区、市）文化产品进出口情况

注：统计不包括港、澳、台地区，下同。
资料来源：商务部。

具体来看，2022 年中国省（区、市）中对外文化产品贸易总额较多的分别是广东、山东、浙江，贸易总额分别为 775.5 亿美元、235.6 亿美元、228.7 亿美元，分别占中国对外文化产品贸易总额的 43.0%、13.1%、12.7%。2022 年这三个省份的文化产品贸易总额共占我国对外文化产品贸易总额的 68.8%，中国对外文化产品贸易区域分布不均衡。近年来，广东省深圳市作为经济特区的代表以及我国对外开放的窗口，充分发挥其优势，通过国家对外文化贸易基地以及深圳文博会等平台，积极发展对外文化贸易。2022 年深圳市文化产品进出口总额为 313.9 亿美元，占全国对外文化产品贸易总额的 17.4%，占广东省文化产品贸易总额的 40.5%。此外，中西部地区文化产品出口贸易发展较快的有湖南、江西、湖北、云南、重庆等省市，对外文化产品贸易出口额占比在 0.8%~2.9%，但与东部地区相比差距较大。如湖南省 2022 年全省文化产品贸易总额达 48.6 亿美元，仅占全国文化产品贸易总额的 2.7%。

（四）文化产品贸易中文化用品类产品出口贸易额较高

目前，中国在文化产品出口领域已跻身全球领先行列。其中，中国出版物、电视剧、游戏、动漫，以及设计、广告领域的专业服务和版权授权，正日益受到国际企业与消费者的青睐。

从 2022 年中国按商品类别分的文化产品进出口统计数据来看，文化用品类别下的玩具、游艺器材及娱乐用品，工艺美术品及收藏品类别中的工艺美术品是我国文化产品贸易的主要贸易品类，2022 年玩具、游艺器材及娱乐用品、工艺美术品的进出口额合计为 1374.8 亿美元，占 2022 年文化产品贸易总额的 74.8%。此外，文化专用设备类别下的广播电视电影专用设备以及其他设备进出口额也较高，分别为 113.4 亿美元、206.0 亿美元（见图 6）。

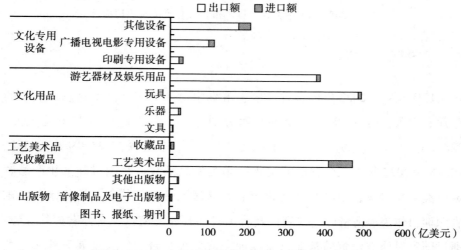

图 6　2022 年中国按商品类别分文化产品进出口情况

资料来源：商务部。

从文化产品出口类别来看，虽然广播电视电影专用设备、其他设备是文化产品，但主要贸易对象并不是具有高附加价值的文化产品，具有高附加价值的出版物类文化产品的出口额仅为41.1亿美元，且仅占全国文化产品出口额的2.8%。由此可见，中国对外文化产品贸易结构仍然有待优化。

（五）与共建"一带一路"国家之间文化贸易日渐活跃

随着我国与更多国家签署了共建"一带一路"合作文件，我国与共建"一带一路"国家之间的文化产品和服务贸易往来逐渐密切。中国一带一路网显示，截至2023年6月，我国已与150多个国家、30多个国际组织签署了200多份共建"一带一路"合作文件，覆盖我国83%的建交国。

根据联合国商品贸易统计数据库数据，从整体来看，2008~2022年，我国与共建"一带一路"国家之间的核心文化产品与服务贸易进出口总额呈波动增加的趋势（见图7）。首先，我国与共建"一带一路"国家之间的核心文化产品与服务贸易进出口总额由2009年的71.8亿美元逐年增加至2014年的165.6亿美元，增幅达130.6%，具体来看，其间2010年的核心文化产品与服务贸易进口额增速最快，由2009年进口18.8亿美元增加5.3亿美元至2010年的24.1亿美元，增长率为28.2%。2012年的核心文化产品与服务贸易出口额增速最快，由2011年出口80.2亿美元增加35.3亿美元至2012年的115.5亿美元，增长率达44.0%。2013年，共建"一带一路"倡议提出后，我国与共建"一带一路"国家之间的文化贸易取得了积极成效，2014年的核心文化产品与服务贸易额增速有所提升，出口额增长率由2013年的0.6%增长至8.7%，进口额增长率由2013年的8.8%增长至16.9%。在2015~2017年，由于国际形势中的一些不确定因素，全球贸易均受到了不同程度的影响，因此中国与共建"一带一路"国家核心文化产品与服务贸易额在2015~2016年出现了下滑，但随着共建"一带一路"倡议的进一步推进，2017年中国与共建"一带一路"国家之间核心文化产品与服务贸易形势趋于平稳，2018年起贸易额开始逐年稳步上升，在2019年进出口总额达163.7亿美元，出口额与进口额增长率均为17.7%，随后，疫情的全球蔓延对全球贸易往来造成了一定影响，但由于"一带一路"倡议的不断推进，2020 年中国与共建"一带一路"国家之间的核心文化产品与服务贸易额并未减少，仍然保持上涨趋势。2021~2022 年，中国与共建"一带一路"国家之间的文化贸易快速发展，2022 年中国对共建"一带一路"国家的核心文化产品和服务贸易出口额为 211.1 亿美元，同比上涨 19.4%，进口额为37.4 亿美元。

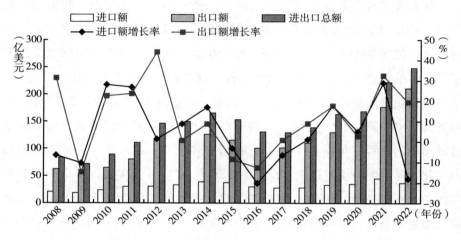

图 7　2008~2022 年中国与共建"一带一路"国家核心文化产品
和服务贸易情况

说明：数据包含 151 个共建"一带一路"国家。
资料来源：联合国商品贸易统计数据库。

　　从中国与共建"一带一路"国家之间核心文化产品与服务贸易的类别来看，可视艺术和手工艺、表演和庆典是我国与共建"一带一路"国家最主要的文化贸易类别，如表 1 所示，2022 年出口额分别为 183.48 亿美元、23.98 亿美元，分别占我国对共建"一带一路"国家核心文化产品和服务出口总额的 86.9%、11.4%，进口额分别为 23.81 亿美元、12.80 亿美元，分别占我国对共建"一带一路"国家核心文化产品和服务进口总额的 63.7%、34.2%。图书和出版出口额为 3.36 亿美元，进口额为 0.69 亿美元，分别占出口总额与进口总额的 1.6%、1.8%。此外，我国与共建"一带一路"国家之间的文化和自然遗产、音像和互动媒体、设计和创意服务类别的文化贸易往来较少，进出口额占比均不到 1%。整体来看，我国与共建"一带一路"国家之间的文化贸易往来取得了积极成效。

表 1　2022 年中国与共建"一带一路"国家各类核心文化产品和服务贸易情况

单位：亿美元

核心文化产品和服务 贸易类别	出口额	进口额	进出口总额	进出口差额
文化和自然遗产	0.23	0.11	0.34	0.12
表演和庆典	23.98	12.80	36.78	11.18
图书和出版	3.36	0.69	4.05	2.68
可视艺术和手工艺	183.48	23.81	207.29	159.67
音像和互动媒体	0.00	0.00	0.00	0.00
设计和创意服务	0.02	0.00	0.02	0.02
合计	211.1	37.4	248.5	173.7

资料来源：联合国商品贸易统计数据库。

（六）数字文化贸易发展迅速，正逐渐成为对外文化贸易发展的关键力量

商务部等 27 部门《关于推进对外文化贸易高质量发展的意见》提出了这样的目标：到 2025 年，建成若干覆盖全国的文化贸易专业服务平台，形成一批具有国际影响力的数字文化平台和行业领军企业，我国文化产品和服务的竞争力进一步增强，文化品牌的国际影响力进一步提高，文化贸易对中华文化"走出去"的带动作用进一步提升、对文化强国建设的贡献显著增强。近年来，我国大力发展数字文化贸易，积极推进数字文化平台建设，大力培养文化贸易领军企业，并每两年公布国家文化出口重点企业与重点项目。在 2023 年 10 月公布的 2023~2024 年度国家文化出口重点企业和项目名单中，共有 367 家重点企业和 115 个重点项目。由此次入选项目和企业来看，对文化贸易的发展重点逐渐向高质量发展转变，同时结合现代数字技

术，为进一步推动高质量的数字文化产品与服务走向世界做出贡献，并积极推广中华文化出版物，加快构建具有中国特色的话语和叙事体系。通过创新传统文化的表达方式促进具有中国特色的文化产品出口，并以"一带一路"文化建设为契机，增强国际传播能力，全面提升国际传播效果。具体来看，在 115 个重点项目中，共有 65 个涉及数字文化产品与服务，具体而言主要涉及对外文化贸易服务平台建设、网络视听、电子竞技等。电子竞技类的项目尤以米哈游集团旗下游戏《原神》为代表，根据著名移动应用分析公司Sensor Tower 的数据，截至 2023 年，米哈游公司已连续数年位列中国手游发行商出海收入排行榜榜首，《原神》也连续数年位列中国手游出海收入排行榜榜首，中国的优秀数字文化产品在不断走向世界舞台。数字文化出口的兴起，改变了以往以制造业和批发零售业为主的文化出口格局。因此，中国数字文化产品的创新活力不断释放，逐渐在国际文化贸易市场中占据主导地位。

（七）文化新业态行业持续发挥带动效应

文化新业态行业在近年来持续展现出显著的带动效应。文化新业态行业包括广播电视集成播控，数字出版，动漫、游戏数字内容服务等 16 个领域，这些领域的发展对文化产业以及文化贸易的增长起到了关键作用。文化新业态行业对文化企业营业收入增长的贡献尤为显著，其中，数字出版，多媒体、游戏动漫和数字出版软件开发，娱乐用智能无人飞行器制造等行业小类营业收入增速较快。根据国家统计局数据，2023 年文化新业态特征较为明显的 16 个行业小类实现营业收入 52395 亿元，同比增长 15.3%，高出全部规模以上文化企业 7.1 个百分点，对全部规模以上文化企业营业收入增长的贡献率为 70.9%。文化新业态行业的带动效应与新动能的不断释放密切相关，表明文化企业的发展正在持续回升向好，并且经营效益在持续提升。文化新业态行业通过快速增长和创新驱动，对文化企业的营业收入增长起到了显著的推动作用，成为文化产业发展的重要引擎。

二　中国对外文化贸易现阶段存在的问题

中国对外文化贸易发展迅速，但也存在着文化贸易领域开放程度有待加深、文化贸易企业国际竞争力尚显不足、资本短缺与文化贸易企业融资困难并存等方面的问题。

（一）文化贸易领域的开放程度有待加深

文化贸易领域的开放不足会制约中国文化产业和对外文化贸易国际竞争力的提升。我国文化贸易领域在市场准入方面存在一定的限制，对外资的进入设置了较高的门槛，包括审批程序烦琐、外资持股比例受限等，导致外国文化产品和服务难以顺利进入中国市场。同时中国文化贸易领域的国际合作与交流有限，与其他国家在文化产业方面的合作项目和交流活动较少，缺乏深入的文化产业合作机制，限制了中外文化产业的互利共赢发展，也影响了中国文化在全球范围内的传播和影响力。文化贸易是一种双向交流的过程，要推动其高质量发展，必须确保出口与进口之间的平衡与协调。在努力推动中华文化精髓走向世界的同时，我们还应积极引进国外优秀的文化产品与服务，通过这种双向交流，实现中外文化的深度对话与相互借鉴。文化产品与服务不仅是塑造民族自信、增进人们相互理解与认同的重要工具，更是文化贸易这一最普遍的文化交流形式中的核心元素。通过坚持开放，可以推动改革、促进发展、激发创新活力。深化文化领域的体制机制改革与开放，能够激发市场的内生动力；在坚守传统文化精髓的同时，也应遵循国际准则与文化发展的规律，从而在更高水平的市场竞争中取得优势。

（二）文化贸易企业国际竞争力尚显不足

近年来，我国文化贸易企业的市场活力正在不断得到激发和释放，市场潜力也较大。根据文化和旅游发展统计公报数据，2021 年全国文化市场经营单位共有 19.10 万家，有从业人员 151.14 万人，营业收入达

13689.17 亿元，营业利润达 1636.55 亿元。[①] 2022 年全国文化市场经营单位共有 20.28 万家，增长 1.18 万家，有从业人员 134.00 万人，营业收入达 14106.44 亿元，同比增长 3.0%，营业利润达 2349.97 亿元，同比增长 43.6%。[②] 尽管文化市场经营单位的营业收入和利润在不断增加，但从整体上看，目前我国文化贸易企业的规模仍然普遍较小，缺乏知名度高、影响力强的国际知名公司，"散小弱"问题仍然突出。同时，仍有部分文化贸易企业缺乏市场意识，对于国内外文化消费者需求的研究不足，文化贸易企业生产的文化产品和服务与数字技术的融合度不高，未能很好地完成传统文化贸易企业的数字化转型，在国际市场的竞争力仍然不足。此外，部分文化贸易企业仍然较多依赖政府的资金支持，自身生存能力不强。以上问题均导致我国文化市场主体发展不足，文化贸易企业竞争力仍然有待进一步提升。

（三）资本短缺与文化贸易企业融资困难并存

核心文化产品与服务具有较高的附加价值，其开发、设计与贸易等各环节都需要投入大量的资金。而目前中国文化企业面临产品与服务"走出去"的前期宣传成本高且融资困难的问题。在现有的金融体系下，文化贸易企业很难从传统的银行体系等途径获得足够的贷款支持，这大大限制了文化贸易企业的融资渠道。首先，多数从事文化贸易的企业规模较小，注册资本偏低，相当比例属于小微型企业。这些企业普遍特点是固定资产较少，可用于质押的资产有限，导致它们难以从传统的质押融资模式中受益，并且由于缺乏足够的固定资产作为贷款担保，它们在融资方面面临着较大挑战。其次，文化贸易企业的无形资产估值困难，文化贸易企业拥有的知识产权、版权等

---

① 《中华人民共和国文化和旅游部 2021 年文化和旅游发展统计公报》，中华人民共和国文化和旅游部官网，2022 年 6 月 29 日，https://zwgk.mct.gov.cn/zfxxgkml/tjxx/202206/t20220629_ 934328.html。

② 《中华人民共和国文化和旅游部 2022 年文化和旅游发展统计公报》，中华人民共和国文化和旅游部官网，2023 年 7 月 13 日，https://zwgk.mct.gov.cn/zfxxgkml/tjxx/202307/t20230713_ 945922.htm。

大多属于无形资产，而无形资产的价值评估难度较大，缺乏统一的评估标准和有效的评估体系，同时，与传统产品不同，文化产品与服务在进入市场前很难真正展现其市场价值，也较难进行市场化融资。

三 促进中国对外文化贸易发展的对策与建议

（一）加快推动市场开放，实现中国文化贸易的多元化发展与互利共赢

高质量发展文化贸易，对外开放与交流至关重要。打造一个有利于文化贸易繁荣发展的优良环境，并建立一个与高水平开放相适应的文化贸易体系，是推动中国文化贸易快速发展的重要举措。首先，要加速推进国家文化出口基地的建设和升级，确保关键文化项目，如数字文化贸易功能区和文化科技产业园的建设等，能够在全国范围内稳定实施。其次，应充分利用海南自由贸易港的政策红利，诸如对娱乐设备实施零关税和消费税减免政策，以及开放外商独资经营演出场馆的权限，吸引全球顶尖的文化服务与影视企业入驻中国，强力助推中国文化产业在全球市场竞争力与国际影响力的双重升级。再次，深化对文化服务贸易规则的研究，加速其与国际规范的融合进程，依托更高级别的自由贸易区网络建设，为中华文化的精品内容与服务开辟一条精确且高效的国际通道。此外，创新文化产业市场的开放模式及负面清单管理机制，选取多样化的区域作为文化产业外资准入政策改革的试验田，探索灵活多变且行之有效的开放新路径。最后，要强化知识产权保护，特别是在数字文化等新兴领域，加强相关法律法规的制定和完善，确保文化产业法律法规制度的完备性，为文化贸易的持续健康发展提供坚实的法律基础。

（二）加强文化品牌塑造，提升文化产品和服务的国际影响力

提升中华文化产品与服务在国际舞台上的影响力，核心策略在于加深其

在全球市场中的渗透与融合。首先，企业应当深化理解构建中华文化品牌的内涵，聚焦中华文化的独有精髓，创造既蕴含中国智慧又散发文化引力的品牌产品与服务，以此作为推动国际传播的强有力支点。通过深度探索中华文化的精华，开发具有鲜明特色的文化商品，从而提高文化企业在全球市场中的竞争力。其次，应致力于培养一批具有强大实力和良好国际声誉的文化企业，带领这些企业及其产品和服务走向国际市场，影响全球主流消费者。这些企业将成为全球舞台上中华文化的重要传播者，推动中华文化品牌的全球化发展。再次，鼓励大型文化企业整合全球文化产业链资源，带动中小型文化企业集体"走出去"，共同构建具有全球影响力的中华文化传播体系。通过整合产业链资源，形成有力的文化产业集群，提高整体竞争力，进一步扩大中华文化在全球市场中的影响力。应当积极利用新兴技术和互联网平台，搭建跨越国界的文化交流枢纽和覆盖文化贸易全流程的服务生态系统，以此加大对中华文化品牌在全球市场的推介力度，促进更深更广的国际交流与合作，为文化企业和产品提供更广阔的展示平台和更充足的市场机遇，促进中华文化的全球传播和交流。最后，加强与国际知名文化机构的合作，通过组织文化展览、论坛等活动，提高中华文化的国际知名度和影响力。通过与国际文化界的交流合作，吸收更多先进经验和技术，进一步提升中华文化品牌的国际竞争力。

（三）加强文化与金融合作，促进文化企业高质量发展

加强对文化企业的金融支持是促进其健康发展的重要举措。首先，应创新金融产品与服务，金融机构应针对文化和旅游企业的特点，设计专门的金融产品和服务，如推出文化创意产业贷款等，以满足不同类型、不同发展阶段的文化企业的融资需求。其次，优化信贷政策，金融机构在合规前提下可适度放宽对文化企业的信贷政策，简化审批流程，提高审批效率。同时，对于符合条件的文化企业，可以给予一定的利率优惠和贷款额度支持。再次，要加强担保体系建设，建立健全文化企业的担保体系，通过政府出资、引入社会资本等方式，设立担保机构或担保基金，为文化企业提供融资担保服

务，降低其融资风险。从次，建立风险分担机制，政府应引导建立文化和旅游企业的风险分担机制，通过设立风险补偿基金、引入保险机构等方式，减轻金融机构在支持文旅企业发展过程中的风险压力。此外，政府各部门应加强政策协同和配合，形成支持文化企业发展的合力。如可以联合出台相关政策，为文旅企业提供更加全面、系统的金融支持。最后，还应注重加强文化和旅游企业的信用体系建设，提高其信用评级和融资能力。使金融机构加强与文旅企业的沟通交流，了解其融资需求和困难，为其提供更加精准、有效的金融支持。

参考文献

何传添、梁晓君、周燕萍：《中国文化贸易发展现状、问题与对策建议》，《国际贸易》2022 年第 1 期。

花建、田野：《国际文化贸易的新趋势与中国对外文化传播的新作为》，《上海交通大学学报》（哲学社会科学版）2023 年第 4 期。

行业篇

B.2
中国演艺对外贸易发展报告（2024）

张　伟[*]

摘　要：　本报告总结了疫情防控期间积压的市场需求得到充分释放，演出市场出现结构性变化，演艺产业外溢效应明显，旅游演艺持续升温，小剧场、演艺新空间蓬勃发展，数字技术革新演艺产业发展模式等2023年中国演艺市场状况；基于线上演艺贸易模式、演艺艺术节对演艺贸易的促进作用、中国演艺市场国际竞争环境的优化、音乐剧版权贸易从进口向出口的转变等维度剖析了中国演艺对外贸易的特点，聚焦于演艺市场全面恢复背景下演艺对外贸易发展趋势的同时，指出线上演艺需要成熟贸易平台、演艺贸易数字化盈利能力欠缺、优质国际演艺品牌的孵化有待提速、小城市演艺市场供求失衡明显仍是限制演艺对外贸易进一步发展的主要问题；从引导新技术向演艺领域应用转化、完善线下演艺云端市场化运作、坚持高质量演艺品牌建设、基于当地需求培育统一大市场、加速演艺贸易人才的培养与储备等角度寻找优化演

---
* 张伟，国家文化发展国际战略研究院专家、中国服务贸易研究院专家，先后工作于文化和旅游部、中国文化传媒集团、华谊兄弟、北京木木美术馆等文化主管部门、研究机构、文化企业，有丰富的文化产业跨国合作实践经验，主要研究方向为演艺对外贸易、艺术品交易等。

艺对外贸易的方案，为中国演艺对外贸易抓住全球机遇快速发展提供参考。

关键词： 演艺市场　线上演艺　对外贸易

2023 年我国总体经济发展顶住外部压力、克服内部困难，国民经济回升向好，高质量发展扎实推进，同时外部环境复杂性、严峻性、不确定性增强，经济发展仍面临一些困难和挑战。2023 年文化企业实现营业收入 129515 亿元，比上年增长 8.2%；实现利润总额 11566 亿元，比上年增长 30.9%。分产业类型看，文化服务业增长速度最快，营业收入达 67739 亿元，增长 14.1%；其次是文化批发和零售业，营业收入达 20814 亿元，增长 6.1%；文化制造业实现营业收入 40962 亿元，比上年增长 0.6%。分行业类别看，增长速度排名前三的行业是文化娱乐休闲服务、文化投资运营、新闻信息服务，营业收入分别为 1758 亿元、669 亿元、17243 亿元，增长速度分别为 63.2%、24.4%、15.5%。[①]

在这样的大背景下，中国演艺市场总体稳步发展，全国一系列鼓励政策出台，演艺市场消费需求快速增长，产业规模进一步恢复，演出市场体系进一步完善，经济效益大幅提升。演艺市场的全面恢复在扩大消费尤其是拉动文旅消费方面，发挥了重要作用。

一　2023年中国演艺市场发展概况

（一）疫情防控期间积压的市场需求得到充分释放

2023 年是中国演艺市场全面复苏的一年，2023 年 1 月 11 日，文化和旅游部发文废止《剧院等演出场所新冠肺炎疫情防控工作指南（第七版）》等 8 个文

[①] 《2023 年全国规模以上文化及相关产业企业营业收入增长 8.2%》，中国政府网，2024 年 1 月 30 日，https://www.gov.cn/lianbo/bumen/202401/content_6929147.htm。

件，不再实施强制性防疫政策，演出场所全面放开；2023 年 2 月 16 日，涉港澳台营业性演出受理审批恢复，2023 年 3 月 16 日，文化和旅游部正式发文通知各地文旅行政部门自 2023 年 3 月 20 日起恢复对涉外营业性演出的受理和审批。

疫情三年积压的演出剧目在 2023 年集中释放，而消费者的报复性消费回弹则进一步推动了演出项目的供给增加。政府的支持和投资也促进了更多的演出项目举办，吸引了大量消费者参与。2023 年全国演出市场总体经济规模已经超出疫情前的 2019 年的规模，达到 739.94 亿元，与 2019 年相比增长29.30%，达到历史新高。2023 年全国演出场次达 44.06 万场（不含农村演出和娱乐场所演出），票房收入达 502.32 亿元，观演人数达 17113.64 万人次，分别较 2019 年增长 123.55%、150.65%、83.01%。除票房之外，其他演出相关收入总计达 237.62 亿元，包含演出衍生品及周边收入、演出赞助收入、经营主体物业及配套服务收入、艺术教育服务收入等演出经营主体其他收入。[①]

（二）演出市场出现结构性变化

1. 音乐节、演唱会市场规模倍增

2023 年 2000 人以上大中型演唱会、音乐节演出场次达 0.56 万场，票房收入达 201.71 亿元，观演人数达 3551.88 万人次，较 2019 年分别增长100.36%、373.60%、208.50%。[②]

成熟音乐节收入来源一般比较多元化，除门票收入外，还可以有线上直播、赞助、政府财政补贴、音乐节现场配套餐饮、衍生品等二次消费等收入渠道。目前票房、品牌赞助和政府补贴是国内音乐节主要收入来源，在此基础上，2023 年中国音乐节市场积极拓展现场其他衍生消费，尤其在场景设置上，采取一系列措施提高二次消费，如设置露营区，出租帐篷、沙发，销售多种饮品等，同时随着线上演播常态化，线下音乐节场景与线上直播的互

---

① 《2023 年全国演出市场发展简报》，"中国演出行业协会"微信公众号，2024 年 3 月 20 日，https://mp.weixin.qq.com/s/T0g24nulkAjnijiYPP9DLg。

② 《2023 年全国演出市场发展简报》，"中国演出行业协会"微信公众号，2024 年 3 月 20 日，https://mp.weixin.qq.com/s/T0g24nulkAjnijiYPP9DLg。

动也成为一种热门趋势，音乐节主办方希望以此打造以欣赏音乐表演为动力、年轻人积极参与的社交场景，让音乐节的文化影响力实现线上、线下广覆盖，帮助市场供给与需求有效对接。

2. 音乐剧井喷式发展

2023 年全国音乐剧演出市场出现井喷式增长，共举办了 9960 场演出，相比 2019 年的 2655 场增长了 275%，其中尤以上海市场增长最为显著，以共举办 5888 场演出的辉煌战绩领跑全国，获得了近六成的市场份额。2019 年以来，上海音乐剧票房和上座率持续攀升，2023 年人均票房更是达到了 2224 元的新高度，人均观演频次也高达 4.24 场。[1]

2023 年中国音乐剧市场还呈现出影视剧 IP 改编作品大量出现的特点，已有《猎罪图鉴》《隐秘的角落》《沉默的真相》《唐朝诡事录》《灵魂摆渡》《梦见狮子》《唐人街探案》等多部作品完成音乐剧改编。热播影视剧 IP 要比大部分音乐剧 IP 受众更广泛，二者本身的观众也没有太多重合，通过将热门影视作品改编为音乐剧，可以转化一批之前没有演出消费习惯的影视剧观众；受制于排播，许多影视剧也苦于自己的热度不够持久，出品方可以借助 IP 多种形态的开发，增加 IP 价值，乃至衍生出新的热度波峰。对于制作多季、系列化开发的影视作品来说，音乐剧的巡演填补了播出间隔的空白，有利于维持 IP 热度。

3. 专业剧场市场规模相对收缩

2023 年专业剧场演出场次达 9.74 万场，票房收入达 86.23 亿元，观演人数达 3064.23 万人次，与 2019 年相比分别增长 31.09%、14.21%、34.54%。[2] 专业剧场的观演人数和票房随着专业剧场演出场地和演出剧目供给方面的明显增长而上涨——一方面 2020 年以来全国范围内数十个新建和改建专业剧

---

① 《音乐剧浪潮中的上海：占全国近六成份额，人均票房连年攀升，上海离"音乐剧之都"还有多远？》，"道略演艺"微信公众号，2024 年 5 月 11 日，https://mp.weixin.qq.com/s/D6N80OOw45EIgvIP2wqUmw。

② 《2023 年全国演出市场发展简报》，"中国演出行业协会"微信公众号，2024 年 3 月 20 日，https://mp.weixin.qq.com/s/T0g24nulkAjnijiYPP9DLg。

场陆续投入使用，另一方面海外演艺院团逐渐重启在国内演艺市场的演出。但相比演艺新空间、演唱会、音乐节等演出门类，2023年专业剧场市场规模的增长速度明显更为缓慢——一方面，演唱会、音乐节等大型户外演出场次的爆发式增长，海外演出的恢复引进在一定程度上分流了国内原创剧目的观众客群，导致2023年专业剧场演出供给大于需求；另一方面，随着疫情后演艺市场的快速复苏，剧场往往优先上演能够保证稳定收入的成熟剧目，新的原创剧目在市场中得到打磨的机会相对变少，优质演艺内容迭代速度放缓。此外，2023年制作、运输成本上升，也使得很多在演并取得一定市场影响力的剧目出现即使门票售罄也难盈利的窘境，由于专业剧场要面对更加激烈的市场竞争，部分民营演出机构选择主动减少演出频率以降低风险。

（三）演艺产业外溢效应明显

线下演艺市场的火爆，直接带动了酒店住宿等文旅消费以及演出设备需求的增长。2023年"五一"期间，跨城购票观演人数在大型演出项目观众人数中占比已经超过50%，全国音乐节和演唱会项目在2023年"五一"5天假期内带动交通、食宿等综合消费超过12亿元。[1] 2023年5月，北京住宿消费因五月天北京演唱会暴增，在演唱会期间全北京住宿预订量相比2019年同期增长约300%，其中尤以演唱会场地"鸟巢"周边最为明显，"鸟巢"周边5公里范围内的住宿预订量较2019年同期上涨2400%；此外演唱会周边产品荧光棒的价格达到140元一支，与2019年同期的45元一支相比，增长幅度达211%。[2] 2023年周杰伦在海口举办的4场演唱会共吸引15.46万名观众，带动海口全市实现旅游收入9.76亿元，是海口端午假期旅游收入的3倍。[3]

---

[1] 《媒体观察丨线下演出市场持续升温 演艺经济成拉动消费新引擎》，"中国演出行业协会"微信公众号，2023年7月10日，https://mp.weixin.qq.com/s/E93Cu0aq1giryt1C5YlLg。

[2] 《演唱会市场的火热与混乱：演唱会价格涨幅高达31%，多地演唱会数量超过50场，疯狂的演唱会市场该如何规避乱象？》，"道略演艺"微信公众号，2023年6月8日，https://mp.weixin.qq.com/s/kvkNsSZTPjVr21uFkDuhKg。

[3] 《音乐节蓄势待发？数量增多、市场下沉，提升内容与体验需要更高成本》，"道略演艺"微信公众号，2024年4月2日，https://mp.weixin.qq.com/s/4cxXokR9aAT9kno8q8l-ZA。

2023 年全国对音乐节和演唱会等大型户外演出的旺盛需求，使得大型户外演出从北京、上海、广州、深圳等一线城市快速扩展到成都、武汉、重庆等中部二线城市，甚至乌鲁木齐都成为区域性演艺市场的中心地带，这些区域性演艺中心城市能够辐射邻近多个省份，持续吸引周边地区的演艺消费需求。

年轻消费者把休闲娱乐视为重要的生活必需品，休闲娱乐消费的频率正在持续增加——不仅上班或居住地点附近的剧院成为日常消费的去处，从就近观演到跨城观游，"跟着演出去旅行"成为一种生活方式。尤其是音乐节和演唱会，相比其他演出类型有着更强的社交属性，正成为一种文化消费的"刚需"，演艺消费与旅游消费双重需求的叠加刺激城市居民在大型户外演出市场中产生更强的购买力。观众追随演出内容奔赴城市，越来越多的人借着观看演出的机会到达许多中小型城市，观演结束后往往并不立即离开，而是同时探访一下城市。"观演+旅游"成为一种新的生活方式，演出场所尤其是热门演出场所越发成为当地热门旅游目的地。2023 年前三季度，大型演唱会、音乐节演出场次达 1137 场，观演人次达 1145 万，平均跨城观演率超过 60%[①]；2023 年暑期演出市场中，演唱会、音乐节跨城观众占比在 60%以上；剧场类跨城消费观众从 2020~2022 年同期的 38.3%增长至 2023 年的 49.6%。[②] Livehouse、专业剧场和休闲展览类演出跨城观众占比均大幅超 2019 年同期。演出内容的区域辐射力上升，观众流动性增强，跨城观演热情增加。

三线、四线城市与县域政府对音乐节、演唱会等活动给予更多支持，也是线下音乐演出下沉的重要原因。河北省张家口市怀来县 MTA 天漠音乐节从 2016 年开始举办，自那时起当地政府兴修了音乐节场地附近的道路、水

---

① 《为一场演出赴一座城：演出购票者超 70%为年轻人，跨城流动为演出举办城市带来可观的文旅收入》，"道略演艺"微信公众号，2024 年 2 月 27 日，https：//mp. weixin. qq. com/s/5Lng1MGdU43P_ 9wB0nnrwQ。

② 《暑期档火热，谁在看演出？》，"中国演出行业协会"微信公众号，2023 年 9 月 12 日，https：//mp. weixin. qq. com/s/sB6NOj7kIweieAFOUm36bA。

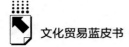

电、围栏等设施，并且在音乐节期间协调交通调度，包括提供县城与音乐节场地之间的摆渡车。2023年山东省烟台市就给予当地举办的迷笛音乐节全方位的支持，如观众凭音乐节门票可免费领取其他6处景区门票，还能参与抽奖活动，抽取当地17处景区的5000张免费门票；同时烟台为音乐节配备了齐全的交通配套，共开通11条免费公交专线，在音乐节期间200余台车辆共发送4000余班次，累计运送游客17万多人次，充分保障了交通运力。①

（四）旅游演艺持续升温

2023年全国旅游演艺实现快速增长，全年旅游演艺场次达15.07万场，票房收入达166.36亿元，观演人数达8055.13万人次，与2019年相比分别增长72.61%、125.45%、54.14%。② 一方面，旅游市场的旺盛需求带来了经典旅游演艺剧目的火热，2023年节假日和暑期等旅游旺季期间旅游演艺剧目的单日演出场次创下历史新高——2023年"五一"期间大型历史实景舞剧《长恨歌》演出场次增加至每天4场，情景体验剧《又见敦煌》在假期场次增加至每天6~8场的情况下仍然场场售罄；另一方面，新增旅游演艺剧目进一步与旅游资源深度融合——瘦西湖大型沉浸式夜游"二分明月忆扬州"作为国内首创的唐诗主题夜游项目成为江苏十大热门景区之一，成都夜游锦江推出首部沉浸式剧游《望江犹记锦官城》，以"锦江游船+汉服体验+沉浸式剧场"游览体验在"五一"期间吸引游客12万人次。③ 此外各地主题乐园也纷纷在假期期间增加演出内容。

（五）小剧场、演艺新空间蓬勃发展

小剧场和演艺新空间在2023年整体呈现蓬勃发展态势，小剧场、演艺

① 《音乐会挤向县城》，"道略演艺"微信公众号，2023年6月9日，https：//mp. weixin. qq. com/s/6-XRRPKdH4hepOsAOJuLWQ。
② 《2023年全国演出市场发展简报》，"中国演出行业协会"微信公众号，2024年3月20日，https：//mp. weixin. qq. com/s/T0g24nulkAjnijiYPP9DLg。
③ 《2023上半年全国演出市场简报》，"中国演出行业协会"微信公众号，2023年7月6日，https：//mp. weixin. qq. com/s/RSLrgFiRtPtKi4SwaCaCjg。

新空间［含小型音乐现场（Livehouse）］演出场次达 18.69 万场，票房收入达 48.03 亿元，观演人数达 2442.40 万人次，与 2019 年相比分别增长471.07%、463.13%、250.54%，演出的场次和票房收入都增长了超过 4 倍。[①] 尤其是在中央到地方各文化主管部门的支持和引导下，新空间成为城市更新的一个重要载体，多地出台专项鼓励政策，吸引演艺企业直接进驻，或将传统空间改造为新型演艺运营场馆，或探索文旅融合新模式。小微型演艺空间在孵化原创作品、培养创作团队、丰富演出业态、培育观众群体等方面效果显著。

演艺新空间对传统剧场物理边界、传统观演关系、演出与其他业态的界限都提出了挑战甚至做出了颠覆，也成为演艺与现代科技融合的试验场，新的沉浸式演出、互动性剧目内容持续推陈出新，观演体验越发呈现出走向多空间、多维度、多视角的趋势。演艺新空间虽为城市演艺发展的新形式、新业态，但在大城市演艺市场中呈现蓬勃发展态势，已经成为演出市场不可忽视的重要组成部分。

（六）数字技术革新演艺产业发展模式

数字技术的高速发展为演艺产业带来了一个新的平台、新的舞台，发展了新的观众，注入了新的活力。5G 网络带来的音视频数据高速率、低延时传输等技术革新能够加速数字演艺在内容、运营、模式方面的全面升级；抖音、B 站等新媒体平台则让演艺内容在更大范围的观众中实现了更高效的传播；AR、XR 技术将现实舞台与虚拟演艺场景叠加，重构了舞台演出场景，带来了更具沉浸性的观感；4K、8K 技术也极大地增强了观众观演时感受到的视觉冲击力。2023 年，演出的视听语言、虚实逻辑和互动模式实现全面重构，线上演艺内容不再是对线下演出的简单直播或者录播，而是成为融合5G、4K、XR、超清修复等媒介技术的全新演艺形式。2023 年抖音演艺类直

---

① 《2023 年全国演出市场发展简报》，"中国演出行业协会"微信公众号，2024 年 3 月 20 日，https://mp.weixin.qq.com/s/T0g24nulkAjnijiYPP9DLg。

播总场次达 7143 万场，同比增长 47%，场均观众达 4263 人次，相当于每天有 19 万场中等规模演出在直播间上演；2023 年抖音演艺类直播收获了 27.2 亿次"比心"，打赏"票房"同比增长 38%。[①] 中国演出行业协会调研结果显示，线下演艺市场恢复后，60% 的从业机构依然希望延续线上演出，演艺产业的数字化已是不可逆转的探索方向。

三年疫情加速了线上演艺市场供求的迭代，数字演艺已经从用于线上推广的品牌展示渠道发展成为产业化、市场化的全面生产运营领域，一方面，观众逐渐形成了观看线上直播演出的文化消费习惯；另一方面，数字化改变了传统舞台艺术的创作机制，突破了传统剧场镜框式舞台空间的局限及线性排演的制作流程，从单纯的演艺展播到智慧剧场、数字文创，数字演艺场景和形态不断丰富。

二　中国演艺对外贸易发展特点

（一）线上演艺成为演艺对外贸易的重要模式

线上演艺贸易意味着贸易渠道向着短视频平台和社交类平台拓展，打造线上演艺跨境消费新场景，将演艺内容以更年轻、多元的方式带入更广泛的公众的视野。相比传统演出形式，线上演艺内容更加注重演艺机构、企业将演艺内容向观众传播和观众将观演感受几乎实时地向演出主体传播这样双向传播和开放式参与的观演关系，观众可以通过弹幕、留言、粉丝上屏、实体应援棒、粉丝共创舞台等互动元素获得数字化演艺参与感、互动感。进入2023 年，线上演艺已经积累出成熟的运营模式。

存量竞争下，有平台不断迭代技术，为用户创造沉浸式的数字文化消费体验，也有部分平台海外逐鹿，寻求差异化增长空间。海外市场正逐渐成为

---

① 《抖音发布 2023 年度演艺直播数据报告》，"中国演出行业协会"微信公众号，2024 年 2 月 29 日，https://mp.weixin.qq.com/s/nqZPxDR3td2zMKT2EM84VA。

直播与短视频领域的差异化竞争核心，从市场选择来看，拉美、东南亚、中东等新兴市场受到广泛关注，正成为线上演艺市场的新阵地。2014 年成立于上海的自得琴社，由一群青年演奏家组成，是当下中国国内最独特的国风乐团，因互联网而出圈。自得琴社在全网拥有百万粉丝，截至 2023 年 4 月，其打造的一系列充满创意的国风民乐短视频，在海内外全平台的累计观看量接近 2 亿次，其中国内视频网站哔哩哔哩上，其视频累计观看量接近 5000 万次；而在海外视频平台 YouTube 上，则高达 9000 万次。[1] 线上平台收入已经占到自得琴社收入的 1/3，同时线上短视频演出内容的火爆，也带动了自得琴社线下演出的成功。仅 2023 年上半年，自得琴社已在苏州、无锡、宁波、杭州等 8 个城市完成 14 场演出，2024 年 3 月自得琴社赴马来西亚举办 4 场海外专场演出"琴为何物·唐·孤烟直"，并带来丰富的周边文创产品，以琴会友，和马来西亚观众共同探索琴为何物。

由于互联网经营的灵活性，线上演艺对外贸易在内容付费、品牌推广、广告植入、会员分账、商务赞助、版权分销等方面存在着巨大的模式创新潜力，如将数字演艺版权分销到视频平台和国外版权机构等。

（二）演艺类艺术节发挥演艺贸易促进作用

2023 年是疫情后演艺市场全面开放的第一年，演艺市场积压的供给与需求亟待释放，各类演艺发展促进平台尤其是演出交易会促进了演出供求平衡。2023 中国（苏州）演出交易会吸引了全国各地剧场方、制作方、出品方、行业协会、基金会等企业、机构代表超 4000 人，交易会期间安排有多场论坛以及演出项目推介会、研讨会、对接发布会和创投会，现场有超过 50 家演出机构集中展示优质项目，吸引了保利院线、苏州文化投资发展集团、爱奇艺、抖音、大麦当然有戏厂牌、乐童文化参与演艺资源对接发布。同时交易会还在苏州文化艺术中心设立了 6000 平方米的展厅，为演出行业

---

[1] 《破圈爆红海内外，自得琴社做对了什么》，"汇演 Live"微信公众号，2023 年 4 月 24 日，https://mp.weixin.qq.com/s/r5jkOLiG4CPyw0q9SbnpLQ。

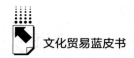

从业者搭建综合展览展示平台，演出机构可以在此设展交易。中国（苏州）演出交易会更首次设立创投板块，为创作团队、创作人才带来更多机遇，为行业投资出品机构提供更多优质项目。创投会现场精选 11 个优秀项目面向行业推荐，包含具备一定孵化基础和待投资制作的剧本、制作中的待商演剧目以及已商演剧目，项目相关负责人、主创登台介绍作品。

2023 中国（苏州）演出交易会期间，同步举办 2023 成长艺术节，汇聚全球超过 20 个国家的表演艺术机构及艺术节的艺术总监、制作人、经纪人、剧场经理、剧院代表、艺术教育工作者以及创新教育领军人物和众多国内外艺术家，共同探索新时代的机遇与发展，共创具有国际影响力的青少年艺术原创孵化、交流交易平台。其间有来自中国、比利时、荷兰、瑞典、西班牙等 5 个国家的 8 部优秀儿童剧面向与会代表和公众做超过 20 场现场演出。[①]

（三）中国演艺市场国际竞争环境进一步优化

票务平台主体的多元化，以及演艺定价机制的市场化，都凸显出中国演艺市场国际竞争环境的进一步优化。一级市场在整个国内演出票务市场中的份额达到 55%，主体可细分为综合票务平台、主办方/场馆直销平台、垂直票务平台。其中综合票务平台（如大麦）拥有自主研发的票务管理系统和票务销售系统，一般是主办方指定的票务总代理，可提供技术服务、售后服务等庞大的服务体系中的各种服务，可选择的演出类别和项目更丰富，覆盖城市范围广；主办方/场馆直销平台（如保利票务）以售卖主办方或场馆方举办或上演的演出赛事门票为主，仅拥有票务销售系统，销售等中间环节扁平化，产销一体，用户沉淀在自有平台，可进行个性化营销，但票务运作方式、线上线下的活跃群体规模、演出品类与数量有限；垂直票务平台（如秀动）主要面向某一垂直门类演出/地域的受众群体，如音乐爱好者，可以

① 《"剧透"交易会 Vol.5 | 参会·过节·看戏》，"中国演出行业协会"微信公众号，2023 年 5 月 27 日，https：//mp. weixin. qq. com/s/g4pgFWcvASM-scmHJs3Neg。

精准触达更细分的用户群体，但演出品类与数量有限。

2023 年，一级市场综合票务平台大麦一家独大格局被打破，猫眼、票星球跻身三大平台，其中发展迅速的票星球聚焦年轻消费群体，涵盖的演出类型全面丰富，产品设计（如提供电子纪念票根）注重提升消费者使用体验，内容营销重视千人千面推荐机制。针对消费者，其提供全链路票务服务，开通在线选座、实名制电子票等功能，带来更顺畅的购票和观演体验；针对主办方、场馆方则无缝衔接宣传推广、销售、核验入场等关键环节，帮助主办方在抖音、小红书、大众点评等新媒体平台上进行一站式营销，搭建安全稳定的环境支撑系统，形成闭环。

2023 年票务二级市场也向着更加标准化的方向发展。二级市场票务平台聚集了更多商家，让消费者拥有更多选择，并通过设置卖家准入门槛、建立平台担保机制、追溯交易路径等方法来提高票务交易透明度和规范度，推动二级市场规范有序发展。票务一级市场的价格通常是固定价格，无法反映供给与需求是否匹配，而票务二级市场的价格将根据市场供求关系得到动态调整，交易价格更接近其市场价值，使市场供求达到均衡状态，提高票务资源分配效率。动态定价有利于保障演出机构收益，一方面，对于需求高涨的热门演出，允许溢价将提升主办方的票房空间，并反哺内容方，激发其创作动力，带来更多优质作品；另一方面，若票房不佳，折价销售可以平抑主办方所承担的供需不匹配风险，减损止损。在消费者调研中，针对票务二级市场中价格根据市场供需动态调整的机制，86.7%的消费者认为其有助于化解市场供需矛盾。[1]

在线下销售渠道，国内演艺市场也做出了完善票务定价体系的有益尝试。2023 年 3 月，上海演艺大世界对标百老汇和伦敦西区建立了国内第一个规范运营的尾票服务系统，并设置了尾票亭"一号亭"。观众有机会在临近演出开演的时间在"一号亭"现场买到限时限量供应、超大力度优惠

---

[1] 《2023 年中国演出票务行业研究报告》，"艾瑞咨询"微信公众号，2024 年 2 月 26 日，https：//mp.weixin.qq.com/s/PeaODdOEX956KRFpzZ-BTQ。

（常常五折起）的尾票；同时"一号亭"也成为了上海打造"亚洲演艺之都"过程中宣传演出内容的重要窗口。

（四）音乐剧市场向版权输出发展

中国音乐剧市场已经经历了多年的原版引进、中文版改编，在持续取得叫好又叫座的反响后，本土原创音乐剧终于出现跻身国际演艺市场的势头。亚洲大厦的运营方上海亚华湖剧院经营发展股份有限公司与韩国音乐剧制作公司 Never Ending Play 签订协议，韩方购买了中方原创音乐剧《翻国王棋》版权，将《翻国王棋》推向韩国音乐剧市场，这是国内首次实现本土原创音乐剧的海外版权输出。

上海亚洲大厦已完成 19 个沉浸式演艺空间"星空间"的建设，自开业至 2023 年 2 月上演 6656 场演出，观众达 43.79 万人次，票房达 1.16 亿元。亚洲大厦"星空间"最初的发展主要依赖于引进海外经典音乐剧作品并将其改编成中文版，随着市场的快速发展和运营团队的不断成熟，"星空间"的发展重心也逐步从改编走向原创。截至 2023 年 2 月，19 个"星空间"上演的 25 台剧目中，原创作品占比超过 60%，其中《翻国王棋》自 2022 年 9 月开演至 2023 年 2 月演出 88 场，场均上座率超九成，票房达 342.4 万元。①商业模式方面，亚洲大厦改变传统的以赚取租金为主要目的的"房东模式"，扮演剧场运营方和项目出品方的双重角色，与剧目创演方采用共同入股、后期分成的合作方式，形成"利益共享、风险共担"的共同体，在有效激发"创、排、售、演"全产业链活力的同时，大大降低了小剧目和新团队的入行门槛，促进了本土音乐剧的快速发展。演出形式方面，"星空间"打破常规镜框式舞台形式，启用"中央表演、观众环绕"的环境式舞台，并根据剧情增加船舶、沙滩、餐馆等各类时空场景，为观众提供了前所未有的沉浸式体验。演出也打破"你演我看"的传统模式，演员与观众零距离频繁互动，大大缩

---

① 《原创音乐剧版权首度向外输出：韩方买入音乐剧〈翻国王棋〉，上海从"演艺码头"迈向"演艺源头"》，"道略演艺"微信公众号，2023 年 2 月 9 日，https：//mp. weixin. qq. com/s/2xYf_ 1Rh0y3QSJCmtvNIkg。

短了"观众—主创"的时空距离，增强了剧目的观赏性与娱乐性。

"星空间"独创的沉浸式演出的独特体验，叠加本土音乐剧内容质量的不断提升，吸引了海外优秀制作团队的目光，推动着沪上音乐剧作品从"全盘输入"走向"海外输出"。韩国 Never Ending Play 公司不仅购买了《翻国王棋》版权，也有意借鉴亚洲大厦的运营模式，在首尔市中心专营沉浸式剧场项目。上海亚华湖剧院经营发展股份有限公司也筹划在未来将《寅时说》《云梦泽》等多部传承中华传统文化的作品持续推向海外市场。

三 中国演艺对外贸易亟待破解的问题

（一）线上演艺需要成熟贸易平台

线上演艺在扩大了演艺产品和服务可以触及的受众范围，节省了场租、运输、舞美等运营成本的同时，也在版权保护、播放技术等方面提高了制作投入，能否形成成熟稳定的商业运营模式依然是线上演艺对外贸易正面临的挑战。在播放平台方面，现有演艺内容播出渠道分散，或是嫁接于微博、抖音、微信等社交媒体平台，或是单一演艺企业自主研发的主要面向本企业（有时还包括若干合作企业）演艺内容的播放频道，国内尚未建立像英国 NT Live 一样可以开放给各个门类的中国演艺剧目的专业线上演艺播放与消费平台，因而不能形成足够大的集聚效应，不利于引导市场逐步接受线上观演这一新的消费习惯。

（二）演艺贸易数字化盈利能力欠缺

在盈利模式上，线上演艺投入产出依然难成正比。前期拍摄、制作需要有一定资金投入，线上播放过程中也需要持续的网络技术支持；虽然线上演艺收获了远超线下演艺的观众，但线上演艺定价同样远低于线下，很多演艺企业更是在初期为了更长久地留住观众，象征性地收取极低票价甚至选择免费播出演出内容，收益并不理想。依靠广告和品牌冠名的收入获取方式，常见于市场庞大的明星演唱会，平台通过向赞助方出售广告露出机会的方式把

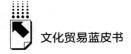

自己拥有的版权变现，相应地赞助方可以借助明星粉丝效应和平台所能覆盖的大量用户得到品宣价值，然而这样的模式下演艺企业自身并不能从广告收益中直接获益，而线上演出收入又极少来自面向观众售票。此外还有部分以直播形式进行线上演出的演艺企业、机构选择借助平台上的直播"刷礼物"功能进行盈利，但观众"打赏"随机性强，收入更加不稳定。

（三）优质国际演艺品牌的孵化有待提速

疫情催生了新的演艺市场、新的消费模式、新的观演渠道，这都为演艺企业和机构创造了新的发展赛道，而是否拥有具有国际竞争力的演艺剧目和演艺品牌是能否抢占全球演艺市场新赛道的关键。海外演艺剧目因疫情管控不能进入中国市场所带来的演艺供给的短缺，并没有很好地被本土原创演艺剧目填补，演艺产业收入对明星效应有较强依赖性仍是全国演艺市场的普遍情况，具有国际影响力和持久活力的演艺院团或剧目品牌建设尚不成体系。欧美国家演艺企业和机构能够在漫长的疫情管控结束后迅速恢复其在全球演艺市场中的市场份额，与其已经形成具有国际知名度、影响力的高质量演艺品牌有着密切关系，中国演艺院团、企业建立自有优质演艺品牌，是与欧美成熟演艺企业、机构竞争的最直接、最有效的办法。

随着全球演艺市场进入后疫情时代，演艺市场需求短期内激增，中国演艺企业与机构不应急于将短期演艺市场的热度变现而放低对演艺剧目质量的要求。新的演艺消费需求已经诞生，高质量的演艺产品与服务供给亟须跟上。

（四）小城市演艺市场供求失衡明显

2023年，中央歌剧院的法文版歌剧《卡门》登上浙江省湖州市德清县的德清大剧院的舞台，这是歌剧首次走进中国县城演出，近千张门票提前数天售罄，演出现场座无虚席。在二线、三线城市，与这种旺盛的演艺需求相对立的，是演艺市场供给的严重不足。湖州大剧院也曾多次尝试引进口碑、票房双丰收的舞剧《只此青绿》《红楼梦》，但缺少合理的盈利模式支撑——一场舞剧演出费在 30 万~40 万元，至少在每个城市演出 4 场，再加上日常开销成本，引进一部热门舞剧需投入 140 万元以上，湖州常住人口仅 340 万人，完全靠票房实现盈利几乎不可能。剧院建设前期投入高，运营成本也高，二线、三线城市的剧场大多具有普及性、惠民性的特点，普遍市场运营能力差，基本离不开政府补贴——部分剧场由政府直接划入财政拨款范围，部分剧场水电能源等日常开销由政府负担，部分剧场由政府按照实际演出场次给予相应的补助，还有些剧场则在公益演出上得到政府支付的低价票补贴。

湖州大剧院的发展困境并非个例。截至 2023 年 5 月，中国剧院数量约为 3000 座，其中中小城市、县城剧院普遍面临着空场率高、运营团队专业性不足、高端演艺内容引进难、观众观演率低的经营难题。相比于北京约40% 剧场主要业务是出租场地，全国范围内这一比例高达 90%。[①] 高标准的剧院空间与高品质演艺内容的缺失之间的矛盾日益突出。由于剧场演艺消费的即时性、在场性，演艺消费能力往往跟当地居民收入水平挂钩。话剧、音乐剧、歌剧等的单场演出成本较高，只有足够高的票价和足够多的购票观众，才能形成具有相当规模的演艺市场，这样无形提高了观众进入剧院的门槛，很难带动二线、三线城市演艺供给的提升。

四　促进中国演艺对外贸易发展的建议

（一）引导新技术向演艺领域应用转化

5G、云计算、大数据、人工智能等技术的发展，为中国文化产业的发展提供了更多的可能性，借助数字技术能让观众更近距离地体会演员的情绪，捕捉到更精彩的剧情瞬间。数字技术是中国演艺企业与机构打开国际市场的重要手段，应该在后疫情时代继续探索其发展的方式和路径，让线上演

---

① 《小城市剧院发展困境重重：高质量演出缺乏，引进热剧至少需 140 万，委托专业院线托管或成发展新风向》，"道略演艺"微信公众号，2023 年 5 月 5 日，https：//mp.weixin. qq. com/s/fc_ _ SwI1WYw2TUKk5u3mDA。

艺成为对外演艺贸易的支柱模式之一。依托"新基建",加快演艺产业数字基础设施建设,如建设国家演艺大数据服务和应用体系,推动传统演艺资源的创造性转化和利用;探索 5G、云计算、大数据等数字基础设施在演艺产业中的商业应用场景。加速传统演艺产业的数字化转型,加强演艺领域新设备、新材料的研发应用,如运用全息投影、投影映射、多媒体设备,打造定制化、沉浸式观演体验。数字化带来的技术便利和手段升级,归根结底要落实到演艺内容生产的优化精进、创造创新上。

同时政府部门应该设立演艺科技成果跨界应用的专项,给予资金帮助和技术指导,推动数字经济和演艺产业深度融合;演艺行业组织应该加强行业内的技术交流;演艺企业和机构应主动拥抱科技,多尝试、敢尝试,才能抢占全球演艺贸易新赛道的新市场。

(二)完善线下演艺云端市场化运作

随着全球范围内文化产业向着数字化更深入转型,"上云"将成为中国演艺行业国际化发展的必经之路。演出线上线下融合的主体是线下,线上演播不可能取代现场演出,线上线下演出都是整体演出市场的一部分,是尚未进行整合,又必须融合的大市场。从线上运营到线上经营,不是简单的内容上线的搬运工作,而是从内容到演出方式、宣传、票务的全面线上适配调整,线上演艺是中国演艺行业必须面对、必然要开拓的新市场。

多年来中国线下演艺市场积累了许多优秀的作品,这些经典的 IP 有成熟的制作团队、稳定的受众群体、较高的市场知名度以及一定的票房号召能力,应将其作为转化线上演艺内容的首选。如上海文广演艺集团的《不眠之夜》,在实验性直播中取得了不错的成绩,制作团队围绕原故事线中的角色设计,创造全新番外故事,利用电影运镜视角、5G 高清和实时传输技术,将沉浸感带给每一位观众。同时考虑到线上线下市场特性的不同,需要制定符合云端市场化需求的营销和运营方式,利用社交媒体进行新颖的宣发,在直播门票收费和打赏等初级变现方式之外,探索更多的商机;通过发行虚拟纪念品和衍生品等方式,保证线上线下的演出各具特色。

线上演出的商业模式不应简单分为"免费"或"付费"，在线上演艺受众尚未形成购票观演的消费习惯时，演艺企业和机构应当积极寻求多元且稳定的收益模式。如大麦的"平行麦现场"将传统音乐节品牌天漠音乐节搬到线上直播，在邀请商业品牌冠名的同时，邀请音乐人结束表演后进入淘宝直播间，用品牌方提供的通话功能与粉丝交流，带动周边产品的销售。大麦借助淘宝的销售渠道打通了演艺消费场景与电商体系，商品链接可以出现在演唱会的实时画面中，粉丝可以直达电商平台变身消费者。

（三）坚持高质量演艺品牌建设

1. 树立品牌口碑

提前透出的剧目信息、多维度的访谈解读、更详尽的舞台细节、首演后的口碑风评……这些由剧目生发出来的内容，正成为评估剧目可看度的重要依据和观众购票的重要参考。延长宣发周期、销售周期对市场的影响力已经越来越弱，口碑权重上升，并成为新剧目打开国际市场的关键。应当重视对海外观众口碑的维护，追踪观后评价并及时调整演艺内容，积累具有较强黏性的海外观众群体，以更多的长期观演优惠鼓励已观演观众对剧目品牌的二次传播。同时邀请演艺领域的海外专家深度参与演艺剧目评论工作，从前期筛选剧本形成的首轮评价，到演出期间专家研讨形成的专业点评，再到后期成品亮相后的专业剧评，专家圈层的口碑更能够带动海外演艺市场原有的演艺消费群体关注线上中国演艺剧目。

2. 支持孵化平台发展

演艺项目的创作是一个长期的过程，需要投入大量的人力物力来组织开展内容创作、演员排演，还需要资金支持和市场检验，因此演艺孵化平台就扮演了极为重要的角色，为原创演艺剧目提供科学系统的保障，协调人才、内容、市场、公司等资源，推动演艺项目的顺利完成。孵化平台应该突破常规，进行创新孵化，引入经济学、传播学、艺术学、各国文化等不同领域的专家进行新剧目或者演艺主体的推荐、评定，在孵化的过程中，以具有较高艺术水准为目标，以"把优秀剧本推向海外市场"为宗旨，开展有针对性

地提高作品市场影响力的培育工作，并建立孵化成果库，持续推广优秀孵化成果，为其进入国际市场提供更广阔的平台。

（四）基于当地需求培育统一大市场

建成成熟的国内演艺市场，平衡文化产品和服务的生产成本与收益，利用经济外溢效应有效开展演艺对外贸易。利用完善的市场机制吸引国内外演艺资源的汇入，而非以现有演艺资源圈定演艺市场。利用票价补贴、惠民卡等惠民政策吸引和培育潜在消费市场，同时不局限于狭义的旅游演艺门类，而是将演艺市场与更广泛的旅游市场相结合，吸收旅游市场的广大旅游消费者成为各个演艺门类的消费者，形成演艺市场与旅游市场的良性循环和互补，创造可持续的消费需求。培育消费市场的同时更要注重现有演艺消费市场的维护，以独有的高质量演艺产品与服务留住消费者。演艺产品的生产与服务的提供要关注文化市场需求，防止对演艺资源的盲目和过度开发带来的演艺市场供求失衡，避免演艺资源的多样性反成为演艺市场繁荣的包袱。

支持三、四线城市或县区的剧院探索新的市场化运营路径，如由一、二线城市剧院托管或由专业机构代为运营。作为中国演艺市场中的重要市场主体，基层剧场对于培养演艺消费人群、活跃文化和旅游消费市场发挥着关键作用，二、三线以及农村有着长期未开发的演艺需求，有潜力成为未来巨大的新兴演艺市场。

（五）加速演艺贸易人才的培养与储备

1. 推动演艺贸易复合型人才培养

推动教育主管部门鼓励、扶持高校开设文化贸易、演艺贸易等专业，创新培养模式，形成特色培养体系，奠定坚实的专业发展基础。坚持政产学研一体化办学模式，充分利用海外资源，开展国际联合人才培养。充分利用已建立的文化贸易、演艺贸易人才培养平台，以科学研究与项目合作提升人才培养质量，实现高校教育和行业实践的无缝对接。以培养应用型人才为目标，培养演艺对外贸易急需的既懂得各国语言文化又通晓国际演艺贸易规则、熟悉海外演艺市场环境的全方位、复合型经营管理人才。

2. 培养有"中国情怀"的海外人才

在海外吸纳当地演艺运营管理、法律人才，或支持其赴中国接受培养，或在当地建立培训机构，提供了解中国文化的多样渠道，增强海外人才对于中国文化的认识，培养其对于中国演艺内容的理解与热爱，充分发挥其了解当地文化环境与政策法规、演艺市场的优势，使其参与演艺剧目创作、排演、国内与国际营销和管理全过程，利用其专业优势服务于演艺对外贸易。

B.3
中国广播影视对外贸易发展报告（2024）

吴思瑜　李继东*

摘　要：　2023 年我国广播影视对外贸易整体稳中向好，我国深化扶持政策，聚焦“一带一路”倡议，完善合作交流机制，推动“视听中国”系列活动持续走深走实。同时，围绕重大主题，推动国产视听作品“加快”走向世界，以技术发展助力提升国际传播力与影响力，文化出口基地建设提质增效，“微短剧”等新兴视听业态加快成长，以多渠道多形式推动海外传播，促进我国广播影视产业对外贸易高质量发展。未来，我国广播影视对外贸易要坚持增加高品质内容供给，优化工作机制，加快发展新质生产力，积极探索数字时代对外贸易新模式，推动构建国际传播现代化体系化新格局，在推进中国式现代化建设中做出贡献。

关键词：　广播影视　对外贸易　国际传播　新质生产力

❀

　　2023 年是全面贯彻党的二十大精神的开局之年，也是实现“十四五”规划目标任务的关键一年。我国广播影视行业坚持以习近平新时代中国特色社会主义思想为指导，深入学习贯彻党的二十大精神，创新内容形式与发展模式，不断推动对外文化贸易高质量发展，视听内容创作生产持续繁荣，电视剧等多类型精品持续涌现[①]，在重大主题宣传、精品

---

* 吴思瑜，中国传媒大学国际传媒教育学院硕士研究生，主要研究方向为媒介与全球化；李继东，教授、博士生导师，中国传媒大学传播研究院副院长，主要研究方向为传播史论、国际传播、话语研究、信息传播等。
① 《2024 年全国广播电视工作会议在京召开》，国家广播电视总局官网，2024 年 1 月 4 日，https：//www.nrta.gov.cn/art/2024/1/4/art_ 112_ 66550. html。

视听内容海外传播、国际交流平台搭建以及广电科技创新等领域取得显著成果。

一　2023年国家推动广播影视对外贸易发展的政策

（一）以习近平文化思想为根本遵循与行动指引

2023 年 10 月，习近平对宣传思想文化工作作出重要指示，强调要"推动中华优秀传统文化创造性转化和创新性发展""着力加强国际传播能力建设、促进文明交流互鉴""着力推动文化事业和文化产业繁荣发展"①，为做好新时代对外文化贸易工作提供了行动指南与根本思想指引。我国广播影视行业以习近平文化思想为根本遵循，以推进广播电视和网络视听高质量发展为主题，坚持"二三四"工作定位。"二"是统筹广播电视与网络视听两大业务，"三"是坚持广电三大属性，即意识形态属性、公共服务属性与技术产业属性，"四"是把握提供广电业务的四个层次，即广播电视网、交互式网络电视（IPTV）、互联网电视（OTT）和完全通过互联网方式提供视听内容。②

作为展示国家形象和彰显中华文化软实力的重要载体，中国广播影视产业与作品在讲好中国故事、传播好中国声音方面发挥着至关重要的作用。2023 年，在习近平新时代中国特色社会主义思想的指导下，国家广播电视总局（以下简称"总局"）持续加强广播影视发展的政策与资金支持，聚焦具有中国特色和现实观照性的优秀作品，开展"未来电视"试点工作，持续推进"视听中国"播映工程、丝绸之路视听工程与电视中国剧场等项目，丰富视听合作领域，以数字技术赋能广播影视对外贸易，着力加强国际传播能力建设，推进全产业链协同发展，促进文明交流互鉴。

---

① 《习近平对宣传思想文化工作作出重要指示》，新华网，2023 年 10 月 8 日，http://www.xinhuanet.com/politics/leaders/2023-10/08/c_ 1129904890.htm。
② 曹淑敏：《为建设社会主义文化强国、建设中华民族现代文明贡献广电力量》，求是网，2023 年 12 月 1 日，http://www.qstheory.cn/dukan/qs/2023-12/01/c_ 1129998544.htm。

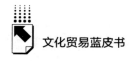
（二）多措并举推动国产广播影视产品"走出去"

1. 深化扶持政策，推动广播电视与网络视听高质量发展

2023 年，总局及各省广播电视局相继出台一系列扶持政策，旨在通过专项资金奖励、资源整合以及扶持项目实施等多方面举措，针对制作、播放、产业发展、技术创新和人才培养等关键环节，进一步加强对具有国际传播潜力的优秀广播影视作品的支持。

在纪录片扶持方面，2023 年 6 月，总局公布 2022 年度国产纪录片及创作人才扶持项目评选结果，《种子种子》《航拍中国（第四季）》《自然的力量·大地生灵》《飞越冰雪线》等 60 余部作品获项目扶持①，发挥优秀作品、制播机构与创作人才的示范引领作用；2023 年 8 月，首届中国纪录片大会征集国内外优秀提案 344 个，开展"十佳提案"评选，邀请国内外决策人向优秀提案提供生产制作、项目包装、资金支持等服务，促成项目成果有效转化②；河北省广播电视局扎实开展纪录片季度推优工作，《大河之北·世界文化遗产》等 4 部纪录片获得总局资金扶持，同时加大创作资金扶持力度，2021~2023 年已投入资金近 500 万元对 20 多部纪录片进行奖励与扶持③；福建省广播电视局出台《推动新时代福建电视纪录片高质量发展三年行动计划》，积极探索电视纪录片创作传播的机制和办法④。截至 2023 年 12 月 12 日，全网上线纪录片 678 部⑤，《中国（第三季）》《敦煌岁时节令·二十四节气》等纪录片生动展现中华文化的独特风貌，成为海外观众

---

① 《国家广播电视总局办公厅关于公布 2022 年度国产纪录片及创作人才扶持项目评选结果的通知》，国家广播电视总局官网，2023 年 6 月 6 日，http：//www.nrta.gov.cn/art/2023/6/6/art_113_64540.html。

② 《2023 首届中国纪录片大会成果显著》，国家广播电视总局官网，2023 年 9 月 7 日，http：//www.nrta.gov.cn/art/2023/9/7/art_114_65483.html。

③ 《河北局"三个强化"推动纪录片创作生产》，国家广播电视总局官网，2023 年 10 月 13 日，http：//www.nrta.gov.cn/art/2023/10/13/art_114_65779.html。

④ 《福建局出台〈推动新时代福建电视纪录片高质量发展三年行动计划〉》，国家广播电视总局官网，2023 年 6 月 5 日，http：//www.nrta.gov.cn/art/2023/6/5/art_114_64528.html。

⑤ 《鲜活展示新时代新征程绚丽图景——2023 年国产纪录片全媒体传播掠影》，光明网，2023 年 12 月 20 日，https：//news.gmw.cn/2023-12/20/content_37039399.htm。

读懂当代中国的窗口。

在电视剧扶持方面，2023 年 10 月，总局公布 2023 年度电视剧引导扶持专项资金项目评审结果，《问苍茫》《上甘岭》《张謇》《风禾尽起张居正》等 24 部作品获得专项扶持。① 这些作品深入生活、扎根生活，生动展现我国社会发展图景，并具有较高国际传播价值。热播电视剧《三体》《狂飙》在海外播放时引发追剧热潮，通过视听作品交流，向海外观众展现了可信、可爱、可敬的中国形象。

在动画片扶持方面，2023 年 7 月，总局公布 2022 年度优秀国产电视动画片及创作人才扶持项目评审结果，《你好，辫子姑娘》《冰球旋风》《超能钢小侠（第一季）》《下姜村的共同富裕梦》等 20 部作品获评 "优秀作品"，《熊猫和奇异鸟》等 3 部作品获评 "优秀国际传播作品"②；2023 年 8 月，总局确定《珠算宗师程大位》《海神妈祖》《钱王传奇》等 10 部网络动画片为中国经典民间故事动漫创作工程（网络动画片）2023 年重点扶持项目③。

在网络视听节目扶持方面，2023 年 5 月，总局公布 2023 年网络视听节目精品创作传播工程评选结果，评选出《恭王府》《声生不息·宝岛季》等 40 部优秀网络视听作品④，大力推动网络视听精品创作生产，提升网络视听重大主题创作质量。

在广播电视节目扶持方面，2023 年 5 月，总局公布 2022 年度广播电视

---

① 《国家广播电视总局办公厅关于公布 2023 年度电视剧引导扶持专项资金项目评审结果的通知》，国家广播电视总局官网，2023 年 10 月 24 日，http：//www. nrta. gov. cn/art/2023/10/24/art_ 113_ 65895. html。

② 《国家广播电视总局办公厅关于公布 2022 年度优秀国产电视动画片及创作人才扶持项目评审结果的通知》，国家广播电视总局官网，2023 年 7 月 10 日，http：//www. nrta. gov. cn/art/2023/7/10/art_ 113_ 64839. html。

③ 《国家广播电视总局办公厅关于公布 2023 年中国经典民间故事动漫创作工程（网络动画片）重点扶持项目的通知》，国家广播电视总局官网，2023 年 8 月 10 日，http：//www. nrta. gov. cn/art/2023/8/10/art_ 113_ 65136. html。

④ 《国家广播电视总局办公厅关于公布 2023 年网络视听节目精品创作传播工程评选结果的通知》，国家广播电视总局官网，2023 年 5 月 4 日，http：//www. nrta. gov. cn/art/2023/5/4/art_ 113_ 64178. html。

创新创优节目评选结果，对优秀广播电视节目的好做法、好经验给予充分肯定。获评节目包括中央广播电视总台《不负青山》、北京广播电视台《咱们这十年》等20档广播节目，以及中央广播电视总台《山水间的家》、上海广播电视台《时间的答卷（第二季）》等40档电视节目①，旨在鼓励各级广播电视播出机构守正创新，创作出更多艺术水准上乘的优秀原创节目。

此外，总局还实施了一系列扶持项目，如中华文化广播电视传播工程等，通过把握新时代要求，将艺术创造与中华文化价值相融合，坚持推动中华优秀传统文化的创造性转化与创新性发展，不断推出彰显中国精神、中华文化魅力的优秀广播影视作品。

2. 聚焦"一带一路"倡议，积极开展系列交流展播活动

2023年是"一带一路"倡议提出10周年。在"一带一路"框架背景之下，广播影视行业成为对外文化交流的重要组成部分，我国与多个国家签订文化交流与合作协议，通过举办"一带一路 节目互播"活动，遴选百部优秀视听作品面向共建"一带一路"国家和地区进行展播推广，生动展现中国理念、中国形象、中华文化。

第一，总局与"一带一路"多国视听管理部门加强政策对接，推动务实合作。2023年10月，国务院新闻办公室发布《共建"一带一路"：构建人类命运共同体的重大实践》白皮书，提出要促进全方位多领域互联互通，积极建立多层次人文合作机制。伴随国际交流合作稳步推进，2023年，中国与俄罗斯、阿拉伯国家、东盟等在视听交流合作领域取得了丰硕的成果。共建"一带一路"国家通过互办电影节、开展广播影视精品创作以及互译互播，稳步推进国际交流合作，凝聚共识。"一带一路"媒体合作论坛截至2023年已成功举办7届，"丝路电视国际合作共同体"的成立促进共建"一带一路"国家电视媒体间的合作交流，推动中国影视业国际合拍机制化。此外，中国与共建"一带一路"国家媒体共同成立"一带一路"新闻合作

---

① 《国家广播电视总局办公厅关于公布 2022 年度广播电视创新创优节目的通知》，国家广播电视总局官网，2023 年 5 月 18 日，http：//www.nrta.gov.cn/art/2023/5/18/art_ 113_ 64326.html。

联盟，推动业务深化、机制拓展、项目创新等方面的合作。截至 2023 年 6 月底，联盟成员单位已扩展至 107 个国家的 233 家媒体。[①]

第二，总局推进实施"丝路视听工程""当代作品翻译工程""中非中阿视听共享项目""中非影视合作创新提升工程"等一系列重点工程项目，推动中外视听交流合作平台不断完善，2013~2023 年已将 2000 余部中国优秀视听作品译制成 40 多种语言在 100 多个国家播出。2023 年 5 月，总局启动中国—中亚五国视听共享播映活动，推动乌兹别克语、哈萨克语、俄语等本土化译配的电视剧《山海情》《三十而已》《最美的青春》，纪录片《美丽乡村》《人生第一次》《紫禁城》，动画片《23 号牛乃唐》《熊猫与卢塔》等一批中国优秀视听作品在中亚国家的多家电视台及新媒体平台上播出。[②]总局还以"多彩丝路 视听共享"为主题，举办"一带一路"互播活动，精选《习近平谈治国理政》《三体》等 100 部优秀中国视听作品在海外播出，促进文明互鉴。[③]

第三，省级广电系统扎根地方，积极推动本区域优秀视听作品"走出去"。湖北国际传播中心开启"一路相连"大型国际传播行动，前往亚非欧等地区的共建"一带一路"国家挖掘"一带一路"沿线故事。[④] 江苏省广播电视局制定《"剧美江苏"电视剧三年行动计划（2023—2025 年）》，围绕"一带一路"倡议提出 10 周年重要主题，通过政策杠杆和管理服务推动优秀创意与优秀团队、平台对接，实现精品化创作、高质量播出。[⑤]

[①] 《共建"一带一路"：构建人类命运共同体的重大实践》，中华人民共和国国务院新闻办公室官网，2023 年 10 月 10 日，http：//www.scio.gov.cn/gxzt/dtzt/49518/32678/index.html。

[②] 《广电总局启动中国—中亚五国视听共享播映活动》，国家广播电视总局官网，2023 年 5 月 19 日，https：//www.nrta.gov.cn/art/2023/5/19/art_ 114_ 64344.html。

[③] 《"多彩丝路 视听共享"——国家广播电视总局开展"一带一路"节目互播取得积极成效》，国家广播电视总局官网，2023 年 10 月 21 日，https：//www.nrta.gov.cn/art/2023/10/21/art_ 114_ 65890.html。

[④] 《深入挖掘"一带一路"沿线故事 见证携手繁荣与多彩文明，湖北国际传播中心开启〈一路相连〉大型国际传播行动，中国联合展台在线平台，2023 年 11 月 1 日，https：//www.chinapavilion.com.cn/index/article/detail/id/2043.html。

[⑤] 《江苏局以"四个做强"推进电视剧精品创作》，国家广播电视总局官网，2023 年 2 月 1 日，https：//www.nrta.gov.cn/art/2023/2/1/art_ 114_ 63329.html。

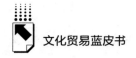
青岛举办以"共享大视听·精品赢未来"为主题的首届中国网络视听精品创作峰会，全面展示近年来我国网络视听精品创作丰硕成果，总结推广创作传播经验。① 第六届丝绸之路（敦煌）国际文化博览会中的丝绸之路影视剧创作论坛发布了《幸福草》《生命树》《我心归处》《大海道》《喀什古城》《日光之城》《欢迎来到麦乐村》7部"一带一路"重点电视剧项目。② 在"一带一路""金砖合作机制"等框架下，广电视听领域的文明交流互鉴将为世界各国文明交流互鉴发挥积极的示范作用，推动创造人类文明新形态。③

3.完善交流合作机制，助力"视听中国"系列活动取得更大实效

"视听中国"活动是由总局实施的大型国际传播活动，自2019年启动以来，在促进与各国文化交流互鉴、推动广播影视国际贸易等方面发挥着显著作用。2023年"视听中国"系列活动持续深化，通过聚焦"一带一路"、人类命运共同体、亚运会等重大主题，借助电视中国剧场与中国联合展台持续扩大影响力，协同推进平台建设与内容创制，塑造真实、全面、立体的中国形象。2023年10月，电视中国剧场在吉尔吉斯斯坦举办"丝路这十年"展播活动，在吉国家电视台、德隆电视台等传统媒体和新媒体平台播出《"一带一路"十周年宣传片》《勇敢者的征程》《鸟瞰丝路》《当卢浮宫遇见紫禁城》等中国优秀视听节目，弘扬和平合作、开放包容、互学互鉴、互利共赢的丝路精神，受到广泛关注与积极评价。④

---

① 《"共享大视听·精品赢未来"首届中国网络视听精品创作峰会在青岛开幕》，国家广播电视总局官网，2023年8月24日，https：//www.nrta. gov. cn/art/2023/8/24/art_ 112_ 65264. html。

② 《朱咏雷出席第六届丝绸之路（敦煌）国际文化博览会开幕式及相关论坛》，国家广播电视总局官网，2023年9月13日，https：//www. nrta. gov. cn/art/2023/9/13/art_ 112_ 65537. html。

③ 《金砖国家电视台"电视中国剧场"开播暨"新视界 新影像"视听中国非洲播映启动仪式在南非约翰内斯堡举行》，中国联合展台在线平台，2023年8月21日，https：//www. chinapavilion. com. cn/index/article/detail/id/1953. html。

④ 《〈电视中国剧场〉在吉尔吉斯斯坦举办"丝路这十年"展播活动》，国家广播电视总局官网，2023年10月31日，http：//www. nrta. gov. cn/art/2023/10/31/art_ 114_ 65973. html。

在 2023 年"视听中国"机制框架中，系列主题活动通过线上线下相结合的方式深入开展，展示各国广播电视与网络视听领域的交流合作成果，包括"新视界 新影像"视听中国非洲播映活动、"视听中国·濠江故事"暨葡语国家展映周、"视听中国·走进柬埔寨"与"视听中国·美加湖北传媒周"等，持续推动文明交流互鉴。同时，各省广电局积极发掘本地区优秀文化资源，跟进总局"视听中国"项目建设，推动本区域优秀视听作品"走出去"，如山东省广播电视局打造"视听山东"对外播映品牌，扎实开展网络视听国际传播系列活动[①]；陕西省广播电视局借助中阿卫视《视听中国·陕西时间》平台持续播出《三原地窖》等陕西特色节目[②]；广西壮族自治区广播电视局打造"中国—东盟视听周"品牌活动[③]；青海省广播电视局积极推动生态纪录片海外传播，打造《视听中国·青海时间》栏目，《青海·我们的国家公园》等 3 部生态纪录片通过中广电国际 MC 俄语卫星频道在 15 个国家播出[④]。

二 2023年中国广播影视对外贸易发展概况

2023 年，我国广播影视产业呈现影视剧作品减量提质的发展趋势。截至 2023 年末，我国有线电视实际用户达到 2.02 亿户，其中有线数字电视实际用户为 1.93 亿户。年末广播节目综合人口覆盖率达到 99.7%，电视节目综合人口覆盖率为 99.8%。全年生产电视剧 156 部（同比下降 2.5%）4632集（同比下降 12.32%），电视动画片 93811 分钟（同比增长 5.29%）。生产

---

① 《山东局持续深化对外传播交流》，国家广播电视总局官网，2023 年 3 月 8 日，http：//www. nrta. gov. cn/art/2023/3/8/art_ 114_ 63610. html。

② 《陕西局全面提升对外传播交流能力》，国家广播电视总局官网，2023 年 8 月 4 日，http：// www. nrta. gov. cn/art/2023/8/4/art_ 114_ 65113. html。

③ 《统筹面向东盟的国际传播资源 打造视听国际传播"广西枢纽"》，国家广播电视总局官网，2023 年 5 月 29 日，http：//www. nrta. gov. cn/art/2023/5/29/art_ 3895_ 64453. html。

④ 《青海局积极推动生态纪录片海外传播 打造"视听中国·青海时间"》，国家广播电视总局官网，2024 年 1 月 5 日，https：//www. nrta. gov. cn/art/2024/1/5/art_ 114_ 66561. html。

故事影片 792 部（同比增长 108.42%），科教、纪录、动画和特种影片 179 部（同比增长 70.48%）。① 2023 年上半年，全国广播电视服务业总收入为 6246.52 亿元，同比增长 10.89%；广播电视实际创收收入达 5525.32 亿元，同比增长 11.66%。②

（一）聚焦重大主题，国产视听作品"走出去"步伐加快

2023 年，主旋律题材影视作品在海内外市场上取得良好成绩，多部精品佳作聚焦"一带一路"倡议提出 10 周年、乡村振兴、人类命运共同体等重大主题，积极开拓海外市场。中国影视作品在内容建设方面取得坚实成果，受到海外受众青睐。

第一，总局持续推进与世界各国在视听领域的友好交往与务实合作。2023 年热播的电视剧《三体》《狂飙》不仅在国内受到广大观众的热情追捧，在海外也掀起追剧热潮，成为国产视听作品走向世界的生动例证。2023 年，总局策划举办"一带一路"倡议提出 10 周年海外视听节目展播活动，精选 30 多个国家制作的电视剧、动画片、纪录片等 60 余部优秀视听节目进行集中展播。电视剧《欢迎来到麦乐村》剧组开展大规模的赴非洲合作拍摄工作，这部作品以轻巧鲜活的艺术风格讲述中国援非医疗队的故事，生动阐释人类命运共同体的理念。

第二，在各种外交机制与人文机制合作框架下，中国广播影视业不断开拓合作新路径与新模式，对外合拍和"走出去"迈出新步伐。在 2023 年主旋律影视剧作品中，许多合拍作品整合中外资源，优势互补，聚焦核心叙事，呈现中国形象。例如，上海广播电视台纪录片中心与美国国家地理共同打造的纪实融媒体作品《永远的行走：与中国相遇》，通过知名旅行作家保罗·萨洛佩科徒步穿越中国的独特视角，向世界展现中国的人文景观与自然

---

① 《中华人民共和国 2023 年国民经济和社会发展统计公报》，国家统计局官网，2024 年 2 月 29 日，https://www.stats.gov.cn/sj/zxfb/202402/t20240228_ 1947915.html。

② 《2023 年上半年全国广播电视服务业收入持续增长》，国家广播电视总局官网，2023 年 8 月 9 日，http://www.nrta.gov.cn/art/2023/8/9/art_ 114_ 65133.html。

风情。另外，中法合拍的纪录片《中国奇妙之旅》向世界讲述中国乡村振兴战略，展示中国乡村振兴事业取得的历史性成就。

第三，国产影视作品海外输出规模稳步提升，出海题材呈现多元化态势。主题从古装拓展至青春、现实、悬疑、谍战等多种类型，标志着我国出海影视作品逐渐摆脱功夫、古装等固有标签，向世界传达更为丰富、深刻的中国价值内涵。《狂飙》《消失的她》《流浪地球 2》等影视作品引发国外观众观看热潮，2023 年初热播电视剧《去有风的地方》荣获 2023 年首尔国际电视节最佳电视剧提名，为推动广播影视对外贸易提供有益借鉴。

（二）加强平台建设，多渠道多形式赋能海外传播

2023 年，国家不断拓展对外贸易市场，积极搭建合作平台，同时创新合作机制，推动国产影视作品以更多样的形式走向世界。一方面，通过积极建设自主展演平台，拓宽广播影视行业互鉴交流渠道；另一方面，支持并鼓励国产优秀广播影视机构和作品参加国际节展，不断提升国产广播影视作品的海外影响力。

第一，充分发挥中国联合展台的展示交流纽带作用。2023 年，中国联合展台贯彻"抱团出海"的整体方针，借助"一带一路"东风，亮相多个国际知名节展，向国际同行推介近百部优秀广播影视作品。2023 年 1 月，中国联合展台亮相 2023 美洲电视节，《熊猫王国》《三体》《三大队》《熊出没》等作品入选推介会[1]；4 月，中国联合展台参加 2023 年法国春季戛纳电视节，中国参展机构与法国、意大利等国家与地区的数百家主流媒体机构进行商业洽谈，并取得丰硕签约成果[2]；5 月，中国联合展台亮相2023 年莫斯科世界内容市场并举行优秀影视推介活动，组织多家机构携 60 多部作

---

① 《以优质内容吸引世界目光，"中国联合展台"亮相 2023 美洲电视节》，中国联合展台在线平台，2023 年 1 月 31 日，https：//www. chinapavilion. com. cn/index/article/detail/id/1547. html。

② 《中国优质内容持续出海 "中国联合展台"亮相 2023 年法国春季戛纳电视节》，中国联合展台在线平台，2023 年 5 月 8 日，https：//www. chinapavilion. com. cn/index/article/detail/id/1758. html。

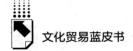

品参展，涵盖影视、动画、纪录片、节目模式等多个内容领域①；6月，中国联合展台亮相第 34 届法国国际阳光纪录片节，展示中国热门的纪录片精品节目与国际合作项目，为中外纪录片机构开启合作之窗；9月，"中国联合展台 2023 年中国国际广电产业交流会"亮相荷兰国际广播电视设备展览会，在影视媒体技术方面提供中国解决方案②。

第二，加强电视中国剧场建设。电视中国剧场旨在推动中国优秀视听节目在海外主流媒体与网络视听平台的固定频道、时段、栏目及网络专区常态化播出，向世界讲述中国故事。作为电视中国剧场框架下的融媒体栏目，《熊猫剧场》于 2021 年开播，与全球 20 多个国家和地区的本土媒体开展合作，覆盖超 1.3 亿国际受众。③ 截至 2023 年 8 月，电视中国剧场在 40 多个国家和地区落地。在"电视中国"品牌机制的推动下，"中国节日"系列节目、《鸟瞰丝路》、《当卢浮宫遇见紫禁城》等优秀视听作品走向海外市场，呈现中国式现代化成果，讲好新时代"一带一路"友好合作故事。电视中国剧场以《中国时段》栏目的形式在墨西哥 11 电视台与哥伦比亚国家电视台呈现，为当地观众带去《三体》《山海情》等数十部中国优秀节目，推动中拉广电视听合作进一步深化，为展现可信、可爱、可敬的中国形象发挥积极作用。④

第三，打造精品国际节展，积极参与并搭建国际合作交流交易平台，融汇国内外优质资源，推广优秀广播影视作品。2023 年 10 月 18 日，第三届"一带一路"国际合作高峰论坛在北京举行，论坛上发布多边合作成果文件清单与务实合作项目清单。值得一提的是，上海国际电影节组委会发起成立的

---

① 《中国联合展台亮相 2023 莫斯科世界内容市场并举行优秀影视推介活动》，中国联合展台在线平台，2023 年 6 月 1 日，https://www.chinapavilion.com.cn/index/article/detail/id/1812.html。
② 《中国联合展台-2023 年中国国际广电产业交流会即将亮相荷兰 IBC 展览会》，中国联合展台在线平台，2023 年 9 月 13 日，https://www.chinapavilion.com.cn/index/article/detail/id/1996.html。
③ 《〈电视中国剧场〉在吉尔吉斯斯坦举办"丝路这十年"展播活动》，中国联合展台在线平台，2023 年 11 月 1 日，https://www.chinapavilion.com.cn/index/article/detail/id/2044.html。
④ 《"电视中国剧场"启动仪式在墨西哥和哥伦比亚举行》，中国联合展台在线平台，2023 年 10 月 31 日，https://www.chinapavilion.com.cn/index/article/detail/id/2042.html。

"一带一路"电影节联盟被列入其中。① 基于"一带一路"电影节联盟的建成与发展，"一带一路"电影巡展形成全年放映、全球展映的联动机制，截至2024 年 1 月，联盟已拥有 48 个国家的 55 个机构成员，有力促进了共建"一带一路"国家之间文化互通、民心相通。② 此外，2023 年，中国电影资料馆在埃及、智利、南非、日本、波兰等 19 个国家和地区举办中国电影节，中国电影节展共走进了 4 个大洲的 20 个国家和地区。③ 国产影片《长空之王》《长安三万里》《远去的牧歌》等通过中国电影联合展台积极参与世界各大电影节展，向更多国家和地区的观众展现全面、真实、立体的中国。④ 2023 年 9 月，首届金熊猫盛典面向全球五大洲征集 7024 部优秀影视作品，共颁出电影、电视剧、纪录片、动画片 4 个单元 25 项大奖，生动展示了当代世界影视艺术事业蓬勃发展的丰硕成果。⑤ 国产动画作品《中国奇谭》不仅在国内获得金熊猫奖、白玉兰奖、金龙奖、金海豚奖等诸多具有含金量的奖项，还入围萨格勒布国际动画节等多个国际节展。⑥ 2023 年 10 月，中国以"主宾国"身份亮相法国秋季戛纳电视节，相关活动包括视听内容生产与国际传播高峰论坛、中国动画国际交流合作推介会、戛纳·上海视听精品推介会等⑦，它们向世界展示了当今中国的新科技、新发展、新面貌。

---

① 《"一带一路"电影节联盟被列入第三届"一带一路"国际合作高峰论坛成果清单》，上海国际电影节官网，2023 年 10 月 20 日，https：//www. siff. com/content？aid = 101231020111 20248500884817681203 7449。

② 《"一带一路"电影巡展｜17 部中国影片亮相达卡〈脐带〉获两项大奖》，上海国际电影节官网，2024 年 1 月 30 日，https：//www. siff. com/content？ aid = 10124013011334852197 7890 296827909718。

③ 赵丽：《2023 中国电影关键词》，《中国电影报》2024 年 1 月 10 日，第 2 版，http：//china filmnews. cn/Html/2024-01-10/13718. html。

④ 姬政鹏：《2023 年中国电影"走出去"备忘录》，《中国电影报》2024 年 1 月 31 日，第 2 版，http：//chinafilmnews. cn/Html/2024-01-31/13910. html。

⑤ 《首届金熊猫国际文化论坛暨金熊猫奖颁奖盛典在成都举行》，中国联合展台在线平台，2023 年 9 月 25 日，https：//www. chinapavilion. com. cn/index/article/detail/id/2009. html。

⑥ 《〈中国奇谭〉之〈鹅鹅鹅〉入围萨格勒布国际动画节》，中国联合展台在线平台，2023 年 3 月 29 日，https：//www. chinapavilion. com. cn/index/article/detail/id/1685. html。

⑦ 《"精彩中国，故事无限"，2023 戛纳电视节"中国主宾国"活动正式开幕》，中国联合展台在线平台，2023 年 10 月 18 日，https：//www. chinapavilion. com. cn/art_ det/id/2027. html。

（三）强化科技赋能，提升广电视听传播力影响力

在当前数字时代背景下，5G 技术与生成式人工智能技术的飞速进步为我国广播影视对外贸易带来诸多机遇与挑战。加快数字化转型与提升数字创新能力，成为实现数字时代广播影视对外贸易高质量发展的必然要求。2023 年 5 月，全国广播电视科技工作会议在杭州召开，会议强调要以"未来电视"战略部署为牵引，为构建现代化大视听发展格局提供科技支撑和创新动能。①

第一，总局切实推动科技赋能广播电视和网络视听创新发展，谋划推动"未来电视"工作部署，筑牢大视听发展格局的数字基座。2023 年 9 月 8 日，总局发布《关于开展"未来电视"试点工作的通知》，这一文件聚焦于内容生产、多元服务、数智应用等重点方向。② 2023 年 3 月，广播电视人工智能应用国家广播电视总局重点实验室研讨 2023 年度重点工作，涵盖深度伪造治理、视频增强修复质量评价、沉浸式内容智能构建、深度学习大模型技术研究、智能运维关键技术研究等领域。③ 近年来，总局加快建设新型广播电视网络，推动 5G、大数据、虚拟现实/增强现实、人工智能等新技术在广播电视和网络视听的各个环节的布局，推动行业数字化升级，提升高品质多样化视听内容与视听服务的供给能力。

第二，总局加强前瞻布局，深入推进一批重点实验室建设。为进一步加快推动完善实验室标准化管理体系，2023 年 10 月，总局组织修订《国家广播电视总局实验室管理办法》④，对媒体智能传播技术研究国家广播电视总

---

① 《全国广播电视科技工作会议召开》，国家广播电视总局官网，2023 年 5 月 17 日，https：//www. nrta. gov. cn/art/2023/5/17/art_ 112_ 64320. html。

② 《国家广播电视总局关于开展"未来电视"试点工作的通知》，国家广播电视总局官网，2023 年 9 月 8 日，https：//www. nrta. gov. cn/art/2023/9/8/art_ 113_ 65495. html。

③ 《广播电视人工智能应用国家广播电视总局重点实验室研讨 2023 年度重点工作》，国家广播电视总局官网，2023 年 3 月 30 日，https：//www. nrta. gov. cn/art/2023/3/30/art_ 114_ 63802. html。

④ 《国家广播电视总局关于印发〈国家广播电视总局实验室管理办法〉的通知》，国家广播电视总局官网，2023 年 10 月 17 日，https：//www. nrta. gov. cn/art/2023/10/17/art_ 113_ 65797. html。

局实验室等 5 个实验室进行评估，同时批准设立虚拟现实视听技术创新与应用国家广播电视总局实验室、移动广播与信息服务国家广播电视总局实验室、超高清技术创新与应用国家广播电视总局重点实验室等实验室，深入开展"未来电视"发展路径探索，推动总局实验室做优做强。

第三，总局推进健全标准规范，支撑行业治理，加快形成广电视听标准化工作新格局。2023 年 5 月，国家互联网信息办公室审议通过《生成式人工智能服务管理暂行办法》，鼓励生成式人工智能在广播影视领域的创新应用，并加强对生成式人工智能服务的管理。[1] 2023 年 8 月，总局、工业和信息化部联合印发《广播电视无线电频谱发展规划（2023—2035 年）》，要求加快技术创新，推动无线广播数字化。[2] 2023 年 9 月，总局印发《广播电视和网络视听标准化管理办法》，重点完善了标准布局、专利披露、实施推广等方面内容。[3] 2023 年 11 月，总局发布《有线电视业务技术要求》《IPTV 业务技术要求》《互联网电视业务技术要求》等 3 项广播电视和网络视听行业标准[4]，推动全面提升新时代广播电视和网络视听标准化工作水平。

第四，多渠道开展数字技术交流研讨。2023 年全国广播电视和网络视听工作年中推进会提出要加强科技自主创新和应用，建好用好广电网络。[5] 2023 年 4 月 18~21 日，第 29 届中国国际广播电视信息网络展览会（CCBN 2023）以"大视听 向未来"为主题，在北京成功举办。展会内设置广电

① 《生成式人工智能服务管理暂行办法》，国家互联网信息办公室官网，2023 年 7 月 13 日，https：//www.cac.gov.cn/2023-07/13/c_ 1690898327029107.htm。
② 《国家广播电视总局、工业和信息化部联合印发〈广播电视无线电频谱发展规划（2023—2035 年）〉》，国家广播电视总局官网，2023 年 8 月 3 日，http：//www.nrta.gov.cn/art/2023/8/3/art_ 114_ 65109.html。
③ 《国家广播电视总局关于印发〈广播电视和网络视听标准化管理办法〉的通知》，国家广播电视总局官网，2023 年 9 月 8 日，http：//www.nrta.gov.cn/art/2023/9/8/art_ 113_ 65494.html。
④ 《国家广播电视总局关于发布〈有线电视业务技术要求〉等三项广播电视和网络视听行业标准的通知》，国家广播电视总局官网，2023 年 11 月 27 日，https：//www.nrta.gov.cn/art/2023/11/27/art_ 113_ 66209.html。
⑤ 《2023 年全国广播电视和网络视听工作年中推进会召开》，国家广播电视总局官网，2023 年 8 月 18 日，https：//www.nrta.gov.cn/art/2023/8/18/art_ 112_ 65219.html。

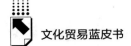

5G、人工智能、互联网电视、电视剧制作、VR/AR、智能终端等20多个展区，旨在搭建行业技术交流平台，推动优秀创新产品的推广与应用。① 地方也首创新形式推动数字电视高质量发展。江苏省广电局贯彻中央和省委省政府关于数字经济发展、数字政府、数字乡村建设等方面的部署。② 广东省广电局建设基于广播电视网络的协作传播平台，拓展广电5G网络功能，推动传输覆盖网融合发展。③

（四）增强示范引领，国家文化出口基地建设提质增效

2023年，国家文化出口基地建设稳步提质增速，充分发挥其集聚示范和引领作用，为广播影视对外贸易的发展提供了基础性保障。2023年5月，商务部主办的对外文化贸易"千帆出海"行动计划推进会在厦门召开，旨在通过打造对外文化贸易促进平台，推动对外文化贸易规模增长。④ 2023年10月，为推动文化和旅游对外贸易高质量发展，深入实施对外文化贸易"千帆出海"行动计划，文化和旅游部、商务部联合印发《关于公布新一批国家对外文化贸易基地名单的通知》，希望通过对外文化贸易基地建设提升中华文明的传播力与影响力⑤；商务部、中央宣传部、文化和旅游部、总局共同认定2023~2024年度国家文化出口重点企业与2023~2024年度国家文化出口重点项目⑥。2023年11月23日，在第2届全球数字贸易博览会数字

① 《第二十九届中国国际广播电视信息网络展览会（CCBN2023）在京成功举办》，国家广播电视总局官网，2023年4月26日，http：//www.nrta.gov.cn/art/2023/4/26/art_114_64125.html。
② 《江苏数字广电建设研究》，国家广播电视总局官网，2023年7月14日，https：//www.nrta.gov.cn/art/2023/7/14/art_3895_64924.html。
③ 《广东局全力构建广播电视大视听》，国家广播电视总局官网，2024年3月15日，https：//www.nrta.gov.cn/art/2024/3/15/art_114_66955.html。
④ 《"千帆出海"行动计划：推动对外文化贸易扬帆远航》，新华网，2023年5月24日，http：//www.xinhuanet.com/2023-05/24/c_1129640801.htm。
⑤ 《文化和旅游部 商务部关于公布新一批国家对外文化贸易基地名单的通知》，中华人民共和国文化和旅游部官网，2023年10月19日，https：//zwgk.mct.gov.cn/zfxxgkml/cyfz/2023 10/t20231018_949187.html。
⑥ 《关于2023—2024年度国家文化出口重点企业和重点项目的公告》，中华人民共和国商务部服务贸易和商贸服务业司，2023年10月20日，http：//fms.mofcom.gov.cn/zcfg/bmzcfg/art/2023/art_2e98920d6c154a3eb81f7159688d0438.html。

文化贸易论坛上，商务部服贸司发布国家文化出口基地第三批创新实践案例，其中西安市"以跨境直播助推文化贸易出口新模式""构建文化贸易出海新通道"两个案例成功入选①，为拓宽文化对外贸易渠道提供有益参考。

（五）发展新兴业态，推动微短剧"出海"开拓市场

伴随移动互联网与视频制作技术的普及，以微短剧为代表的网络视频内容蓬勃发展。根据中国互联网络信息中心发布的第 53 次《中国互联网络发展状况统计报告》，2023 年微短剧拍摄备案量达 3574 部 97327 集，部数和集数分别同比增长 9%、28%②，呈现持续增长态势。ReelShort 和 DramaBox 居于中国"出海"微短剧应用程序中前两位。中国短剧出海成为引领全球视听行业发展新风口，2023 年中国短剧在海外短剧市场中的份额超过 80%，基于中国 IP 本土化制作的短剧在欧美破圈传播。③ 一方面，总局推动完善常态化管理机制，提出要从 7 个方面对网络微短剧加大管理力度、细化管理举措。2022 年 12 月，总局发布《关于推动短剧创作繁荣发展的意见》与《关于进一步加强网络微短剧管理　实施创作提升计划有关工作的通知》，引导网络微短剧规范有序发展。④ 另一方面，各地方广播电视局与各大网络视频平台推出一系列扶持与激励政策，旨在鼓励和支持微短剧的高质量创作。浙江省广播电视局举办杭州·微短剧大会，发布《青年网络编剧激励扶持计划》《临平区微短剧产业扶持政策》等一系列政策，积极推进微短剧产业发展质量提升。⑤ 北京市广播电视局建立健全微短剧管理例会制

① 《西安两案例入选国家文化出口基地第三批创新实践案例》，陕西网，2023 年 12 月 6 日，https：//www.ishaanxi.com/c/2023/1206/3016555.shtml。

② 《第 53 次〈中国互联网络发展状况统计报告〉专家解读》，中国互联网络信息中心官网，2024 年 3 月 22 日，https：//www.cnnic.net.cn/n4/2024/0322/c208-10965.html。

③ 《把握先发优势，加快推动中国短剧全球化发展》，中国联合展台在线平台，2024 年 3 月 19 日，https：//www.chinapavilion.com.cn/art_det/id/2252.html。

④ 《国家广播电视总局办公厅关于进一步加强网络微短剧管理　实施创作提升计划有关工作的通知》，国家广播电视总局官网，2022 年 12 月 27 日，http：//www.nrta.gov.cn/art/2022/12/27/art_113_63062.html。

⑤ 《浙江局积极推进微短剧产业发展质量提升》，国家广播电视总局官网，2023 年 11 月 20 日，https：//www.nrta.gov.cn/art/2023/11/20/art_114_66172.html。

度，同时发布北京大视听·网络微短剧"首亮微光"扶持计划，为优质项目提供政策扶持，推动微短剧行业创新。① 抖音也推出"1+1+1"微短剧精品化扶持体系，从治理、内容、扶持三方面助力微短剧生产。②

三 中国广播影视对外贸易发展趋势

2023 年，伴随全球数字化潮流的深入发展，中国广播影视行业在对外贸易方面展现了强劲的增长势头。面对复杂严峻的国际环境，中国持续推进改革开放，积极探索出一条中国特色的广播影视对外贸易发展道路。然而也必须认识到，当前我国广播影视对外贸易在本土生产内容与国际表达之间的衔接上还存在一定的短板，其有待进一步补齐。

（一）巩固主流思想，在推进中国式现代化建设中作出广电贡献

在文化传承发展座谈会上，习近平总书记指出新时代新的文化使命是"在新的起点上继续推动文化繁荣、建设文化强国、建设中华民族现代文明"③，这一论述擘画了在中国式现代化建设中推动广播影视对外贸易发展的光辉图景。第一，要坚持以习近平文化思想为根本遵循，巩固壮大主流思想舆论，推动中华优秀传统文化创造性转化、创新性发展；第二，扎根中国式现代化伟大实践，努力构建中国话语和中国叙事体系，推动全方位、多领域、深层次的文化"走出去"；第三，深化文明交流互鉴，丰富广播影视对外贸易新模式，不断增强中华文明传播力影响力，为推动人类文明进步贡献中国智慧和中国方案。

---

① 《北京局推动网络微短剧业态高质量发展》，国家广播电视总局官网，2023 年 12 月 5 日，https：//www.nrta.gov.cn/art/2023/12/5/art_ 114_ 66289.html。
② 《"首亮微光"扶持计划公布首批入选作品 精品微短剧助力文化"走出去"》，"人民日报"海外版，2024 年 1 月 26 日，第 7 版。
③ 习近平：《在文化传承发展座谈会上的讲话》，求是网，2023 年 8 月 31 日，http：//www.qstheory.cn/dukan/qs/2023-08/31/c_ 1129834700.htm。

（二）优化内容供给，"造船出海"与"借船出海"相结合

推动我国广播影视对外贸易发展，需深耕精品创作，落实"找准选题、讲好故事、拍出精品"的重要要求，推动"造船出海"与"借船出海"相结合。第一，打造精品矩阵，加强对电影、电视剧、纪录片、动画片、网络微短剧等各类作品的分类指导，创新表达方式，通过开展联合创作，整合资源优势"抱团出海"，扩大多元内容供给。第二，借助网络微短剧这一新兴形态赋能海外传播，展现中国文化的魅力与风采。2024 年 1 月 12 日，总局办公厅印发《关于开展"跟着微短剧去旅行"创作计划的通知》，推动微短剧题材体裁创新，积极探索与文化和旅游等产业跨界深度融合。① 第三，依托各类国际网络视听、社交媒体平台等，拓宽国际传播渠道。在创新驱动"平台出海"方面，推动打造自主可控的新型国际传播平台，促进视听文化产品与服务出口。快手的海外版 Kwai 就是一个成功的案例。Kwai 已覆盖拉丁美洲、东南亚、中东等地的 30 多个国家和地区，全球下载量超 30 亿次。② 此外，Kwai 上线微短剧品牌 TeleKwai，实现用户的大规模增长，成为中国网络视听平台进行国际化尝试的典型案例。

（三）科技创新引领，探索数字时代广播影视对外贸易新模式

伴随媒体融合的深入发展与人工智能技术的迭代更新，数字技术在广播影视对外贸易中的应用展现出更为广阔的发展前景。第一，注重技术创新与产业协同发展，积极探索生成式人工智能技术与广播影视产业的融合应用，推进视听国际传播数字化进程。第二，充分发挥重点实验室孵化效能，集聚优秀的技术人才和资源，开展前沿技术的研究，加速推动数字技术在广播影

---

① 《国家广播电视总局办公厅关于开展"跟着微短剧去旅行"创作计划的通知》，国家广播电视总局官网，2024 年 1 月 12 日，https：//www.nrta.gov.cn/art/2024/1/12/art_113_66599.html。

② 于飞：《中国数字内容产业出海策略研究与分析》，《上海广播电视研究》2024 年第 1 期，第 59~67 页。

视产业中的落地和应用，提升我国广播影视产品的技术含量和市场竞争力。第三，加强对人工智能技术应用的管理，积极参与全球数字文化产业链的构建，推进在生成式人工智能领域标准制定和双边或多边国际数据流动方面的合作，为我国广播影视产业的国际化发展提供有力支撑。

（四）完善工作机制，深化广电视听领域国际交流与合作

第一，加强政策扶持，鼓励支持重点网络视听机构海外发展，打造视听品牌。推动"视听中国"播映工程、丝绸之路视听工程、电视中国剧场与国际性节展等交流合作活动取得更大实效，推动国产广播影视精品"走出去"，并且立得住、传得开、留得下。第二，引导内容创作生产与中外合作合拍，践行精准传播策略，推广更多具有中国特色、符合海外受众兴趣的优秀视听作品，推动构建广电视听国际传播现代化体系化新格局。第三，进一步加强"一带一路"双边、多边国家视听贸易服务平台建设，建立双边、多边视听企业共建共享交流合作网络，以更有效的组织创新推动视听国际传播高质量发展，不断增强中华文明的传播力影响力。

（五）发展新质生产力，以创新驱动增长促进广播影视对外贸易

在2024年国务院《政府工作报告》中，国民经济和社会发展的首要任务是"大力推进现代化产业体系建设，加快发展新质生产力"[1]。在数字化与智能化快速发展的时代背景下，发展新质生产力对广播影视对外贸易至关重要。第一，强化科技创新对全领域全链条的支撑作用，通过科技创新构建新型传播体系，提升广播影视对外贸易的效能与质量；第二，优化产业生态，持续推动产品与服务创新，满足用户多元化需求，打造符合时代特点的新模式；第三，落实高质量发展要求，强化人才支撑，造就一批符合新质生产力发展要求的高素质人才。我国广播影视对外贸易发展需不断深化对新质

---

[1] 《政府工作报告——2024年3月5日在第十四届全国人民代表大会第二次会议上》，新华网，2024年3月12日，http：//www. xinhuanet. com/politics/20240312/bd0e2ae727334f6b9f59e924c871c5c2/c. html？jump＝true。

生产力的认识，推动构建全媒体传播体系，开创新时代广电工作新局面。

2023 年，中国广播影视对外贸易事业在习近平新时代中国特色社会主义思想的指导下，深入贯彻习近平文化思想，紧密围绕新时代广播电视和网络视听中心工作与发展需求，着力增强国际传播影响力。通过深化扶持政策、做好"一带一路"倡议提出 10 周年等重大节点的主题宣传工作以及完善交流合作机制，推动视听内容创作生产繁荣，多类型精品持续涌现，多渠道、多模式国际传播格局初具规模，从"借台""搭台"到与海外机构"同台"唱戏，国际传播矩阵日趋完善，我国广电视听产业国际影响力得以进一步提升。未来，我国广播影视产业将继续推动构建国际传播现代化体系化新格局，加快发展新质生产力，整合聚合内容资源、传播资源、技术资源与数据资源，讲好中国式现代化的精彩故事。

参考文献

黄会林、郭星儿、蒋正邦：《中国电影海外传播平台传播效果研究——2023 年度中国电影国际传播调研报告》，《现代传播（中国传媒大学学报）》2024 年第 1 期，第 39~48 页。

张志安、李欣颖：《2023 年中国国际传播研究：热点回顾与实践启示》，《对外传播》2023 年第 12 期，第 8~12 页。

姜飞、张江浩：《国际传播研究年度报告·2023——基于中国视角的回溯》，《青年记者》2023 年第 24 期，第 29~40 页。

B.4
中国电影对外贸易发展报告（2024）

罗立彬　齐　芳　袁林凤*

摘　要： 2023 年，中国影视行业迎来了强有力的复苏浪潮。全年电影总票房达到 549.15 亿元，仅次于北美地区，稳居全球票房榜第二位。2023 年，进口电影市场呈现出新特征，尽管进口电影票房总体上升，但好莱坞大片的"票房失灵"现象凸显，未有进口电影进入票房前十榜单；日本电影在进口电影市场取得了突出成绩；进口分账电影数量和票房大幅上升；"批片"持续为市场注入更多元的内容；国内举办多种电影节和影展活动。此外，全球电影市场持续复苏；中国电影国际影响力持续增强；中国资本参与全球电影拍摄有所减少；国产电影继续通过翻拍权输出来扩大国际影响力；多部中国电影通过全球流媒体平台实现国际上映；中国电影"走出去"，借助"一带一路"交流合作落地生根。在后疫情时代，中国应持续重视进口电影对于国内电影市场与国产电影国际竞争力的培育作用，继续扩大开放；做好档期电影管理，重视重要档期的国际影响力，适度引入合拍电影；同时，高度重视电影国际获奖的重要作用，做好本土国际电影节，以此来持续提升国产电影的国际影响力。

关键词： 中国电影　进口电影　电影贸易

---

* 罗立彬，教授，经济学博士，北京第二外国语学院首都对外文化贸易研究基地资深研究员，北京第二外国语学院经济学院副院长，主要研究方向为影视服务贸易与文化贸易；齐芳，北京第二外国语学院经济学院国际商务专业硕士研究生，研究方向为服务贸易；袁林凤，北京第二外国语学院经济学院国际商务专业硕士研究生，研究方向为服务贸易。

一　营造健康影视环境，提升内容建设水平

2023年，中国影视行业迎来了强有力的复苏浪潮。优质影片持续投放，带动电影市场持续快速向好。2023年5月24日，全国电影工作会在京隆重举行。会议以习近平新时代中国特色社会主义思想为引领，深入研讨习近平总书记关于电影产业的论述，并结合党的二十大精神，全面贯彻落实全国宣传部长会议精神。会议对过去的工作进行了全面总结，分析了当前电影市场形势，并对未来电影工作的重点任务进行了细致的研究和安排。从"科幻+灾难""奇幻+史诗"到"喜剧+悬疑"，2023年电影类型融合不断加深，艺术创作迎来新的风潮，多重类型元素叠加的影片获得市场青睐。为推动中国电影持续复苏和高水平高质量发展，抓住中国电影发展的重要战略机遇，国家在营造良好影视环境和推进高水平内容建设两方面，推出了一系列政策。

为营造良好影视环境方面，第一，国家出台多项政策帮扶电影行业恢复发展。2023年5月，财政部与国家电影局共同发布《关于阶段性免征国家电影事业发展专项资金政策的公告》，提出为支持电影行业发展，自2023年5月1日至2023年10月31日免征国家电影事业发展专项资金。2023年6月9日，中华人民共和国财政部网站发布《关于下达2023年国家电影事业发展专项资金补助地方资金预算的通知》，2023年预算数为24852万元。2023年春节前夕，全国多省市也相继开展了优惠观影促消费的活动，四川省以"乐享书影 文化惠民"为主题，投入了600万元用于发放电影消费券；江苏省推出"爱电影·爱生活"活动，提供可在指定平台领取的观影满减券；深圳市文化广电旅游体育局为了激活文体旅游市场，发布了《关于实施阶段性推动文体旅游市场活力恢复措施的通知》，为此，特别拨出2000万元资金，计划发放10万个数字人民币红包，旨在激励市民踊跃购买文艺演出、电影等门票以及图书，以此促进文化消费市场的繁荣。这一系列举措都有效推动了春节期间电影市场

的繁荣，国家电影局数据显示 2023 年春节档电影票房总额突破了 67 亿元，居史上同期票房成绩第二位。

第二，确保行业良性发展，加强版权保护措施。2023 年 3 月 27 日，国家电影局发布《关于全国电影标准化技术委员会征集委员的通知》，拟组建全国电影标准化技术委员会，旨在加强电影行业的管理和规范，推动电影技术的发展和标准化，促进电影产业的健康发展。在 2023 年春节期间，国家版权局、国家电影局、公安部以及文化和旅游部等多个部门携手合作，共同发起了一项针对院线电影版权保护的专项行动。此次行动的核心关注点是被列入国家版权局重点作品版权保护预警名单的春节档院线电影。为确保这些电影的版权安全，相关部门不仅向网络服务商和影院发出了版权预警，还加大了执法检查和网络巡查力度，对影院、点播影院、私人影吧以及网络服务商等进行了更为严格的版权监管。这一系列举措旨在维护电影市场的版权秩序，持续打击盗录传播行为，为观众创造一个安全、良好的观影环境。2023 年，按照国家版权局《关于进一步加强互联网传播作品版权监管工作的意见》、《关于进一步做好院线电影版权保护工作的通知》及版权重点监管工作计划，国家版权局共发布 14 批 2023 年重点作品版权保护预警名单，其中包括了《流浪地球 2》《满江红》《熊出没·伴我"熊芯"》《荒原》《保你平安》《银河护卫队 3》《速度与激情 10》《小美人鱼》《巨齿鲨 2：深渊》《奥本海默》等。

在高水平内容建设方面，国家与电影相关部门通过资金支持、奖项激励等方式助力电影行业高水平发展。2023 年 6 月 8 日，为推动科技赋能电影、推动中国电影高水平开放、积极做好电影公共服务，共同推动电影业的高质量发展，2023 文化强国建设高峰论坛举办电影业高质量发展分论坛。论坛深入学习贯彻习近平总书记的重要贺信精神和在文化传承发展座谈会上的重要讲话精神。2023 年 6 月 5～8 日，为进一步提振电影行业士气、提升电影市场信心、促进全行业加快复苏、激发中国电影市场活力，由国家电影局指导，广东省电影局、广州市委宣传部支持，中国电影发行放映协会、全国电影院线主办，中影南方电影新干线院线和珠江影业等承办的第 23 届全国院线影片推介会在广州市增城区举办，48 条电影院线、91 家影管公司、83 家制片发行方、9 家电影技术及设备公司以及 16 个省级电影行业协会代表共计 600 余人参会。在政府和市场的双重作用之下，2023 年全国电影票房实现恢复性增长，票房达到 549.15 亿元，购票观众达到 12.99 亿人次，电影总放映场次达 1.27 亿场，其中国产电影票房占比超过 80%，电影类型融合不断加深。2023 年度票房排名前 10 的影片均为国产影片。

二　进口电影新特征：好莱坞大片票房失灵现象突出

（一）进口电影票房总体回升，但是无进口电影票房进入前10名

2023 年，随着扩内需促消费系列政策逐步见效，多地复工复产速度加快，生活服务业有序恢复。我国电影产业强势复苏、活力迸发，电影高质量发展步伐稳健。根据国家电影局数据，2023 年全国电影总票房为 549.15 亿元，与 2022 年的 300.67 亿元相比，增幅达到 82.64%；按照 2023 年全年人民币平均汇率 1 美元兑 7.0467 元人民币[①]计算，全年电影总票房为 77.93 亿美元，低于北美的 89.07 亿美元[②]，位居全球第二位。

2023 年进口电影票房总计 89.1 亿元（见图 1），比 2022 年的 45.56 亿元上涨 95.57%；占总票房比重为 16.23%，与 2022 年相比提高了 1.08 个百分点。没有任何进口电影进入中国票房前 10 名，票房最高的进口电影是《速度与激情 10》，总票房 9.84 亿元，排在第 12 位。表 1 列举了 2019～2023 年位于中国电影票房排行榜前 10 名的电影。

---

① 《中华人民共和国 2023 年国民经济和社会发展统计公报》，国家统计局官网，2024 年 2 月 29 日，https://www.stats.gov.cn/sj/zxfb/202402/t20240228_1947915.html。

② https://www.boxofficemojo.com。

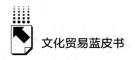

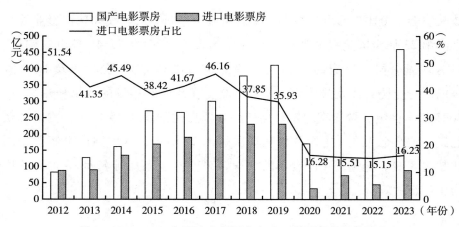

图1 2012~2023年国产电影票房和进口电影票房及其占比

资料来源：国家电影局。

表1 2019~2023年中国电影票房排行榜前10名

单位：部，%

排名	2019年		2020年		2021年		2022年		2023年	
	电影名	国产/进口	电影名	国产/进口	电影名	国产/进口	电影名	国产/进口	电影名	国产/进口
1	《哪吒之魔童降世》	国产	《八佰》	国产	《长津湖》	国产	《长津湖之水门桥》	国产	《满江红》	国产
2	《流浪地球》	国产	《我和我的家乡》	国产	《你好，李焕英》	国产	《独行月球》	国产	《流浪地球2》	国产
3	《复仇者联盟4：终局之战》	进口	《姜子牙》	国产	《唐人街探案3》	国产	《这个杀手不太冷静》	国产	《孤注一掷》	国产
4	《我和我的祖国》	国产	《金刚川》	国产	《我和我的父辈》	国产	《人生大事》	国产	《消失的她》	国产
5	《中国机长》	国产	《夺冠》	国产	《速度与激情9》	进口	《万里归途》	国产	《封神第一部：朝歌风云》	国产
6	《疯狂的外星人》	国产	《拆弹专家2》	国产	《怒火·重案》	国产	《奇迹·笨小孩》	国产	《八角笼中》	国产
7	《飞驰人生》	国产	《除暴》	国产	《中国医生》	国产	《侏罗纪世界3》	进口	《长安三万里》	国产

续表

排名	2019 年		2020 年		2021 年		2022 年		2023 年	
	电影名	国产/进口	电影名	国产/进口	电影名	国产/进口	电影名	国产/进口	电影名	国产/进口
8	《烈火英雄》	国产	《宠爱》	国产	《哥斯拉大战金刚》	进口	《熊出没·重返地球》	国产	《熊出没·伴我"熊芯"》	国产
9	《少年的你》	国产	《我在时间尽头等你》	国产	《悬崖之上》	国产	《阿凡达：水之道》	进口	《坚如磐石》	国产
10	《速度与激情：特别行动》	进口	《误杀》	国产	《误杀2》	国产	《神探大战》	国产	《人生路不熟》	国产
前10名中进口电影数量	2		0		2		2		0	
前10名中进口电影票房占比	19.8		0		10.59		11.07		0	

资料来源：根据猫眼电影数据整理。

（二）美国电影仍占进口电影较大比重，日本电影成绩突出

2023 年，我国从 15 个国家和地区进口电影共计 91 部，其中 42 部是美国电影，比 2022 年的 24 部增加了 18 部。2023 年进口美国电影票房达 66.3 亿元，与 2022 年的 38.15 亿元相比，增加了 73.79%。2023 年美国电影票房占全部进口电影票房①的 71.54%（见表 2），低于 2022 年的 83.74%。

2023 年日本电影在中国市场表现突出，16 部电影票房总计达到 21.52

---

① 此处进口电影票房采用笔者根据猫眼电影数据整理得到的 92.68 亿元这一数值，其与国家电影局的统计略有差异。

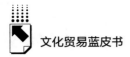

亿元，占进口电影总票房比重达到23.22%，比2022年的13.08%相比增长了近1倍。6部日本电影票房过亿，《铃芽之旅》和《灌篮高手》票房在全部进口电影中排在第2位和第4位（见表3）。

表2　2023年中国内地进口电影来源国家或地区及其他相关情况

单位：部，亿元

国家或地区	总数量	票房过亿电影数量	总票房	票房占比
美国	42	17	66.30	71.54%
日本	16	6	21.52	23.22%
法国	12	0	0.79	0.85%
中国香港	3	1	2.09	2.26%
中国台湾	3	0	0.34	0.37%
德国	3	0	0.06	0.06%
加拿大	2	1	1.39	1.50%
印度	2	0	0.04	0.04%
英国	2	0	0.03	0.03%
比利时	1	0	0.03	0.03%
哥伦比亚	1	0	0.03	0.03%
泰国	1	0	0.03	0.03%
俄罗斯	1	0	0.01	0.01%
马来西亚	1	0	0.01	0.01%
意大利	1	0	0.01	0.01%

资料来源：根据猫眼电影数据整理。

表3　2023年中国内地进口电影中票房排名前10的电影

单位：亿元

排名	片名	制片国家	总票房
1	《速度与激情10》	美国	9.84
2	《铃芽之旅》	日本	8.07
3	《阿凡达:水之道》	美国	7.43
4	《灌篮高手》	日本	6.60
5	《变形金刚:超能勇士崛起》	美国	6.55
6	《银河护卫队3》	美国	6.06
7	《奥本海默》	美国	4.50

排名	片名	制片国家	总票房
8	《蜘蛛侠:纵横宇宙》	美国	3.57
9	《碟中谍7:致命清算（上）》	美国	3.49
10	《海王2:失落的王国》	美国	3.35

资料来源：根据猫眼电影数据整理。

（三）进口分账电影数量和票房大幅上升

2023 年中国引进进口分账片的数量和票房与 2022 年比大幅上升，数量为 37 部，比 2022 年增加了 18 部；总票房约为 65.02 亿元，比 2022 年上升了 26.67 亿元。北美电影在进口分账电影中依旧保持绝对优势，全部 37 部电影中有 36 部来自北美，另外 1 部来自英国。其中，票房超过 1 亿元的电影有 17 部，分别是《速度与激情 10》（9.84 亿元）、《阿凡达：水之道》（7.42 亿元①）、《变形金刚：超能勇士崛起》（6.55 亿元）、《银河护卫队 3》（6.06 亿元）、《奥本海默》（4.5 亿元）、《蜘蛛侠：纵横宇宙》（3.57 亿元）、《碟中谍 7：致命清算（上）》（3.49 亿元）、《海王 2：失落的王国》（3.35 亿元）、《蚁人与黄蜂女：量子狂潮》（2.72 亿元）、《芭比》（2.52 亿元）、《闪电侠》（1.85 亿元）、《超级马力欧兄弟大电影》（1.71 亿元）、《敢死队 4：最终章》（1.57 亿元）、《汪汪队立大功大电影 2：超能大冒险》（1.37 亿元）、《疯狂元素城》（1.14 亿元）、《惊奇队长 2》（1.1 亿元）、《黑豹 2》（1.06 亿元）。

（四）"批片"持续为市场注入更多元的内容

2023 年在中国内地上映的进口"批片"有 39 部，比 2022 年多 4 部；总票房约为 25.56 亿元，较 2022 年相比增加了 16.68 亿元；尽管影片数量和总票房都有所提升，但是来源地多元化程度有所降低，来源国家或地区数量从 2022 年的 14 个减少到 2023 年的 10 个（见表 4、表 5）。截至 2023 年，

---

① 7.42 亿元是《阿凡达：水之道》2023 年在中国内地取得的票房收入，其 2022 年在中国内地取得的票房收入为 9.54 亿元。

日本已连续 5 年成为中国内地"批片"第一大来源国，电影数量和总票房都远超其他国家和地区。2023 年来自日本的进口"批片"数量达到 16 部，票房达到 21.52 亿元，占批片总票房的 84.2%；其中有 14 部为动漫电影，票房超过 1 亿元的电影有《铃芽之旅》（8.07 亿元）、《灌篮高手》（6.6 亿元）、《天空之城》（1.35 亿元）、《名侦探柯南：黑铁的鱼影》（1.32 亿元）、《哆啦 A 梦：大雄与天空的理想乡》（1.01 亿元）。

表 4 2023 年中国内地不同来源国家或地区进口"批片"数量及总票房

单位：部，亿元

国家或地区	数量	总票房
日本	16	21.52
美国	5	1.3
法国	5	0.36
中国台湾	3	0.34
德国	3	0.06
中国香港	2	1.88
印度	2	0.04
哥伦比亚	1	0.03
比利时	1	0.03
俄罗斯	1	0.008

资料来源：根据猫眼电影数据整理。

表 5 2022 年中国内地不同来源国家或地区进口"批片"数量及总票房

单位：部，亿元

国家或地区	数量	总票房
日本	7	5.97
中国香港	2	1.1
印度	4	0.54
英国	3	0.33
美国	4	0.3
法国	3	0.17
爱尔兰	1	0.17
中国台湾	1	0.16
俄罗斯	3	0.1
德国	3	0.018

续表

国家或地区	数量	总票房
荷兰	1	0.012
澳大利亚	1	0.0076
意大利	1	0.0043
奥地利	1	0.0015

资料来源：李小牧、李嘉珊主编《文化贸易蓝皮书：中国国际文化贸易发展报告（2023）》，社会科学文献出版社，2023，第 67 页。

（五）好莱坞大制作电影"票房失灵"，观众欣赏口味变化使"大片"全球赢者通吃现象有所改变

2023 年进口电影方面出现一个特别引人注目的现象：好莱坞大制作电影在包括中国在内的全球市场都出现"票房失灵"，即票房成绩出现大幅度下降。全球电影票房排行榜上，像《银河护卫队 3》《速度与激情 10》《蜘蛛侠：纵横宇宙》《碟中谍 7：致命清算（上）》《蚁人与黄蜂女：量子狂潮》这种大制作系列电影，都无法进入前 3 位；在中国市场上，它们虽然排在进口电影票房排行榜的前列，但是和疫情之前的 2019 年相比，票房出现"断崖式"下滑，像《速度与激情》这种在中国有超高口碑并已上映多年的系列电影，票房也从 2019 年的 14.34 亿元下降到 2023 年的 9.84 亿元；《蜘蛛侠》系列电影的票房则从 2019 年的 14.17 亿元下降到 2023 年的 3.57 亿元（见表 6）。

表 6 2019 年与 2023 年中国内地票房排名前 10 的进口电影

单位：亿元

排名	2019 年				2023 年			
	片名	制片国家或地区	总票房	是否全球同步上映	片名	制片国家或地区	总票房	是否全球同步上映
1	《复仇者联盟 4：终局之战》	美国	42.48	是	《速度与激情 10》	美国	9.84	是
2	《速度与激情：特别行动》	美国	14.34	否	《铃芽之旅》	日本	8.07	否

续表

排名	2019 年				2023 年			
	片名	制片国家或地区	总票房	是否全球同步上映	片名	制片国家或地区	总票房	是否全球同步上映
3	《蜘蛛侠：英雄远征》	美国	14.17	是	《阿凡达：水之道》	美国	7.43	是
4	《大黄蜂》	美国	11.49	否	《灌篮高手》	日本	6.6	否
5	《惊奇队长》	美国	10.34	是	《变形金刚：超能勇士崛起》	美国	6.55	是
6	《比悲伤更悲伤的故事》	中国台湾	9.57	是	《银河护卫队 3》	美国	6.06	是
7	《哥斯拉 2：怪兽之王》	美国	9.37	是	《奥本海默》	美国	4.5	否
8	《阿丽塔：战斗天使》	美国	8.96	否	《蜘蛛侠：纵横宇宙》	美国	3.57	是
9	《狮子王》	美国	8.33	是	《碟中谍 7：致命清算（上）》	美国	3.49	是
10	《冰雪奇缘 2》	美国	8.22	是	《海王 2：失落的王国》	美国	3.35	是

资料来源：根据 https：//www.imdb.com 网站上的数据整理。

另外值得一提的是，大制作电影票房在中国市场上的断崖式下降，是在其中有更多电影全球同步上映的情况下出现的，这就更凸显了国内市场观众偏好的变化。表 6 中我们列举了 2019 年和 2023 年中国内地票房排名前 10 的进口电影，其中 2019 年的 9 部美国电影中只有 6 部是全球同步上映的，而 2023 年的 8 部中有 7 部都是全球同步上映，唯一一部没有同步上映的也不是传统意义上的特效"大片"，而是《奥本海默》这种"获奖"电影。总之，2023 年中国进口美国大片频繁而与世界同步，但依然无法扭转它们在中国市场"票房失灵"的局面。

反观排在当地票房排行榜前几位的电影，无论是在全球还是在中国，都不是好莱坞大制作特效电影。全球市场上前 3 位分别为《芭比》《超级马力欧兄弟大电影》《奥本海默》，都不是传统意义上的大制作"超英"电影；

而在中国前 3 位则全部都是国产片。

总之，2023 年好莱坞大片"票房失灵"现象似乎预示着一个新阶段到来："大片"全球赢者通吃现象有所改变。全球电影观众欣赏口味都偏向更加多元化的小制作电影，这为中国电影市场发展及国际影响力提升带来了重要启示。

（六）各类电影节和影展活动为观众提供多样化的观影选择

2023 年 3 月 23 ~ 31 日，意大利电影展在卢米埃南京金鹰河西影城和卢米埃南京金鹰新街口影城举办。此次展映精选了 5 部意大利电影佳作，包括惊悚片《恐惧的代价》，纪录片《费里尼的世界》以及《寂静之乐》、《托斯塔纳天堂》、《西西里奇妙故事》，为广大影迷带来了一场充满意式风情的视听盛宴。2023 年 4 月 22 ~ 29 日，由国家电影局指导、中央广播电视总台和北京市人民政府主办的第 13 届北京国际电影节在北京圆满举办，电影节主竞赛单元"天坛奖"共收到来自 93 个国家和地区的 1488 部影片报名，数量再创新高。2023 年 6 月 5 ~ 8 日，由国家电影局指导，广东省电影局、广州市委宣传部支持，中国电影发行放映协会、全国电影院线主办，中影南方电影新干线院线和珠江影业等承办的第 23 届全国院线影片推介会在广州市增城区举办，超 160 部新片亮相，并首设进口影片推介单元，推介影片包括派拉蒙影片公司的《变形金刚：超能勇士崛起》《碟中谍 7：致命清算（上）》《忍者神龟：变种大乱斗》，华纳兄弟的《闪电侠》《蓝甲虫》，迪士尼的《疯狂元素城》《夺宝奇兵：命运转盘》，传奇影业的《沙丘 2》《哥斯拉大战金刚 2：帝国崛起》，环球影业的《奥本海默》《魔发精灵 3》等，以及来自西班牙的《上帝的笔误》、日本的《红猪》、德国的《月球总动员》、印度的《超龄少女》等。2023 年 8 月 29 日，俄罗斯电影展北京站开幕，此次俄罗斯电影展首次同时涵盖 3 个举办城市——北京、黑河和苏州，并分别在 3 座城市展映《斗牛梗》《寡言十一人》《从头开始》《捕鲸男孩》《三分钟沉默》《迷失季节》等 6 部电影。2023 年 11 月 17 日，德国电影展在北京德国文化中心·歌德学院（中国）开幕，其由德国电影协会和北京德国文化中心·歌德学院联合举办，持续至 11 月 26 日。此次影展放映了 12 部德国新片，都是在 2022～2023 年完成的新电影，涉及不同主题，包括入围了 2023 年柏林国际电影节新生代青年单元的《忆梦记》，获得 2023 年柏林国际电影节最佳剧本银熊奖的《音乐》，"德国新电影四杰"之一沃尔克·施隆多夫导演的纪录片《造林人》以及《德黑兰七冬》《戏梦空间》《日正午》《盲区暗影》《不，我愿意》《起舞的皮娜》《最后一夜》《东德时尚往事》《格雷戈尔夫妇——跟我来电影院吧》。德国电影展持续地为中国观众带来最新的德语佳作，为身处两国的影迷和创作者搭建交流的平台。2023 年 11 月 17 日，第 22 届国际学生影视作品展（ISFVF）开幕式在北京电影学院举行，此届影展共收到了来自全球 95 个国家和地区的 2360 部作品，其中包含了来自共建"一带一路"的 67 个国家和地区的 1530 部作品，经过重重评审最终有 76 部佳作脱颖而出，进入竞赛展映。在 ISFVF 举办的一周内，丰富多彩的展映、交流活动陆续展开。除了国际学生作品竞赛展映单元、法国高等国家影像与声音职业学院（La Fémis）学生作品展、墨西哥当代电影展与西班牙当代青年电影展 4 项展映活动外，还有"大讲堂"和"工作坊"2 项交流活动，为青年创作者们提供了朋辈交流的广阔平台。

（七）引进版权翻拍电影在国内取得较好票房成绩

翻拍电影是电影业贸易的重要形式，可以降低风险，也可以丰富华语电影类型。2023 年又有 10 部国产翻拍电影在国内上映，详见表 7。

表 7　2023 年国产翻拍电影与原作对比情况

国产翻拍电影	原作	原作来源国家
《消失的她》	《为单身汉设下的陷阱》（1990 年）	苏联
《拯救嫌疑人》	《七天》（2007 年）	韩国
《超能一家人》	《超能力家庭》（2016 年）	俄罗斯
《忠犬八公》	《忠犬八公物语》（1987 年）	日本
《好像也没那么热血沸腾》	《篮球冠军》（2018 年）	西班牙

国产翻拍电影	原作	原作来源国家
《无价之宝》	《担保》（2020 年）	韩国
《二手杰作》	《世界上最伟大的父亲》（2009 年）	美国
《瞒天过海》	《看不见的客人》（2016 年）	西班牙
《请别相信她》	《请别相信她》（2004 年）	韩国
《我爱你!》	《我爱你》（2011 年）	韩国

资料来源：猫眼电影专业版。

三 后疫情时代潜力巨大的中国电影出口贸易

（一）后疫情时代全球电影市场持续复苏

在 2023 年，全球电影市场的复苏势头继续增强，据估计总票房达到 339 亿美元，相比于 2022 年的 259 亿美元，增长 30.9%，但和疫情前 2017~2019 年的平均水平相比，只恢复到 80%左右。北美电影市场在 2023 年继续领跑全球，票房为 89.06 亿美元，同比增长 21%，与 2017~2019 年的平均水平相比，恢复到 79%。2023 年北美电影票房占全球比重从 2022 年的 28.5%减少至 26.3%。[①] 中国市场总票房达到 77.93 亿美元，占全球比重为 23%，和 2022 年比提高了约 5个百分点，和疫情前的 2019 年比，也提高了约 1 个百分点（见表 8）。

表 8 2017~2023 年中国及全球电影票房相关情况

单位：亿美元，%

年份	中国票房	全球票房	中国票房占比
2017	79	409	19.32
2018	90	418	21.53
2019	93	423	21.99

---

① 2020~2023 年北美电影总票房分别为 21.14 亿美元、44.83 亿美元、73.69 亿美元和 89.06亿美元，数据来自 https://www.boxofficemojo.com。

续表

年份	中国票房	全球票房	中国票房占比
2020	30	118	25.42
2021	73	213	34.27
2022	44.74	259	17.27
2023	77.93	339	23

资料来源：根据 https：//www.motionpictures.org 上各年 THEME Report 中数据整理，2022 年和 2023 年全球票房数据来自 Gower Street Analytics。

中国电影在全球电影票房排行榜中的名次较 2022 年有所上升，2023 年全球电影票房排行榜上前 20 名中有 5 部中国电影（包括中国参与制片的电影），分别是《满江红》（第 7 名）、《流浪地球 2》（第 9 名）、《孤注一掷》（第 12 名）、《消失的她》（第 14 名）和《巨齿鲨 2：深渊》（第 19 名）（见表 9）。

华语电影在全球范围内的放映地区数量相对有限。在全球票房排名前 20 的华语电影中，放映地区最多的《流浪地球 2》仅覆盖了 9 个地区，其票房收入主要来自中国。相比之下，中外合拍的电影《巨齿鲨 2：深渊》在全球拥有 36 个放映地区（见表 9）。这一现象不仅体现了中国电影市场在全球电影产业中的显著地位，更揭示了华语电影在国际舞台上的推广仍蕴藏着巨大的潜力和广阔的空间。鉴于此，华语电影产业应当主动寻求开展更广泛的国际合作的机会，从而进一步增强其在全球市场上的影响力和竞争力。

表 9 2023 年全球票房排名前 20 的电影

单位：美元，个

名次	片名	制片国家	全球票房	放映地区数
1	《芭比》	美国	1445638421	34
2	《超级马力欧兄弟大电影》	美国、日本	1361964429	77
3	《奥本海默》	美国、英国	957590370	73
4	《银河护卫队 3》	美国	845555777	46
5	《速度与激情 10》	美国	704875015	75
6	《蜘蛛侠：纵横宇宙》	美国	690615475	31
7	《满江红》	中国	625403746	6

名次	片名	制片国家	全球票房	放映地区数
8	《旺卡》	美国、加拿大、爱尔兰、英国、澳大利亚、法国	617247000	33
9	《流浪地球2》	中国	569854786	9
10	《小美人鱼》	美国	569626289	47
11	《碟中谍7:致命清算（上）》	美国	567535383	52
12	《孤注一掷》	中国	529038134	4
13	《疯狂元素城》	美国	496444308	48
14	《消失的她》	中国	493244275	6
15	《蚁人与黄蜂女:量子狂潮》	美国	476071180	48
16	《疾速追杀4》	美国	440157245	89
17	《变形金刚:超能勇士崛起》	美国	438966392	52
18	《海王2:失落的王国》	美国	433691671	36
19	《巨齿鲨2:深渊》	美国、中国	397700317	36
20	《夺宝奇兵:命运转盘》	美国	383963057	48

资料来源：根据 https：//www.boxofficemojo.com、https：//www.imdb.com 和猫眼电影数据整理。

（二）中国电影国际影响力持续增强，屡获大奖

2023年中国电影在国际上获得多个重要电影节大奖和入围提名。2023年戛纳女性故事电影节上，2部中国电影获奖，中国导演张海涛执导的《撒拉尔女孩》获最佳亚洲电影奖，《阿霞书记》主演侯莹珏获最佳亚洲女演员奖；2023年荷兰新视野国际电影节上，多部中国影片获现场提名，由藏族导演旦真旺甲执导的电影《随风飘散》获得最佳实验影片大奖；2023年法国尼斯国际电影节上，3部中国影片入围，电影《仲肯》和《傍晚向日葵》及短片《蜜屿》斩获多项提名；在2023年中美电影节上，《巨齿鲨2:深渊》演员吴京荣获年度最佳男主角奖，《平凡英雄》演员李冰冰荣获年度最佳女主角奖，《望道》演员胡军荣获年度最佳男配角奖，《无名》演员江疏影荣获年度最佳女配角奖，《孤注一掷》制片人刘然荣获年度最佳制片人奖，《流浪地球2》导演郭帆荣获年度最佳导演奖，《龙马精神》编剧杨子荣获年度最佳编剧奖。2024年，第74届柏林国际电影节上5部华语片获

奖，张文倩执导的《热天午后》荣获短片竞赛单元评审团奖，邱阳执导的《空房间里的女人》荣获奇遇单元评审团特别奖，瞿尤嘉执导的《开始的枪》荣获新生代青年单元水晶熊最佳长片特别提及奖，杨曜恺执导的《从今以后》荣获泰迪熊最佳影片奖，蓝灿昭执导的《夏日句点》获得新生代儿童单元最佳短片评审团特别奖。

（三）中国资本参与全球电影拍摄有所减少，合拍电影海外传播力增强

2023 年又有几家中国企业参与全球电影制作，包括 CMC 资本参与投资的中美合拍片《巨齿鲨 2：深渊》、中国电影股份有限公司参与投资的《速度与激情 10》、腾讯影业参与投资的《金爆行动》等（见表 10）。与往年相比，2023 年中国企业参与全球化电影拍摄有所减少。但是与国产电影相比，合拍电影的全球上映地区数更多，一些中方主导的合拍电影，如由吴京主演的电影《巨齿鲨 2：深渊》，对于中国元素国际传播依然发挥重要作用。

表 10　2023 年中国公司参与拍摄英语电影情况

单位：个

英文名	中文名	中国公司	合拍国	上映地区
Meg 2: The Trench	《巨齿鲨 2：深渊》	CMC 资本	美国	37
Fast X	《速度与激情 10》	中国电影股份有限公司	美国、日本	76
Operation Fortune: Ruse de Guerre	《金爆行动》	腾讯影业	英国、美国、印度尼西亚、土耳其	61
Knock at the Cabin	《拜访小屋》	完美世界	美国、日本	62
Hidden Strike	《狂怒沙暴》	长春电影制片厂	美国	3
Super Wings the Movie: Maximum Speed	《超级飞侠：乐迪加速》	优酷信息技术（北京）有限公司、莫非影画	韩国	4

资料来源：根据 https：//www.imdb.com 数据整理。

（四）国产电影继续通过翻拍权输出来扩大国际影响力

2023 年 10 月 19 日，索尼影业官宣将翻拍《你好，李焕英》，并由其导

演贾玲担任监制，《你好，李焕英》也将成为首部被好莱坞翻拍的国产喜剧电影；翻拍自国产电影《七月与安生》①的韩国电影《再见，我的灵魂伴侣》于 2023 年 3 月 15 日在韩国上映，获得较高的口碑。

（五）多部中国电影通过全球流媒体平台实现国际上映

2023 年多部国产电影上线全球流媒体平台网飞（Netflix）。其中，由张艺谋执导的电影《满江红》讲述了南宋绍兴年间，岳飞死后 4 年秦桧率兵与金国会谈时发生的中国特色传奇故事，该片获得了第 17 届亚洲电影大奖 2023 年最高票房亚洲电影奖，在 Netflix 一经上线便引起轰动，成为该平台的热门之选；周星驰监制的动画电影《美猴王》于 2023 年 8 月 18 日登陆 Netflix，该片改编自中国经典文学作品《西游记》，让世界感受到中国文化的魅力；由崔睿、刘翔执导的改编自真实杀妻案的悬疑电影《消失的她》2023 年 10 月 1 日上线 Netflix，上线不到两天即进入多个地区的电影排行榜前 10 名。随着中国电影产业的不断发展，我们可以期待看到更多优秀的国产电影登陆国际舞台，为全球观众带来不同的文化体验和视角。

（六）中国电影走出去，借助"一带一路"交流合作落地生根

为进一步促进中国电影与世界电影碰撞交流，助力中国影业"出海"，增强我国文化产品的竞争力和提升我国文化在国际舞台上的国际话语权，我国电影业积极进行国际交流，借助"一带一路"契机，加强与共建"一带一路"国家和地区的文化交流。当地时间 2022 年 12 月 27 日 18：00，由中国电影博物馆主办的第 2 届"一带一路"国际电影交流活动在意大利罗马举办，第 2 届"一带一路"国际电影交流活动（意大利站）由启动式、主题展览及主题展映构成，展映活动集中展映了近年国产优秀影片，展映时间为 12 月 27~29 日，每日两场。展映影片题材多样，类型丰富，分别是《流浪地球》《哪吒之魔童降世》《掬水月在手》《悬崖之上》《白蛇传·情》

---

① 截至 2024 年 7 月，豆瓣评分为 7.3 分。

《你好，李焕英》。2023 年 6 月 9 日，第 25 届上海国际电影节盛大启幕。2023 年 9 月 26 日下午，由丝绸之路国际电影节（福州）执委会办公室、中国电影基金会主办，福州电影节有限公司承办，中国电影基金会影视摄制服务专项基金执行的第十届丝绸之路国际电影节"一带一路"电影文旅融合发展论坛在福州举办。2023 年 12 月 22 日下午，"视听中国"2023 中国（浙江）影视产业国际合作实验区海宁基地（以下简称"海影基地"）国产影视剧走进土库曼斯坦启动仪式在北京成功举行，启动仪式现场，海影基地影视企业与中国传媒大学、华中科技大学签订了产教融合、科学研究、译制人才实训意向合作协议，此外，海影基地还与多个影视平台签订了影视剧出口战略合作协议，这些协议的签订进一步筑牢了影视输出人才基础，畅通了影视输出渠道。2023 年 12 月 26 日，"一带一路"暨中原文化交流展在吉尔吉斯斯坦首都比什凯克举行，吉中两国政府、教育和企业界代表出席活动。

四　抓住全球电影市场新机遇，持续提升国产电影的国际影响力

综合判断，目前全球电影市场正在经历转变期，主要体现为好莱坞特效大片"票房失灵"，中外市场赢者通吃的电影数量在减少。2023 年全球票房排行榜上，排在前面的都不是大投资的超英电影，反而是像《芭比》《奥本海默》这样的内涵丰富的中等投资电影，而大投资电影全球票房正在下滑，体现出观众对于此类电影出现审美疲劳。而之前在全球市场能够做到"赢者通吃"的也恰恰是这样的大投资电影。

这种现象有可能使电影市场出现"逆全球化"现象，即"能够在中外市场实现赢者通吃的电影在减少"，这对于中国电影提升国际影响力是一个机遇。一是全球市场都在寻求多元化，而中国电影提供了一个多元化选择。二是大投资电影"票房失灵"的情况下，中国国产电影的在海外的相对竞争力有望提升。全球市场开始偏好一些主题鲜明、故事好看的中等制作的电影，中国国产电影更加符合这个标准。三是好莱坞大投资电影如果想继续延续

"中外通吃"的局面，就要更多考虑中国市场的需求。他们或者在大投资电影中加入中国元素，或者拍摄中国题材的电影，或者更多地与中国合作，或者想办法将中国国产电影引介到海外市场进行全球发行。中外合作的方式也将越来越多元化，2023年，索尼影业购入中国电影《你好，李焕英》改编权，将拍摄英文版，并邀请原版电影导演贾玲担任监制，这就可以被看作一个例证。

面对新情况与新环境，中国需要抓住机遇，继续加强国际合作，推动国内电影市场高质量发展和高水平对外开放，进而继续提升国产电影的国际影响力。这方面可以做的事情较多，这里着重强调如下三点。

（一）持续重视进口电影对于国内电影市场与国产电影国际竞争力的培育作用，继续扩大开放

进口电影大片"票房失灵"、国产电影偏好凸显是2023年中国电影市场的一个突出特征，充分说明经过多年的开放式发展，国产电影已经在国内市场基本确立了优势地位。但是，这并不意味着进口电影不重要了，相反，这恰恰说明多年来进口电影产生了重要的竞争效应，使得国产电影虽然处于国内市场，但也可以感受到一种国际化的竞争环境，更加迅速地提升竞争力。虽然在国内市场已经基本确立了优势地位，但是在国际市场上，国产电影的影响力仍然有限。为此，必须进一步加强对国产电影的支持和培育，提高它们的制作水平和艺术价值，让国产电影在国际市场上赢得更多的关注和认可；在这个过程中，进口电影将继续发挥重要作用。只有进一步扩大开放，引进更多更有竞争力的进口电影，才能进一步发挥竞争效应，国产电影也才能在激烈的与进口电影的竞争中更加迅速地成长和进步。

进口电影大片"票房失灵"，一方面是因为观众对于国产电影的偏好逐渐增强，另一方面也是因为进口电影在某些方面已经无法满足中国观众的口味，观众需要更加多元化、更加真诚、无论是在商业层面还是在艺术层面都更加有突破的进口电影。今后只有在各方面都特别优秀的作品才能赢得中国观众的青睐。因此，应当进一步加强对进口电影的筛选，适当放松对进口电影的限制，提升进口电影的多样性，引进更多符合当前中国观众口味的优秀

进口电影，这不仅可以极大丰富国内观众的观影选择，满足人民日益增长的美好生活需要，还有助于进一步激活国内市场，使国产电影在"与狼共舞"中更加快速地提升水平。总之，重视进口电影对于国内电影市场与国产电影国际竞争力的培育作用，继续扩大开放，是我们中国电影市场未来发展的必经之路。只有不断学习、不断创新，才能在国际市场上逐步提升影响力。

（二）做好档期电影管理，重视重要档期的国际影响力，适度引入合拍电影

近几年国内档期日益重要，虽然在疫情防控期间电影总票房出现剧烈波动，但是档期票房波动比较小，一些重要档期票房比较稳定甚至持续上升。档期也集结了最优质且票房号召力最强的华语电影。从图2中可见，虽然2023年的年度总票房与疫情之前的2019年相比仍有约92亿元的差距[①]，但是档期总票房[②]已经超过了2019年的水平。

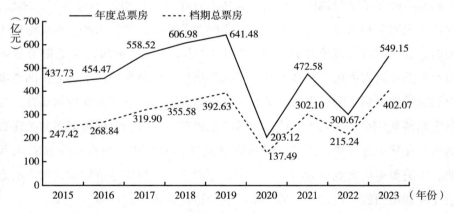

图2　2015～2023年中国电影年度总票房与档期总票房情况

资料来源：根据国家电影局与猫眼专业版App数据整理。

---

① 此处票房数据不含影院服务费。
② 档期总票房是指国内各主要电影档期票房总和，纳入统计的重要档期包括春节档、情人节档、清明档、五一档、六一档、暑期档、端午档、七夕档、中秋档、国庆档、贺岁档、跨年档。

在中国保持全球第二大电影市场地位的背景之下，档期电影重要性提升，就意味着中国电影档期在全球重要性的提升。因此，做好电影档期管理对于中国国产电影国际影响力提升就显得尤为重要。今后应该继续做好档期电影管理，一是继续开辟新的电影档期，将开辟新档期作为扩大国内电影市场规模的重要方式；二是做好档期电影选择，将电影主题与档期风格做好匹配，以提升档期的利用效率，提高档期单日票房，将档期口碑与电影口碑培育相结合，提升档期电影的后档期票房可持续性；三是重视关键档期国际影响力的培育。这里重点强调春节档期的重要性。春节档期是中国"原创"电影档期中最重要的一个，具有国产优质电影集中、日均票房成绩高、档期后热度延续性强、国际影响力大的特征；春节档期恰逢北美电影冷门月份，国际市场竞争相对较小，因此春节档期的国产电影更容易引发国际关注。建议政府对春节档期国际传播效果较好的电影项目给予荣誉鼓励，或者做事后补贴；也建议尝试在春节档期适当加入一些中方主导的中外合拍电影，从而在不影响国内市场的情况下，适度提升其国际影响力。

（三）高度重视电影国际获奖的重要作用，做好本土国际电影节

好莱坞特效大片在中国的"票房失灵"说明中国电影市场高质量发展又进入了新阶段，观众对于电影的多样性、思想性和艺术性的欣赏水平在提升。"国际获奖"再一次变得重要。如果说 20 世纪 90 年代中国电影人需要通过艺术电影国际获奖来打开国际知名度，再通过拍摄华语商业电影来开拓国内市场的话，现在中国电影人则需要用国际电影节获奖的艺术电影本身来进一步挖掘国内电影市场潜力。同时，中国也需致力于提升本土国际电影节的国际影响力。应持续举办并优化上海国际电影节、北京国际电影节等具有影响力的本土国际电影节，通过这些平台进一步扩大中国电影国际影响力。此外，还应充分发挥"专家委员会"的专业作用，为电影节的成功举办和持续发展提供有力支持，做好优质电影的市场推介。

B.5

中国图书版权对外贸易
发展报告（2024）[*]

孙俊新　卢沐萱　张笑雨^{**}

摘　要：　2023 年是全面贯彻党的二十大精神的关键之年，同时也是"一带一路"倡议提出十周年。2023 年，中国图书版权对外贸易发展态势良好。随着中国文化出口基地的建设以及与各国文化合作的推进，中国图书版权贸易进出口总额相对平稳，中外人文交流更加密切；国内各地巧用文化资源，打造出版社国际品牌；中国多部优质图书作品获奖，国际影响力增强；中国在国际书展中扮演着越来越重要的角色，以优质图书为媒介，讲述中国故事。面对复杂的图书行业环境，还需进一步打造精品图书品牌；深化版权平台建设；加快数字出版，推动出版业数字化转型；加强国际交流合作，积极拓展国际图书市场。

关键词：　图书版权贸易　中外人文交流　数字出版

2023 年，习近平总书记提出了全球文明倡议，呼吁共同尊重世界文明的多样性，共同弘扬全人类的共同价值，共同重视文明的传承和创新，并共同加强国际人文交流合作。^① 图书作为人类传递和积累知识的重要工具，承

＊　本报告获得北京市社会科学基金青年学术带头人项目（项目编号：21DTR013）资助。

＊＊　孙俊新，博士，北京第二外国语学院经济学院教授，首都国际服务贸易与文化贸易研究基地研究员，系主任，研究方向为国际文化贸易与投资、国际服务贸易与投资；卢沐萱，北京第二外国语学院贸易经济（国际文化贸易方向）专业 2021 级本科生；张笑雨，北京第二外国语学院国际文化贸易专业 2023 级硕士研究生，研究方向为国际文化贸易。

①　王迪：《习近平出席中国共产党与世界政党高层对话会并发表主旨讲话》，《人民日报》2023 年 3 月 16 日，第 1 版。

载着文化传承和文化交流的重要使命。此外，版权贸易也是加强中外合作交流、推动中国优秀作品走向海外的重要形式。图书版权的对外贸易在促进中华优秀文化传播、推动中外文明交流互鉴方面发挥着重要作用。

2023年图书版权贸易的主旋律是恢复和发展，面对复杂多变的全球书业环境，中国图书版权贸易整体呈现出良好的发展势头，同时也显现出一些新的特点。

一　中国图书版权对外贸易概况

（一）中国图书进出口概况

海关总署的数据显示，2023年图书零售市场销售数量同比增长6.53%，销售码洋同比增长0.98%，市场规模约932亿元，与2022年相比有小幅回升。2023年中国的图书（包括书籍、报纸、印刷图画等）进出口总额约为60.97亿美元（见图1）。这一数字揭示了中国在全球图书贸易中的重要地位。具体来看，2023年中国图书进口额约为20.52亿美元（见图2），而出口额约为40.45亿美元（见图3），与前一年相比基本持平，保持了稳定的贸易顺差。①

全球图书市场近年来面临着诸多挑战，其中包括成本上涨、利润下降等问题，使得这一行业步履维艰。然而，在这种不利情况下，中国的图书出口和进口展现出了强大的韧性和生命力。即便在竞争激烈且变化不断的环境中，中国的图书贸易仍然保持着相对稳定的增长趋势，这既是对中国图书产业的信心的来源，也是对中国在全球图书市场上的竞争力的有力印证。

---

① 需要注意的是，海关总署的进出口贸易统计范围包括了加工贸易等多种贸易形式，而一般学界和业界普遍认为的图书贸易多指一般贸易形式的图书贸易，因此二者对我国图书贸易是处于顺差还是逆差状态的观点不同。后者中有代表性的是《2021年新闻出版产业分析报告》指出2021年我国"图书、期刊和报纸"的出口额（4816万美元）远远低于进口额（3.7亿美元）。

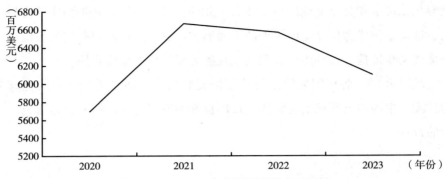

图1 2020~2023年中国图书进出口总额

资料来源：海关总署。

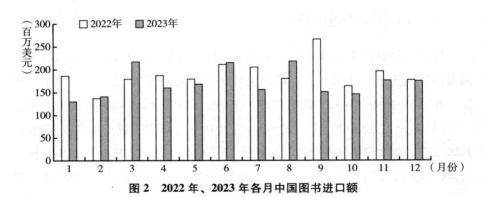

图2 2022年、2023年各月中国图书进口额

资料来源：海关总署。

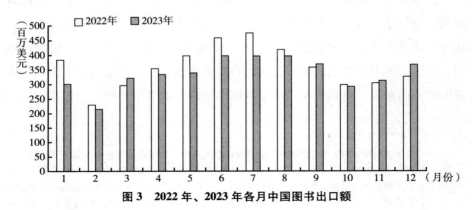

图3 2022年、2023年各月中国图书出口额

资料来源：海关总署。

（二）中国图书进出口贸易伙伴

美国是中国图书贸易的最大合作伙伴，美国的出版业也是全球最大的市场之一。尽管随着数字化技术的不断进步，数字图书逐渐占据一席之地，但纸质书仍然是大众图书市场的主要支柱，这一现象在一些特定领域和特定读者群体中尤为突出。

我国对外文书的需求持续旺盛，这也在图书进出口额中得到了体现。然而，与美国等发达国家的图书零售行业实际收入规模相比，中国的图书市场仍然存在着较大的增长空间。这表明尽管中国在图书贸易中占据着重要地位，但中国图书贸易仍有进一步发展和提升的空间，可以通过不断改进市场结构、提高图书品质和服务水平等方式来扩大市场规模和增加市场份额。

2023年，中国的图书进出口贸易呈现明显的区域性特点。在出口方面，中国的主要市场集中在美国、中国香港、英国、澳大利亚。其中，美国以140967万美元的出口额遥遥领先，英国以28058万美元的出口额位居第3，反映了欧美市场仍然是世界文化产品的主要进口市场；中国香港以36382万美元的出口额位居第2，展现了其作为一个重要的图书中转地和消费市场的地位。总体来看，这些出口市场主要集中在发达国家和地区，尤其是文化需求和教育水平较高的区域。

在进口方面，中国自美国进口图书的进口额达61016万美元，美国是中国图书的第一大进口来源国；新加坡以17972万美元的进口额紧随其后，凸显了其作为一个国际图书贸易重要中转地的地位（见表1）。此外，如英国、中国台湾等国家和地区也在中国的图书进口来源地中占据了重要位置。整体上，中国的进口市场集中于英语国家以及周边国家和地区。

中美之间的图书贸易关系尤为显著。2023年，中国对美国的图书出口额为140967万美元，而从美国进口图书的进口额为61016万美元，出口额远远超过进口额，这一巨大的顺差可能主要是由中国在图书加工贸易上的顺差贡献的。但中国从美国进口图书的进口额仍然很高，表明中国市场对美国图书有巨大需求，特别是在教育、科技和文化等领域，美国在全球出版行业

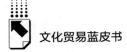
仍然占据主导地位。除了美国，英国和德国等欧洲国家在中国图书进出口贸易中的重要性也不容忽视。英国不仅是中国的第 3 大出口市场，同时也是中国的第 3 大图书进口来源地，这表明中英之间的文化交流和出版合作十分密切。

2023 年，中国的图书出口表现突出，尤其是在英语国家和地区的市场上，这显示了中国在文化和教育领域的全球影响力不断增强。同时，中国从美国及其他发达国家大量进口图书，反映了中国在知识经济时代对高质量、前沿知识资源的迫切需求。展望未来，随着中国与这些主要国家和地区合作的持续深化，中国的图书贸易格局预计将进一步打开。

表 1　2023 年中国从其进口图书的进口额或向其出口图书的出口额排在前 10 名的国家或地区

单位：万美元

排名	进口来源国家/地区	进口额	出口目的国家/地区	出口额
1	美国	61016	美国	140967
2	新加坡	17972	中国香港	36382
3	英国	15654	英国	28058
4	中国台湾	14411	澳大利亚	17308
5	德国	13072	越南	14491
6	爱尔兰	11480	日本	12659
7	中国香港	9252	荷兰	10787
8	日本	8605	马来西亚	10597
9	墨西哥	8115	新加坡	10209
10	韩国	6670	德国	10014

资料来源：海关总署。

（三）图书贸易方式

根据海关总署数据，2021～2023 年承担图书进出口贸易的主要方式包括一般贸易与进料加工贸易（见图 4），由此可见我国在图书加工环节处于相对优势，但仍需提升图书版权的质量与贸易数量。此外，保税监管场所进出境图书贸易额逐渐超过通过海关特殊监管区域物流所进出口的图书，这说明

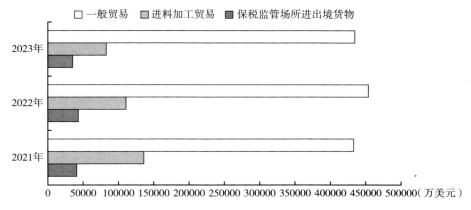

图4　2021~2023年承担图书进出口贸易额最高的三种贸易方式

资料来源：海关总署。

近年来我国对于保税区的建设有一定成效，也说明了保税区对于我国图书进出口贸易的重要性。由图4可知，2021~2023年，一般贸易、进料加工贸易、保税监管场所进出境货物等贸易方式所承担的图书进出口贸易额基本保持稳定，图书文化建设前景可期。

（四）图书贸易细分

2021~2023年，书籍、小册子、散页印刷品及类似印刷品一直是我国图书贸易中的主要商品，占据了图书进出口贸易总额的相当大比例。这些商品的稳定表现反映了国际市场对其的持续需求和其吸引力。与此同时，报纸、杂志及期刊等传统印刷品的对外贸易额逐年下降（见图5），这反映了读者阅读方式的转变，越来越多的人选择电子阅读和在线媒体。

另外，需要特别关注的是儿童图画书、绘画或涂色书的对外贸易额相对较高。虽然这一类别商品的对外贸易额在过去几年有所下降，但是其仍具备巨大的发展潜力。随着全球教育水平的提高以及文化内容的不断丰富，儿童图书市场的需求将持续增长。因此，这一领域的图书对外贸易前景十分乐观，具有较好的发展前景。

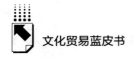

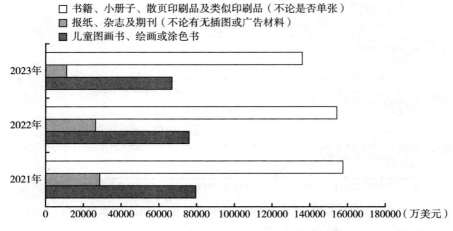

图5 2021~2023年细分商品对外贸易额

资料来源：海关总署。

（五）图书版权贸易发展概况

近年来，随着国家政策的支持和图书出版业的转型革新，我国的图书版权贸易稳中向好。图书版权输出总量保持增长态势，版权输出形式日益多样化和制度化，数字版权的输出品种持续增加。中国在国际图书版权市场中的影响力不断提升，版权合作的海外市场也在不断扩大。这一趋势不仅反映了中国图书出版业的进步与创新，也体现了中国文化在全球范围内的广泛传播和影响力的增强。

在国家政策的大力支持下，伴随着出版业的转型升级、国际市场需求的增加以及文化软实力的增强，中国图书版权输出已由2011年的5922种增长到2020年的12915种。我国的图书版权输出品类丰富，涵盖了文学、儿童读物、教育、科普、历史文化等多个领域。现代文学作品如莫言的《红高粱》、余华的《活着》和刘慈欣的《三体》系列在国际上广受欢迎，获得了多个国际文学奖项。2023年，余华的作品在韩国市场大受好评，向韩语读者展示了中国丰富的文学传统和高超的当代文学创作水平；人民出版社成功输出了格非新作品的版权，译林出版社负责的刘亮程的《捎话》在阿拉伯地区成功售出新版权。① 儿童读物是中国图书版权输出的一个重要品类。绘本、童话故事、科普启蒙书籍等中国优质的儿童读物通过版权输出进入了更多国家，增强和培育了国际市场对中国儿童文学的认可和需求。中国丰富的历史文化为历史与文化类图书的输出提供了丰富的素材。这类图书包括中国历史、传统文化、艺术和哲学等内容，通过版权输出，向国际读者展示中国悠久的历史和多样的文化传统。与此同时，伴随着我国图书版权输出品种数的持续增长，版权引进与版权输出的贸易逆差日趋缩小。版权引进与版权输出的比值已由 2011 年的 2.48 降为 2020 年的 1.07。

我国版权输出地区从主流的欧美国家扩大到共建"一带一路"国家、其他拉美和中东国家，俄罗斯、马来西亚、尼泊尔、柬埔寨、埃塞俄比亚等国家正在成为中国图书版权输出的新兴市场。2023 年，上海译文出版社成功授权作家李渡的《趣简中国史》和《趣简中国话》的僧伽罗语版出版，并推出了《望江南》的尼泊尔文版本，为中国文学在国际市场上的推广和传播做出了积极的贡献。2023 年是"一带一路"倡议提出 10 周年，"一带一路"出版是国际传播的重要组成部分，丝路书香工程、亚洲经典著作互译计划、经典中国国际出版工程、中外图书互译计划等重点工程或计划为"一带一路"出版合作搭建了合作平台并创造了条件。丝路书香工程重点翻译资助项目于 2015 年启动，截至 2022 年已连续实施 8 年，共资助 2900 多个项目，版权输出到 87 个国家和地区，涉及 55 个语种。②

过去几年，我国版权输出的形式更加多样化，渠道也不断扩展。国际书展是最传统的版权推介和合作方式，中国出版社在各大国际书展上扮演着重要的角色，大力打造中国图书的国际形象，以更加生动的设计、更加丰富的内容吸引了国际合作伙伴。此外，经典 IP 合作也成为中国图书国际版权合作的方式之一，比如朝华出版社推出的"美猴王" IP 系列作品中，英文版

---

① 《文学图书"走出去"新玩法，听听这些出版人怎么说》，"国际出版周报"微信公众号，2023 年 8 月 30 日，https：//mp.weixin.qq.com/s/sYcbduZBMkgYsjy_xikYrQ。
② 《"一带一路"国际出版合作十周年综述》，"中国新闻出版广电报"微信公众号，2023 年 6 月 14 日，https：//mp.weixin.qq.com/s/H5U6H1lL3nC8891DyA9CNg。

童书、有声书均取得了良好的反响，在传统文化童书领域实现了中国特色文化和创造性结合的图书输出。① 随着数字技术和网络媒体的迅速发展和不断创新，优质文学版权资源得以被更好地整合并推动在其基础上的二度创作，影视和短视频制作已经成为中国文学作品版权市场最具发展潜力的领域，改编自热门文学作品的多元题材影视剧在加快走向海外的步伐。《庆余年》《与凤行》《你也有今天》等改编自同名小说的影视剧在欧美、新加坡、印度尼西亚、马来西亚等流媒体市场上线。②《三十而已》《山海情》《人世间》等改编自小说的影视剧在全球多个国家和地区播出，展示了中国传统价值观和美学。③ 国内各大出版社也搭乘数字化媒体的快车，推动版权输出向数字化方向转型，比如华语教学出版社通过数字版权输出，实现了在亚马逊Audible 上架发售 16 本有声书。版权形式和渠道的不断丰富与扩宽既显示出中国版权贸易的既有活力，也为未来更多优秀图书作品以多种多样的形式走进海外市场提供了创造性的思路。

二　图书版权对外贸易特征

2023 年中国图书版权对外贸易呈现以下特征：各区域利用地理和城市发展优势，促进出版社打造独具特色的国际品牌形象；国际书展蓬勃开展，线上线下相结合，中国扮演了重要的角色；中国图书斩获多项国际奖项，国际影响力不断增强；版权市场活跃，深度参与全球版权治理，尽显大国担当。总而言之，中国图书产业发展呈现良好态势，中国图书在国际市场上的影响力也在持续扩大。

---

① 《"美猴王"拥抱元宇宙打造数字化品牌 IP 助力中华优秀传统文化"走出去"》，光明网，2023 年 2 月 27 日，https：//reader.gmw.cn/2023-02/27/content_ 36394567.htm。
② 《文学影视双向奔赴 助力中国文化出海》，"综艺报"微信公众号，2024 年 5 月 28 日，https：//mp.weixin.qq.com/s/Xb4iwluHoJ7AAQJHzHov_ g。
③ 《新版〈美猴王〉定档 中国 IP 在海外有多火?》，光明网，2023 年 7 月 19 日，https：//baijiahao.baidu.com/s? id=17718091722819159O4&wfr=spider&for=pc。

（一）地方优势激活，引领图书多元发展

海关总署数据显示，2023年国内图书进口额地区分布格局与2022年相比变化不大稳定，但个别地区的图书进口额相较2022年有小幅度的下降。各大城市和区域充分利用地理和城市发展优势，积极激发出版活力，打造独具特色的国际品牌形象。这种地方性的推动力使得中国图书产业呈现出多元化、丰富化的发展态势。

值得关注的是，江苏省图书进口额与2022年相比增长了46.79%（见表2），增长趋势显著，彰显了江苏省在图书贸易领域效益的明显提升。这一现象可能受益于江苏省积极的图书市场开放政策，以及对图书产业持续的重视和支持。作为经济发达地区，江苏省拥有旺盛的市场需求和先进的物流网络，为图书进口贸易提供了坚实的基础。此外，国际文化交流与合作的促进，以及图书消费习惯的转变等因素，也可能对这一增长趋势产生了影响。这一增长趋势为江苏省的图书产业注入了新的活力，同时也为其文化交流和经济发展带来了积极的影响。

与此同时，2023年陕西省的图书进口额及全国排名均出现了极大提升，这与该省丰富的文化资源密切相关。例如，西安作为十三朝古都，在2023年深入挖掘了城市潜在的文化资源，开发了多个历史景点，打造了全方位的"梦回大唐"文化体验。同时，电影《长安三万里》在院线上热映，引发强烈反响。这些数据反映了西安市旅游等产业的进一步发展，带动了陕西省经济发展质量的提升，也唤醒了当地民众潜在的文化基因，进而带动了人们对图书等文化产品的需求，从而使图书进口额较2022年有所增加。

表2　2023年国内图书进口额排名前10的地区

排名	地区	进口额（万美元）	同比增长率（%）	排名变动
1	广东省	46490	-0.59	↑1
2	北京市	44209	-30.99	↓1
3	上海市	38732	13.85	—

排名	地区	进口额(万美元)	同比增长率(%)	排名变动
4	吉林省	18176	-37.62	—
5	江苏省	18020	46.79	↑1
6	重庆市	15200	-5.98	↓1
7	天津市	5332	-9.67	—
8	福建省	3585	-2.05	—
9	安徽省	2869	8.45	—
10	陕西省	2696	88.81	↑3

资料来源：海关总署。

我国各地区图书进口额和出口额的排名变化，显示了我国区域图书贸易发展的不平衡，同时也凸显了其发展仍有提升空间。在2023年，中国内地图书出口负增长的情况相对进口贸易更加严峻。从表3中可见，湖南省的图书出口额负增长十分显著。此外，需要着重关注的地区包括北京市和广西壮族自治区。尽管北京市的出口额位次仅提升了两名，但出口额增长了107.43%。结合北京市的图书进口情况，可见其出口增长显著。作为中国的政治中心，北京成功利用当地文化元素和各方面的有利条件，提升了图书出口额。此外，广西壮族自治区进入了出口额前十名，与2022年相比，这反映了中国政府对少数民族发展的政策扶持力度之大，以及该地区对少数民族独特文化的巧妙利用。这两个地区作为不同类型的成功文化发展案例，值得全国其他地区借鉴学习。

表3 2023年图书出口额排名前10的地区

排名	地区	出口额(万美元)	同比增长率(%)	排名变动
1	广东省	216916	-9.01	—
2	浙江省	71310	-6.96	—
3	江苏省	23076	-10.24	—
4	上海市	18965	11.92	↑1
5	福建省	17522	-5.45	↓1

续表

排名	地区	出口额(万美元)	同比增长率(%)	排名变动
6	北京市	13728	107.43	↑2
7	山东省	10962	−15.55	↓1
8	广西壮族自治区	5505	86.26	↑4
9	湖南省	5472	−25.25	↓2
10	四川省	3252	34.02	↑2

资料来源：海关总署。

（二）全球书展兴盛，国际合作交流紧密

2023 年，法兰克福书展、伦敦书展和北京国际图书博览会等三大国际书展均已恢复线下展览。中国出版商积极参与，并与国外出版商洽谈版权合作，建立了良好的合作关系。

在第 75 届法兰克福书展上，多家中国出版机构设立展台，展示精品图书，并举办多场新书发布、版权推介及出版交流活动。中央编译出版社在展会上设立专架，集中推介习近平总书记的重要著作和党史基本著作，与包括各大学术出版机构、文学出版机构及长期合作伙伴在内的多家海外机构进行了深入会谈，并与美国、英国、法国等的多家出版机构达成了初步合作意向。① 在 2023 年伦敦书展上，中国展区的展示面积达 386 平方米，展示了 2300 多种图书。参展的中国各大出版社共举办了 30 多场出版交流活动，包括《千里江山图》艺术展及"看见声音，感知世界"——用图画书讲述最美中国故事等。这些活动通过文质兼美的图书精品和丰富多彩的出版活动，成功讲述了中国故事，传播了中国声音，促进了中英人文交流，展示了一个可信、可爱、可敬的中国形象。② 第 29 届北京国际图书博览会吸引了来自

---

① 《第 75 届法兰克福书展，向世界讲述中国故事》，"中央编译出版社"微信公众号，2023 年 10 月 30 日，https：//mp.weixin.qq.com/s/Io5iXkPPDbF4OthjlbPSLQ。
② 《中国出版单位集中亮相 2023 年伦敦书展，中国精品图书广受关注》，"英伦圈"微信公众号，2023 年 4 月 22 日，https：//mp.weixin.qq.com/s/i-dWWpk0V5l3XvdyWYJAag。

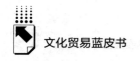

56 个国家和地区的 2500 多家图书企业参展，展示了 20 多万种中外图书，并举办了 200 多场论坛和发布活动。在 2500 家参展企业中有 1500 家中外出版及相关机构线下参展，其中海外展商约有 900 家，占比约为 60%。该届书展共达成中外版权贸易协议（含意向）2000 项，传统文化、少儿出版、版权代理以及数字内容成为"走出去"的热点话题。

2023 年是"一带一路"倡议提出 10 周年，10 年间"一带一路"的建设见证了主题出版国际合作的成就。在 2023 年，《习近平谈"一带一路"（2023 年版）》《一带一路：区域与国别经济比较研究》《丝绸之路历史百科绘本》等多语种版图书成为共建"一带一路"国家图书市场的畅销书。同时，系列主题出版物"走出去"也取得了重要突破：《开天辟地——中华创世神话》的英文版和波兰语版已成功实现海外出版；《中国震撼（英文版）》被美国华盛顿大学选为教材；《火种：寻找中国复兴之路》的英语、俄语和韩语版权也得以输出。

（三）中国出版走向世界，作品荣膺国际奖项

2023 年，中国优秀图书的曝光度显著提升，引发了国际书界和出版界对中国原创优质作品的再度关注。同时，新生代中国作家凭借其原创内容和创新形式走进了国际视野。多位中国文学家荣获国际奖项，比如崔岱远的《吃货辞典》荣获"阅读彼得堡：最佳外国作家"二等奖，通过幽默风趣的笔调向海外读者展现了中国饮食文化，推动了中国图书版权对外贸易额的增长，凸显了优质图书的重要性。

随着中国文化政策的不断完善和人才体系的建设，中国文化正逐渐在全球范围内引发热潮。中国图书的贸易和获奖成为中国文化走向世界的重要象征。以科幻小说为例，刘慈欣创作的《三体》一经问世即在海内外掀起科幻热潮，该作品获得雨果奖并被翻译成多种语言。2023 年，雨果奖颁奖典礼在成都世界科幻大会上举行，中国科幻小说家海漄的作品《时空画师》斩获最佳短中篇小说奖，进一步证明了中国科幻小说的崛起。同时，中国作家获得的国际文学大奖也为中外人文交流架起了桥梁，不仅向世界输出了中

国文化，也丰富了国内读者的阅读体验。

2004~2022 年，中国多本图书被评为"世界最美的书"。截至 2023 年，中国图书在"世界最美的书"评选中入选数量位居世界第四，凸显了优质图书内容对中国图书对外贸易的促进作用。这些图书不仅聚焦于内容，还注重设计与装帧，承载并传播着中国独特的文化和审美内涵。它们激发了国际评委和外国读者对中国文化的积极理解与阐释，成为中国文化向世界传播的重要媒介。

（四）版权治理加强，全球合作深化

2023 年，我国版权交易市场十分活跃，呈现了中国版权发展的新面貌。版权交易在文化产业高质量发展中发挥着引领作用，对创新型国家建设起到了巨大促进作用。我国不仅以图书版权贸易促进了经济发展和文明交流互鉴，同时还加强了版权保护并开展广泛的国际合作，展现出大国担当。

2023 年，我国版权主管部门全面加强版权保护，持续推进打击网络侵权盗版"剑网 2023"专项行动，完善中国特色版权治理体系。版权保护的加强显示了中国对知识产权保护的重视，增强了国际社会对中国版权环境的信任。通过有效的版权保护，版权贸易的活跃度提高，版权输出的数量和质量也得到提升，推动了中国出版物在国际市场上的流通和影响力扩大。强有力的版权保护措施鼓励创作者和出版商进行原创和创新，推动文化创意产业的高质量发展。这不仅有助于国内文化产品的多样化和质量提升，也为国际市场提供了更多高质量的中国版权内容，促进了国际文化交流。

中国国际版权博览会等相关展览活动的举办，极大地促进了版权宣传引导工作，推动市场主体更好地创造、运用和保护版权，进一步健全了版权社会服务体系的机制建设，更好地保障了版权价值在文化创意产业中的发挥。第 9 届中国国际版权博览会是展示中国在版权保护领域最新成就的重要平台。此次博览会暨 2023 国际版权论坛于 2023 年 11 月成功举办，标志着我国版权保护力度的显著提升和版权相关工作的突出进步。活动不仅为专业人士和企业提供了交流合作的机会，也推动了版权保护的国际标准对接，为中

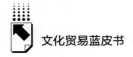

国版权事业的健康发展奠定了坚实基础。大会以"版权新时代 赋能新发展"为主题，举办了"版权助力建设中华民族现代文明"主题展。同时，国际版权主论坛以及"中非版权合作""版权赋能文化传承发展"等国际版权分论坛也取得了圆满成功。这些活动集中展示了我国版权业的最新成就、新产品、新模式和新技术。①

2023 年是中国与世界知识产权组织合作 50 周年。半个世纪以来，中国高度重视知识产权保护，积极参与全球知识产权治理，坚定维护国际知识产权多边体系。为纪念这一重要里程碑，国家版权局与世界知识产权组织在北京更新签署了双边合作谅解备忘录，推动双方关系进一步深化。2023 年 7 月，中国被授权实体首次加入无障碍图书联合会全球图书服务，这推动了《马拉喀什条约》在中国的实施，同时为世界各地的阅读障碍者提供了欣赏丰富中文图书的机会。11 月，第 9 届中国国际版权博览会暨 2023 国际版权论坛成功举办，展示了我国在版权保护方面不断加大的力度和有序展开的工作。这不仅营造了良好的市场氛围，还与国际标准接轨，推动了中国版权事业的健康发展。②

（五）政府搭建跨境项目，拓展图书版权贸易市场

在中国图书版权对外贸易领域，政府作为主导力量扮演着至关重要的角色。近年来，中国政府积极推动服务型政府建设，致力于优化国家重点图书项目平台，强调平台搭建的重要性，并鼓励国内外出版机构开展国际合作。这一政策框架下，政府遵循市场规律，通过经济手段引导市场主体，在图书版权引进输出方面采取更加灵活的策略，从而促进了图书版权贸易的发展。

2023 年，中国与泰国、约旦、尼泊尔、土耳其、越南等国签署了一系列经典著作互译出版备忘录，这些备忘录旨在推动双方在一定年限内共同翻

---

① 《第九届中国国际版权博览会暨 2023 国际版权论坛在四川成都举办》，"国家版权"微信公众号，2023 年 11 月 24 日，https://mp.weixin.qq.com/s/1RZZ4VgJc7CqLnKibDwkXA。
② 《2023 年中国版权十件大事发布》，国家版权局官网，2024 年 4 月 19 日，https://www.ncac.gov.cn/chinacopyright/2024xcz/12809/359061.shtml。

译、出版各自国家的经典著作。通过这种文化交流合作，不仅能够丰富各国读者的阅读选择，还能深化人民对彼此文化的理解与欣赏，促进全球文化的交流与发展。

2023年9月，在斯里兰卡国家图书馆，分别来自中国和斯里兰卡的两家图书馆签署合作备忘录，标志着两国首次在公共图书馆领域签署合作备忘录。

此外，政府还支持数字化图书的跨境合作与交流。通过与欧洲国家的合作，中国数字图书馆成功引进了多样化的欧洲文学经典，并在中国市场进行了推广。这一合作不仅丰富了中国读者的阅读体验，也促进了中欧之间的文化互鉴与交流。

三　中国图书版权对外贸易发展建议

（一）打造精品图书品牌，提升国际影响力

积极拓展图书的题材和内容，使其更符合国际读者的口味和需求。不局限于传统的中国文化主题，而是将世界各地的文化、历史、科学、艺术等元素融入图书中，使之对更广泛的读者群体具备吸引力和可读性。尽管图书的题材要国际化，但在内容呈现方式上，要注重体现中国特色和文化底蕴。通过独特的视角、深刻的内涵，展现中国传统文化、价值观念以及当代中国社会的发展变化，让国际读者更好地了解和感受中国。注重图书的设计和制作质量，在封面设计、插图选择、版式排版等方面进行创新，提升视觉效果和阅读体验。借助现代技术手段，打造具有时代感和美学价值的图书设计。

加强出版社的管理和运营，提升图书出版的质量和水平。推动出版业的数字化转型，提高生产效率和品质标准，确保精品图书的稳定供应。同时，加强与国际出版机构的合作，拓宽图书的国际发行渠道，提升品牌的国际知名度和影响力。在全球范围内进行深入的市场调研，了解国际图书市场的需

求和趋势，分析目标读者群体的喜好和行为习惯。根据市场调研结果，明确品牌定位，确定要打造的精品图书的类型、风格和特色，以确保与目标市场需求相契合。

（二）深化版权平台建设，打造版权贸易产业链

技术在版权平台建设中发挥着至关重要的作用。随着互联网和信息技术的快速发展，数字化内容的传播和交易方式日新月异。区块链、智能合约等新技术被广泛应用于版权平台，为版权交易提供了更加安全、高效的方案。例如，区块链技术的去中心化特性确保了版权信息的可追溯性和不可篡改性，极大地提高了版权交易的透明度和双方的相互信任度。同时，智能合约的自动化执行机制也为版权交易的实时结算提供了可能，加速了交易过程，降低了交易成本。

深化版权平台建设与打造版权贸易产业链需要综合采取多种措施：通过技术创新与应用，如区块链和智能合约的应用，确保版权信息的安全性和可追溯性；提供良好的创作环境，激励创作者产生更多优质内容，并整合多种形式的版权资源以满足用户需求；与其他相关平台和产业链合作，实现资源共享和互利共赢；提供多元化的服务，包括版权交易、保护、运营和推广等，增加平台附加值；积极拓展国际市场，加强与国际组织的合作，提高平台国际影响力；遵守相关法律法规，保护版权合法权益，同时争取政府的政策支持，为平台发展提供良好环境。

（三）加快数字出版，推动出版业数字化转型

随着数字技术与出版行业的深度融合，加快数字出版业的转型升级，需要采取一系列综合措施。政府应制定和完善相关政策法规，为数字出版提供明确的发展方向和政策支持，并加强版权保护，维护数字出版市场秩序。应加大对数字技术的研发和应用力度，引入先进技术如人工智能、大数据、区块链，提升数字出版内容质量与用户体验。此外，推动数字出版产业链的协同发展，加强各环节之间的合作与对接，促进数字出版的生产、传播与销

售。同时，需注重人才培养与普及教育，建立完善的人才培养体系，增强人才数字阅读意识和能力。加强国际合作与交流，吸收国际先进经验，拓展数字出版的国际市场空间。产业方面，出版机构应增强内部管理与运营能力，积极探索新的商业模式与盈利途径，推动数字出版业务的拓展与升级。数字出版平台应致力于提供优质的数字内容与服务，注重用户体验与个性化需求，吸引更多用户参与数字阅读与消费。通过政策支持、技术创新、产业链协同发展、人才培养和国际合作等多方面的努力，中国数字出版业才能实现持续健康发展，实现数字化转型的快速推进。

（四）加强国际交流合作，积极拓展国际图书市场

图书业可以通过一系列措施加强国际交流合作，积极拓展国际图书市场。参加国际书展和展会是最传统最直接的方式，通过展示出版物和建立联系，拓展国际市场。举办国际研讨会和交流会，邀请国际学者、作家参与，探讨图书出版领域的发展，促进国际交流与合作。同时，建立出版社之间的友好合作关系，共同合作出版国际版权图书，扩大国际版权市场。此外，加强国际版权交易与合作，寻找国际版权合作机会，扩大图书的国际版权销售范围。促进国际学术交流与合作，与国际知名学术机构、图书馆建立合作关系，推动学术出版物的国际传播与交流。利用数字化平台进行国际推广，通过互联网和数字化平台积极推广图书作品，提升国际知名度和影响力，吸引更多国际读者关注与购买。通过以上综合措施，图书业能够有效加强国际交流合作，积极拓展国际图书市场，提升国际竞争力和影响力。

参考文献

刘旭颖：《数字文化贸易动能强劲》，《国际商报》2023年11月27日。

孟妮、刘昕：《中国对外文化贸易"蓄能"高质量发展》，《国际商报》2022年8月

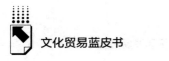

22 日。

孟醒、孙聪：《文化认同与文化输出——基于中国图书版权贸易的实证研究》，《产业创新研究》2023 年第 12 期。

孙俊新、闫小倩：《中国主题图书开拓全球市场的对策研究》，《出版广角》2024 年第 1 期。

王秀丽：《显性设计与隐性植入：从图书评奖看传统文化叙事传播——以 2004 年至 2022 年"世界最美的书"获奖图书为例》，《新闻知识》2023 年第 7 期。

徐丽芳、罗婷：《面向数字出版的深度融合：背景、演进与策略》，《编辑之友》2024 年第 2 期。

张贺：《加强中外出版合作 深化文明交流互鉴》，《人民日报》2023 年 6 月 19 日。

郑志亮、周迅、赵含笑：《文本、地方、仪式：数字出版中的声音景观》，《数字出版研究》2024 年第 1 期。

B.6
中国动漫产业对外贸易发展报告（2024）*

林建勇　谢雨蓝**

摘　要： 2023 年我国动漫产业对外贸易发展呈现产业基础持续夯实、国产动画逐渐替代进口动画、数字技术赋能动漫产业与贸易发展等特征。与此同时我国动漫产业对外贸易发展也面临国产动漫题材内容创新不足、产业链不完整，国内动漫市场有待进一步规范，数字技术在动漫创作中应用面临诸多挑战等问题。基于此，本报告提出了提升动漫市场整体质量、加强动漫产业的品牌建设与 IP 运营、优化动漫产业的政策环境、推动动漫与元宇宙结合发展等相关建议。

关键词： 国产动漫　对外贸易　数字技术

一　中国动漫产业对外贸易发展现状

（一）动漫产业基础持续夯实

近些年来，在全球范围内，特别是美国和日本，动漫产业已成为关

---

* 本报告系北京第二外国语学院区域国别校级专项课题"'一带一路'背景下中国与澜湄五国文化贸易的竞争性与互补性研究"（项目编号：QYGB23A024）的阶段性成果。

** 林建勇，博士，北京第二外国语学院经济学院讲师、首都国际服务贸易与文化贸易研究基地研究员，主要研究方向为国际文化贸易、跨国公司与对外直接投资等；谢雨蓝，北京第二外国语学院国际商务硕士研究生，主要研究方向为文化贸易。

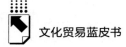

键的支柱产业之一。发达国家在动漫产业的发展中占据了先机，从而形成了目前动漫市场由美国、日本和韩国三国主导的局面。虽然我国与这些动漫大国仍存在一定差距，但近年来，随着国家政策的扶持和市场的快速发展，中国动漫产业经历了前所未有的增长。据统计，2022 年中国动漫产业总产值已经突破了 2600 亿元，而 2023 年中国动漫产业总产值更是进一步达到 3000 亿元。这一增长趋势显示出中国动漫市场的巨大潜力和良好发展前景。2022 年，中国网络动漫用户规模达到 2.97 亿人，同比增长 11.7%。同时，灼识咨询 2022 年发布的《中国二次元内容行业白皮书》显示，中国互联网漫画行业在 2022~2026 年将保持 16.5%的年复合增长率。

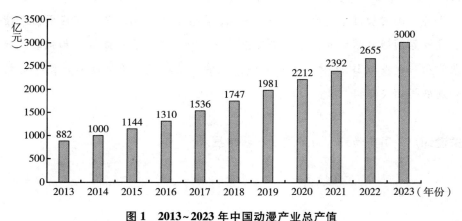

图 1　2013~2023 年中国动漫产业总产值

资料来源：前瞻产业研究院整理。

从动画电影来看，由图 2 可见我国国产动画电影上映数量在 2015~2020年逐年下降，特别是 2020 年受疫情冲击仅上映 18 部。随着疫情防控措施的调整，动画电影的上映出现回暖的趋势，2021 年上映了 37 部国产动画电影。而 2022 年受疫情蔓延影响，影片供给不足、影院关闭，整个电影产业低迷，国产动画电影也表现欠佳，仅上映 29 部。2023 年随着防疫措施优化，国产动画电影回暖，上映数量达到 37 部。与此同时，随着制作能力的提升、美学风格的确立和产业模式的成熟，中国动画电影逐渐在各类电影中崭露头角。2015 年以来，佳作频出，如《西游记之大圣归来》《哪吒之魔童降世》《姜子牙》《白蛇：缘起》等，这些作品不仅赢得了口碑，还取得了可观的票房成绩。其中，电影《长安三万里》于 2023 年 7 月 8 日在中国内地上映。根据灯塔专业版 App 数据，该电影在 2023 年 10 月 7 日最后一天公映时的最终票房为 18.24 亿元。该票房成绩使《长安三万里》居于当前中国影史动画电影票房榜第 2 位，以及 2023 年内地票房榜第 7 位，取得了骄人的成绩，也意味着国产动画电影达到了一个新高度。

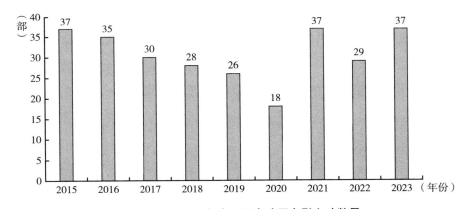

图 2　2015～2023 年我国国产动画电影上映数量

资料来源：笔者根据灯塔专业版 App 相关数据整理得到。

从动画电视来看（见图 3），2009～2011 年，我国国产动画电视发行数量逐年增长，2011 年达到一个高峰，仅一年发行数量就达到 432 部。2013年后，国家减少对动画原创企业的补贴，我国电视动画制作从追求数量开始往追求质量和效益转变，2014～2018 年发行数量不断下滑。2019 年以来，受国漫市场整体向好的影响，我国国产动画电视生产数量开始回升，2020年全年国产动画电视发行总量达到 374 部，同比增长 23%。在 2020 年之后动画产业受到疫情影响，由于效益和受众的因素，国产动画电视发行数量出现下滑，2021 年和 2022 年发行数量相比 2020 年减少 40 部左右。

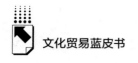
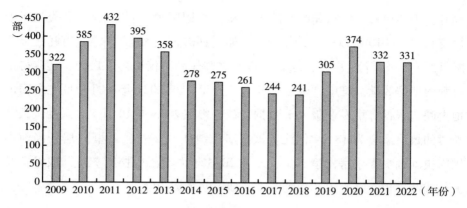

图3　2009～2022年我国国产动画电视发行数量

资料来源：笔者根据国家广播电视总局公布数据整理所得。

（二）国漫崛起，国产动画逐渐替代进口动画

近年来，我国动漫产业出现了越来越多优秀的国产动画作品，这些作品不仅在内容上更加丰富多元，而且在制作水平和艺术表现力上也逐渐与国际接轨，并逐渐替代了进口动画。国家统计局公布的统计数据显示，2013～2018年我国动画电视进口额及其占全年电视节目进口额的比例波动上升，在2018年达到巅峰，分别为25.06亿元和69.50%（见图4）。在2019年受各种因素影响，动画电视进口额出现断崖式下降，仅为10.83亿元，但占比降幅较小。在2020年之后，受疫情和国际贸易变动的影响，动画电视进口额及其占比整体出现下降的趋势，在2022年进口额达到2015年以来的最低值，仅为2.32亿元，占比为33.50%。具体来说，日本、美国等动漫产业发达的国家依然是我国动漫进口的主要来源。这些国家的动漫作品在故事情节、角色设计、画面质量等方面具有较高的水准，深受我国观众的喜爱。2022年，我国动画电视进口总额为23217.60万元，其中从日本进口动画电视总额最多，达到了11262万元，占比为48.51%，日本成为我国动画电视进口第一来源国。其次为美国，进口额为1803.33万元，远远少于从日本进口的金额。

图4 2013～2022年我国动画电视进口额及其占全年电视节目进口额的比例

资料来源：历年《中国统计年鉴》。

从动画电影来看（见图5），2015～2023年，进口动画电影数量占我国内地动画电影数量的比重（下称"比重"）出现了一定的波动。具体来说，2015～2019年这一比重逐年上升，并且在2019年达到最高点55.56%，随后逐渐下降，到2021年降至33.85%。之后的几年里，由于疫情形势缓和和国际贸易发展，动漫产业逐渐回春，进口动画电影数量比重呈上升趋势，在2023年达到40.32%。同时，进口动画电影票房占我国内地动画电影票房的比重也经历了相似的变化。这一比重在2016年相对较高，为81.26%，随后波动下降，尽管在某些年份（如2020年和2022年）有所回升，但整体趋势仍然是下降。到2023年，进口动画电影票房比重已下降至36.82%。这显示出我国国产动画电影的票房影响力在逐渐增强，而进口动画电影的票房吸引力在相对减弱。

从总体上看，不论是从数量占比还是票房占比看，进口动画电影在我国内地市场的份额近年来总体呈现减少的趋势。这一变化说明国内动画电影产业在快速发展，国产动漫开始崛起并逐步替代进口动画，观众对于本土作品的关注度逐渐提升。

图 5　2015～2023 年我国进口动画电影数量及票房占我国内地动画电影
数量和票房的比重

资料来源：笔者根据灯塔专业版 App 相关数据整理得到。

（三）动漫产业的数字技术与创新应用在发展中前进

2023 年 6 月 20 日，第十九届中国国际动漫节数字文化论坛在白马湖建国饭店成功举行，论坛以"数字新时代 动漫新征程"为主题，重点阐述了数字文化背景下动漫产业发展的新趋势、新方向，为全球数字文化企业提供了一个全面展示动漫数字文化产业成果的平台。国产动漫行业的数字技术与创新应用近些年来呈现蓬勃发展的态势。随着科技的进步和数字化趋势的加强，国漫在数字技术发展方面取得了显著的进展，为创新应用提供了强大的支持。

具体来说，首先，国漫在 3D 技术应用方面取得了显著的成果。通过采用先进的 3D 建模和渲染技术，国漫作品在视觉效果上实现了巨大的突破，呈现出更加逼真和细腻的画面质感。例如，《哪吒之魔童降世》等作品通过精湛的 3D 技术，成功塑造了立体且富有层次感的角色形象和场景。其次，随着 VR 和 AR 技术的不断发展，国漫也开始尝试将这些技术应用于作品中。2023 年 12 月 21 日，由艺画开天、B 站官方授权，VeeR 出品制作，

PICO、中文在线、智上力合、蓝色宇宙联合出品的国创动画《灵笼 VR》沉浸式互动体验内容发布。《灵笼 VR》沉浸式互动体验内容以高还原度重现了原动画里的经典场景，如肉土长廊、末日飞船等。玩家可以在 VR 的世界里以第一视角的方式去探索《灵笼》世界，感受高还原度的场景。通过 VR 和 AR 技术，观众可以更加沉浸地体验动画世界，获得更加真实的视觉和听觉享受。这种技术的应用不仅提升了观众的观影体验，还为国漫的创新发展提供了新的思路。再次，国漫在叙事方式上也在不断创新。通过采用互动式叙事手法，观众可以更加深入地参与到故事中来，与角色进行互动，影响故事走向。这种创新应用不仅增强了观众的参与感和沉浸感，也为国漫作品带来了更多的趣味性和吸引力。最后，通过与社交媒体、游戏平台等进行合作，国漫作品实现了跨平台的互动和推广。观众可以在不同的平台上观看动画、参与讨论和互动游戏等，这进一步增强了国漫作品的影响力和粉丝黏性。

（四）中国文化潜力巨大，文旅融合大有前途

"动漫圣地巡礼"作为日本重要文旅类型之一，对于日本发展地域经济、展现城市魅力有着重要意义，在文旅融合这一方面，我国近些年来的发展也初见成效。2023 年暑假，有一部国漫横空出世，根据灯塔专业版 App 实时数据，截至 2023 年 7 月 24 日，影片《长安三万里》票房突破 12 亿元。《长安三万里》以盛唐诗人高适的视角讲述了"诗仙"李白的一生，展现了大唐盛世的繁华和腐朽，一上映就为西安旅游业平添一把火。根据零售平台美团的数据，7 月 8 日《长安三万里》开播后的 10 天中，西安当地各类业务数据亮眼。饮食方面，省外游客到店餐饮堂食订单量同比增长 387%。住宿方面，省外游客的酒店和民宿订单量同比增长 339%。门票方面，省外游客的旅游订单量同比增长超 28 倍。其中，人文古迹、展览馆和动物园的订单量位列前三。同程旅行数据也显示，受益于影视剧热播及暑期亲子游、学生游等的叠加影响，7 月 10~19 日，同程旅行平台上西安相关关键词搜索热度显著增长，环比上涨近 5 倍。从旅游产品来看，仅在 7 月 10~19 日，西

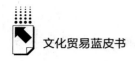

安酒店预订量就已超过6月整体预订量,景区预订量较6月同期上涨116%。其中,秦始皇帝陵博物院、陕西历史博物馆、大雁塔、《长恨歌》等热门景区及演出一票难求。影视与文旅的融合发展,不仅凸显了西安的文化与城市魅力,也为旅游市场的消费回升注入了"强心针"。

二 中国动漫产业对外贸易发展中面临的问题

(一)国产动漫题材内容创新不足

中国动漫产业尽管近年来发展迅速,但仍然存在内容创新不足的问题。一些动漫作品过于注重传统元素和民族色彩,缺乏与时俱进的内容和题材创新。这导致中国动漫在国际市场上难以吸引更广泛的受众群体,影响了对外贸易的发展。

长期以来,国产动漫受到传统观念的影响,往往局限于历史、成语、家庭等题材,例如《西游记之大圣归来》《白蛇2:青蛇劫起》《哪吒之魔童降世》的故事都取自中国传统神话,讲的都是经典神话人物的故事,缺乏创新性和趣味性。根据统计数据,2015~2020年共有119部备案动画电影讲的是中国经典神话人物的故事,其中有24部作品以孙悟空为中心展开。这种传统观念束缚了创作者的想象力,导致题材内容缺乏多样性。此外,国产动漫在创作过程中往往过于迎合市场需求,缺乏对市场变化的敏感度。这导致一些热门题材被反复使用,而缺乏新颖、独特的题材内容。例如,上海绘界对热门小说《天官赐福》进行动漫改编,艺画开天对科幻作家刘慈欣的《三体》进行动画化,等等。

(二)国产动漫仍缺乏完整的产业链

2021年,文化和旅游部发布了《"十四五"文化产业发展规划》,其中提出:动漫业须提升质量,以动漫讲好中国故事,生动传播社会主义核心价值观,增强人民特别是青少年精神力量,促进动漫"全产业链"和"全年龄段"发展。

当前中国的动漫产业仍缺乏完整的产业生态系统。在动画制作、发行、衍生品开发等环节，中国动漫产业与发达国家尤其是美日韩等动漫大国相比仍存在一定的差距。首先，中国动漫市场创意策划环节相对薄弱。近些年来，大多数动漫公司将重心放在了 IP 的改编而非 IP 的原创上，例如《斗罗大陆》《三体》等动漫都来源于对同名小说的改编。从整个动漫市场来看，题材单一，缺少原创。其次，国产动漫在发行推广和播出环节也面临挑战。随着动漫产业的不断发展，越来越多的国外优秀动漫涌入市场，这使得国产动漫在发行推广方面面临激烈的竞争。2023 年，1~5 月日本动画贡献了进口动画片总票房的 83%。其中，《铃芽之旅》《灌篮高手》等日本动画取得了票房新突破。国内市场对于动漫作品的接受度还有待提高，同时国际市场的开拓也需要更多的努力。在发行渠道上，尽管有一些电视台和在线平台播放国产动漫，但其覆盖范围和影响力还有待扩大。不同的播出平台有着不同的受众群体和播出规则，国产动漫在选择播出平台时可能会受到限制。此外，国产动漫在播出前需要经过严格的审查，以确保内容符合相关规定。然而，审查制度有时会对动漫的创意和表达造成一定的限制，影响作品的完整性和观赏性。最后，衍生品开发环节同样是中国动漫产业链中相对薄弱的一环。举例来说，在动漫衍生品中具有超高创收能力的主题乐园如迪士尼乐园、环球影城，可以带动整个产业链的发展，而我国在这一领域发展大大落后于美日。由于缺乏专业的衍生品开发团队和市场运营经验，营销方式单一，很多优秀的动漫作品在衍生品开发上并没有取得很好的成绩。这不仅限制了动漫作品本身的商业价值，也影响了整个产业链的发展。这些不足一定程度上限制了中国动漫在国际市场上的竞争力和盈利能力，制约了对外贸易的发展。

（三）国内动漫市场有待进一步规范

近些年来，国内动漫市场在蓬勃发展的同时，也存在许多不规范的地方。首先，动漫市场准入机制尚不完善。这导致一些质量不高、内容粗糙的动漫作品也能进入市场，影响了整体的市场形象和消费者的体验。因此，需要建立起更加严格的市场准入机制，对动漫作品的质量、内容进行审核，确保只有达到一定标准的作品才能进入市场。其次，版权保护力度不足。动漫作品的创意和制作成本较高，但一些不法分子通过盗版、抄袭等手段侵犯原创者的权益，这不仅损害了创作者的利益，也阻碍了动漫产业的健康发展。因此，需要加大版权保护力度，打击盗版、抄袭等违法行为，保护创作者的合法权益。同时，对动漫内容的审查和监管也需要加强。一些动漫作品存在暴力、色情等不良内容，对未成年人的身心健康造成了不良影响。在国外，良好的分级制度让创作团队更加专业化，以英国 BBC 的动漫核心队伍为例，其中不仅有优秀的动漫制作人员，还包括儿童教育专家、心理专家等。而我国动漫产业目前没有明确的分级制度规范，动漫公司为了让产品有更广泛的市场，在制作上越来越多地加入成人化的元素。因此，相关部门需要加强对动漫内容的审查和监管，确保动漫作品符合社会主义核心价值观和法律法规的要求。

（四）数字技术在动漫创作中的应用面临着多方面的挑战

数字技术在动漫创作中的应用面临的挑战不仅涉及技术本身，还涉及创作过程、市场接受度以及人才储备等多个方面。首先，技术更新换代的快速性是一个显著的挑战。随着数字技术的不断发展，新的工具、软件和平台不断涌现，要求动漫创作者不断学习和适应。然而，这种快速的技术变革可能导致一些创作者难以跟上时代的步伐，从而影响其创作效率和作品质量。其次，市场需求的多样性和变化性也是一个挑战。动漫作品的受众群体广泛，不同年龄段、文化背景和兴趣爱好的观众对作品的需求各不相同。因此，动漫创作者需要在满足市场需求的同时，保持作品的独特性和创新性。然而，这两方面往往是难以平衡的。最后，复合型技术人才的储备不足也是一个不容忽视的挑战。动漫创作需要创意设计、动画制作、美术工艺、网络编辑等多方面的技能，而目前我国在这些方面的人才培养还存在一定的短板。这导致一些动漫制作公司在面临复杂的技术问题时，难以找到合适的人才来解决。

三　促进中国动漫产业对外贸易发展相关建议

（一）提升动漫市场整体质量

我国动漫市场整体质量近年来有了显著的提升，但仍然面临一些挑战，存在一些待改进之处。一方面，随着国家对文化产业的重视和支持，动漫产业得到了快速发展。国内动漫企业在技术创新、人才培养、市场开拓等方面取得了显著进步，推出了一批优秀的原创动漫作品。这些作品在画风、故事情节、文化内涵等方面都有所突破，受到了广大观众的喜爱和认可。例如 2023 年热映的《深海》，它跳出了重讲中华传统神话与经典故事的怪圈，没有故事原本，没有人物原型，没有借用已存在的世界观设定，虽然故事逻辑稍显简单，情节也稍显单薄，但这部电影能将故事情节在两小时内完整清晰地呈现出来，这意味着它迈出了勇敢而意义非凡的一步。新的时代有新的问题需要关心，影片所聚焦的抑郁问题、原生家庭创伤，都是近几年被关注的热点。另一方面，我国动漫市场仍然存在一些问题。一些动漫作品在内容制作上过于低龄化，缺乏针对成年观众的作品；部分作品在故事情节、人物形象设计等方面缺乏创新，难以吸引观众的眼球；还有一些作品存在画面粗糙、制作不精良等问题，影响了观众的观看体验。随着国内消费者文化娱乐需求的日益增长，大众对动漫产品的品质要求也在不断提高。高质量的动漫产品能够更好地满足消费者的审美需求，提升市场满意度。近些年来，优秀动画电影如《长安三万里》《新神榜：杨戬》《白蛇2：青蛇劫起》收获了一大波观众的喜爱，这说明高质量、好故事是吸引观众的重要因素。

在全球化的背景下，中国动漫产业面临着与世界各地对手的竞争。只有提高动漫产品质量，关注国际市场趋势，了解海外观众需求，创作出更多具有国际影响力的优秀作品，才能在国际市场上获得一席之地，提升中国动漫产业的国际影响力。

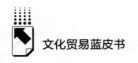

（二）加强动漫产业的品牌建设与 IP 运营

2023 年我国上映的动画电影中有 25 部电影为 IP 改编作品，数量占比为 44.64%，票房占比为 48.82%，可见 IP 改编为动画片不仅能带来巨大的商业价值并且已经成为趋势。现阶段已经成功的动漫电影如《西游记之大圣归来》《白蛇 2：青蛇劫起》《哪吒之魔童降世》的主要角色，大都是取自中国传统文化 IP 中的人物，这些电影在迎合现代受众需求的基础上赋予经典 IP 形象时代新意。由此可见，中国作为具有源远流长的优秀传统文化的大国，做到讲好中国故事，加强传统 IP 的运营，挖掘本土文化元素，将传统文化与现代审美相结合，提升 IP 价值，才能助推国漫出海。

企业还可以围绕动漫 IP 及其转化形成产业生态。打造优质 IP 是目前使动漫达到最高的产业化程度的方式，也是带来产业收益最大的方式，然而，这样的方式也是最难的方式。无论是国内还是国外，迪士尼的成功都很难复制。在国内影视市场，将迪士尼 IP 产业化模式复制得最为成功也最为接近的是位于深圳的华强方特文化科技集团，该集团近些年创作了《熊出没》等系列儿童动画片。围绕《熊出没》影视作品形成的强 IP 资源，华强方特文化科技集团先后投资了"方特梦幻王国""方特欢乐世界"等多个主题乐园品牌。2020 年 4 月该集团发布的年度财报显示，2019 年其实现营收53.42 亿元。在国内动漫产业市场，除了华强方特文化科技集团获得成功外，其他影视动漫公司及其作品还未能复制这种模式。

另外，动漫企业还需要明确自己的品牌定位，确定目标受众和细分市场。通过深入了解目标受众的喜好和需求，可以更有针对性地进行品牌塑造和 IP 运营。深度挖掘动漫作品中的 IP 价值，通过授权、衍生品开发、跨界合作等方式实现 IP 的多元化运营。这不仅可以增加企业的收入来源，还可以进一步提高品牌的影响力和知名度，推动中国动漫产业的品牌建设和 IP运营水平迈上新台阶，进一步提升产业的竞争力和市场影响力。

（三）优化动漫产业的政策环境

面对在世界市场上美日韩这些动漫大国带来的竞争压力，我国政府可以设立专项资金，为优秀的国产动漫 IP 项目提供财政支持，支持应涉及剧本创作、制作、市场推广等各个环节。同时，从知识产权保护政策来看，国家相关部门还应完善知识产权法律法规，确保动漫 IP 的合法权益得到充分保护，加大对侵犯知识产权行为的打击力度，提高违法成本，减少侵权行为的发生。从市场准入政策来看，相关部门要简化动漫产品的审批流程，提高审批效率，减少企业的时间和成本投入。加强对动漫市场的监管，确保内容健康、积极、向上，为国产动漫 IP 的发展营造良好的市场环境。从国际合作与交流政策来看，国内市场要加强与国际动漫产业的交流与合作，共同推动全球动漫产业的发展。同时国家应大力支持国产动漫 IP 走出国门，参与国际竞争，提升其在国际市场上的知名度和影响力。

（四）紧跟时代，推动动漫与元宇宙结合发展

2021 年 12 月中央纪委国家监委发文《元宇宙如何改写人类社会生活》，指出应"理性看待元宇宙带来的新一轮技术革命和对社会的影响，不低估 5~10 年的机会，也不高估 1~2 年的演进变化"。动漫行业是一个年轻的文化行业，对其而言向元宇宙方向衍生是一个充满潜力的创新路径。元宇宙，作为一个集成了虚拟现实、增强现实、区块链等多种技术的全新数字空间，为动漫行业提供了前所未有的机遇。

国产动漫企业可以将虚拟角色与元宇宙融合，利用元宇宙的虚拟环境，将动漫角色和故事融入其中，打造全新的沉浸式体验。同时开发与元宇宙兼容的虚拟角色模型，使动漫角色能够在元宇宙中与观众自由互动，并结合虚拟现实技术，为观众提供身临其境的观影体验，使动漫故事更加引人入胜。企业还可以将创新技术与动漫内容结合，探索利用人工智能、区块链等新技术，为动漫创作和分发带来新的突破，结合新技术，打造独特的动漫内容，如 AI 生成的角色形象。通过结合元宇宙的特点和技术优势，国内动漫行业可以创造出更加丰富、多样的内容体验，拓展新的商业模式和收入来源，积极应对世界市场的挑战。

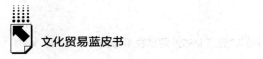

参考文献

李幸芷：《用"新国漫"讲好中国故事：对传统文化和时代精神的融合表达》，《电影评介》2022 年第 3 期。

安歌：《2023 年中国动画电影市场观察与分析》，《中国电影市场》2024 年第 2 期。

路露、刘千硕、康程：《元宇宙背景下国产动漫的发展研究》，《玩具世界》2023 年第 2 期。

B.7
中国游戏文化对外贸易发展报告（2024）

孙　静*

摘　要： 2023 年，全球大部分游戏市场依然处于增长态势，但增幅变缓，中国游戏对外贸易出现了负增长。本报告从海外游戏市场规模、海外游戏用户画像、全球游戏开发技术、中国游戏对外贸易厂商、出海游戏产品等方面出发，呈现了 2023 年全球游戏市场和中国游戏文化出口的状况，并指出当前中国游戏文化对外贸易存在的两个主要问题，一是缺少吸引海外玩家的多样化产品，二是缺少具有国际影响力的高水平产品，其根源在于缺少对海外游戏生态的深度研究。针对上述问题，本报告从游戏研究和产业创新两个维度提出了相应的改进建议，希望以此提升中国游戏在全球游戏市场中的竞争力。

关键词： 游戏文化　对外贸易　产品创新

一　2023年中国游戏文化对外贸易现状

（一）海外游戏市场概览

根据国际数据机构 Newzoo 发布的数据，2023 年全球游戏玩家数量为 33.8 亿人，较上年增长 6.3%，玩家规模整体呈现持续增长的态势（见图 1）。其中，亚太地区玩家占比高达 53%，中东及非洲玩家占比为 17%，欧洲、拉美和北美的玩家比重分别为 13%、10% 和 7%（见图 2）。值得注意的是，虽

---

* 孙静，游戏学者，西交利物浦大学文化科技学院副教授，研究方向为游戏产业、游戏文化、游戏设计、独立游戏、严肃游戏。

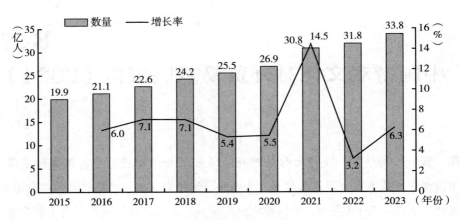

图1 2015～2023年全球游戏玩家数量变化趋势

资料来源：Newzoo，"Global Games Market Report 2023"，February 8，2024，https：// newzoo. com/resources/trend-reports/newzoo-global-games-market-report-2023-free-version；Newzoo，"Global Games Market Report 2022"，July 26，2022，https：//newzoo. com/resources/trend-reports/newzoo-global-games-market-report-2022-free-version；李小牧、李嘉珊主编《文化贸易蓝皮书：中国国际文化贸易发展报告（2022）》，社会科学文献出版社，2022，第108页。

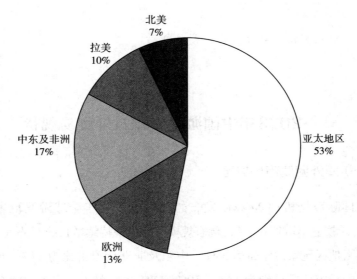

图2 2023年全球游戏玩家地域分布

说明：图中的"亚太地区"仅包括亚洲和大洋洲，下同。

资料来源：Newzoo，"Global Games Market Report 2023"，February 8，2024，https：// newzoo. com/resources/trend-reports/newzoo-global-games-market-report-2023-free-version.

然各地区玩家人数仍然不断增长，但增幅较上年都有不同程度的减小。2023年，亚太地区游戏玩家数量增长率由2022年的7.8%下降至2.8%，北美的增长率则由2022年的9.4%跌至2.2%（见图3、图4、图5、图6、图7）。可以预见，未来一款游戏在海外游戏市场是否能取得成功，将在更大程度上取决于游戏的品质，而不是人口红利。

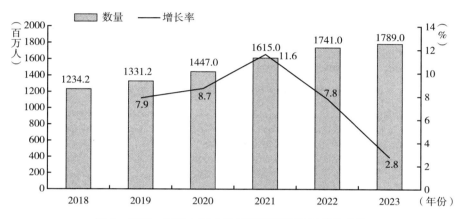

图3 2018~2023年亚太地区游戏玩家数量变化趋势

资料来源：Newzoo，"Global Games Market Report 2023"，February 8，2024，https：//newzoo.com/resources/trend-reports/newzoo-global-games-market-report-2023-free-version；Newzoo，"Global Games Market Report 2022"，July 26，2022，https：//newzoo.com/resources/trend-reports/newzoo-global-games-market-report-2022-free-version；Newzoo，"Global Games Market Report 2021"，July 1，2021，https：//newzoo.com/resources/trend-reports/newzoo-global-games-market-report-2021-free-version；Newzoo，"Global Games Market Report 2020"，June 25，2020，https：//newzoo.com/resources/trend-reports/newzoo-global-games-market-report-2020-light-version；Newzoo，"Global Games Market Report 2019"，June 19，2019，https：//newzoo.com/resources/trend-reports/newzoo-global-games-market-report-2019-light-version；Newzoo，"Global Games Market Report 2018"，June 14，2018，https：//newzoo.com/resources/trend-reports/newzoo-global-games-market-report-2018-light-version。

2023年，全球游戏市场收入为1877亿美元，较上一年增长1.8%，增长率为2015年以来新低（见图8）。其中，欧洲游戏市场收入由2022年的329亿美元增长至344亿美元，同比增长率为4.56%，较上一年提升了0.12个百分点。除此以外，其他地区收入的增长率都有不同程度的下降。中东及非洲的游戏市场收入增长至72亿美元，增长率较2022年下降了2个百分

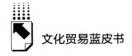

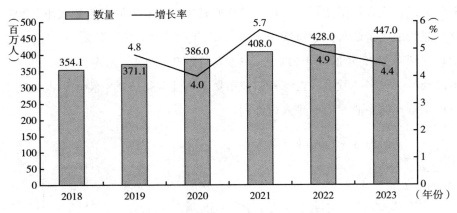

图4 2018~2023年欧洲游戏玩家数量变化趋势

资料来源：Newzoo，"Global Games Market Report 2023"，February 8，2024，https：//newzoo. com/resources/trend - reports/newzoo - global - games - market - report - 2023 - free - version；Newzoo，"Global Games Market Report 2022"，July 26，2022，https：//newzoo. com/resources/trend-reports/newzoo-global-games-market-report-2022-free-version；Newzoo，"Global Games Market Report 2021"，July 1，2021，https：//newzoo. com/resources/trend - reports/newzoo - global-games-market-report-2021-free-version；Newzoo，"Global Games Market Report 2020"，June 25，2020，https：//newzoo. com/resources/trend - reports/newzoo - global - games - market - report - 2020 - light - version；Newzoo，"Global Games Market Report 2019"，June 19，2019，https：//newzoo. com/resources/trend-reports/newzoo-global-games-market-report-2019-light - version；Newzoo，"Global Games Market Report 2018"，June 14，2018，https：//newzoo. com/resources/trend-reports/newzoo-global-games-market-report-2018-light-version.

点。北美游戏市场收入为516亿美元，增长率较2022年减少了7个百分点。拉美游戏市场收入仅增加了4亿美元，增长率较2022年减少了近12个百分点。作为全球最大的游戏市场，亚太地区的游戏市场收入持续加速下降，由2022年的879亿美元减至858亿美元，减幅为2.4%（见图9、图10、图11、图12、图13）。

根据Newzoo发布的数据，2023年全球收入最高的11家游戏企业中，有7家来自美国，中国和日本的游戏公司各占两个席位。其中，位居榜首的游戏企业为腾讯，收入为75.56亿美元。虽然腾讯在全球游戏公司中以巨大优势领先，但其年收入较2022年下降了7%。来自日本的游戏巨头索尼和来自美国的苹果位居第二、第三，2023年收入分别为43.8亿美元和36.83亿

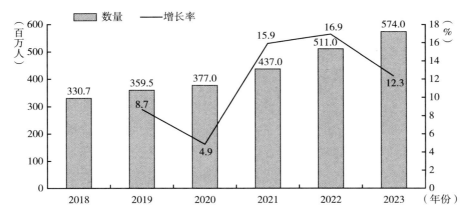

图5 2018~2023年中东及非洲游戏玩家数量变化趋势

资料来源：Newzoo，"Global Games Market Report 2023"，February 8，2024，https：//newzoo.com/resources/trend-reports/newzoo-global-games-market-report-2023-free-version；Newzoo，"Global Games Market Report 2022"，July 26，2022，https：//newzoo.com/resources/trend-reports/newzoo-global-games-market-report-2022-free-version；Newzoo，"Global Games Market Report 2021"，July 1，2021，https：//newzoo.com/resources/trend-reports/newzoo-global-games-market-report-2021-free-version；Newzoo，"Global Games Market Report 2020"，June 25，2020，https：//newzoo.com/resources/trend-reports/newzoo-global-games-market-report-2020-light-version；Newzoo，"Global Games Market Report 2019"，June 19，2019，https：//newzoo.com/resources/trend-reports/newzoo-global-games-market-report-2019-light-version；Newzoo，"Global Games Market Report 2018"，June 14，2018，https：//newzoo.com/resources/trend-reports/newzoo-global-games-market-report-2018-light-version.

美元。值得注意的是，与2022年相比，索尼的收入上涨了24.6%，而任天堂却下降了11.6%。中国游戏企业网易也有亮眼表现，以27.17亿美元的收入位列第五，收入较上年增长了2.6%。排名第六的企业是谷歌，收入为24.32亿美元，较2022年下降了3.9%。美国厂商动视暴雪在该榜单中排名第七，其在2023年的收入为22.61亿美元，较2022年增长了46.9%，是该榜单中收入增长幅度最大的企业（见图14、图15）。

按照游戏平台划分，2023年移动游戏和主机游戏的收入依然持续增长。移动游戏所占份额最大，2023年收入达926亿美元，同比增长0.4%。主机游戏次之，2023年收入为561亿美元，同比增长8.3%。而电脑游戏和网页游戏的收入出现下降，电脑游戏由2022年的382亿美元降至371亿美元，

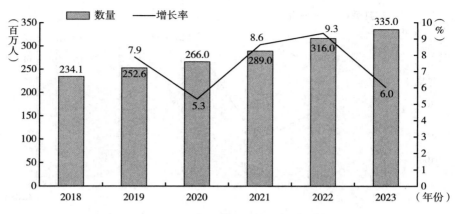

图6　2018~2023年拉美游戏玩家数量变化趋势

资料来源：Newzoo，"Global Games Market Report 2023"，February 8，2024，https：// newzoo. com/resources/trend-reports/newzoo-global-games-market-report-2023-free-version；Newzoo，"Global Games Market Report 2022"，July 26，2022，https：//newzoo. com/resources/ trend-reports/newzoo-global-games-market-report-2022-free-version；Newzoo，"Global Games Market Report 2021"，July 1，2021，https：//newzoo. com/resources/trend-reports/newzoo-global-games-market-report-2021-free-version；Newzoo，"Global Games Market Report 2020"，June 25，2020，https：//newzoo. com/resources/trend-reports/newzoo-global-games-market-report-2020-light-version；Newzoo，"Global Games Market Report 2019"，June 19，2019，https：//newzoo. com/resources/trend-reports/newzoo-global-games-market-report-2019-light-version；Newzoo，"Global Games Market Report 2018"，June 14，2018，https：//newzoo. com/resources/trend-reports/newzoo-global-games-market-report-2018-light-version.

网页游戏则由23亿美元降至19亿美元（见图16）。

回顾2023年世界各国移动游戏下载量，中国位居全球榜首，高达293.2亿次，较2020年有小幅度增长，是2023年印度移动游戏下载量的3倍多。此外，印度、巴西、墨西哥、土耳其、新加坡的移动游戏下载量也呈小幅上升趋势，印度尼西亚和阿根廷的增长幅度更大，2023年其移动游戏下载量较2020年分别提升了28%和26.7%。与此同时，其他国家则出现了负增长，尤其是欧美和日韩等成熟市场。其中，移动游戏下载量降幅最大的地区是沙特阿拉伯，2023年仅为6.6亿次，较2020年减少了20.5%。美国的移动游戏下载量为44.4亿次，虽然较2020年下降了16.5%，但依然排名全球第四。此外，英国、加拿大、法国、日本和韩国的下载量也出现了大幅度下降，

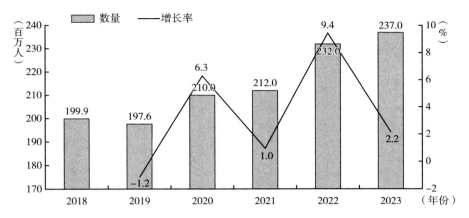

图 7 2018~2023 年北美游戏玩家数量变化趋势

资料来源：Newzoo，"Global Games Market Report 2023"，February 8，2024，https：//newzoo. com/resources/trend－reports/newzoo－global－games－market－report－2023－free－version；Newzoo，"Global Games Market Report 2022"，July 26，2022，https：//newzoo. com/resources/trend－reports/newzoo－global－games－market－report－2022－free－version；Newzoo，"Global Games Market Report 2021"，July 1，2021，https：//newzoo. com/resources/trend－reports/newzoo－global－games－market－report－2021－free－version；Newzoo，"Global Games Market Report 2020"，June 25，2020，https：//newzoo. com/resources/trend－reports/newzoo－global－games－market－report－2020－light－version；Newzoo，"Global Games Market Report 2019"，June 19，2019，https：//newzoo. com/resources/trend－reports/newzoo－global－games－market－report－2019－light－version；Newzoo，"Global Games Market Report 2018"，June 14，2018，https：//newzoo. com/resources/trend－reports/newzoo－global－games－market－report－2018－light－version。

降幅分别为 18.8%、17.4%、14%、12%和 11.3%（见图 17、图 18）。

用户支出方面，中国移动游戏用户支出在 2023 年达到 376.3 亿美元，位列全球第一。美国、日本和韩国紧随其后，分别为 239.3 亿美元、127.8 亿美元和 63.4 亿美元。其中，日本年收入较 2020 年出现负增长，降幅超过 1/5。法国、沙特阿拉伯、新加坡的移动游戏用户支出也出现了小幅度下降，2023 年分别为 13.4 亿美元、4 亿美元、3.9 亿美元（见图 19、图 20）。

作为全球最重要的游戏发行渠道之一，Steam 平台在 2023 年的最高在线人数达到 3360 万人，游戏销量达 5.8 亿份，年收入为 90 亿美元，较上年增长了 18.4%（见图 21）。从游戏数量上看，有近 14000 款游戏于 2023 年上线 Steam，较上一年增长了 12.6%。其中，独立游戏多达 13790 款，占总数

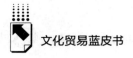
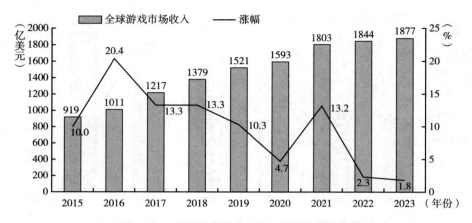

图8 2015～2023年全球游戏市场收入及其增长率变化趋势

资料来源：根据Newzoo发布的《全球游戏市场报告》整理得到。

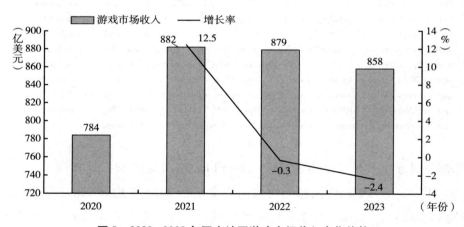

图9 2020～2023年亚太地区游戏市场收入变化趋势

资料来源：Newzoo，"Global Games Market Report 2023"，February 8，2024，https：// newzoo．com/resources/trend－reports/newzoo－global－games－market－report－2023－free－version；Newzoo，"Global Games Market Report 2022"，July 26，2022，https：//newzoo．com/resources/ trend－reports/newzoo－global－games－market－report－2022－free－version；Newzoo，"Global Games Market Report 2021"，July 1，2021，https：//newzoo．com/resources/trend－reports/newzoo－ global－games－market－report－2021－free－version；Newzoo，"Global Games Market Report 2020"，June 25，2020，https：//newzoo．com/resources/trend－reports/newzoo－global－games－market－ report－2020－light－version。

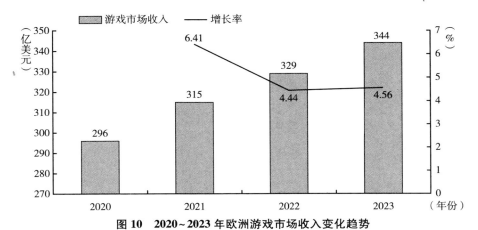

图10　2020~2023年欧洲游戏市场收入变化趋势

资料来源：Newzoo，"Global Games Market Report 2023"，February 8，2024，https：//newzoo. com/resources/trend－reports/newzoo－global－games－market－report－2023－free－version；Newzoo，"Global Games Market Report 2022"，July 26，2022，https：//newzoo. com/resources/trend－reports/ newzoo－global－games－market－report－2022－free－version；Newzoo，"Global Games Market Report 2021"，July 1，2021，https：//newzoo. com/resources/trend－reports/newzoo－global－games－market－ report－2021－free－version；Newzoo，"Global Games Market Report 2020"，June 25，2020，https：// newzoo. com/resources/trend－reports/newzoo－global－games－market－report－2020－light－version.

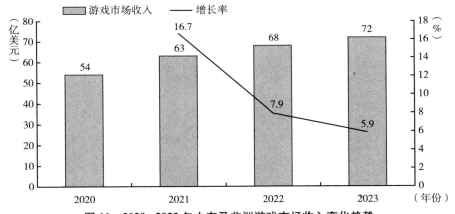

图11　2020~2023年中东及非洲游戏市场收入变化趋势

资料来源：Newzoo，"Global Games Market Report 2023"，February 8，2024，https：//newzoo. com/resources/trend-reports/newzoo-global-games-market-report-2023-free-version；Newzoo，"Global Games Market Report 2022"，July 26，2022，https：//newzoo. com/resources/trend－reports/newzoo－ global－games－market－report－2022－free－version；Newzoo，"Global Games Market Report 2021"，July 1， 2021，https：//newzoo. com/resources/trend-reports/newzoo-global-games-market-report-2021-free- version；Newzoo，"Global Games Market Report 2020"，June 25，2020，https：//newzoo. com/resources/ trend-reports/newzoo-global-games-market-report-2020-light-version.

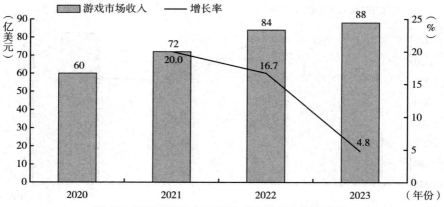

图 12　2020~2023 年拉美游戏市场收入变化趋势

资料来源：Newzoo，"Global Games Market Report 2023"，February 8，2024，https：//newzoo. com/resources/trend－reports/newzoo－global－games－market－report－2023－free－version；Newzoo，"Global Games Market Report 2022"，July 26，2022，https：//newzoo. com/resources/trend－reports/ newzoo-global-games-market-report-2022-free-version；Newzoo，"Global Games Market Report 2021"， July 1，2021，https：//newzoo. com/resources/trend－reports/newzoo－global－games－market－report－ 2021－free－version；Newzoo，"Global Games Market Report 2020"，June 25，2020，https：// newzoo. com/resources/trend-reports/newzoo-global-games-market-report-2020-light-version.

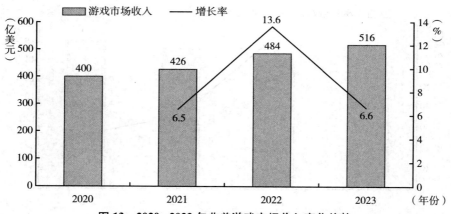

图 13　2020~2023 年北美游戏市场收入变化趋势

资料来源：Newzoo，"Global Games Market Report 2023"，February 8，2024，https：//newzoo. com/resources/trend－reports/newzoo－global－games－market－report－2023－free－version；Newzoo， "Global Games Market Report 2022"，July 26，2022，https：//newzoo. com/resources/trend-reports/ newzoo-global-games-market-report-2022-free-version；Newzoo，"Global Games Market Report 2021"，July 1，2021，https：//newzoo. com/resources/trend－reports/newzoo－global－games－market－ report-2021-free-version；Newzoo，"Global Games Market Report 2020"，June 25，2020，https：// newzoo. com/resources/trend-reports/newzoo-global-games-market-report-2020-light-version.

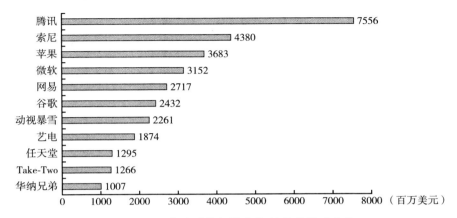

图 14　2023 年全球收入排在前 11 位的游戏企业

资料来源：Newzoo，"Global Games Market Report 2023"，February 8，2024，https：// newzoo. com/resources/trend-reports/newzoo-global-games-market-report-2023-free-version.

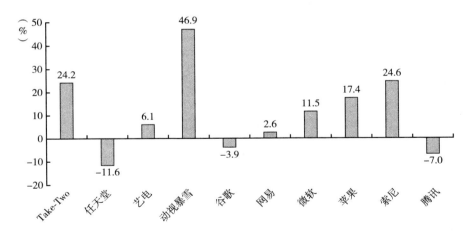

图 15　2023 年全球主要游戏企业收入增长率

资料来源：Newzoo，"Global Games Market Report 2023"，February 8，2024，https：// newzoo. com/resources/trend-reports/newzoo-global-games-market-report-2023-free-version.

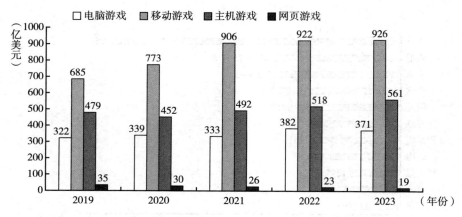

图 16　2019~2023 年全球不同平台游戏市场收入变化趋势

资料来源：Newzoo，"Global Games Market Report 2023"，February 8，2024，https：//newzoo. com/resources/trend - reports/newzoo - global - games - market - report - 2023 - free - version；Newzoo，"Global Games Market Report 2022"，July 26，2022，https：//newzoo. com/resources/trend-reports/newzoo-global-games-market-report-2022-free-version；Newzoo，"Global Games Market Report 2021"，July 1，2021，https：//newzoo. com/resources/trend - reports/newzoo - global-games-market-report-2021-free-version；Newzoo，"Global Games Market Report 2020"，June 25，2020，https：//newzoo. com/resources/trend - reports/newzoo - global - games - market - report-2020-light-version.

的 98.7%，3A 游戏不足 2%（见图 22）。从游戏类型上看，冒险游戏在 2023 年收入最高，占总收入的 30%。与之相比，动作游戏收入原本居于首位，但在 2023 年位居第二，占 26%。排名第三和第四的是角色扮演游戏和策略游戏，收入份额分别由之前的 15% 增长至 23%、由之前的 10% 增长至 12%。至于模拟游戏、休闲游戏、大型网络游戏、竞速游戏的收入比重，则出现了不同程度的下降（见图 23）。在 2023 年上架的 Steam 游戏中，《博德之门 3》的收入为 6.57 亿美元，位居榜首，几乎是位居第二的《霍格沃茨之遗》的 2 倍（见图 24）。

近年来，游戏日益成为全球大众文化传播的主要媒介，游戏的 IP 联动也更为频繁。2023 年，Newzoo 统计了与游戏相关的 477 次 IP 联动数据。其中，两个游戏 IP 之间的联动是游戏上架时最为常见的营销方式，有 158 次，占总数的约 1/3。位居第二的是游戏 IP 与动漫之间的联动，有 71 次。电影、

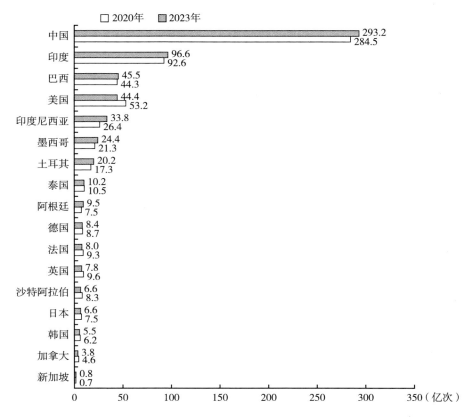

图 17 2023 年移动游戏下载量排在前 17 位的国家在 2020 年、
2023 年的移动游戏下载量

资料来源：data. ai，"State of Mobile 2024"，2024，https：//www. data. ai/cn/go/state-of-
mobile-2024/.

明星和音乐与游戏 IP 的联动次数分别为 55 次、40 次、30 次。不仅如此，
游戏 IP 联动的对象还拓展至时尚及服装、汽车、电视剧、运动、科技等各
个领域（见图 25）。从类型的角度看，大逃杀游戏成为最受欢迎的游戏 IP
联动作品，出现了 135 次，占总数的 28%。其次是沙盒游戏，相关 IP 联动
有 72 次。角色扮演游戏、射击游戏、冒险游戏依次排在第三、第四、第五
位，分别出现了 53 次、44 次、32 次（见图 26）。

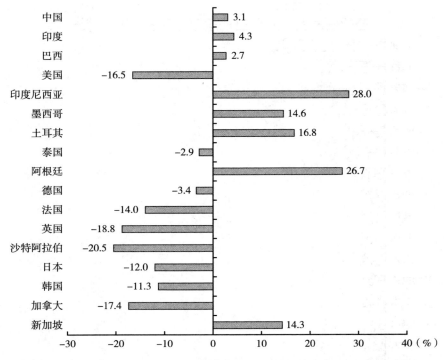

**图 18　2023 年移动游戏下载量排在前 17 位的国家 2023 年较 2020 年移动游戏
下载量增长幅度**

资料来源：data. ai，"State of Mobile 2024"，2024，https：//www. data. ai/cn/go/state-
of-mobile-2024/.

（二）中国游戏对外贸易概览

2023 年，中国自主研发的网络游戏在海外市场上的实际销售收入仍然
呈现负增长态势，从 2022 年的 173. 46 亿美元下降至 163. 66 亿美元，降幅
达 5. 65%（见图 27）。根据游戏工委发布的数据，在中国游戏对外贸易产品
中，移动游戏收入占比达 74. 88%。① 2023 年，就手机游戏出海收入而言，

---

①　《〈2023 年中国游戏产业报告〉正式发布》，新华网，2023 年 12 月 15 日，http：//
www. xinhuanet. com/ent/20231215/f670a4330eac41d6859e9f11d9226d5b/c. html。

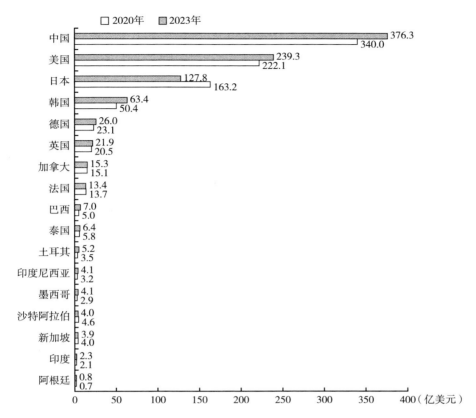

图19　2023 年移动游戏用户支出排在前 17 位的国家在 2020 年、2023 年的移动游戏用户支出

资料来源：data. ai，"State of Mobile 2024"，2024，https：//www. data. ai/cn/go/state-of-mobile-2024/.

中国游戏在美国收入最高，较 2022 年小幅上涨 0. 7%。中国手游出海收入增长幅度最大的市场是韩国，较上一年增长了 15. 3%，其次是欧洲，增幅为8. 3%。虽然拉美在全球市场中占比不大，但中国手机游戏在拉美的收入也增加了 4. 7%。与之相比，虽然日本是中国手游出海的第二大市场，但中国手机游戏在日本的收入却下跌近 10%。不仅如此，在东南亚中国手机游戏的收入更是下降了近 20%（见图 28）。

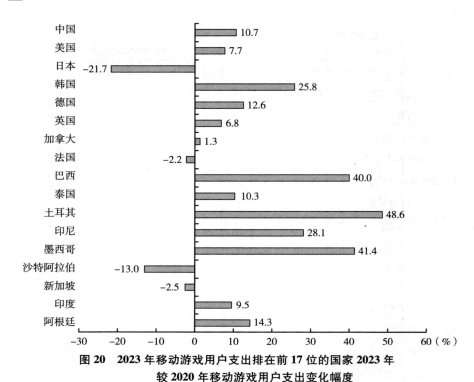

图 20 2023 年移动游戏用户支出排在前 17 位的国家 2023 年较 2020 年移动游戏用户支出变化幅度

资料来源：data. ai，"State of Mobile 2024"，2024，https：//www. data. ai/cn/go/state-of-mobile-2024/.

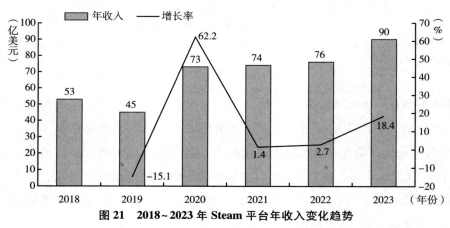

图 21 2018~2023 年 Steam 平台年收入变化趋势

资料来源：VGI，"Global PC Games Market Report 2024"，January 3，2024，https：//vginsights. com/insights/article/global-pc-games-market-report-2024.

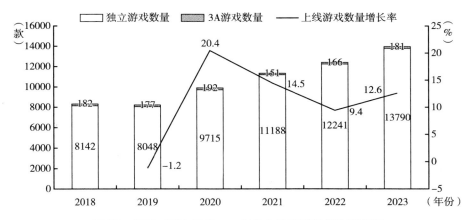

图22　2018~2023年Steam平台上线游戏数量变化趋势

资料来源：VGI，"Global PC Games Market Report 2024"，January 3，2024，https：//vginsights. com/insights/article/global-pc-games-market-report-2024.

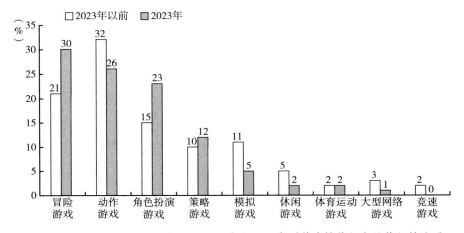

图23　2023年以前和2023年Steam平台上不同类型游戏的收入占总收入的比重

资料来源：VGI，"Global PC Games Market Report 2024"，January 3，2024，https：//vginsights. com/insights/article/global-pc-games-market-report-2024.

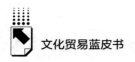

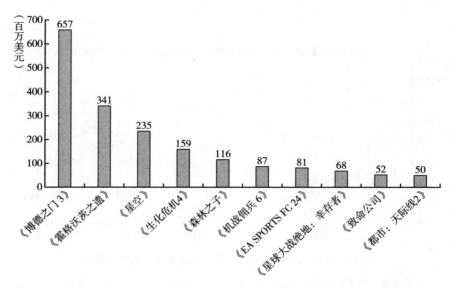

图 24 2023 年 Steam 平台收入排在前 10 位的 2023 年上架游戏

资料来源：VGI，"Global PC Games Market Report 2024"，January 3，2024，https：//vginsights. com/insights/article/global-pc-games-market-report-2024.

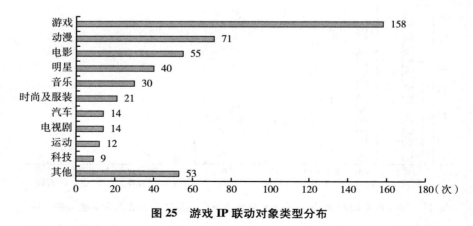

图 25 游戏 IP 联动对象类型分布

资料来源：Newzoo，"How IP and Brand Collaborations Level up Games"，November 9，2023，https：//newzoo. com/resources/trend-reports/how-ip-and-brand-collaborations-level-up-games.

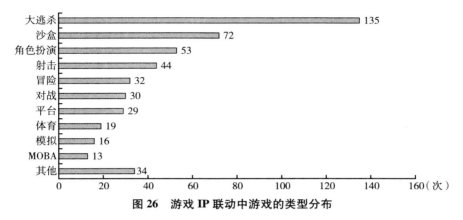

图26　游戏 IP 联动中游戏的类型分布

资料来源：Newzoo, "How IP and Brand Collaborations Level up Games", November 9, 2023, https://newzoo.com/resources/trend-reports/how-ip-and-brand-collaborations-level-up-games.

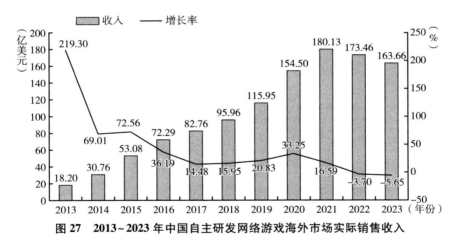

图27　2013~2023 年中国自主研发网络游戏海外市场实际销售收入

资料来源：《〈2023 年中国游戏产业报告〉正式发布》，新华网，2023 年 12 月 15 日，http://www.xinhuanet.com/ent/20231215/f670a4330eac41d6859e9f11d9226d5b/c.html；《〈2022 年中国游戏产业报告〉正式发布》，游戏产业网，2023 年 2 月 15 日，https://www.cgigc.com.cn/details.html? id = 08db0f16-2eca-4e7e-849d-89087a240576&tp = report；李小牧、李嘉珊主编《文化贸易蓝皮书：中国国际文化贸易发展报告（2021）》，社会科学文献出版社，2021，第 119 页。

在谷歌发布的 2023 年中国全球化品牌 50 强榜单中，有 9 个移动游戏品牌上榜，在榜单内，移动游戏行业品牌的品牌力得分在所有行业中占 10%，与家电行业品牌所占的比重相同，在该榜单中并列第三，超过了汽车、电子商务、家居园艺等多个行业（见图29）。这 9 个移动游戏品牌中，腾讯依旧

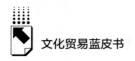

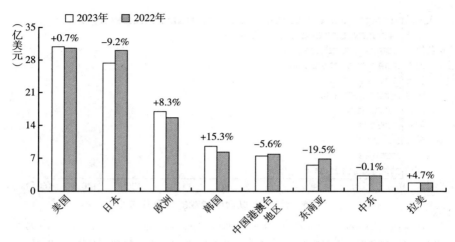

图 28　2022 年、2023 年中国手机游戏出海收入及 2023 年
中国手机游戏出海收入的增长率

资料来源：《2023 中国手游出海年度盘点——〈原神〉蝉联出海手游收入冠军，〈崩坏：星穹铁道〉等多款新游空降收入榜》，Sensor Tower，2024 年 1 月，https：//sensortower-china. com/zh-CN/blog/china-mobile-games-2023-overseas-performance-recap-CN。

稳坐榜首，超出第二名 100 分以上。第二梯队包括米哈游、麦吉太文和莉莉丝，品牌力均超过了 200 分。第三梯队的品牌力在 100 分以上，依次为点点互动、趣加游戏、IM30、海彼游戏和三七互娱（见表 1）。

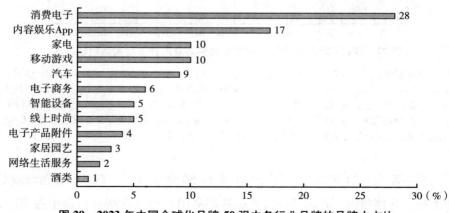

图 29　2023 年中国全球化品牌 50 强中各行业品牌的品牌力占比

资料来源：《2023 中国全球化品牌》，Google，2023 年 6 月 15 日，https：//services. google. cn/fh/files/misc/cn_ google_ x_ kantar_ brandz_ chinese_ global_ brand_ builders_ 2023. pdf。

表1   2023 年中国全球化品牌 50 强中的移动游戏品牌

排名	品牌	品牌力得分
12	腾讯	388
18	米哈游	280
28	麦吉太文	210
29	莉莉丝	205
33	点点互动	186
34	趣加游戏	177
35	IM30	176
38	海彼游戏	157
41	三七互娱	142

资料来源：《2023 中国全球化品牌》，Google，2023 年 6 月 15 日，https：//services. google. cn/fh/files/misc/cn_ google_ x_ kantar_ brandz_ chinese_ global_ brand_ builders_ 2023. pdf。

在由中国音像与数字出版协会主办的 2023 年中国优秀"走出去"游戏企业评比活动中，米哈游、腾讯、网易、三七互娱、完美世界等 10 家在海外市场表现优秀的中国游戏企业获得提名，最终荣获该奖项的是上海莉莉丝科技股份有限公司（见表2）。

表2   2023 年度中国优秀"走出去"游戏企业

企业名称	奖项
上海莉莉丝科技股份有限公司	获奖（提名）
深圳市腾讯计算机系统有限公司	提名
网易游戏	提名
三七互娱网络科技集团股份有限公司	提名
上海米哈游网络科技股份有限公司	提名
上海沐瞳科技有限公司	提名
完美世界(北京)软件科技发展有限公司	提名
上海鹰角网络科技有限公司	提名
上海悠星网络科技有限公司	提名
四三九九网络股份有限公司	提名

资料来源：《2023 游戏十强年度榜正式揭晓》，游戏产业网，2023 年 12 月 15 日，https：//www. cgigc. com. cn/details. html？id＝08dbfd31-15f4-4203-8888-81a197c2ba23&tp＝gametop。

根据 Sensor Tower 发布的数据，米哈游为 2023 年收入最高的中国手游发行商，其次是腾讯、三七互娱、莉莉丝和点点互动。此外，网易、麦吉太文、乐元素等企业亦榜上有名（见表 3）。在 2023 年收入排在前 30 名的游戏榜单中，来自米哈游的《原神》和《崩坏：星穹铁道》分别位列第一、第三，来自腾讯的《绝地求生手游》（*PUBG MOBILE*）位居第二。此外，腾讯和网易分别和美国游戏开发商动视暴雪合作，为后者旗下的 IP 开发了手机游戏，即排在第四位的《使命召唤手游》和排在第二十三位的《暗黑破坏神：不朽》（见表 4）。

表 3　2023 年收入排在前 30 位的中国手游发行商

排名	名称	排名	名称
1	米哈游	16	麦吉太文
2	腾讯	17	朝夕光年
3	三七互娱	18	Tap4Fun
4	莉莉丝	19	星合互娱
5	点点互动	20	乐元素
6	IM30	21	柠檬微趣
7	壳木游戏	22	4399 游戏
8	悠星网络	23	智明星通
9	网易	24	Mattel163
10	IGG	25	雅乐科技
11	沐瞳科技	26	有爱互娱
12	江娱互动	27	易幻网络
13	海彼游戏	28	露珠游戏
14	友塔游戏	29	益世界
15	灵犀互娱	30	游族

资料来源：《2023 中国手游出海年度盘点——〈原神〉蝉联出海手游收入冠军，〈崩坏：星穹铁道〉等多款新游空降收入榜》，Sensor Tower，2024 年 1 月，https://sensortower-china.com/zh-CN/blog/china-mobile-games-2023-overseas-performance-recap-CN。

表4　2023年收入排在前30名的中国手游

排名	游戏	发行商
1	《原神》	米哈游
2	PUBG MOBILE	腾讯
3	《崩坏：星穹铁道》	米哈游
4	《使命召唤手游》	动视暴雪、腾讯
5	Puzzles & Survival	三七互娱
6	《万国觉醒》	莉莉丝
7	Whiteout Survival	点点互动
8	Age of Origins	壳木游戏
9	《口袋奇兵》	江娱互动
10	Mobile Legends：Bang Bang	沐瞳科技
11	Last Fortress	IM30
12	《王国纪元》	IGG
13	Survivor!.io	海彼游戏
14	Project Makeover	麦吉太文
15	《荒野行动》	网易
16	Rise of Castles	IM30
17	《明日方舟》	鹰角网络、悠星网络、心动网络
18	《守望黎明》	IM30
19	《黑道风云》	友塔游戏
20	《偶像梦幻祭！！Music》	乐元素
21	《三国志·战略版》	灵犀互娱
22	Marvel Snap	朝夕光年
23	《暗黑破坏神：不朽》	动视暴雪、网易
24	《战火与秩序》	壳木游戏
25	Call of Dragons	莉莉丝
26	《小小蚁国》	星合互娱
27	The Grand Mafia	友塔游戏
28	《马赛克英雄》	More2 Game、Ujoy Games、易幻网络
29	Yalla Ludo	Yalla Technology FZ-LLC
30	《放置少女》	有爱互娱

资料来源：《2023中国手游出海年度盘点——〈原神〉蝉联出海手游收入冠军，〈崩坏：星穹铁道〉等多款新游空降收入榜》，Sensor Tower，2024年1月，https：//sensortower-china.com/zh-CN/blog/china-mobile-games-2023-overseas-performance-recap-CN。

二 中国游戏文化对外贸易的主要问题

（一）游戏类型有限，缺少吸引海外玩家的多样化产品

2023 年，中国游戏出口产品以移动游戏为主，电脑和主机游戏较为欠缺，尤其是缺少游戏爱好者群体关注的 3A 游戏。根据 Newzoo 2024 年发布的数据，电脑、主机和移动平台的界限正逐渐模糊，越来越多的玩家愿意在多个平台上玩游戏。有 32% 的玩家用两种平台玩游戏，用 3 种平台玩游戏的玩家有 15%。从游戏时长上看，用两种游戏平台玩游戏的玩家平均每周的游戏时间约为 8.5 小时，用 3 种游戏平台玩游戏的玩家平均每周的游戏时间更长，超过了 11 小时。[①]

（二）缺少具有国际影响力的高水平产品

在 2023 年全球游戏大奖获奖名单中，继《原神》获奖后，米哈游的《崩坏：星穹铁道》也荣获全球游戏大奖中的最佳移动游戏奖。另外，京东电竞战队获得了 2023 年最佳电竞战队奖。除此以外，中国游戏作品和游戏厂商并未在其他各项国际大奖的获奖名单中出现。

如上文所述，绝大多数获得 2023 年全球游戏大奖的游戏作品依然来自欧美和日本等国家及地区的游戏厂商。例如，由比利时拉瑞安工作室开发的《博德之门 3》不仅在 2023 年全球游戏大奖中荣获了年度最佳游戏、最佳表演、最佳社区支持、最佳角色扮演游戏、最佳多人游戏、玩家之声 6 项大奖，而且还在第 27 届 DICE 奖中荣获了年度游戏、故事杰出成就奖、年度角色扮演游戏、游戏设计杰出成就奖、游戏指导杰出成就奖共 5 个奖项，引发了全世界游戏开发者和游戏玩家的持续关注。

---

① Newzoo, "The PC & Console Gaming Report 2024", April 2, 2024, https://newzoo.com/resources/trend-reports/pc-console-gaming-report-2024.

（三）缺少对海外游戏生态的深度研究

尽管游戏文化正逐渐受到社会各界的广泛关注，但与之相关的科研成果数量仍较为不足。2024 年 3 月 25 日，在 CNKI 数据库中以"游戏产业"为关键词进行检索，结果显示相关学术期刊论文仅有 731 篇，学位论文 77 篇，会议论文 17 篇，学术辑刊论文 5 篇（见图 30）。除特色期刊论文和报纸文章外，其他类别相关文献的数量仍远低于"电影产业"相关文献。在中文科研领域，对于游戏产业尤其是其海外发展和对外贸易的深入研究仍待加强。

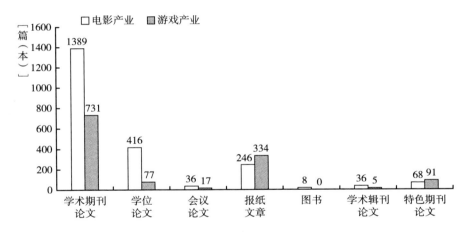

图 30　CNKI 数据库中电影产业和游戏产业中文研究成果数量对比

资料来源：CNKI 数据库（数据采集日期为 2024 年 3 月 25 日）。

与此同时，国内对游戏产业的科研支持依然严重不足。根据 CNKI 的统计数据，2023 年与游戏产业相关的科研资助项目或课题数量从 2021 年的 25 项增加至 37 项，呈现出缓慢提升的趋势，但总数仅为电影产业相关科研资助项目或课题数量的 21%（见表 5）。其中，只有一个阶段性成果涉及游戏出海，即《出版发行研究》刊发的《国产游戏对外传播中华文化的现状、困境与对策》一文，且依然没有专门针对游戏产业对外贸易研究的基金支持项目。

表5　2023年CNKI数据库中电影产业与游戏产业相关科研资助项目或课题数量对比

单位：项

科研资助项目或课题名称	电影产业	游戏产业
国家社会科学基金项目	79	15
国家自然科学基金项目	14	5
全国艺术科学规划课题	23	3
教育部人文社会科学研究项目	11	2
北京市哲学社会科学规划项目	8	1
中央高校基本科研业务费专项资金项目	5	1
江苏省教育厅人文社会科学研究基金项目	3	1
国家重点研发计划项目	2	1
黑龙江省科技攻关计划项目	0	1
福建省教育厅科技项目	0	1
广东省重点领域研发计划项目	0	1
广东省教育厅科学研究项目	0	1
国家级大学生创新创业训练计划项目	0	1
四川省哲学社会科学规划项目	0	1
全国统计科学研究计划项目	0	1
全国教育科学规划课题	0	1
江苏省教育厅高等学校哲学社会科学基金项目	5	0
浙江省哲学社会科学规划课题	3	0
山东省哲学社会科学规划研究项目	3	0
国家留学基金项目	3	0
佛山市哲学社会科学规划项目	3	0
江西省教育厅科学研究项目	2	0
广东省哲学社会科学规划项目	2	0
安徽省软科学研究计划项目	2	0
天津市哲学社会科学规划项目	2	0
上海市哲学社会科学规划课题	2	0
陕西省哲学社会科学规划课题	2	0
总计	174	37

资料来源：CNKI数据库（数据采集日期为2024年3月25日）。

三 促进中国游戏对外贸易发展的建议

（一）鼓励游戏研究，为游戏文化对外贸易提供学术支持

2023 年，由完美世界游戏研究中心编辑策划的图书《全球电竞文化导论》和《中国游戏研究：游戏的历史》在国内正式出版。前者强调国际视野，译介了 10 篇由全球知名电竞学者发表的权威电竞研究论文，并收录了该中心之前举办的电竞研究沙龙发言稿，为国内读者群体提供了当下最前沿的电竞研究成果。后者聚焦本土语境，精选了近 10 篇首次公开发表的游戏研究文章，作者是来自北京大学、浙江大学、南京师范大学、日本立命馆大学、澳大利亚昆士兰科技大学等海内外知名高校及科研机构的电竞学者，涉及游戏杂志、游戏声音、VR 游戏生产、游戏批评、中国游戏研究等多个话题。此外，该书还首次为中文游戏研究书刊提供了游戏引用体例，成为国内外游戏研究者了解中国游戏生态的重要参考。

与之相应，国内高校和科研机构可以此为基础，进一步加大对游戏研究的科研支持力度，为中国游戏出海搭建扎实的学术基础。其一，应为国内游戏教育提供更多政策支持，构建更加成熟、更有国际竞争力的高水平游戏教育体系。其二，国内出版机构应当积极译介国外优秀的游戏研究成果，特别是那些涉及国际游戏市场、海外玩家群体以及前沿游戏技术的书刊，这些将为我国游戏产业的生产、消费和学术研究提供宝贵的参考和借鉴。其三，为了激发国内游戏研究者的创新活力，应鼓励基于产业和学术的深度合作，推动游戏研究的原创成果不断涌现。为此，我们需要为游戏学者提供更多样化的科研基金及出版资助，以支持他们的研究工作。同时，还应为中文游戏研究提供更多元的学术发表及交流平台，以促进学术交流和合作，共同推动游戏研究的进步和发展。

（二）促进产业创新，为海外市场提供游戏精品

面对全球游戏玩家和游戏市场规模增速放缓的现状，游戏作品的质量是

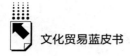

国内游戏厂商深耕海外市场的关键。2023 年 8 月 20 日，国产 3A 游戏《黑神话：悟空》在杭州举行了试玩会，吸引了 1000 多名游戏玩家，并受到海内外多家游戏媒体的关注。该游戏取材于《西游记》，并使用了海外游戏玩家熟悉的游戏表征及游戏交互方式，将中国传统文化与数字游戏技术恰如其分地结合起来，因此成为一款颇受海内外玩家期待的游戏作品。

2023 年 12 月，由米哈游出品的《崩坏：星穹铁道》荣获全球游戏大奖中的最佳移动游戏奖。此外，该游戏还在 2023 年的谷歌应用商店大奖（最佳游戏、最佳故事、最佳平板游戏）、苹果应用商店大奖（最佳苹果手机游戏）、世界科幻游戏年度大奖（最佳人气奖）等国际大奖中获奖。

国内游戏厂商可以此为范本，进一步从游戏设计、游戏技术和游戏艺术三个方面探索产业创新，为中国游戏出口研发更多游戏精品。第一，为国内独立游戏开发团队提供资金、发行方面的支持，尤其是在针对海外市场的本地化、海外市场营销、海外发行渠道等方面，增强我国出海游戏的多样性。第二，为国内外游戏开发者搭建沟通的平台，包括由我国发起的全球游戏开发者大会、国际性的游戏大奖等，为中国游戏生产提供更多可供参考的产业资源，并以此为基础推出更多具有全球影响力的游戏作品。

B.8
中国文化旅游服务贸易发展报告（2024）

王海文　李君*

摘　要： 中国文化旅游服务贸易在经历了一段时期的调整后，展现出新的活力与潜力。尽管全球经济形势复杂多变，国际文化旅游服务市场仍面临诸多不确定性，但中国文化旅游市场呈现强劲复苏的态势，境外旅游市场也逐渐回暖，中国文化旅游服务贸易显示出强大韧性和发展潜力。特别是数字技术的广泛应用和平台经济的兴起，为文旅产业注入了新的活力，推动了文旅产品和服务的创新，满足了消费者日益多样化的需求。然而，中国文化旅游服务贸易面临国际知名度有待提升、业态创新力度需加大、文旅协调能力有待增强和文旅人才储备不足等挑战。为了应对这些挑战，需要在培育文旅企业、人才、品牌等方面下更大的功夫，提升统筹能力和创新能力，加快数字化转型步伐。

关键词： 文化旅游　服务贸易　平台经济

2023年，中国文化旅游市场展现出了强劲的复苏势头和巨大的发展潜力，同时，数字技术的广泛应用和平台经济的助力为文旅产业注入了新活力，满足了消费者对多样化文旅产品的需求。全面分析2023年中国文化旅游服务贸易发展状况、问题，并提出对策建议，对于强劲复苏背景下文化旅游服务贸易的可持续发展具有重要意义。

---

* 王海文，北京第二外国语学院教授，首都国际服务贸易与文化贸易研究基地研究员，北京第二外国语学院经济学院院长，主要研究方向为国际文化贸易、国际服务贸易；李君，北京第二外国语学院中国服务贸易研究院2022级硕士研究生，主要研究方向为国际文化贸易（西语方向）。

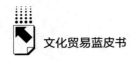

一 2023年中国文化旅游服务贸易发展状况

（一）文化旅游市场强劲复苏

自全球新冠疫情发生以来，中国文化旅游服务产业经历了严峻的考验。2023年，中国文化旅游市场强劲复苏。统计数据显示，2023年，国内出游总人次达到48.91亿人次，比上年增加23.61亿人次，同比增长93.3%（见图1）。其中，城镇居民国内出游人次达37.58亿人次，同比增长94.9%；农村居民国内出游人次达11.33亿人次，同比增长88.5%。①

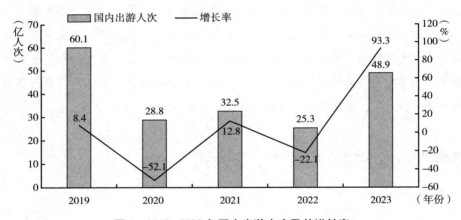

图1　2019~2023年国内出游人次及其增长率

资料来源：《中华人民共和国2023年国民经济和社会发展统计公报》。

2023年，文化旅游市场的表现尤为亮眼。文化体验游、生态旅游、乡村旅游等多元化的旅游产品受到了广泛的欢迎。这些产品不仅丰富了旅游市场的选择，也为地方经济的发展注入了新的活力。同时，这些新兴旅游形式的兴起，也反映了消费者对于深度旅游体验和文化内涵的追求。

---

① 《2023年国内旅游数据情况》，中华人民共和国文化和旅游部官网，2024年2月9日，https://zwgk.mct.gov.cn/zfxxgkml/tjxx/202402/t20240208_951300.html。

此外，文化旅游市场的复苏对相关产业链产生了积极的拉动作用。旅游业的快速增长直接促进了餐饮、住宿、交通等行业的繁荣，为当地创造了大量的就业机会。文化旅游的繁荣也带动了地方文化的传承与发展，提升了地区的文化吸引力，为城市的品牌形象增添了新的内涵。

（二）出入境旅游市场持续回暖

2023 年初，出境旅游市场迎来了期盼已久的复苏。国民经济的稳步增长为出境旅游的回暖提供了坚实的经济支撑，而交通基础设施的持续升级则进一步降低了国际旅行的门槛，使得跨国旅行变得更加便捷。此外，许多旅游目的地国家纷纷采取措施以吸引中国游客，包括放宽入境政策、简化签证流程、推出电子签证服务以及缩短签证处理时间。这些措施极大地便利了中国游客的出行，降低了出境旅游的财力成本和时间成本，从而刺激了出境旅游市场的增长。据统计，2023 年中国出境旅游人次超过了 8700 万人次。[①]

2024 年 2 月，中国旅游研究院发布的《中国出境旅游发展报告（2023—2024）》进一步总结了出境旅游市场的新趋势。报告指出，教育水平较高的年轻旅客正逐渐成为市场的主导力量。在出境旅游的人群中，22~41 岁这一年龄段的游客占据了 82.8% 的比重，而拥有大学本科或专科学历的游客比例达到了 74.36%。随着教育水平的提高，中国游客对于旅游的品质和深度有了更高的要求，他们更倾向于选择能够提供丰富文化体验和满足知识学习需求的目的地。在选择海外旅游目的地时，中国游客的兴趣也呈现出多样化的趋势。尽管亚洲国家和地区依然是最受欢迎的目的地，但对欧洲、北美和非洲等地区的旅游兴趣也在逐渐增强。

（三）数字技术激发文旅活力

2023 年，政府出台了一系列政策，旨在通过科技手段提升文化旅游产

[①] 《〈中国出境旅游发展报告（2023—2024）〉在线发布》，"中国旅游研究院"微信公众号，2024 年 2 月 4 日，https：//mp.weixin.qq.com/s/oPQOObnt2BN-tTmTb0HSzg。

业发展水平，推动产业生态的健康高质量发展。2023年3月，文化和旅游部发布《关于推动在线旅游市场高质量发展的意见》，提出在线旅游经营服务是旅游产业链的关键环节，是满足广大人民群众出游需求、促进旅游消费、带动旅游产业发展的重要力量。同年4月，《关于加强5G+智慧旅游协同创新发展的通知》提出打造一批"5G+"5A级智慧旅游标杆景区，研制形成"5G+"智慧旅游相关行业标准，培育一批"5G+"智慧旅游解决方案供应商。

虚拟现实（VR）和增强现实（AR）技术的应用，为用户提供了全新的旅游体验。用户可以通过这些技术，体验到身临其境般的旅游感受，这种沉浸式体验模式尤其受到年轻用户的青睐。QuestMobile研究院数据显示，2023年3月旅游服务类App活跃用户数达到1.36亿人，同比增长36.4%。[1] 在2023年，中国的知名景点已经开始采用AR技术，为游客提供新鲜的体验。例如，上海博物馆推出了智能导览服务，通过虚拟向导为游客定制个性化的参观路线；云南省博物馆则推出了AR寻宝游戏，增加了互动乐趣；北京香山革命纪念地则结合5G技术，提供了AR游览体验，游客可以通过专门的应用程序进行导航，聆听革命历史故事，并与虚拟场景合影留念。

（四）平台经济促进文旅发展

平台经济的兴起为文化旅游产业提供了新的商业模式和营销渠道。在线旅游平台（OTA）如携程、去哪儿等，通过整合旅游资源，提供一站式的旅游服务，极大地方便了游客的出行规划和门票、酒店房间等的预订。同时，社交媒体平台如抖音、小红书等，通过内容分享和社交互动，让人们先"种草"后"打卡"，为文旅目的地带来了更多的曝光和关注，有效地提高了旅游目的地的知名度和吸引力。在抖音平台上，文

---

[1] 《旅游服务App月活近1.4亿，数字化促旅游文化服务闭环》，澎湃新闻，2023年5月16日，https://www.thepaper.cn/newsDetail_ forward_ 23099076。

化旅游产品实现了高效的销售转化。在与旅游服务提供商、热门景点以及酒店等行业伙伴合作的基础上，抖音通过以短视频和直播形式推出优惠券和折扣门票等优惠措施，成功吸引了众多用户在平台上直接购买相关的旅游和住宿服务。例如，2023 年 6 月 9 日，高圆圆通过抖音平台进行了一场游巴黎在线直播，该直播历时 3 小时，吸引了超过 1000 万名观众在线观看，累计播放量达到了 1.5 亿次。6 月 13 日，董宇辉携《东方甄选看世界》直播节目探访了西安的临潼华清宫。这场近 6 小时的直播活动吸引了超过 30 万人次观看，收获了超过 1 亿次的点赞。

平台与地方文化旅游部门之间的合作日益成为推动地方文旅产业发展的重要力量。例如，电视剧《去有风的地方》2023 年 1 月 3 日播出以来，显著提升了大理的旅游吸引力。在 2023 年的前 9 个月，大理州接待了总计 7487. 62 万人次的国内外游客，与上一年同期相比增长了 63. 95%，同时旅游总收入达到了 1075. 89 亿元，同比增长了 71. 23%。① 此外，抖音平台上关于该剧的讨论也异常热烈，一条关于该剧的短视频作品获得了 16. 7 万次点赞、0. 9 万条评论、5. 3 万次分享以及 4. 9 万次收藏。这种合作模式充分利用了互联网的广泛覆盖和高效传播特性，以及地方文旅部门对本地资源的深入了解和专业管理能力，实现了资源共享和优势互补。互联网平台通过大数据分析，能够精准定位目标受众，为地方文旅部门提供定制化的营销策略。这些策略不仅包括在线广告投放、社交媒体推广，还涵盖了内容创作、互动活动等多种营销方式，以吸引和保持用户的兴趣。地方文旅部门在这种合作中，可以借助互联网平台的力量，更加精准地捕捉市场动态和游客偏好，及时调整与优化旅游产品和服务。例如，通过用户反馈和行为分析，地方文旅部门可以推出更符合市场需求的旅游路线、特色活动和文化体验项目，还可以通过平台的数据分析，提升旅游服务质量，如优化游客导览系统、改善旅游基础设施以及提供更加个性化的旅游体验。

---

① 《自在大理，有风的地方跑出旅游高质量发展加速度》，中国网，2023 年 11 月 8 日，http: //union. china. com. cn/txt/2023-11/08/content_ 42584564. html。

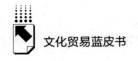

（五）文旅消费需求升级释放

2023 年，中国文旅消费需求进一步释放。国内游客出游总花费达 4.91 万亿元，比上年增加 2.87 万亿元，同比增长 140.3%。其中，城镇居民出游花费达 4.18 万亿元，同比增长 147.5%；农村居民出游花费达 0.74 万亿元，同比增长 106.4%。①

随着旅游市场的发展，旅游需求更加多样化、个性化。人们对旅游的认识不再只是"看山看水看风景"，而是日益向"观文品史、体验生活"的模式转变。深度参与并充分感受目的地文化内涵的旅游方式，正成为越来越多游客的选择。②

在这一背景下，"特种兵"旅游、反向旅游、美食探索等新兴旅游模式应运而生，它们满足了年青的一代对于新奇体验和个性化服务的需求。这些旅游模式的兴起，不仅为游客提供了更加丰富的选择，也为旅游行业带来了新的增长点。同时，随着社交媒体的普及，打卡旅游成为一种新的社交现象，游客通过分享旅行中的点滴，将个人体验转化为社交货币，进一步推动了旅游消费的增长。

此外，文化体验类的旅游活动，如围炉煮茶，为游客提供了深入了解中国传统文化的机会，同时也满足了他们对于精神文化生活的追求。研学旅游的兴起，反映了游客对于知识获取和教育旅行的重视，这种旅游模式将教育与娱乐相结合，为游客提供了寓教于乐的体验。

随着健康意识的提升，康养旅游成为新的消费热点，人们开始寻求能够促进身心健康的旅游方式。而自驾出游和旅居度假游的流行，则体现了游客对于自由、灵活旅行方式的向往，这些旅游模式让游客能够根据自己的兴趣和节奏来规划旅行，享受更加个性化的旅游体验，也有利于传统医学和康养文化的繁荣发展。

---

① 《2023 年国内旅游数据情况》，中华人民共和国文化和旅游部官网，2024 年 2 月 9 日，https://zwgk.mct.gov.cn/zfxxgkml/tjxx/202402/t20240208_951300.html。

② 《融合创新，激发文旅消费潜能》，《人民日报》2023 年 5 月 29 日，第 5 版。

二 中国文化旅游服务贸易存在的问题与不足

（一）国际知名度有待提升

中国拥有悠久的历史、丰富的文化遗产和多样的自然风光，这些都是发展文化旅游服务贸易的宝贵资源。然而，这些资源的国际影响力尚未得到充分发挥，国际社会对中国文化旅游的认知度和兴趣有待提高。

中国文化旅游服务贸易的国际宣传力度不足。虽然中国政府和旅游企业在国际市场上进行了一定的推广活动，但这些活动缺乏系统性和持续性，难以形成强大的品牌效应。此外，宣传手段和渠道的选择也较为有限，未能充分利用新媒体和社交平台等现代传播工具，宣传效果有待提升。

中国文化旅游服务贸易的国际合作有待加强。在全球化的背景下，国际合作是提升文化旅游服务贸易竞争力的重要途径。通过与国际旅游组织、外国旅游企业和文化机构的合作，不仅可以引入先进的管理经验和营销策略，还可以共同开发新的旅游产品和服务，提升中国文化旅游的国际吸引力。

中国文化旅游服务贸易的国际化水平需要提升。这不仅包括提升旅游服务质量、优化旅游环境，还包括加强国际语言服务、完善国际支付系统、提高旅游便利化水平等方面。

（二）业态创新力度需加大

中国文旅服务业拥有丰富的资源，但目前中国的文化旅游产品在国内外市场上显得相对单一，缺乏创新和特色，这在一定程度上削弱了其在国际文化旅游服务贸易中的竞争力。

首先，中国的旅游产品主要集中在观光型和度假型两大类上，这两类产品虽然满足了基本的旅游需求，但它们的可替代性较高，难以形成持久的吸引力。在全球化的旅游市场中，游客越来越追求个性化、差异化的旅游体验，而单一的观光和度假产品难以满足这种多样化的需求。

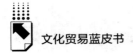

其次，中国的旅游产品开发往往过于依赖城市热点，忽视乡村和偏远地区的潜在价值。许多乡村地区未能充分挖掘和利用当地的文化和自然资源，导致旅游产品趋同现象严重，缺乏地方特色。这种单一化的产品开发模式不仅限制了旅游市场的深度和广度，也使得中国的旅游产品在国际市场上缺乏竞争力。

再次，中国的旅游产品在内容和形式上缺乏创新。许多乡村旅游活动仍然停留在传统的赏花摘果、参观游览等基础层面，缺少对游客深度体验和参与的考虑。这种浅层次的旅游体验难以满足现代游客对于文化探索和个性化体验的追求。

最后，中国的旅游产品带来的体验不够顺畅。为了满足日益增长的出境旅游需求，旅游平台必须实现深度融合，以提供无缝的旅行体验。这不仅涉及旅游产品和服务的整合，还包括采取提升便利性的措施，如简化货币兑换流程、提供实时汇率信息，以及确保游客能够轻松获取关于目的地的实用信息。通过这样的一体化服务，游客可以更加专注于享受旅行本身，而不是被琐碎的事务所困扰。此外，平台还应利用技术创新，如移动支付解决方案和多语言支持，来进一步优化游客的旅行前、中、后体验。

（三）文旅协调能力要增强

文旅融合是中国旅游业发展的重要趋势，它不仅能够丰富旅游产品的内涵、提升旅游体验，还能促进地方经济的多元化发展。然而，当前中国在文旅融合协调能力方面还存在一些不足，这些不足在一定程度上制约了旅游业的高质量发展。

放眼全国，旅游优势资源的整合度不足，产业融合度不高。高端旅游服务业的发展需要旅游业产业链的深度融合，包括旅游、农业、工业、商贸等多个领域的相互支持和促进。然而，目前很多地方仍然停留在"门票经济"阶段，过度依赖传统的旅游资源，忽视了文化内涵的挖掘和创新。这种单一的盈利模式不仅难以吸引游客长期停留和消费，而且不利于旅游业的可持续发展。

此外，旅游接待和配套基础设施的不完善也是制约文旅融合协调能力的重要因素。旅游区域和景区内的道路、指示标识、市政配套等设施的不完善，影响了游客的出行体验。购物、住宿等配套设施的滞后，限制了旅游业的吸引力和竞争力。同时，旅游信息化建设水平的不足，如智慧旅游体系建设的滞后，也制约了旅游业的现代化发展。

（四）高素质复合型文旅人才储备不足

随着市场的不断扩张和业务的多元化，对专业文化旅游人才的需求呈现增长趋势。这些人才除了要具备充足的文化知识、旅游专业知识，掌握市场营销、客户服务、信息技术等多方面的技能，更重要的是要适应数字时代旅游高质量发展的趋势，是高素质复合型人才。

目前我国缺少复合型、交叉型、战略型的旅游人才，旅游人才适应旅游时代变革的能力存在不足，人才培养模式创新与经济社会发展对接不紧密。面对旅游生态构建、产业融合以及大众旅游和旅游消费日益个性化、多样化等态势，需要进一步创新人才培养模式，推动旅游人才培养的专业化、现代化，持续加强技能型人才和战略型人才的差异化培养。此外，旅游行业的人才流动性大，导致企业在人才培养上的投入难以得到长期回报。由于旅游行业的工作性质和劳动强度，许多年轻人在进入行业后不久就选择离开，这使得企业在人才培养上的投入难以转化为长期的人力资源优势，制约了文化旅游的繁荣发展。

三　促进中国文化旅游服务贸易发展的对策

（一）传承经典，树立独特文旅品牌形象

在全球化的背景下，文化旅游已成为连接不同文化、促进国际交流的重要桥梁。传承经典与树立独特文旅品牌形象是提升文化旅游产业竞争力的关键策略。这一过程不仅涉及对文化资源的深度挖掘和对自然资源的有效利

用，还包括对市场需求的精准把握和对品牌理念的持续塑造。

从供给侧来看，文化旅游产品的设计和开发需要基于对传统文化价值的深刻理解和对自然资源禀赋的充分利用。通过将传统文化元素与现代旅游需求相结合，可以创造出具有高附加值的旅游产品。例如，通过开发以非物质文化遗产为核心的体验式旅游项目，不仅能够保护和传承文化，还能为游客提供独特的文化体验，从而提高旅游产品的市场竞争力。

从需求侧来看，现代游客对文化旅游产品的需求日益多样化和个性化。为了满足这些需求，旅游服务提供商需要不断创新，提供定制化的旅游方案。这不仅能够提升游客的满意度，还能通过差异化竞争策略增强品牌的市场吸引力。例如，通过大数据分析游客偏好，提供个性化的旅游路线推荐服务，可以提高旅游产品的市场响应速度和客户忠诚度。

品牌建设是提升文化旅游产业竞争力的重要途径。一个强大的文旅品牌能够为目的地带来更高的知名度和声誉，吸引更多的投资和游客。在品牌建设过程中，需要注重品牌故事的讲述和情感价值的传递，通过有效的市场营销策略，如品牌合作、事件营销、社交媒体推广等，来提升品牌的可见度和影响力。

（二）多方协调，打造高端文旅服务产品

在当前文化旅游业发展的新阶段，打造高端文旅服务产品，提升旅游服务质量，增强旅游目的地吸引力，需要多方协调，整合资源，共同推动高端旅游服务产品体系的构建。

首先，整合资源是打造高端旅游服务产品的基础。我国拥有丰富的旅游资源，包括自然景观、历史遗迹、文化活动等，这些都是发展高端旅游的宝贵资产。通过整合这些资源，可以形成具有地方特色的旅游产品体系。

其次，促进旅游产业与其他产业的深度融合，是培育高端旅游新业态的重要途径。政府部门应积极引导和支持旅游业与文化产业、医疗健康产业、教育培训业、生产性服务业、体育产业等领域的交叉融合。例如，结合农业资源，可以开发农业体验游、乡村度假游等产品，让游客在享受自然风光的

同时，体验农业生产和乡村生活。结合工业基础，可以打造工业旅游线路，让游客了解工业生产过程，感受工业文化。

最后，创新是提升旅游产品竞争力的重要动力。在开发高端旅游产品时，应注重文化资源的深度挖掘和创新性开发。例如，可以利用 AR、VR 等现代科技手段，为游客提供沉浸式的文化体验。同时，还可以开发互动性强、时尚性高的旅游产品，如主题公园、特色小镇、创意市集等，以吸引年轻游客群体。同时，政府、企业、社会组织等应加强多方协调合作。政府部门应出台相应的政策措施，为旅游产业的发展提供支持；企业应积极响应，通过市场机制，推动旅游产品的创新和升级；社会组织和智库机构则可以提供智力支持，为旅游产业的发展提供研究和咨询服务。

（三）创新发展，积极利用数字高新技术

随着科技的进步和消费者需求的多样化，旅游业正面临前所未有的变革。数字化、智能化、个性化成为旅游业发展的重要趋势。应当紧抓科技发展的机遇，加强新基建，形成文旅融合发展的产城一体化数字技术支撑体系。

同时，应促进数字科技在文旅发展中的广泛应用，加大对平台经济的支持力度。一方面，重视文旅资源的深度挖掘以及数字化转化，促进文化和旅游资源的相互转化与持续融合，为平台中资源的有效集聚、传播、交易等创造条件，提升资源数字化水平；另一方面，从文旅生态建设以及产业链、价值链升级等角度出发，充分利用数字技术促进智慧旅游的发展，实现对文化旅游消费群体消费行为、规模、结构等的精准把握和积极引导，推动文化旅游消费者和服务提供者角色的互换与转化，持续提升文旅领域数字治理能力和水平。

此外，应加强文旅领域数字科技方面的国际交流和合作，形成良好的数字文旅发展环境，不仅为出入境游客提供更加高效便捷的服务，同时还积极促进文旅领域国际标准的制定和同行认可的规范的形成，不断提升我国文化旅游服务贸易的国际竞争力。

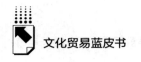

（四）与时俱进，培育综合性、具备前瞻能力的人才队伍

要拓宽文旅人才培养的战略视野。注重培养人才对文化旅游深层价值的洞察力以及对行业发展的敏感性，强化人才的战略性思维，使其能够把握发展形势、依据战略需要有效整合文化资源与市场需求，主动将文化旅游理念与城市建设相结合，在城市规划中注重文化遗产保护和文化空间营造，促进文化旅游与城市形象塑造、产业结构优化、社会经济发展的协同进步，推动文化旅游产品的多元化与精品化，满足不同层次游客的需求，提出创新型文旅发展路线和策略。

此外，要增强和提升文旅人才跨学科知识储备及实践操作能力。创新人才培养模式，推动文旅战略型人才和技能型人才的差异化培养，持续加强产教融合，拓宽学生的知识面以及深化其对特定专业领域的认知，不断提升人才的数字素养和实践能力，并为文旅人才的职业发展提供有力的引导和支持。

参考文献

陈瑾、陶虹佼、徐蒙：《新发展格局下我国文化旅游产业链优化升级研究》，《企业经济》2022 年第 11 期。

范周：《文旅融合的理论与实践》，《人民论坛·学术前沿》2019 年第 11 期。

刘安乐、杨承玥、明庆忠、张红梅、陆保一：《中国文化产业与旅游产业协调态势及其驱动力》，《经济地理》2020 年第 6 期。

任冠文：《文化旅游相关概念辨析》，《旅游论坛》2009 年第 2 期。

徐菊凤：《旅游文化与文化旅游：理论与实践的若干问题》，《旅游学刊》2005 年第 4 期。

赵华、于静：《新常态下乡村旅游与文化创意产业融合发展研究》，《经济问题》2015 年第 4 期。

B.9
中国艺术品对外贸易发展报告（2024）

程相宾　袁语汐*

摘　要： 中国艺术品在世界范围内享有盛誉，这些精美绝伦的艺术品不仅彰显了中华文化的辉煌，更展现了中华人民的智慧和创造力，成为连接东西方文化的纽带。随着中国经济的快速发展和国际地位的提升，中国艺术品以深厚的文化底蕴和独特的审美价值逐渐吸引了世界各地的收藏家和投资者的关注，在国际艺术品贸易中扮演重要角色。得益于中国艺术品市场的不断壮大和艺术品贸易政策的不断优化，2023年我国艺术品贸易规模较2019年有所增长。但总体来看，我国艺术品市场还存在以下问题：艺术品估值困难、艺术品金融化进展缓慢、艺术品交易缺乏保障机制、艺术品海外宣传有待加强等。对此，本报告提出推动健全艺术品定价体系、推动艺术品金融市场发展、完善艺术品交易保障机制、增强艺术品创新及宣传能力等对策建议。

关键词： 艺术品市场　拍卖市场　艺术品贸易

一　经济环境与宏观政策

2023年，尽管全球经济面临诸多不确定性，但中国政府通过实施积极的财政政策和稳健的货币政策，有效应对了外部冲击，保障了国内市场的稳定和消费者信心的恢复，经济保持了相对稳健的增长态势。这为艺术品市场

---

* 程相宾，北京第二外国语学院经济学院副教授，硕士生导师，首都国际服务贸易与文化贸易研究基地研究员，研究方向为文化贸易；袁语汐，北京第二外国语学院经济学院国际商务专业研究生，研究方向为文化贸易。

153

的稳定发展提供了良好的宏观经济环境。根据国家统计局数据，2023年全年国内生产总值达126万亿元，比上年增长5.2%，全年人均国内生产总值达8.9万元，比上年增长5.4%。① 中国艺术品市场在全球经济复杂多变的背景下，继续展现出独特的韧性和活力。同时，中国政府以文化自信、国际传播为核心，发布了一系列政策文件，促进艺术品市场的发展，推动中华文化走向世界。艺术品市场也获得了更多的政策利好，包括税收优惠、资金支持、版权保护等措施，其旨在激发市场活力，促进艺术品创作和交易的繁荣。

近年来，党中央、国务院高度重视推进文化贸易高质量发展，推动中华文化"走出去"，参与国际市场竞争，增强文化品牌的国际影响力，提供了更加有利的政策环境。2016年1月18日，文化部印发《艺术品经营管理办法》，旨在加强对艺术品经营活动的管理，规范经营行为，繁荣艺术品市场，保护创作者、经营者、消费者的合法权益。2022年8月，中共中央办公厅、国务院办公厅印发了《"十四五"文化发展规划》，提出要强化文化赋能，鼓励创新驱动发展，充分发挥文化在激活发展动能、提升发展品质、促进经济结构优化升级中的作用。2022年7月，商务部等27部门联合印发《关于推进对外文化贸易高质量发展的意见》，强调以文化贸易推动落实文化强国战略，通过文化贸易发展提升文化产业国际竞争力，带动中华文化"走出去"，为共建"一带一路"和推动构建人类命运共同体作出积极贡献。

2023年，伴随大数据、人工智能等技术的应用，线上艺术品交易平台得到了快速发展。面对数字技术的快速发展，北京市制定了《北京市着力打造国际文物艺术品交易展示中心的若干措施》，为更好促进北京市国际文物艺术品交易蓬勃发展，健全文物艺术品市场交易体系，打造国际文物艺术品交易展示中心提出顶层设计、关键环节、政策支持、空间布局、创新主体五个方面的一系列措施。为促进中国（上海）自由贸易试验区临港新片区文化产业发展，切实提升其规模总量及质量效益，推动文化产业成为临港新

---

① 《2023年中国GDP同比增长5.2%》，中国政府网，2024年1月17日，https：//www.gov. cn/lianbo/bumen/202401/content_ 6926564. htm。

片区城市功能发展的重要支撑，上海市制定了《中国（上海）自由贸易试验区临港新片区促进文化产业发展若干政策》。中国艺术品市场在各级、各地政府的有力支持下，面对复杂的经济环境，展现出了强劲的生命力和发展潜力。通过加强艺术产业的整体布局，推动艺术品市场的规范化、国际化和数字化转型，中国艺术品市场正逐步走向成熟，成为中华文化传承和创新发展的重要载体。

二　中国艺术品市场概况

2023 年我国经济运行平稳有序，居民消费快速增长，圆满实现经济增长预期目标。得益于社会经济活动的全面恢复，人们对文化活动的需求不断增长，艺术展会和艺术品拍卖会作为艺术作品展示和交易的重要场所正在逐渐复苏。

（一）一级市场概况

中国的艺术品市场在经历了短暂的调整后，自 2015 年以来再次快速增长，已在全球市场上占据重要地位，我国艺术品市场的规模已超过美国，并且持续增长。随着中国经济的发展和中产阶级人口的增加，越来越多的人将艺术品作为一种兼具审美价值与文化内涵的资产配置。从 2023 年艺术展览城市活跃度来看，北京地区艺术展览占比达到 42.11%，北京成为全国举办画廊展览最多的城市，这体现了北京作为我国最重要的艺术品交易市场，在艺术品一级市场发挥着不可或缺的作用；上海地区和其他地区艺术展览分别占 17.11% 和 40.79%（见图 1）。

2023 年国内艺术品市场在坚守中不断创新发展，艺术品交易、展示形式等更加多元。拍卖公司通过与画廊直接合作，在线下空间举办私洽、展售会，进一步打破了一级市场与二级市场之间的界限，为拍卖行促进艺术品交易提供了更多的方式。艺术展会是展示和交流艺术作品的重要场所，2023 年 4 月 28 日至 5 月 1 日，北京当代·艺术博览会在全国农业展览馆成功举办，共有

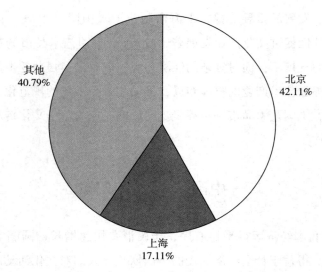

图 1   2023 年北京、上海及其他地区艺术展览占比

资料来源：雅昌艺术网，https：//artron. net。

100 多家画廊、机构参展，参展画廊选择作品时均向中国本土艺术家倾斜，展现北京当代艺术的本土化发展。此外，北京当代·艺术博览会邀请众多拍卖机构进行现场作品征集与展示，实现了一、二级市场的联动。2023 年 11 月，第十届西岸艺术与设计博览会在上海西岸（徐汇滨江）举办，展会集聚 185 家参展商，创历史之最，较往年增长了近一倍，其中绝大部分新增的参展画廊都是首次参展，新增的画廊以来自纽约、伦敦、香港等地区的画廊为主。2023 年 12 月，第 28 届广州国际艺术博览会成功举办，汇聚了众多国内外现当代杰出艺术家的作品，在现场向全国乃至全球的艺术爱好者展现广州魅力、岭南文化、国际湾区的繁荣和活力以及城市文旅新风貌。

（二）二级市场概况

根据巴塞尔艺术展及瑞银集团联合发布的《2024 年全球艺术市场报告》，全球艺术品市场规模在连续两年增长后，2023 年同比下降 4% 至 650 亿美元，但仍超过了 2019 年疫情前的水平，其中拍卖市场的总成交额同比下降5%至289亿美元。美国、中国和英国仍是全球最大的拍卖市场，占公开拍卖销售总额的74%，法国以9%的占比排名第四。2023年中国艺术品拍卖市场规模有较大提升，公开拍卖销售额占比达到31%，基本与美国持平（见图2）。与此同时，美国和英国的艺术品拍卖市场规模都出现了不同程度的下降，美国艺术品公开拍卖销售额同比下降7%，英国同比下降1%。

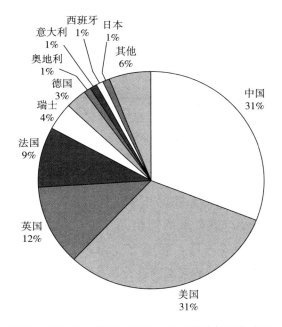

图2　2023年全球各国艺术品公开拍卖销售额占比

资料来源：巴塞尔艺术展及瑞银集团联合发布的《2024年全球艺术市场报告》。

值得关注的是，由于电子商务和信息技术的发展，艺术机构应积极拥抱数字化转型，同时继续重视线下展会和艺术活动，为艺术品爱好者提供多元化的交流和购买渠道。2023年全球艺术品线上成交额达118亿美元，同比增长7%（见图3），占据全球艺术品总成交额的18%，线上销售成为推动艺术品市场发展的重要动力。线上销售和传统的艺术博览会正在艺术品市场中形成互补关系，共同推动艺术品市场的发展。从线上买家的构成来看，艺术电商、网络拍卖的崛起不断吸引新一代年轻藏家的加入，成为艺术品交易的新风向。

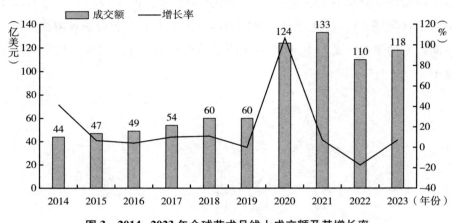

图3 2014~2023年全球艺术品线上成交额及其增长率

资料来源：巴塞尔艺术展及瑞银集团联合发布的《2024年全球艺术市场报告》。

根据《2023年中国文物艺术品拍卖市场报告》，2023年国内艺术品市场开始逐渐平稳回升，拍卖市场规模同比大幅增加。全国上拍22万件（套）艺术品，成交13.5万件（套），成交总额达407亿元，同比增长31%（见图4）。国内大部分区域成交总额提升，其中京津冀地区增长最快，市场

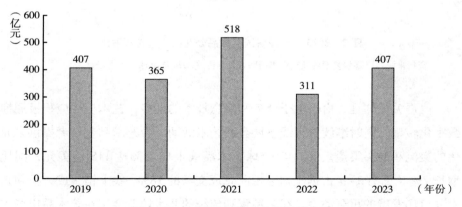

图4 2019~2023年国内艺术品成交额

资料来源：雅昌艺术网，https://artron.net。

份额上升至 45%。中国嘉德、北京保利等拍卖公司年度成交额大幅增长，同比增幅分别为 57% 和 67%。

2023 年数字艺术品市场发展迅速，数字艺术品就是通过数字技术将陶瓷、画作、工艺美术品、雕塑、建筑等艺术作品的信息采集下来，进行数字化处理而形成的虚拟艺术品。比如利用虚拟现实技术，公众可以通过虚拟现实头盔或者在线浏览器进入特定虚拟空间，欣赏博物馆的藏品，并进行互动体验。南京云锦研究所将云锦艺术品数字化展示，并结合区块链、3D 立体建模动态视频、数字盲盒等技术，让人亲身感受云锦的魅力。

品类市场方面，2023 年，中国书画、瓷器杂项、油画及当代艺术三大品类艺术品市场份额为 93%。其中，中国书画市场份额为 40%，增长了 26个百分点；瓷器杂项市场份额增加至 34%；而油画及当代艺术市场份额从27% 下降至 19%（见图 5）。

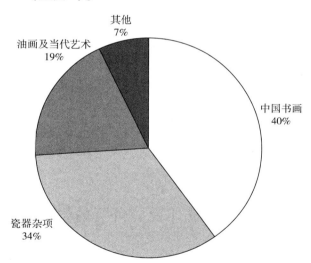

图 5　2023 年中国三大品类艺术品及其他艺术品成交额占比

资料来源：雅昌艺术网，https://artron.net。

2023 年，中国书画拍卖市场稳步发展。作品共计上拍 6.8 万件（套），成交 4.1 万件（套），成交额为 161 亿元，同比增长 64.3%。高价作品方面，也比 2022 年有较大的增长。2023 年亿元以上的书画作品有 7 件，同比增加 5 件；5000 万~1 亿元的书画作品有 17 件，同比增加 11 件。7 件亿元以上作品中除了《涤砚图》、《众山皆响——画中九友集册》和《临黄庭经》3 件古代书画作品，还有 4 件近现代书画，均来自张大千和齐白石。瓷器杂项在拍卖规模上，同比有一定的增长：上拍 13.87 万件（套），其中成交 8.54 万件（套），同比增加 60%；成交额为 137 亿元，同比上涨 35.6%。油画及当代艺术市场呈现量价齐缩的状态，上拍量为 8979 件（套），成交 5635 件（套），成交总额为 77 亿元人民币，同比减少 9.4%（见图 6）。

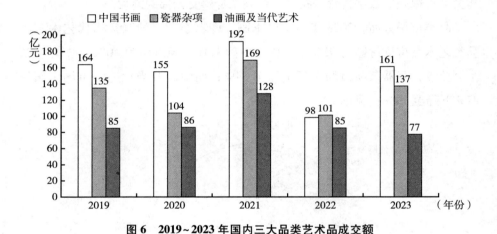

图 6　2019~2023 年国内三大品类艺术品成交额

资料来源：雅昌艺术网，https：//artron.net。

三　中国艺术品对外贸易概况

2023 年我国进出口总额达 41.77 万亿元，同比增长 0.2%，反映了我国生产持续回升、消费需求旺盛，这对改善国内的生产和生活都发挥了重要作用，也让更多的国外企业共享了中国的市场机遇。根据海关总署统计数据，2019 年我国艺术品贸易规模出现大幅增长，艺术品进出口总额增长了近 3 倍，首次突破 100 亿元，2021 年我国艺术品贸易规模再次显著增长，艺术品进出口总额达 321 亿元，为近年来最高值。从 2022 年起，我国艺术品进出口总额有所下降，但仍高于 2019 年水平。2023 年艺术品进出口总额为 196 亿元，较 2022 年下降了 26%，其中贸易逆差为 32 亿元，较 2022 年减少了 23%（见图 7）。

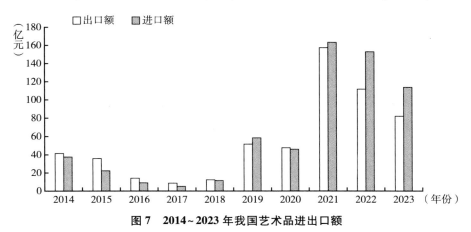

图 7　2014~2023 年我国艺术品进出口额

资料来源：海关总署。

艺术品是传承中华优秀传统文化和历史文化的珍贵载体。艺术品对外贸易作为文化贸易的重要组成部分，在促进传统文化的传承与保护、培育新的文化艺术形式、推动文化创新与高质量发展、提升中国文化艺术国际影响力方面发挥着重要作用。近年来，受全球资本市场波动等影响，投资者出于对抗金融风险的需求，对有形资产的兴趣变得更为浓厚。由于艺术品收藏结合了个人兴趣和投资这两大特性，并且高价位艺术品有很强的抗风险能力，艺术品受到投资者的更大关注。

（一）进口概况

根据海关总署统计数据，2023 年 1~3 月，我国艺术品进口额持续增长，3 月全国艺术品进口额大幅增加，并于 10 月达到全年峰值 33.2 亿元。总体来说，2023 年上半年我国艺术品进口额高于前一年同期水平，但 2023 年下半年进口额不如 2022 年同期水平（见图 8）。2023 年中国艺术品进口总额为 113.9 亿元，比 2022 年下降 25.6%，主要原因是国际黄金价格增长和国内房地产价格下降导致国内对艺术品需求减少，尤其是对装饰性艺术品的需求降低。

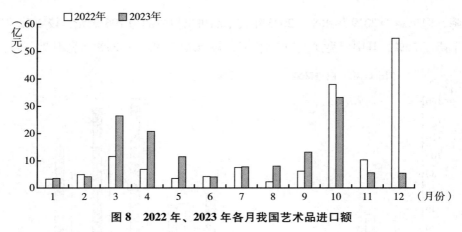

图 8　2022 年、2023 年各月我国艺术品进口额

资料来源：海关总署。

根据海关总署统计数据，2023 年我国从其进口艺术品金额排在前 10 名的国家和地区分别为：德国、美国、法国、日本、中国香港、英国、冰岛、西班牙、瑞士、韩国。其中德国位居第一，约为 17.2 亿元（见图 9），占总额比重达到 15.1%。我国从这 10 个国家和地区进口艺术品金额占艺术品进口总额比重高达 53%，从进口来源看，我国艺术品进口来源主要集中于发达国家和地区。同时，我国艺术品在全球艺术品市场中占据着越来越重要的地位，中国也以更加开放包容的态度引入更多元的艺术品资源。

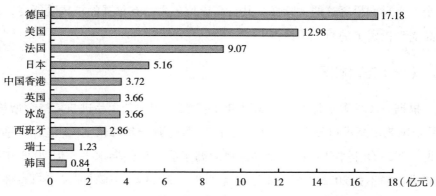

图 9　2023 年我国从其进口艺术品金额排在前 10 名的国家和地区

资料来源：海关总署。

（二）出口概况

根据海关总署统计数据，我国 2023 年艺术品出口总额为 81.9 亿元，相较于 2022 年下降了 26.7%。其中，我国艺术品出口额于 4 月达到峰值 21.18 亿元，其他月份大多在 5 亿~10 亿元的区间波动（见图 10）。2023 年第一季度艺术品出口额远低于 2022 年，但 2023 年第二、第三、第四季度艺术品出口额均高于 2022 年，说明艺术品的整体出口趋势向好，体现了我国艺术品拥有"走出去"的广阔市场。值得注意的是 2023 年艺术品出口额虽然较 2020 年提升了 72.3%，但较 2021 年和 2022 年仍有所下降。

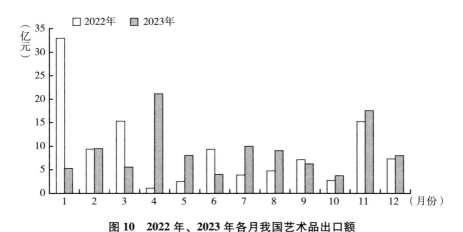

图 10　2022 年、2023 年各月我国艺术品出口额

资料来源：海关总署。

根据海关总署统计数据，2023 年我国对其艺术品出口额排在前 10 名的国家和地区分别为：中国香港、美国、新加坡、德国、法国、英国、荷兰、比利时、中国台湾和韩国（见图 11）。中国香港以绝对优势位居第一，中国对其艺术品出口额约为 51 亿元，占比为 62.3%。中国香港作为自由贸易港，"背靠祖国、联通世界"，长期保持独特地位和优势，不断巩固其国际金融、贸易中心地位，在维护自由开放中发挥着重要功能，已经成为全球最重要的艺术品交易市场之一。2023 年我国出口到美国的艺术品总额约为 7.35 亿

元，从美国进口艺术品总额约为 12.98 亿元，体现了我国艺术品市场需求大，但是国际竞争力不强的特征。

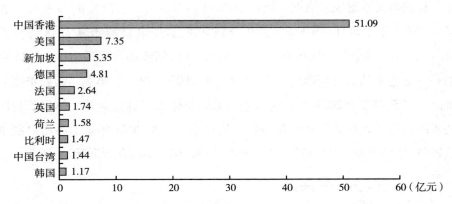

图 11　2023 年我国对其艺术品出口额排在前 10 名的国家和地区

资料来源：海关总署。

四　艺术品对外贸易存在的问题

（一）艺术品定价困难

艺术品定价的困难源自艺术品价值本身的主观性、市场的不确定性以及信息的不对称性。虽然利用大数据对海量艺术品交易信息进行分析，可预测供求变化与市场走向，但在实际交易过程中，艺术品交易存在信息严重不对称的问题。市场上一些艺术品的真伪、来源和历史并不完全清晰，这给艺术品的定价带来了一定的困难。在这种情况下，艺术品的定价更多地依赖于专业鉴赏家的评估和市场的过往交易情况，而这些评估往往也并非绝对客观和准确。同时，艺术品的价值受到主观审美和文化影响较大，不同职业、年龄、性别、文化背景的观众对于艺术品的欣赏方式存在巨大差异，某些地区或国家可能更加重视特定艺术流派或风格，这导致了艺术品在不同地区的定价差异。此外，市场供需关系的不确定性也导致了艺术品定价的困难。艺术品市场并不像股票或商品市场那样具有极高的透明度和流动性，艺术品的供应量和需求量都受到诸多复杂因素的影响，顺利参与市场交易需要更多的专业知识和经验，同时也需要更加开放、透明和规范的市场机制，以便更好地评估艺术品的真实价值。

（二）艺术品金融化进展缓慢

在艺术品金融化进程中，关于艺术品定价、风险与回报特征的研究都是艺术金融领域的基础。其中理论模型构建还处于初期探索阶段，回报和风险的度量模型需要更大幅度的改进或重新建立。首先，艺术品价值决定模型以资本资产定价模型为主，但这一模型建立在有效市场假说框架下，这与投资者行为占主导的艺术品市场并不十分契合，是否有更适合的模型还有待进一步挖掘与研究。其次，艺术品投资风险的度量模型仅处于初期发展阶段，缺乏在不同市场投资背景中对其的考量，尚未形成统一的理论框架。最后，学术界对精神回报的度量尚不成熟，对精神回报与财务回报分别占总回报的比重尚不清楚。因而，理论研究中只能将艺术品投资的财务回报视作总回报与其他金融资产进行比较，这将导致对艺术品投资回报的严重低估。

（三）艺术品交易缺乏保障机制

相较于西方发达国家，我国的艺术品交易起步时间较晚，市场缺乏足够的保障机制。按时间来划分，其具体表现在艺术品交易完成前与完成后。一方面，在艺术品交易达成之前，由于交易双方之间具有巨大的信息差距，时常会出现损害一方利益的道德风险行为。另一方面，在艺术品交易完成之后，当下艺术品行业之中尚未形成一套公认合理的"售后保障"机制。以《中华人民共和国拍卖法》中的"瑕疵不担保"条例为典型例子来看，法律追责机制尚未形成、违规成本相对过低、行业监管不完善等因素，都使艺术品消费者买入赝品后无处申诉，大大降低了大众对艺术品的消费热情。

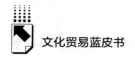

（四）艺术品海外宣传有待加强

中国艺术品国际竞争力较弱的原因之一在于市场认知度不足。虽然中国传统文化源远流长，但中国当代艺术品在国际市场上的认知度相对较低。一些优秀的中国艺术家和作品往往因为缺乏国际推广而无法获得海外消费者的广泛认可。互联网和社交自媒体发展为中国艺术品的海外推广提供了新的机遇，但我国艺术品海外推广渠道和平台相对匮乏，缺乏专业的海外推广团队和策略也限制了其在国际上的传播范围和影响力。此外，一些误解或偏见导致了国外购买者对中国艺术品印象相对陈旧，影响了中国艺术品在海外市场的接受度和认可度。中国亟须大力加强国际文化交流和传播，创新性挖掘文化内涵，增强艺术品当代性与国际性，提升中国艺术品的国际影响力和竞争力。

五　促进艺术品对外贸易发展的对策建议

（一）健全艺术品定价体系

马克思在《资本论》中论及艺术品时指出，艺术品是不能由劳动再生产的东西，其价格可以由一系列非常偶然的情况决定。[①] 因此，艺术品定价极其复杂，不仅艺术品本身价值影响其价格，非价值因素对价格的影响也极大。艺术品"信息"知识了解门槛高，存在天然被"垄断"的可能性，建立公平、统一的艺术品定价标准和体系是当务之急。一是建立透明的市场交易平台和信息共享机制，让市场上的价格形成机制更加公开和透明，帮助买家和卖家更好地了解市场行情和作品价值。二是从价值因素和非价值因素方面，建立科学、客观的艺术品评估标准，对艺术家声誉、作品历史、艺术技巧、创作时期等多方面因素进行综合评估，从而更准确地确定艺术品的市场价值。三是鼓励非营利性的经营主体搭建第三方艺术品鉴定评估平台，开展

---

① 《马克思恩格斯全集》（第46卷），人民出版社，2003，第714页。

艺术品鉴定、检测、评估、保税展示交易等业务，形成可追溯的鉴定评估结果，推动艺术品评估鉴定标准及体系建设。

（二）推动艺术品金融市场的发展

在社会主义市场经济条件下，推动艺术品市场发展，需要不断增强艺术品资本吸引能力。一是健全艺术品金融市场体系。不断完善艺术品金融和拍卖相关法律，确保艺术品市场公平竞争，有效防范金融市场风险。加强艺术品市场监管和风险防范，规范市场行为，有效防范市场风险，保障投资者权益。二是加强艺术品市场信息化建设。通过运用大数据、人工智能等技术手段，打造更加高效、便捷的艺术品交易平台，提升市场透明度和流动性，促进艺术品金融产品创新。三是加强艺术品金融产品的研发与推广。不断探索艺术品投资基金、艺术品保险、艺术品质押融资等多样化的金融产品，吸引更多投资者参与艺术品交易与投资，为中国艺术品金融市场注入更多活力和动力。

（三）完善艺术品交易保障机制

完善中国艺术品交易保障机制需要政府、市场主体和社会各界共同努力与合作，推动艺术品市场的健康发展。一是政府应当通过政策引导和资源投入，建立专业的艺术品交易平台，提供良好的交易环境和服务，包括交易信息公开透明、交易流程规范、交易数据可追溯等，吸引更多的投资者和藏家参与。二是加强对艺术品市场的监管。打击假冒伪劣艺术品，保护艺术品知识产权，维护市场秩序，确保艺术品的真实性和价值。三是建立完善的艺术品市场信息系统。借助科技手段，推动大数据技术应用，提高艺术品数据的安全性和透明度，提供艺术品市场的行情信息、交易数据等，帮助投资者便捷、高效地做出投资决策。四是加强对艺术品从业人员的教育和培训。提升从业人员的风险意识和责任意识，降低投资风险；培养艺术创新意识，加强与国际艺术品市场的合作，推动艺术创新成果得到更广泛的国际传播。

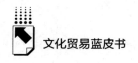

（四）增强艺术品创新及宣传能力

良性的艺术品市场需要加强对艺术创新的关注和支持，鼓励采用多样化的艺术表现形式，建立开放包容的艺术氛围，激励艺术家大胆尝试新思路、新材料和新技术，突破传统艺术边界。一是推动数字艺术品的发展，完善数字艺术品全产业链。建立艺术品的数字档案，记录交易历史和鉴定信息，方便后续的验证和溯源。以保持艺术品的文化内涵为前提，推进艺术品数字化资源整合，建设艺术品数字共享平台，实现高品质的数字艺术品展示，给观众带来沉浸式的文化体验。二是提高艺术品的海外宣传能力。制定针对不同市场的营销策略，通过积极参与国际艺术展览、建立海外官方网站和社交媒体账户、与当地文化机构合作举办展览活动等方式加强品牌建设，提升中国艺术品在海外的知名度和影响力，从而提高国际市场对中国艺术品的关注度与认可度。三是加强文化艺术教育。推动艺术教育改革，注重培养学生的创造力和想象力，引导他们关注当代社会问题，激发他们的创新意识。不断提升年轻一代对艺术品的认知和欣赏水平，培养更多的艺术品收藏爱好者和投资者，不断推动艺术品市场创新与发展。

参考文献

严俊：《艺术品市场的定价机制——关于美学价值与艺术声誉的理论讨论》，《上海财经大学学报》2013 年第 4 期。

张志元、刘红蕾：《艺术金融理论研究进展》，《经济学动态》2020 年第 3 期。

刘小娟、魏农建、傅晓红：《价值因素与非价值因素的互动：艺术品定价机制的一种新可能》，《上海大学学报》（社会科学版）2022 年第 6 期。

B.10
中国创意设计对外贸易
发展报告（2024）*

刘 霞　黄郅垚　赵吉琴**

摘　要：　创意设计对外贸易不仅是文化交流的重要载体，还是提升国家文化软实力、增强国际影响力的有力抓手。近年来，中国创意设计服务对外贸易整体呈现出小幅波动的变化趋势，且创意设计产品对外贸易以时尚设计为主，贸易伙伴主要集中在发达国家。同时，中国创意设计对外贸易仍然面临原创力不强、对优秀传统文化资源有效利用不足、陷于全球产业链低端环节、资金短缺等方面的问题。基于此，本报告从提升创意设计原创力、改变创意设计创作思维方式、利用数字技术推动创意设计对外贸易向高附加值环节攀升、加强创意设计产业金融基础设施建设等方面提出相应的对策建议。

关键词：　中国创意设计　对外贸易　数字化

随着全球经济的深入发展与科技的不断革新，创意设计产业作为一种集创意、文化与科技于一体的新兴产业，正在逐渐成为推动国家经济转型升级、提升国际竞争力的重要力量。近年来，中国政府高度重视创意设计对外贸易的发展，并出台了一系列扶持政策，为各类优质的创意设计产品和服务

---

　*　本报告系北京市教育科学"十四五"规划项目"首都高校教育科技成果转化效率提升的路径研究"（项目编号：AGDB22201）的阶段性成果。

　**　刘霞，北京第二外国语学院经济学院副教授，首都国际服务贸易与文化贸易研究基地研究员，研究领域为国际文化贸易、创新与贸易；黄郅垚，北京第二外国语学院中国服务贸易研究院硕士研究生，研究方向为国际文化贸易；赵吉琴，北京第二外国语学院中国服务贸易研究院硕士研究生，研究方向为国际文化贸易（日本文化贸易）。

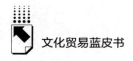

更好地"走出去"创造了有利条件。创意设计产业涵盖了室内设计、建筑设计等多个领域，这些领域不仅与人们的日常生活紧密相连，更是国家文化软实力的重要体现。随着国内外消费市场的不断扩大和民众审美水平的提高，对创意设计产品和服务的需求也日益多样化，这为创意设计对外贸易的高质量创新发展提供了广阔的市场空间。同时，数字技术的飞速发展为创意设计对外贸易发展带来了前所未有的机遇。虚拟现实、增强现实、人工智能等技术的应用，不仅丰富了创意设计产品和服务的表现形式，也提高了对外贸易的效率。由此可见，创意设计对外贸易在全球经济和文化发展中扮演着愈发重要的角色，对中国实施创新驱动战略、提升国家文化软实力具有非常重要的作用。

一 中国创意设计对外贸易发展概况

在全球化浪潮的推动下，创意设计产业以其独特的魅力和无限的活力在国际舞台上崭露头角。越来越多的国家和地区参与到创意设计产品和服务的对外贸易活动中，将其视为推动经济转型升级、提升国际竞争力的重要抓手。本报告将基于对中国创意设计服务和产品对外贸易的总体概况对中国创意设计产业目前发展的情况进行详细分析。

（一）中国创意设计服务对外贸易呈现出波动式的发展趋势

按照联合国商品贸易统计数据库（UN Comtrade）分类标准，中国创意设计服务主要包括"手绘的建筑、工程、工业、商业、地形或类似用途的设计图纸原稿；手稿；用感光纸照相复印或用复写纸誊写的上述物品复制件"。基于此分类，根据联合国商品贸易统计数据库公布的数据，从创意设计服务贸易总量上看，2011~2022年中国创意设计服务对外贸易额整体持续波动，并呈现下降趋势（见图1）。具体来看，2011~2013年随着消费者对个性化、创新设计的需求日益增强，中国创意设计服务的市场规模迅速扩大，创意设计服务进出口总额、出口额、进口额都处在一个快速增长的阶段。进出口总额从 2011 年的 0.1294 亿美元增长到 2013 年的 0.2469 亿美元，年均增长率达到 38.13%。2014 年进出口总额大幅下降至 0.1139 亿美元，可能是受到了全球经济波动、贸易摩擦、国内政策调整等多重因素的影响。2014～2019 年，创意设计服务进出口总额呈现出一种稳定的发展趋势，并在 2017 年达到 0.1362 亿美元这样一个相对较高的水平。这主要得益于中国政府对创意产业的政策支持以及国际市场对创意设计服务需求的日益增长。2020～2022 年，中国创意设计服务进出口总额又呈现出波动变化的发展趋势。主要原因可以归结于全球疫情暴发对经济的冲击导致许多创意设计服务项目推迟或取消，使得设计公司的国际业务受到了较大冲击，贸易额持续波动。

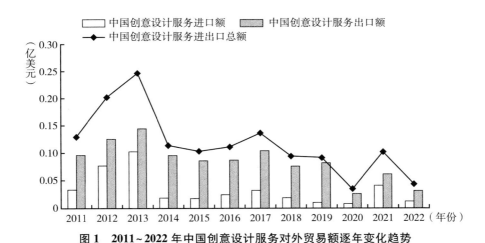

图 1   2011～2022 年中国创意设计服务对外贸易额逐年变化趋势

资料来源：联合国商品贸易统计数据库。

就中国创意设计服务的出口贸易而言，2011～2013 年，中国创意设计服务出口额从 0.09602 亿美元稳步增加到 0.1442 亿美元，年均增长率约为 22.55%，而 2014 年，中国创意设计服务出口额出现下降。随着全球经济一体化程度的持续加深以及中国政府对创意产业的政策支持，2014～2019 年，中国创意设计服务出口额整体较为平稳，且在 2017 年达到这段时间内的最大值，约为 0.1042 亿美元。2020～2022 年，创意设计服务出口额深受全球疫情影响，呈现出波动趋势，在 2020 年中国创意设计服务出口额达到了自

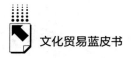

2011 年以来的最低点，约为 0.0259 亿美元。总体上，出口额同进出口总额变化趋势基本一致。而中国创意设计服务的进口额的变化趋势从整体上看同样与进出口总额表现一致。

综合分析中国创意设计服务进出口状况可知，2011~2022 年，中国创意设计服务的对外贸易尽管呈现波动的态势，但是始终处于贸易顺差状态。2011~2013 年，顺差额由 0.0627 亿美元逐年下降至 0.04158 亿美元。2014~2019 年，顺差额保持平稳，平均为 0.0682 亿美元，并且在 2014 年顺差额达到自 2011 年以来最大值 0.0769 亿美元。2020 年顺差额自 2019 年的 0.0719 亿美元下降至 0.0179 亿美元，2021 年和 2022 年的顺差额尽管都较 2020 年有所回升，但是相较之前几年数额较低。不难看出，以上变化与中国创意设计服务进出口总额的变化趋势基本保持一致。

（二）中国创意设计产品对外贸易以时尚设计类产品为主

根据联合国贸易和发展会议（UNCTAD）的统计分类，创意设计产品主要包括建筑设计、时尚设计、玻璃器具设计、室内设计、珠宝设计和玩具设计产品六大类。中国创意设计核心产品进出口贸易总额变化趋势如图 2 所示。从六大类产品进出口贸易总额来看，2015~2021 年，室内设计和时尚设计进出口贸易总额处于波动上升的趋势中。室内设计进出口贸易总额从 2015 年的 453.15 亿美元波动上升至 2021 年的 589.42 亿美元；时尚设计进出口贸易总额尽管在 2020 年出现大幅下滑，从 2019 年的 454.17 亿美元下滑至 357.62 亿美元，但是在 2021 年迅速回升至 467.42 亿美元。2015~2021 年，玩具设计进出口贸易总额呈现出显著增长态势，从 2015 年的 177.14 亿美元逐年上升至 2021 年的 495.96 亿美元，在 2020 年超过时尚设计进出口贸易总额，跃居第二。

从 2015~2021 年中国创意设计核心产品出口种类来看，我国创意设计产品出口主要集中在室内设计和时尚设计这两大类产品上。其中，室内设计产品出口额从 2015 年的 440.81 亿美元波动上升至 2021 年的 576.59 亿美元，平均占中国创意设计核心产品出口额的 34.15%（2015~2021 年各年占比的平均

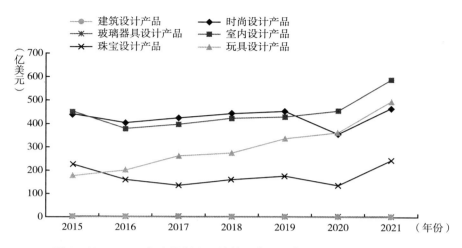

图2　2015~2021年中国创意设计核心产品进出口贸易总额变化趋势

资料来源：联合国贸易和发展会议。

值，下同）。尽管时尚设计产品出口额在2016年和2020年有两次下滑，但是该种类产品在中国创意设计核心产品出口中仍然占据重要地位，其出口额占比仅次于室内设计，平均达到30.77%（见图3）。

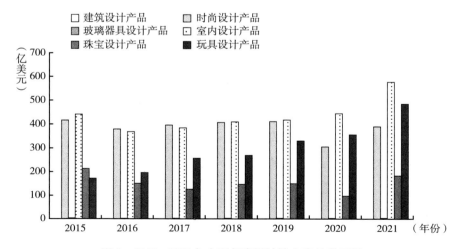

图3　2015~2021年中国创意设计核心产品出口额

资料来源：联合国贸易和发展会议。

从 2015～2021 年中国创意设计核心产品进口种类来看，我国创意设计产品进口主要集中在时尚设计和珠宝设计这两大类产品上。其中，时尚设计产品的进口额从 2015 年的 25.60 亿美元逐年上升至 2021 年的 77.93 亿美元（见图 4），7 年中平均占中国创意设计核心产品进口额的 46.89%。珠宝设计产品进口额的平均占比为 26.5%。

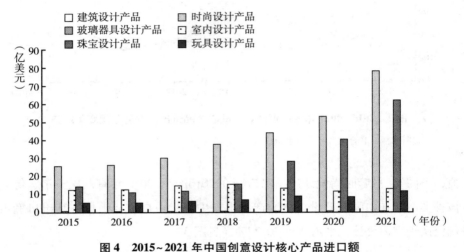

图 4　2015～2021 年中国创意设计核心产品进口额

资料来源：联合国贸易和发展会议。

综上所述，中国创意设计产品对外贸易主要集中在时尚设计领域，2015～2021 年，其进出口总额在中国创意设计产品进出口总额中平均占到近 1/3。时尚设计、室内设计、珠宝设计产品在中国创意设计核心产品对外贸易中占据重要地位，其他创意设计产品的出口规模相对较小，如建筑设计、玻璃器具设计产品等，这说明中国创意设计产品对外贸易的类型结构不均衡。与此同时，玩具设计产品的出口额持续增长，中国创意设计核心产品出口结构在不断优化。

（三）中国创意设计产品对外贸易主要集中在发达国家

从 2015～2021 年中国创意设计核心产品出口贸易伙伴的分布来看，中国创意设计核心产品出口主要面向发达国家，对发达国家出口额从 2015 年的 694.89 亿美元波动上升至 2021 年的 1029.55 亿美元。同时，对发达国家和发展中国家的出口额差距也在波动中扩大，从 2015 年的 144.92 亿美元扩大至 2021 年的 421.64 亿美元（见图 5）。虽然发达国家市场对中国创意设计产品的需求量大，但过于依赖单一市场也会增加贸易风险。

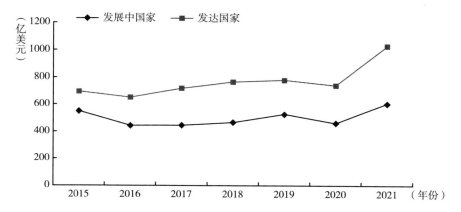

图 5　2015~2021 年中国对发展中国家和发达国家创意设计核心产品出口额

资料来源：联合国贸易和发展会议。

　　具体来看，中国创意设计核心产品出口目的地主要集中在美洲的美国、欧洲的法国、英国、德国、俄罗斯，大洋洲的澳大利亚以及东亚的日本和韩国。以 2021 年数据为例，中国创意设计核心产品对发达国家出口总额共 1029.55 亿美元，其中向美国出口 396.68 亿美元，占 2021 年对发达国家出口总额的 38.53%，其次是日本和英国，分别占 6.98% 和 6.76%（见表 1）。

表 1　2015~2021 年中国对部分发达国家创意设计核心产品出口额占比

单位：%

国家	2015 年	2016 年	2017 年	2018 年	2019 年	2020 年	2021 年
澳大利亚	3.35	3.70	3.62	3.59	3.72	4.47	4.26
比利时	1.77	1.72	1.65	1.57	2.10	1.95	2.00
加拿大	3.17	3.03	3.01	3.14	3.73	4.02	3.67

国家	2015 年	2016 年	2017 年	2018 年	2019 年	2020 年	2021 年
法国	3.08	3.10	3.09	3.04	3.44	3.27	3.24
德国	5.71	5.34	5.47	5.22	5.77	5.75	5.53
意大利	2.83	2.79	2.75	2.76	3.24	2.46	2.71
日本	7.01	7.38	7.23	7.13	7.21	8.00	6.98
韩国	3.77	3.83	3.69	3.52	4.64	5.56	5.69
荷兰	3.30	3.27	3.47	3.61	4.07	4.22	4.47
俄罗斯	5.10	5.76	6.24	6.56	6.67	5.74	4.22
英国	7.14	7.12	6.93	6.28	7.35	7.13	6.76
美国	44.01	42.94	42.41	42.73	35.67	35.64	38.53

资料来源：联合国贸易和发展会议。

二　中国创意设计对外贸易发展面临的挑战

中国创意设计产业近年来发展迅速，成为推动对外贸易增长的新动力。然而，随着全球经济格局的不断变化和国内外市场竞争的加剧，中国创意设计对外贸易发展也面临着以下诸多挑战。

（一）中国创意设计对外贸易原创力不强

近年来，中国创意设计产业虽然发展迅速，但原创动力不足，并且产品同质化问题日益凸显。这一现象不仅制约了产业的持续健康发展，还影响了中国创意设计的对外贸易。原创动力不足是创意设计行业面临的首要问题。原创性是创意设计的核心，是制造产品差异、提升竞争力的关键所在。然而，当前国内创意设计市场中，大量作品缺乏独特的创意和个性，往往是对国内外流行元素与款式的模仿。其中，产品同质化问题则是原创动力不足的直接体现。由于缺乏原创性，市场上的产品往往呈现出高度的相似性，从设计风格、功能特点到款式样式都缺乏差异性。这种同质化现象不仅导致了消费者的审美疲劳，还提高了市场竞争的激烈程度。同时，同质化还使得企业在创新上缺乏动力，陷入了低水平竞争的恶性循环。以国内文创产品为例，大多数博物馆、旅游景点的文创产品以有名的文物或者当地的标志性建筑等为设计元素，或者将花纹、图案直接复刻，缺乏二次设计与开发；同时，文创产品的款式也都大同小异，常常可以看到一系列相似的文创纪念品，如冰箱贴、钥匙扣、明信片或笔记本等，创意元素和产品款式都相对单一，缺乏独特性和创新性。原创力不足和产品同质化两大问题使得中国创意设计产品和服务在国际市场的竞争力较低，很难在国际竞争中脱颖而出，这不仅影响中国创意设计产品与服务在国际市场上的销售和推广，而且使得创意设计对外贸易面临更大的困难。

（二）中国创意设计产业对中华优秀传统文化资源有效利用不足

尽管中国创意设计行业在近年来蓬勃发展，然而，一个普遍存在的问题是中华优秀传统文化资源开发不够充分，创意设计产业对其有效利用不足。尽管中国拥有悠久灿烂的传统文化，但在当代创意设计领域中，这些宝贵的文化资源并未得到充分挖掘和应用。首先，从资源开发的角度看，中国传统文化蕴含着丰富的哲学思想、艺术表现和审美观念，其中包括传统绘画、工艺技巧、建筑风格等元素。然而，许多传统文化资源仍未被有效整合到当代的创意设计产业中，创意设计产业缺乏对传统文化的深入理解和创新应用。例如，中国传统技艺如雕刻、刺绣、制瓷等，虽然具有独特的艺术价值，但在现代设计产品中的应用相对有限。并且创意设计产业在产品设计中过于倚重现代流行元素，而忽略了融合传统文化的可能性，造成了创意设计产业中传统文化资源被边缘化的现象。其次，从现有资源利用的角度看，尽管一些传统文化资源得到了一定程度的开发，但是其在创意设计产业中的利用却仍然存在不足。许多优秀传统文化资源被简单地复制或变形，而非真正融入当代的创意设计产业当中。例如，在旅游商品领域，很多地方的纪念品仍然停留在传统的工艺和设计上，缺乏对当代审美和市场需求的理解与相应的创新。同时，对一些优秀传统文化资源的开发利用也往往只停留在功利化的浅表层面，缺乏对其内涵和精神价值的深入挖掘与传播。这使得许多我国优秀

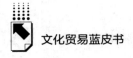

传统文化资源无法真正融入当代的创意设计产业中，无法发挥其在文化创意产业中的长远价值。如果未能充分挖掘和利用这些资源，设计作品往往会显得缺乏深度和个性，从而制约其对外贸易的发展。

（三）中国创意设计对外贸易陷全球产业链低端锁定困局

我国的创意设计产业在数字技术的运用与发展领域虽然取得了一定成就，但与世界先进水平相比，竞争优势并不明显，甚至在某些方面还面临在全球产业链中被"低端锁定"的风险。在数字技术方面，我国虽然在互联网应用、电子商务等领域有着世界领先的发展水平，但在创意设计中的高端技术应用仍相对滞后，如虚拟现实（VR）、增强现实（AR）、人工智能（AI）等的应用。这主要与数字技术高端人才短缺、核心算法效率较低、创新成果的转化率不足等有关。由于缺乏核心技术的支撑，我国创意设计在全球竞争中的地位并不稳固，很容易被锁定在产业链的低端环节。另外，数字规则体系不够完善也是制约数字技术在我国创意设计领域发展的重要因素。数字技术正在快速发展，而与之相关的法律法规、数字规则、运营体系尚未完善，这在一定程度上制约了数字技术在创意设计中的规范发展。同时，由于缺乏统一的数字规则和标准，不同地区、不同行业之间的数字化发展水平和应用模式存在差异，容易无形中扩大已有的数字文化消费鸿沟，影响创意设计的协同发展。

目前，尽管我国创意设计产业规模迅速扩大，但其在全球文化产业链中仍面临着被"低端锁定"的困局。这种困局不仅限制了我国创意设计产业的进一步壮大，也阻碍了其在国际市场上的竞争力提升。我国的创意设计产业多数集中在国际产业链中低端制造和加工环节，而在高端设计、研发、营销等环节的能力相对薄弱。这种结构性的失衡导致我国创意设计产业的整体附加值较低，难以形成强大的市场竞争力。与此同时，美国、英国、日本等国的创意设计产业则更加注重高端环节的发展，通过技术创新和品牌建设来提升整体产业的竞争力。

（四）中国创意设计对外贸易发展的资金短缺

根据《北京文化金融发展报告（2023）》的数据，2022年中国文化产业投融资市场活跃度有所下降，文化产业投融资市场整体融资次数与融资金额同比分别下降50.1%和82.5%。一方面，从文化创意产业自身的角度来看，近年来，尽管国家政策对文化产业的发展给予了大力支持，但创意设计产业自身具有高风险、长周期等投资特点，这使得传统金融机构在面对这样的投资时常常持谨慎态度。同时，设计中的优秀创意和IP资源稀缺，对本国的文化资源挖掘不够，将文化积淀转换成文化资源的能力有限，且缺乏有效成熟的商业营销模式，导致创意设计产业的整体盈利能力不强。此外，该产业的投融资信息不对称问题也较为严重，由于设计企业所生产的产品大多附有精神属性，而精神消费需求具有个性化、多元化和超时空性等特点，因此产品的生产、运营及盈利具有较大的不确定性和波动性，所以投资者往往难以准确评估设计企业的真实价值和发展潜力，从而影响了投融资的积极性和活跃度。

另一方面，从金融资本的角度来看，随着金融市场的不断发展和金融创新的深入推进，金融资本对创意设计产业的兴趣和参与度本应有所提升。然而，现实情况却是金融资本对创意设计产业的投资热情不高，这既与其行业自身的问题有关，也与金融资本对创意设计产业的认知和风险评估有关。金融资本在投资某一产业时，往往更加注重短期收益和风险控制，而较少关注长远发展和社会价值，这也在一定程度上制约了创意设计投融资市场的活跃度。因此，中国创意设计产业的融资困难限制了创意设计企业的资金流动和规模扩张，也在一定程度上限制了创意设计企业的国际合作和业务拓展，进而影响中国创意设计产品和服务对外贸易的发展。

三 中国创意设计对外贸易发展的对策建议

随着国际市场上创意设计产业的蓬勃发展，如何促进中国创意设计对外

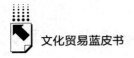

贸易的高质量创新发展，进而提升其国际竞争力，已经成为亟待解决的重要问题。

（一）国家、企业和社会合力提升创意设计对外贸易原创力

面对我国创意设计对外贸易原创力不足的问题，国家、企业和社会应当携手并进，共同寻找解决之道。这不仅关乎我国对外贸易竞争力的增强，更关乎国家文化软实力的提升和创意产业的可持续发展。其中，国家应发挥政策引领和扶持作用。一方面，政府应加大对创意设计产业的投入力度，通过设立专项资金、优化税收政策等方式，为产业发展提供有力支持。另一方面，应完善相关法律法规，保护创意设计成果的知识产权，为创意设计者创造公平、有序的市场环境。此外，政府可以借鉴国外经验，下设专业、权威的指导机构，为创意设计产业提供全方位的服务。这些机构可以包括设计师培训中心、创意设计产业孵化器、设计资源共享平台等，为创意人才提供培训、交流、合作的机会，促进创意成果的转化和应用，进一步提升创意设计的原创力。

同时，企业作为创意设计产业的主体，应肩负起提升原创力的重任。首先，企业应加强对创意设计的研发投入，培养一支高素质、专业化的创意设计团队，提升企业的创新能力和设计水平。其次，企业应加强与高校、研究机构的合作，推动产学研深度融合，实现资源共享和优势互补。最后，企业还应注重运用数字技术，数字技术能通过提供高效的设计工具、丰富的素材资源和智能化的创新算法，推动设计师创新能力的提升，促进设计成果的保护和推广，为创意设计对外贸易的持续发展注入新的活力。

此外，社会应营造良好的创意设计氛围和文化环境。一方面，应加强创意设计教育普及，提高全民的设计素养和审美水平，为产业发展培养更多优秀人才。另一方面，应加强创意设计文化的传播和推广，让更多的人了解和关注创意设计产业，形成全民支持、共同推动的良好氛围。

（二）打破传统创作思维模式，助推我国创意设计产品和服务"走出去"

当前，随着全球化的深入发展，创意设计产业已成为各国竞相发展的文化产业中的重要领域。我国拥有丰富的文化资源，解决创意设计产品在国内外市场严重脱节的问题，推动创意设计产品和服务"走出去"，不仅有助于传播中华文化，还能提升国家文化软实力，推动文化产业成为国民经济支柱性产业。

首先，在思想上，要打破固化的传统创作思维模式，鼓励创新思维和跨界合作，将传统文化和民族特色通过创意转化为更具有市场潜力的产品和服务。此外，传统创作思维模式的固化还带来创意设计产品开发的同质化问题，这不仅表现在产品的外观设计、功能设置等方面，更体现在产品的文化内涵和创意理念上。这大大限制了创意设计产品和服务的发展空间，也削弱了其在市场上的竞争力。因此，需要营造一个开放、包容的创新环境，鼓励创意设计从业者敢于挑战传统，勇于尝试新的创作方式和表达方式。同时，要加强跨界合作，将创意设计与其他领域如科技、教育、旅游等相结合，形成"创意设计＋"的新业态，创造出更多具有独特魅力和市场潜力的创意产品。

其次，在表达形式上，需要注重提升创意设计产品的艺术性和国际化表达水平。艺术性是创意设计产品的核心竞争力，只有具备足够高的艺术品质，才能吸引国内外观众的眼球。因此，应通过加强对创意设计人才的培养和引进，提高他们的艺术素养和创作能力。同时，应学习借鉴国际先进的创作理念和表达方式，使我国的创意设计产品更加符合国际审美标准，增强其在国际市场上的竞争力。例如，加拿大华裔设计师 Lily Kao 设计的茶点套装，灵感来源于广式早茶，竹制蒸笼里装的烧卖和粽子其实是烤花生与普洱茶之类的茶点。这种设计巧妙地结合了中国的传统茶文化与现代设计元素，既具有实用性，又富有文化内涵。

因此，通过打破固化的传统思维模式、提升创意设计产品的艺术性和国

际化表达水平可以使中国创意设计产业跨越国界，吸引全球目光，打造出既具有中国特色又符合国际创意设计标准的设计产品，推动中国创意设计对外贸易的发展迈上新的台阶。

（三）利用数字技术，推动创意设计在全球产业链中的位置向高附加值环节攀升

数字技术以其独特的魅力和无限的可能性，为创意设计产业注入了新的活力，使其焕发出勃勃生机。因此，我国应积极探索如何利用数字技术推动创意设计产业向高附加值环节攀升，为创意设计对外贸易的高质量创新发展提供全新动力。首先，加强技术研发与创新是关键。国家应加强对数字技术的研发投入，特别是在人工智能、大数据、云计算、虚拟现实等领域，通过技术突破和创新，为创意设计产业提供强大的技术支撑。其次，促进数字技术与创意设计的深度融合。例如：在产品定位环节，利用大数据分析消费者需求，为创意设计产品提供精准的市场定位；在设计制作环节，运用数字技术提升产品的艺术性和实用性；在营销传播环节，利用数字平台扩大产品的市场影响力；在产品增值方面，通过虚拟现实技术，为消费者提供沉浸式的文化体验，提升创意设计产品价值。最后，构建创意设计产业的数字生态圈也至关重要。国家应推动创意设计企业、高校、研究机构等多方合作，形成产学研用深度融合的创新体系。通过共享数字资源、搭建数字平台、开展数字项目合作等方式，促进创意设计产业内部以及与其他产业之间的协同创新。因此，通过深度应用数字技术，可以推动创意设计在全球产业链中的位置向高附加值领域攀升，推动创意设计对外贸易高质量发展。

（四）加强创意设计金融基础设施建设，促进对外贸易稳健发展

创意设计金融基础设施是创意设计行业与金融资本对接的桥梁，其完善程度直接关系到创意设计的融资效率和金融市场的稳定性。全面加强文化金融基础设施建设，有利于防范创意设计行业的投融资风险，优化文化金融投资环境，促进创意设计对外贸易的稳健发展。

首先，通过打造综合性的服务平台，为创意设计对外贸易提供一站式的金融服务。该平台不仅是一个简单的金融交易场所，更是一个集信息发布、项目对接、融资服务等多项功能于一体的综合性服务枢纽。在信息发布方面，平台汇聚了创意设计行业的最新动态、政策法规、市场需求等信息，企业可以通过平台及时获取相关信息，为对外贸易决策提供有力支持。在项目对接方面，平台通过整合国内外行业资源，为创意设计企业提供了与投资人、合作伙伴等对接的机会。企业可以在平台上发布项目需求，寻找合适的合作伙伴或投资人，实现项目的快速落地和高效推进。在融资服务方面，平台提供了多种融资方式，如股权融资、债权融资、政府补贴等，以满足创意设计企业不同阶段的资金需求。其次，健全完善创意设计企业信用评价体系和资产评估体系，进一步推动创意设计产业和金融资本的深度融合，为对外贸易的开展提供重要的资金支持。通过建立一个科学、公正、透明的信用评价体系，对创意设计企业的国际化经营行为、合同履行、社会责任等方面进行全面评估，从而为投资者提供可靠的参考信息。因此，这些措施不仅为创意设计企业提供了充足的资金支持，更通过优化融资环境、降低投资风险，为创意设计产业提供了坚实的保障，也为中国创意设计对外贸易高质量发展提供了重要的基础。

参考文献

杨志、黄维：《深圳市创意设计产业发展现状与对策研究》《艺术百家》2010 年第 1 期。

冯蔚蔚、辛向阳：《我国创意设计产业可持续发展的对策路径研究》，《湖南社会科学》2015 年第 6 期。

管宁：《创意设计：引领经济发展转型升级——集成创新时代的产业深度融合》，《艺术百家》2015 年第 3 期。

专题篇

B.11
国家文化出口重点企业国际化发展的
现状、问题与对策

李嘉珊　张雨晴*

摘　要：　随着全球化进程的加快,国家文化出口重点企业的国际化发展成为推动中国文化"走出去"战略的重要组成部分。近年来国家文化出口重点企业在数字文化贸易、推动特色传统文化国际传播、推动主题图书在海外市场焕发活力等方面取得了显著成就,但仍存在资金不足制约文化企业发展、国际化平台建设不足、企业出口渠道有待扩展、创新不足极大制约企业国际化发展等问题。对此,本报告提出以下对策建议:加强资金支持,推动国家文化出口重点企业稳健发展;加强国际化平台建设,拓宽企业出口渠道;鼓励企业创新,推动国家文化出口重点企业可持续发展。

* 李嘉珊,北京第二外国语学院教授,国家文化发展国际战略研究院、中国服务贸易研究院常务副院长,研究领域为国际文化贸易、国际服务贸易;张雨晴,北京第二外国语学院国际文化贸易专业研究生,研究方向为国际文化贸易。

关键词： 文化出口重点企业　文化市场　国际化

随着全球化的不断深入，多元文化的交流与融合成为国际合作的重要组成部分。中国，作为一个拥有五千年文明史的国家，其丰富的文化遗产和创新的文化产业，为全球文化交流贡献了独特的视角与价值。文化出口不仅成为中华文化"走出去"的重要路径，更成为国民经济在后疫情时代增长的重要支撑。近年来，国家文化出口重点企业成为推动中国文化"走出去"的重要力量，其国际化发展不仅关乎文化产业自身的成长，还是国家软实力的关键体现。然而，面对复杂多变的国际环境和日趋激烈的全球文化市场竞争，中国的文化出口企业在"走出去"的过程中既迎来了机遇也面临着挑战。如何准确把握国际市场的需求、如何突破理念不同带来的障碍，以及如何在保持文化特色的同时实现国际化经营，成为摆在中国文化产业面前的重要课题。

一　国家文化出口重点企业的国际化发展现状

（一）国家文化出口重点企业数目不断增加，类型不断丰富

2015 年以来，国家文化出口重点企业数目波动增加，类型逐渐丰富化，反映了中国对外文化贸易的快速发展和多元化趋势。首先，根据商务部数据，2023~2024 年度国家文化出口重点企业的数目为 367 家，而 2015~2016 年度企业数目为 344 家（见图 1），越来越多的企业参与到文化产品和服务的出口中，显示了中国文化出口市场的活跃度不断提升。

其次，文化出口重点企业的类型也不断丰富，科技型企业的数量显著增加，特别是在软件和信息技术服务业、科技推广和应用服务业等领域。科技创新在推动文化产品出口中发挥了重要作用，数字文化产业成为新的增长点。2023~2024 年度国家文化出口重点企业涵盖了从传统的新闻出版、广播

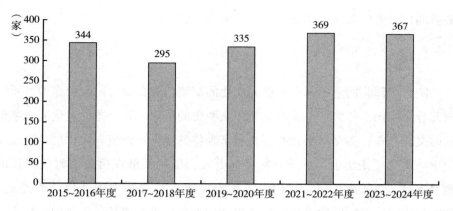

图1 2015～2024年国家文化出口重点企业数目

资料来源：商务部。

电视到新兴的数字文化产品，如网络游戏、网络视听、电子竞技等多个领域。这种多元化的现象体现了中国文化出口结构的优化和升级。此外，由图2可知，在2015～2024年的国家文化出口重点企业中，软件和信息技术服务业的企业数目最多，有67家，其次为新闻和出版业、文化艺术业，分别为49家、28家。这说明我国文化出口重点企业正在经历从以文化产品出口为

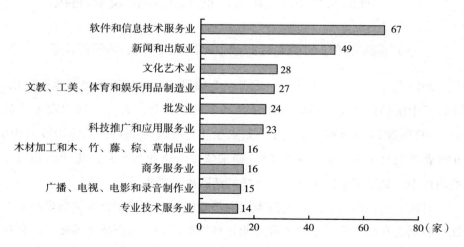

图2 2015～2024年国家文化出口重点企业数量排在前10位的行业

资料来源：商务部。

主向以文化服务出口为主的转变，我国文化服务业的国际竞争力正在不断提升，正处于本民族核心文化价值在对外文化贸易中发挥越来越大的作用的历史阶段。此外，中小微企业在文化出口中占据了重要地位，数量占比超过80%，中小微企业不断在国际市场上展现竞争力。

最后，通过对国家文化出口重点企业的地理布局进行分析，可以发现北京市入选的企业最多，达63家，从中可以看出北京市作为全国政治文化中心的核心地位。广东有51家，上海有33家，江苏有32家，浙江有29家，安徽有27家，入选企业数量紧随北京之后。除西藏外，国家文化出口重点企业数量最少的为河南、黑龙江，均只有1家，广西、贵州、辽宁、山西、陕西、云南均有2家。从地理分布角度出发，可以明显看出首都和沿海经济发达地区的文化类企业发展得也更加繁荣，内陆经济欠发达地区文化企业发展则较为滞后。此外，国家文化出口重点企业除了集中在文化产业发展成熟的地区，如北京、上海、广东、江苏和浙江，在部分西部省份也有所集中，如四川2023~2024年度国家文化出口重点企业有24家之多。国家文化出口重点企业数目的增加和类型的丰富化，是中国对外文化贸易发展的重要标志，体现了中国文化软实力的提升和国际传播能力的增强。

（二）数字文化贸易企业逐渐占据重要地位

在推动对外文化贸易创新发展过程中，"数字化"被认为是一个关键策略。各种倡导"大力发展数字文化贸易""提升文化贸易数字化水平"以及鼓励"数字文化平台国际化发展"的主张均凸显了文化贸易数字化的重要性。事实上，文化贸易，尤其是文化服务贸易，天然蕴含着数字化基因，已逐渐成为全球文化经济增长的新引擎。在这方面，相关国家已逐渐确立了一系列鼓励和引导措施，其中包括支持新兴业态发展，如数字艺术、云展览和沉浸式体验，并积极培育网络文学、数字出版、线上演播和电子竞技等领域的出口竞争优势。发挥综合保税区政策功能优势，支持"两头在外"的数字内容处理业务，鼓励企业为出口的影视、动漫、游戏产品提供译制、配音、剪辑、后期制作等服务。此外，2022年商务部等27部门的《关于推进

对外文化贸易高质量发展的意见》也提出要提升文化贸易数字化水平，促进传统行业数字化转型，从而激发文化贸易的创新发展动力。

在这一过程中，国家文化出口重点企业起到了极大的带头示范作用。中国的数字创意内容领域，如动画、手机游戏等，在近年来显示出强大的全球竞争力。根据英国电影杂志《荧幕国际》官方网站的报道，中国动画电影在国际市场上取得了突出的成绩，大量针对国际受众的动画作品正在制作中，其中不乏展现出中国日益提高的动画制作技术的作品。以四达时代集团为例，该集团已在非洲开展广播电视业务 20 余年，到 2024 年，已在卢旺达、尼日利亚、肯尼亚、坦桑尼亚、乌干达、莫桑比克、几内亚、刚果（金）、南非等 30 多个国家注册成立公司并开展数字电视和互联网视频运营，发展数字电视及互联网视频用户超过 4000 万人，成为非洲重要的视频流量拥有者和家庭视频流量入口。①

此外，游戏正逐渐成为中国提升文化软实力的新渠道。中国在全球网络游戏市场中扮演着重要的角色，美国市场研究公司 Sensor Tower 的数据显示，截至 2024 年 3 月，共有 39 家中国厂商跻身全球手游发行商收入榜前 100 名，总计收入达 21.3 亿美元，约占全球前 100 名手游发行商总收入的 38.4%。腾讯、网易、米哈游等国家文化出口重点企业生产的国产游戏，如《王者荣耀》《梦幻西游》《原神》等，受到海外市场的欢迎，其中，《原神》更是在中国出海手游中连续多次获得收入冠军。网络游戏和电子竞技产品正成为中国文化产品出口先锋，极大地推动了对外文化贸易高质量发展。

（三）大力推动特色传统文化国际传播

国家文化出口重点企业对于推动独具特色的传统文化在国际上的传播具有重要意义。在 2023～2024 年度的 367 家重点企业中，有 53 家企业生产草木编织品、灯彩、陶瓷等非物质文化遗产用品。草木编织品企业数量为 16 家，居首位；灯彩和陶瓷制品生产企业各有 14 家；其余企业分别从事烟花

---

① 四达时代集团官网，https：//www.startimes.com.cn/about。

爆竹、少数民族乐器和雕刻艺术、刺绣、青铜工艺品的生产。①

部分企业运用现代科技手段，比如数字化和网络化技术，对传统文化进行创新性改造和开发，生产数字文化产品，以满足国外用户的需求。以自贡彩灯为例，彩灯融合了四川独特的文化元素，包括大熊猫、茶文化和川剧等，通过创新的"声光电"展示方式，不断吸引国际市场的关注。四川天煜文化传播股份有限公司以基于自贡特色传统文化的"中国花灯展"为核心业务，不断进行彩灯材质、光源以及艺术造型方面的创新，2023年公司成功在4个国家的18个城市举办了18场灯展，实现文化出口803万美元和劳务出口786万美元。② 自贡灯彩文化产业集团有限公司曾在全球多个国家和地区的50余座城市举办过150余场精彩绝伦的中华光影盛宴，展览地点涵盖了德国汉堡市英泽尔公园杜鹃花园、智利首都圣地亚哥金塔诺马尔家庭公园、英国朗利特庄园等。③

众多国家文化出口重点企业还专注于将非物质文化遗产，包括传统手工艺、民俗、表演艺术等转化为适应国际市场需求的产品。例如，有企业在安徽和山东地区传统的草编工艺中加入国际时尚元素，对其进行创新设计，传统技艺由此被应用于国际高端产品。

（四）不断推动主题图书在海外市场焕发活力

党的二十大报告提出要"增强中华文明传播力影响力"，国家文化出口重点企业响应这一号召，通过主题书籍出口，深化文明交流互鉴，推动中华文化走向世界。在2023～2024年度的367家重点企业中，有49家企业隶属于新闻和出版业，这些企业均为国有企业，在文化贸易中主导出版物主题的把控，确保内容的严谨性和导向性。这些国家文化出口重点企业

① 《大数据解读国家文化出口367家重点企业和115个重点项目》，界面新闻，2023年11月29日，https：//www.jiemian.com/article/10462645.html.

② 《"税路通·海纳百川"助力自贡彩灯文化海外"圈粉"》，国家税务总局四川省税务局官网，2024年1月25日，https：//sichuan.chinatax.gov.cn/art/2024/1/25/art_1079_1022818.html.

③ 《"税路通·海纳百川"助力自贡彩灯文化海外"圈粉"》，国家税务总局四川省税务局官网，2024年1月25日，https：//sichuan.chinatax.gov.cn/art/2024/1/25/art_1079_1022818.html.

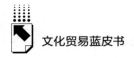

在平台建设、学术科学期刊、教材、少儿读物、文学翻译等业务领域也不断突出中国特色。

高等教育出版社有限公司出版的《体验汉语》泰国中小学系列教材在2010年被正式列入《泰国教育部推荐教材目录》，截至2024年4月，在泰国销量累计超过600万册①，促进了中国与东盟国家的教育和文化交流。厦门外图集团有限公司建立的平台——国际图书版权超市，整合了版权展示、版权洽谈、版权交易，并提供配套服务，提升了版权出口效率和服务质量。

出版类文化出口重点企业也尤其重视国际合作出版，如中国外文局发起建立的中国主题图书国际合作出版协作机制，与国际出版同业合作，共同推广中国主题图书。译林出版社十分重视国际交流合作，不断提升"走出去"的广度与深度，截至2023年10月，已经与52个国家和165家出版机构建立了紧密的商务联系，涉及40种语言，备受国际市场关注②，尤其是在美国、英国、西班牙以及共建"一带一路"国家如塞尔维亚、土耳其、韩国和埃及具有显著的竞争优势，2016年以来连续8年入选"中国图书海外馆藏影响力出版100强"。出版类企业还积极参与国际书展，如中国国际图书贸易集团通过北京国际图书博览会等高端平台推动文化"走出去"，以多种方式提升中国文化的国际影响力。

二 国家文化出口重点企业的国际化发展现阶段存在的问题

国家文化出口重点企业在国际化发展过程中，虽然取得了一定的成就，但也面临着一些挑战和问题。

---

① 《中国优秀图书亮相曼谷国际书展》，中华人民共和国国务院新闻办公室官网，2024年4月9日，http：//www.scio.gov.cn/gxzl/ydyl_ 26587/rwjl/rwjl_ 26595/202404/t20240409_ 841660.html。

② 《译林社5个项目入选2023年"经典中国国际出版工程"和"丝路书香工程"》，腾讯新闻，2023年10月25日，https：//view.inews.qq.com/k/20231025A05TF900？no-redirect= 1&web_ channel=wap&openApp=false。

（一）资金不足制约了文化企业的发展

资金投入不足是制约国家文化出口重点企业国际化发展的关键因素之一。在文化产业的全球化竞争中，资金不仅是推动企业创新和发展的血液，也是文化产品成功"走出去"的重要条件。文化产品的研发与创新是企业持续成长和保持竞争力的关键，而这背后需要大量的资金作为支撑。资金的匮乏往往会制约企业在新产品开发、技术革新和创新模式探索上的投入，从而削弱企业的核心竞争力。在国际市场上，推广文化产品是一项系统工程，涉及广告宣传、参与国际展会、构建销售网络等多个环节，它们无一不需要强大的资金实力作为后盾。资金的短缺不仅可能导致企业错失宝贵的市场机遇，而且会使企业难以在国际舞台上扩大自身的影响力。此外，吸引和培养具备国际视野的人才对于国家文化出口重点企业至关重要，这直接关系到企业的国际化战略能否顺利实施。资金的紧张限制了企业在人才引进和培养上的投入，从而影响了企业在全球市场中的竞争力。在面对国际化过程中的各种不确定性时，企业需要有足够的资金储备来应对市场风险、汇率波动等挑战。资金不足会削弱企业的风险应对能力，进而影响其长期的可持续发展。文化产业本身具有高风险、高投入和长回报周期的特点，这些特性使得资本市场对文化领域的投资持谨慎态度。特别是对于中小文化出口企业而言，它们往往只能依赖传统的银行贷款来融资，缺乏多元化的融资途径。同时，由于文化产品的价值难以量化评估，国际市场对中国文化产品的认同度和接受度尚需提升，这在一定程度上限制了文化产品的市场表现和融资潜力。资金问题已成为制约国家文化出口重点企业发展的一个关键因素。

（二）国际化平台建设有待加强，企业出口渠道有待扩展

国家文化出口重点企业要实现国际化发展，需要依托强大的国际化平台来提升其全球竞争力和市场影响力。国际化平台的建设不仅涉及实体的交易市场和展示中心，还包括虚拟的在线平台、国际合作网络以及文化交流机制等多个层面。国家文化出口重点企业的国际化发展中，平台建设十分必要，

国际化平台可以作为展示中国文化产品和企业实力的窗口，提升企业在全球范围内的知名度和影响力。通过国际化平台，企业可以更容易地接触到国际买家和合作伙伴，促进文化产品和服务的出口。平台还可以成为不同文化之间交流和对话的桥梁，增进相互了解，为文化产品打开市场提供文化基础。但是，国际化平台建设仍然有待加强。目前，一些文化出口重点企业已经参与到国际展览、交易会等实体平台的建设中，但这些平台的规模、影响力和专业化程度仍有提升空间。再者，随着互联网技术的发展，虚拟平台如在线文化产品市场、跨境电商平台等逐渐兴起，但如何确保其安全性、稳定性以及如何提升用户体验是其当前面临的挑战。此外，尽管一些企业已经与国际合作伙伴建立了联系，但整体而言，国际合作网络还不够广泛，其中的合作还不够深入，需要进一步拓展合作网络和加强合作。另外，文化交流机制的建立有助于促进文化互鉴，但在实际操作中，如何平衡文化的对外传播与向内引入、如何处理文化差异和敏感问题，仍是重大挑战。

（三）创新不足极大制约企业国际化发展

在国家文化出口重点企业的国际化征程中，创新能力的匮乏是一个显著的短板，亟须通过全面创新来补齐。创新不仅限于产品层面，其还囊括了技术创新、市场创新、管理创新以及商业模式创新等多个关键领域。

当前，众多文化产品尚未形成足够的个性化特征，难以满足全球市场多样化和定制化需求的日益增长。此外，文化产品在制作和传播过程中对先进技术的采纳和应用不足，这不仅限制了产品的质量，也影响了其传播效率。一些企业对国际市场的洞察不够深入，导致产品市场定位模糊，难以在竞争中脱颖而出。同时，这些企业仍旧固守传统商业模式，未能充分利用互联网和数字化技术的潜力，进行必要的商业模式创新。在管理层面，一些企业的机制显得僵化，缺乏必要的灵活性和适应性，难以迅速响应市场变化和消费者需求。

这种创新不足的现象，部分原因在于企业对创新重要性的认识尚浅，缺少宏观的创新战略和积极的创新文化支撑。与此同时，这些企业在研发上的投入与国际先进企业仍有较大差距，这严重制约了其创新能力的提升。此外，企业普遍面临具有国际视野和创新能力的高端人才短缺的问题，特别是缺乏能够跨界整合不同文化和学科知识的复合型人才。国际市场的复杂多变、不同文化背景下消费者对文化产品理解和接受度的不同，也大大增加了创新的难度和风险。

企业必须从深化对创新重要性的认识开始，构建长远的创新战略和积极的创新文化。同时，需要增加研发投入，缩小与国际先进企业的差距，并积极培养和引进具有国际视野的高端创新人才。此外，企业还应加强对国际市场的深入研究，准确把握市场定位，利用互联网和数字化技术革新商业模式，并建立灵活的管理机制，以快速适应市场和消费者的变化。通过以上措施，可以提升企业自身的创新能力，增强企业国际竞争力，推动中国文化产品走向世界。

三 促进国家文化出口重点企业国际化发展的对策建议

近些年来，全球的文化贸易飞速发展，文化产业在整个世界，无论是国内还是国际往来中的贡献都特别明显。国家文化出口重点企业对中国文化贸易发展的带动作用也不断增强。但是，国家文化出口重点企业的国际化发展仍然存在着很多问题。

（一）加强资金支持，推动国家文化出口重点企业稳健发展

资金短缺问题是国家文化出口重点企业国际化进程中的一大障碍。要有效应对这一挑战，需要企业自力更生，提升盈利与管理水平，同时也离不开政府和金融机构的有力支持。通过综合施策，包括内部挖潜、争取政府支持、拓宽外部融资渠道、加强市场开发和实施风险管理，可以为文化出口企业提供坚实的资金基础，助力其在国际市场上实现更大突破。首先，企业需致力于提高盈利能力，通过产品和服务的优化升级以及运营效率的提升，增

强自我"造血"功能。此外，企业应强化成本管理，精减开支，提升资金使用效率，确保资金精准投放至关键领域。出售非核心资产或对企业资产进行重组，能够盘活存量资产，为国际化战略的实施提供资金支持。其次，企业应主动了解并积极利用政府提供的政策支持，包括申请国家和地方政府为促进文化出口而设的资金援助和补贴。同时，充分利用税收减免政策以减轻税负，并通过政府担保获取优惠利率贷款，有效降低融资成本。最后，企业需要加强对国际市场的开发，通过拓展多元化市场，分散经营风险，增加销售收入。充分利用出口退税政策，进一步增强企业的资金流动性。同时，通过加强国际市场营销活动，提升品牌知名度，可以有效增加产品销量，为企业的国际化发展注入持续动力。通过企业内部的盈利能力提升、政府的政策支持、外部融资渠道的拓展、国际市场的深耕以及风险管理的强化，可以为国家文化出口重点企业打造坚实的资金支撑体系，推动其在国际舞台上取得更加辉煌的成就。

（二）加强国际化平台建设，拓宽企业出口渠道

国际化平台的建设是国家文化出口重点企业走向世界舞台、实现长期可持续发展、提升全球竞争力的关键。在全球化的大潮中，构建这样的平台对于推广中国文化、增强国际传播力具有深远的意义。首先，应建立多层次的国际交流平台。政府可在关键国家和地区建立文化交流中心，将其作为展示中国文化产品和企业实力的窗口。同时，利用互联网技术，打造线上展览和交易平台，让全球客户能够轻松了解和购买中国文化产品。企业也应积极参与国际知名的文化展览和交易会，利用这些平台提升自身的国际知名度。其次，文化出口企业应拓宽出口渠道，与国际知名的跨境电商平台建立合作关系，将产品直接介绍给全球消费者。此外，通过在海外建立分销中心，招募并培养当地的分销商和代理商，扩大销售网络。与海外企业建立合资企业，利用合作伙伴的资源和渠道，推广中国文化产品。再次，企业需要深化对国际市场的理解，通过深入研究不同市场的需求和特性，制定精准的市场开发策略。了解国际消费者的购买行为和偏好，开发符合其需求的定制化产品。

同时，紧跟国际市场的最新趋势，及时调整市场策略，把握每一个市场机遇。最后，企业应积极参与国际合作与交流，与国际知名文化机构和企业建立合作伙伴关系，共享资源，共同开发市场。通过参与国际文化交流活动，提升企业和产品的国际形象。同时，引进国际先进技术和管理经验，提升企业的创新能力和管理水平。加强国际化平台建设和拓宽出口渠道是国家文化出口重点企业实现国际化发展的战略性工程，需要企业、政府以及社会各界的共同努力和协同合作。

（三）鼓励企业创新，推动国家文化出口重点企业可持续发展

创新是国家文化出口重点企业在全球化浪潮中乘风破浪的核心动力。为了在国际市场上保持竞争优势，持续的创新不可或缺。这不仅要求企业本身不断追求突破，还需要政府和行业协会提供恰当的引导与支持。持续的创新是中国文化走向世界、实现国家文化出口重点企业长期可持续发展的关键。首先，企业需要培养以创新为灵魂的企业文化，激励员工开展创造性思考、提出创新性想法，营造出一个孕育创新思维的良好环境。企业高层管理者应当树立强烈的创新意识，并以此引领企业发展方向。其次，企业应大幅增加对创新和研发的投入，确保研发资金在企业总预算中占据足够高的比例，为创新项目提供坚实的资金后盾。同时，通过与国际先进企业和研究机构的合作，积极引进和吸收前沿技术，以加快企业技术创新的步伐。再次，企业必须深入研究并紧跟国际市场的潮流，洞察消费者需求和市场趋势，以此为导向开发创新性产品和服务。通过将用户纳入创新流程，收集用户反馈，不断迭代和完善产品，从而提升创新成果的市场适应性和用户满意度。此外，企业应培养具有国际化视野的团队，利用国际合作项目吸纳全球创新资源，增强企业在国际市场中的竞争力。在关键市场建立研发中心，不仅可以利用当地的创新资源，还能更好地把握市场动态，提升创新成果的本地化水平。最后，企业需要加强对知识产权的保护，积极申请专利，保护创新成果，避免侵权风险，确保企业的创新投资能够得到合理的回报。

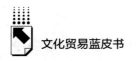

参考文献

李小牧、李嘉珊主编《文化贸易蓝皮书：中国国际文化贸易发展报告（2017）》，社会科学文献出版社，2018。

宗祖盼：《从传统迈向新型：文化企业数字化转型的内涵认知、制约因素与路径选择》，《同济大学学报》（社会科学版）2023 年第 3 期。

B.12
中国数字文化贸易发展的新特征与新趋势

李嘉珊　杨宗萱*

摘　要： 数字文化贸易作为文化贸易的重要组成部分，日益成为文化贸易规模增长、结构优化的新引擎，成为中国文化走向世界、世界认识中国的重要途径。当前，中国数字文化贸易发展正处于新的战略机遇期，呈现出文化贸易标的数字化、文化服务可储存化、数据信息再生产化、数字平台可服务化、文化资源转化高效化等特征，面向未来，我国数字化演进将带来贸易及产业关系的一系列深度调整，文化交流泛安全化趋势将有所加剧，构建与国际接轨的数字文化贸易统计口径的急迫性将愈发突出。本报告基于以上新趋势提出下列对策建议："多管齐下"深挖数字资源，提升数字 IP 商业价值；抓好人才队伍建设，建设数字文化贸易发展新高地；建设全能数字文化贸易服务平台，加快发展数字文化服务贸易；完善知识产权保护体系，有效保护数字创新成果。

关键词： 数字文化贸易　数字化　高质量发展

2024 年 4 月，商务部印发了《数字商务三年行动计划（2024—2026年）》，计划提出"到 2026 年底，商务各领域数字化、网络化、智能化、融合化水平显著提升，数字商务规模效益稳步增长，产业生态更加完善，应

---

* 李嘉珊，北京第二外国语学院教授，国家文化发展国际战略研究院、中国服务贸易研究院常务副院长，主要研究方向为国际文化贸易、国际服务贸易等；杨宗萱，北京第二外国语学院中国服务贸易研究院 2022 级硕士研究生，主要研究方向为文化贸易。

用场景不断丰富，国际合作持续拓展，支撑体系日益健全。商务领域数字经济规模持续增长，网络零售规模保持全球第一，跨境电商增速快于货物贸易增速，贸易电子单据使用率达到国际平均水平，数字贸易整体规模持续扩大"的目标。该计划显示出当前国家高度重视"数字兴贸"战略，将从提升贸易数字化水平、促进跨境电商出口、拓展服务贸易数字化内容、大力发展数字贸易等方面着手，有效推动贸易全链条数字化发展。

数字文化贸易作为文化贸易的重要组成部分，日益成为文化贸易规模增长、结构优化的新引擎，成为中国文化走向世界、世界认识中国的重要途径。相较于传统贸易形式，数字文化贸易凭借其高效的运转模式、广阔的交易平台、突破时空限制的传输范围，实现了更高的经济附加值。根据中国海关数据可知，2023 年，我国文化产品进出口额达 1621 亿美元，规模居于世界前列。与此同时，以数字影音作品、数字游戏、数字出版为代表的文化贸易新业态涌入文化贸易市场，为文化贸易发展注入新活力。联合国贸易和发展会议（UNCTAD）发布的《2022 年创意经济展望报告》显示，数字技术的发展正在从根本上改变文化贸易，数字文化贸易持续增长。2023 年，我国自主研发游戏海外市场实际销售收入约 163.7 亿美元，网络文学海外市场规模突破 40 亿元，中国数字文化产品和服务逐渐成为国际数字文化贸易的重要组成部分，使文化价值链得以延伸，有效提升了中华文化国际影响力，推动了我国对外文化贸易高质量发展。

一 中国数字文化贸易发展现状

（一）数字文化贸易概念界定

数字文化贸易由数字文化服务贸易、数字文化相关产品贸易和数字平台文化产品贸易三部分组成（见图 1）。其中数字文化服务贸易是数字文化贸易的核心层，数字文化相关产品贸易是数字文化贸易的相关层，数字平台文化产品贸易是数字文化贸易的延展层。

数字文化服务贸易位于数字文化贸易的核心层，以数字文化版权为其

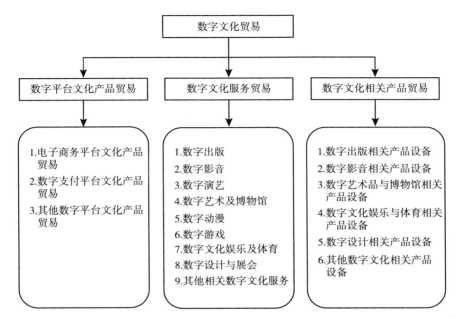

图1　数字文化贸易涵盖范围

核心价值体现，既是评价数字文化贸易发展质量的关键要素，也是传统文化服务贸易的重要组成部分，其内容主要涉及数字出版、数字影音、数字演艺、数字艺术品及数字博物馆、数字动漫、数字游戏、数字文化娱乐及体育、数字设计与展会、其他相关数字文化服务等，是数字时代文化服务贸易发展的新模式和新方向。同时，基于人工智能、区块链、物联网、5G超高速网络等数字技术的成熟应用，数字文化服务贸易由于其诸多创新特性和更好的数字经济适应性，正在成为文化贸易领域重要的增长极和发力点。

　　数字文化相关产品贸易是数字文化贸易的相关层，数字文化相关产品是数字文化服务贸易开展的重要载体，对数字文化相关产品的界定更加强调其对特定数字文化服务的承载作用，这类产品通常为数字内容制作、呈现、传播、交易等贸易活动需要的专用类设备，如墨水屏电子书阅读器、数字高清影音播放设备、数字游戏机等。同时需要注意的是，对于通用类电子设备，

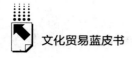

如计算机、智能手机等，虽然也可以将其作为数字文化服务贸易的载体，但鉴于通用类电子设备的泛用性，暂不将其纳入数字文化相关产品贸易统计的主要范围。

数字平台文化产品贸易是文化产品贸易适应数字互联网时代国际贸易发展趋势的突出体现，也是数字文化贸易的延展层。数字平台通常指跨境电子商务平台和跨境数字支付平台，数字平台文化产品贸易即指在数字平台上完成全部或部分订购、交易、支付、流通等环节工作的文化产品贸易的总和。尽管数字平台文化产品贸易的交易对象是传统的文化产品，但由于数字经济和互联网技术的应用，这类文化产品贸易的交易过程和方式等有别于传统线下文化产品贸易，因此将其作为数字文化贸易的延展层来统计。

（二）中国数字文化贸易发展现状

1. 文化新业态动能充分释放，赋能数字文化贸易发展

国家统计局数据显示，2023 年，中国文化新业态特征较为明显的 16 个行业小类实现营业收入 52395 亿元，比上年增长 15.3%，快于全部规模以上文化企业 7.1 个百分点。文化新业态行业对全部规模以上文化企业营业收入增长的贡献率为 70.9%。其中，可穿戴智能文化设备制造、数字出版、多媒体游戏动漫和数字出版软件开发、互联网搜索服务、娱乐用智能无人飞行器制造、互联网其他信息服务 6 个行业小类营业收入增速较快，分别为24.0%、21.6%、19.4%、19.3%、17.9%和 16.5%。[①] 由经济学理论可知，产业是贸易的基础，贸易是产业发展的特定环节。产业的数字化将促进贸易的数字化，在此背景下，中国文化产业新业态的快速衍生和发展，将产生显著的带动效应，赋能数字文化贸易发展。

2. 数字文化贸易规模持续扩大，数字文化产品出口遥遥领先

数字文化产品和服务共同构成了数字文化贸易。就数字文化产品出口而

---

① 《2023 年文化企业发展持续回升向好——国家统计局社科文司高级统计师张鹏解读 2023 年全国规模以上文化及相关产业企业数据》，中国政府网，2024 年 1 月 30 日，https：//www.gov.cn/lianbo/bumen/202401/content_ 6929148.htm。

言，2022 年，中国数字文化产品出口额达 230.28 亿美元，位列图 2 中榜首，中国数字文化产品出口额增长势头强劲，国际影响力可观；2013～2022 年，中国数字文化产品出口额遥遥领先于图 2 中的发达国家，并有继续攀高趋势，增长显著。

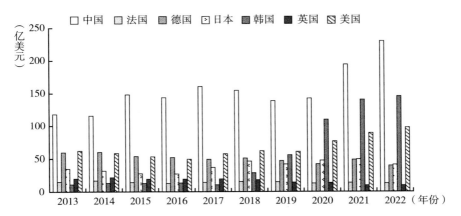

图 2　2013～2022 年中国及部分发达国家数字文化产品出口额

说明：数字文化产品包括 UNCTAD 数据库中的两类产品：audiovisual，multimedia and photography；software，video games and recorded media。数字文化服务包括五类服务：travel；construction；charges for the use of intellectual property n. i. e.；telecommunications，computer，and information services；personal，cultural，and recreational services。下同。

资料来源：根据 UNCTAD 数据整理而得。

　　就数字文化产品进口而言，由图 3 可知，2022 年，中国数字文化产品进口额达 59.06 亿元，相较于美国处于低位；2013～2022 年，中国数字文化产品进口额基本保持稳定，总体上变化不大。

　　就数字文化服务出口而言，相较于数字文化产品出口，数字文化服务出口的规模更大，发展趋势更平稳。2022 年，中国数字文化服务出口额为1343.36 亿美元，在与图 4 中发达国家的对比中处于中间位置（见图 4）。2022 年，中国数字文化服务进口额为 2103.48 亿美元，相较于 2019 年的3212.06 亿美元，下降了 34.5%（见图 5），宏观来看，中国数字文化服务进口贸易规模有缩小趋势，这种趋势可能在未来进一步延续。

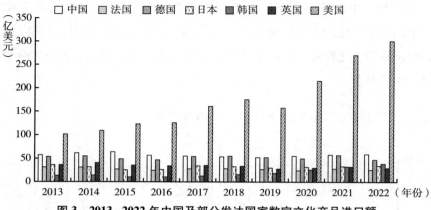

图3 2013～2022年中国及部分发达国家数字文化产品进口额

资料来源：根据 UNCTAD 数据整理而得。

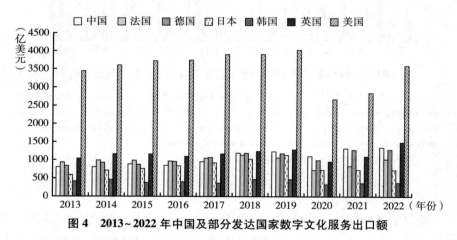

图4 2013～2022年中国及部分发达国家数字文化服务出口额

资料来源：根据 UNCTAD 数据整理而得。

3. 数字文化产品贸易顺差稳步扩大，数字文化服务贸易逆差显著缩小

数字文化产品贸易和数字文化服务贸易是数字文化贸易的重要组成部分，二者国际收支的相对平衡，将有助于维护数字文化贸易的稳定性和可持续性。

如图6所示，2013～2022年，中国数字文化产品贸易始终存在贸易顺差，且2021～2022年，数字文化产品贸易顺差有大幅度扩大趋势，数字文化产品贸易在国际市场上的发展态势良好。

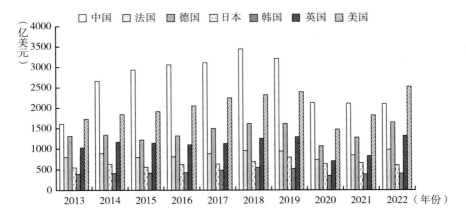

图5　2013~2022年中国及部分发达国家数字文化服务进口额

资料来源：根据 UNCTAD 数据整理而得。

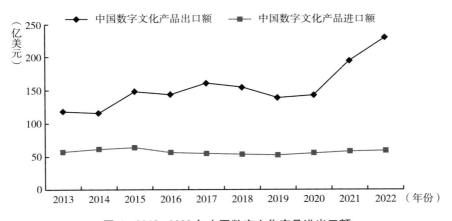

图6　2013~2022年中国数字文化产品进出口额

资料来源：根据 UNCTAD 数据整理而得。

如图7所示，2013~2022年，与中国数字文化产品贸易相反的是，中国数字文化服务贸易始终存在逆差，但随着近年来我国数字技术的发展及数字产业的快速兴起，2020~2022年，我国数字文化服务贸易逆差较以往显著缩小，并在2022年达到2013年以来最小值760.12亿美元，我国有望在未来形成贸易顺差。

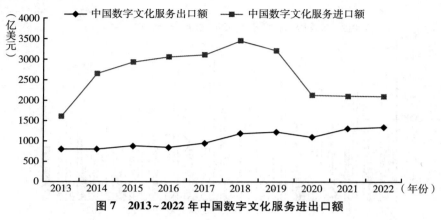

图 7　2013~2022 年中国数字文化服务进出口额

资料来源：根据 UNCTAD 数据整理而得。

4. 数字文化贸易市场集中度较低，中国数字文化贸易企业成长空间巨大

由图 8 和图 9 可知，2013~2022 年数字影音作品，数字出版，数字游戏及数字音乐、表演和视觉艺术等数字文化贸易主要部门出口市场集中度和进口市场集中度都较低，说明当前全球数字文化贸易市场环境偏向于自由竞争模式，自由竞争将带来较低的贸易市场进入门槛和壁垒，这将有利于数字贸易资源的集聚与最优化配置，形成大规模的全球数字文化贸易企业在发展中齐头并进的局面，同时也将为中国数字文化贸易企业的发展带来巨大的成长空间。中国数字文化贸易企业应牢牢抓住此战略机遇期，充分参与国际竞争，实现营收突破。

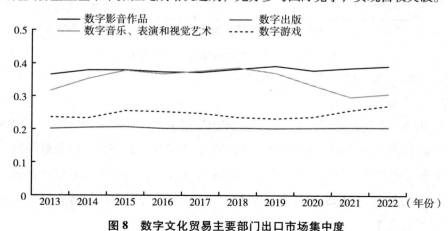

图 8　数字文化贸易主要部门出口市场集中度

资料来源：UNCTAD。

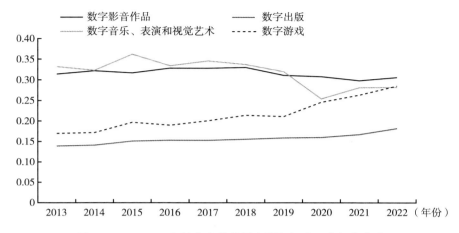

图9　2013~2022年数字文化贸易主要部门进口市场集中度

资料来源：UNCTAD。

5. 数字文化产品国际竞争力显著提升，数字文化服务国际竞争力有待提升

贸易专业化指数（TSC指数）是指一国某行业的进出口额之差与进出口额之和的比值。TSC指数是一个相对值，其剔除了通货膨胀、国家经济规模等影响因素，使不同国家的贸易国际竞争力具有可比性。当TSC指数接近1时，说明其在国际市场上竞争力很强；当TSC指数接近0时，说明其贸易国际竞争力与世界平均水平趋近；当TSC指数接近-1时，说明其贸易国际竞争力较弱。

由图10可知，2013~2022年，中国数字文化产品贸易国际竞争力波动上升，在国际市场上一直处于领先集团中，成为中国数字文化贸易国际竞争力的重要来源。然而，相较于美国、日本、英国等发达国家，中国数字文化服务贸易国际竞争力明显不足，由图11可知，2013~2022年其TSC指数始终为负值，TSC指数虽在绝对值上有减小趋势，但仍与发达国家有较大的差距。数字文化服务贸易应成为我国下一步发展文化贸易关注的重点与突破点。

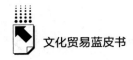

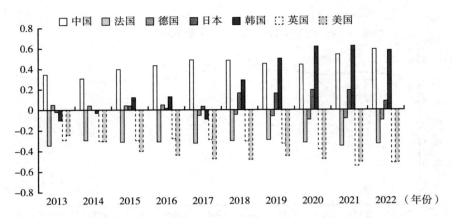

图10　2013~2022年中国与部分发达国家数字文化产品贸易TSC指数

资料来源：根据UNCTAD数据整理而得。

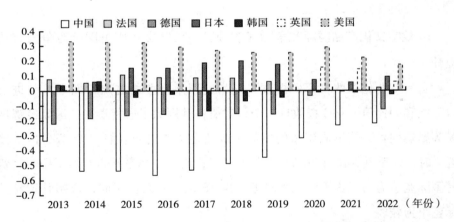

图11　2013~2022年中国与部分发达国家数字文化服务贸易TSC指数

资料来源：根据UNCTAD数据整理而得。

二　中国数字文化贸易发展特征

数字文化贸易的基本属性随数字技术的发展而发生变化。数字技术使得一部分文化产品的货物形态转变为数字形态的文化服务，文化贸易标的呈现数字化趋势；网络通信技术手段使文化服务具备了可储存性；数字技术在文化产业价值链各环节的普遍应用，使数据信息成为生产要素新供给者；数字平台服务的新场景、新业态、新模式蓬勃发展，赋能传统文化贸易。

（一）文化贸易标的呈现数字化趋势

传统文化贸易标的主要包括文化产品和文化服务，数字时代，除传统文化产品贸易外，一方面，文化服务中的动漫、网络游戏、虚拟偶像音乐会等作为贸易标的天然带有数字基因；另一方面，数字技术使得一部分文化产品的货物形态转变为数字形态的文化服务，同时也使文化资源数据以及文化数字内容中的各类数据具有交易价值，成为经济活动中可以确认、评估和交易的资产。文化贸易标的呈现出的数字化趋势在不断拓宽文化贸易范围、扩大文化贸易规模、均衡文化贸易结构等方面做出贡献，成为全球文化经济增长的新动能。

联合国贸易和发展会议发布的《2022 年创意经济展望报告》显示，数字技术的发展正在从根本上改变文化贸易。联合国贸易和发展会议数据显示，2012～2021 年，文化产品的出口增长了 2.5 倍，而在数字化的推动之下文化服务的出口增长了 10 倍，文化服务出口总额超过文化产品出口总额。2021 年，全球范围内的文化贸易额已经达到 2.08 万亿美元，其中以书籍、报纸、期刊、音乐和视听媒体为主的核心文化产品贸易额为 0.5286 万亿美元，增长率为 13.4%，而以数字视听服务和版权许可费用为核心的文化服务贸易额为 1.552 万亿美元，增长率达 19.4%。

数字技术给文化贸易领域带来新发展特征。第一，传统文化贸易涉及的各个领域的数字化转型、互联网时代数据流动带来的跨国贸易便利，使得数字文化贸易实现国际贸易的增量发展。第二，数字技术在文化贸易中的普及，促进了文化产品与服务的生产、营销、交易等环节的转型升级，持续催生文化创意产业的新业态和新模式。第三，新支付模式的迭代，催生了自媒体的兴起，新就业形态增加，《中华人民共和国职业分类大典（2022 年版）》显示，至 2022 年，中国共有 97 种数字经济职业。中国信息通信研究院预测，到 2025 年，数字经济将带动约 3.79 亿人的就业。《2023 中国新型灵活就业报告》显示，与 2018~2020 年相比，2020~2023 年新型灵活就业招聘需求占比有所提高，无论从招聘端还是求职端看，灵活就业人员规模均约占总体就业人员规模的 1/5。第四，文化产业融合平台经济为发展模式注入新动力，"全方位、多形态、立体化"作为数字文化平台的突出特征，为"全人群、全天候、全品种、全自助"数字文化服务的开展提供了基础条件。

（二）数字技术使文化服务具备了可储存性

一般认为，服务贸易具有不可储存性、生产与消费同步性等特征。与之相比，数字文化服务贸易会将交易内容数字化并通过网络通信技术手段实现流通和贸易，内容包括数字影音作品、数字出版、数字游戏等。数字文化服务贸易通过数字化方式对文化服务内容进行储存、传输和贸易，将服务供给者与消费者分开，使文化服务贸易标的具备了可储存性。

（三）数据信息成为生产要素新供给者

数字技术在文化产业价值链各环节的普遍应用，促进了文化产品与服务的生产、营销、交易等环节的转型升级，持续催生文化产业新业态和新模式。数字技术的进步使文化贸易的供给方式发生变化，数据信息作为供给者成为可能，取代了传统的人对人的供给模式，实现了生产资料效能倍增，完成了数据对人力资本的替代，加速了数据要素跨境流动，提升了贸易效率。

（四）数字平台服务赋能传统文化贸易

数字经济时代文化贸易在全流程、全产业链的数字化趋势显著，互联网平台逐渐成为贸易过程中的关键角色，改变了文化贸易的生产和交付方式，特别是数字平台赋予文化产品贸易更多可能性，也为多元市场主体创设出更为便利的交易环境，数字平台服务的新场景、新业态、新模式蓬勃发展，极大释放了文化贸易的经济价值。

（五）数字文化生产力加速文化资源转化效率

数字化为文化资源的转移、转型、转述提供了无限可能，数字技术全面推动文化资源的创造性转化和创新性发展。将文化资源转变为标准化、有价值、可交易的文化产品和服务，通过贸易商品和服务将中国文化形象化、具体化，可以让世界更好地了解真实立体的中国。以小说、影视作品、演艺服务、数字音乐、电子游戏等为主要媒介，传统文化资源得以通过更为大众所接受的方式进行传播和输出，且更容易跨越地理距离，利用数字信息技术快速传递。数字技术实现了文化资源的融合发展，各国文化在文化产品、文化消费领域中碰撞、交流、融合的可能性增强。数字化让现下的我们切身从祖辈的经验智慧中汲取养料，持续供养我们的精神世界。

三 中国数字文化贸易发展趋势研判

（一）数字化演进将带来贸易及产业关系的一系列深度调整，新型生产要素及生产关系显现

2023 年 9 月，习近平总书记在黑龙江考察调研期间首次提到"新质生产力"，新质生产力由技术革命性突破、生产要素创新性配置、产业深度转型升级催生，以劳动者、劳动资料、劳动对象及其优化组合的跃升为基本内涵，以全要素生产率大幅提升为核心标志，特点是创新，关键在质优，本质是先进生产力。[①] 类似于文化产品贸易向文化服务贸易转变的进程（全球音乐贸易中卡带、光盘被替代），随着数字技术的迅猛发展，以新经济、新业态为主要内涵的生产力逐渐显现，科技创新在其中发挥越来越重要的作用，创新驱动成为生产力发展的关键要素，从而使得更能体现这些技术变革的高效能、高质量的文化服务贸易蓬勃发展，进一步反向带动文化产品贸易的较

[①] 《第一观察 | 习近平总书记首次提到"新质生产力"》，人民网，2023 年 9 月 12 日，http://politics.people.com.cn/n1/2023/0912/c1001-40075615.html。

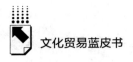

大发展，在国内产业基础层面则表现为制造业与服务业的融合发展愈加深入、新型生产要素及生产关系逐渐显现。

（二）文化交流泛安全化趋势加剧，政策顶层设计重要性愈发凸显

作为承载中华优秀文化产品和服务输出的独特路径，文化贸易使传统文化得以赓续传承与创新，使中西文明得以交融互鉴，是中华文明阐释与国际传播的高效、智慧方式，可以更好展现中华文化的魅力，为中国赢得更深入的国际理解和认同，从而巩固中国文化价值体系的国际地位。在文化交流泛安全化背景下，数字文化贸易因其附载的文化价值、数字技术、信息安全等诸多要素，成为全球瞩目和各国争相发力的前沿热点领域。接下来，应重点关注对数字文化贸易与文化交流的相互作用和影响、大数据视角下文化交流泛安全化问题的测度与应对、文化交流泛安全化背景下数字文化贸易产业链的构建、以数字文化贸易制度型开放降低文化交流的泛安全化风险、用足用好国际组织资源降低数字文化贸易的泛安全化风险等问题的研究，并应从具有前瞻性的战略举措着手解决文化交流泛安全化趋势加剧问题。

（三）构建与国际接轨的数字文化贸易统计口径，相关配套法律法规标准亟须完善

当前，全球数字文化贸易统计口径缺乏统一标准。至今国际上还没有对数字文化贸易形成统一标准定义，衡量标准不一成为该领域测度的主要困难。目前国际上已有一些衡量文化贸易的框架，但其数字化渗透度不高，且因各国分类统计标准和测度方法各异，各类统计数据间难以衔接，统计数据的权威性也难以确定。不同国际组织的协定、手册、统计制度和研究报告中对国际文化贸易的统计分类和信息披露的口径不同，对文化贸易所涉及的商品与服务类别持有不同的判断，导致统计困境。就数字文化贸易而言，统计口径直接影响数据大小及对"大国"的衡量和判断。因此，如何构建与国际接轨的数字文化贸易统计口径，是我国当前数字文化贸易发展过程中亟须解决的问题。

与此同时，数字文化贸易具有虚拟化和平台化的特征，给传统的监管模式与治理体系带来挑战。目前，我国数字文化贸易相关监管法律法规与标准体系不健全，与云计算、大数据、信息安全等相关的标准体系建设还不足，跨境数据流动分级分类制度还未建立，也没有建立软件和信息技术服务领域的标准化平台。

（四）协调好数字技术与文化发展的关系，推动数字文化贸易可持续普惠性发展

中国数字技术的进步赋能文化创意产业生产、传播、交易、消费全链条，展现出与文化产业融合发展的较高适配度，通过简易的创作工具、丰富的表现形式、畅通的传播渠道使中华文化的多样性得到展示，文化产业普惠性增强。然而，对于数字文化贸易可持续普惠性发展而言，这需要有效处理好数字技术应用与人类文化遗产的保护传承之间的关系，不可因过度强调技术而磨灭文化，做好两者之间的链接和转化尤为重要。由于区域、省份、城乡等数字基础设施建设程度不同，以及性别、职业、代际等因素导致的数字化差异，务必要协调好数字技术与文化传承发展的关系，协调好数字基础设施建设与数字文化贸易高水平发展的关系。

四　关于推动我国数字文化贸易高质量发展的对策建议

从 2024 年到 2035 年文化强国建成还有 11 年时间，数字贸易作为文化贸易发展的新引擎，将在此阶段内迎来快速发展的战略机遇期。面向未来，本报告针对我国数字文化贸易高质量发展提出以下建议。

（一）"多管齐下"深挖数字资源，提升数字 IP 商业价值

从政府角度来看，应对我国丰厚的文化资源进行数字化调动整合，通过"政府主导+企业参与"形式对传统文化典籍、文物资源、文化遗产进行创

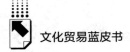

新性数字转化，举办"一 IP 多企业开发"文化创新大赛，集成优胜企业合力从电影、演艺、游戏、广告、创意设计等多维度开发此数字 IP，对其进行深耕，打造具有国际影响力的中华文化符号。从企业角度来看，对中华优秀传统文化进行创造性转化和创新性发展，深度参与国际数字文化贸易市场，整合上下游资源，在商业交易中优化数据要素配置、提升数据要素流动效率，提升数字文化产品和服务的商业价值，建设中国数字文化贸易先锋品牌，在世界舞台上讲好中国故事，传播好中国声音。

（二）抓好人才队伍建设，建设数字文化贸易发展新高地

人力资本是高质量创新要素，具有外溢效应，是构建和提升自主创新能力最为关键的因素，能够推动产业结构向高技术化、高知识化和高附加值产业方向发展，是拉动经济效益增长的重要引擎。政府及相关部门应组织文化产业人才交流培训活动，发挥桥梁纽带作用，鼓励高校与企业开展合作，共建文化贸易实训基地，积极培育"数字技术+文化+贸易"复合型人才，壮大数字文化贸易人才队伍，加强智库建设，以人才促发展，以人才促创新，打造数字文化贸易发展新高地。

（三）建设全能数字文化贸易服务平台，加快发展数字文化服务贸易

《商务部等 27 部门关于推进对外文化贸易高质量发展的意见》指出："鼓励建设一批'一站式'文化贸易服务平台，为文化贸易企业提供国别政策、市场信息、法律服务、技术支撑、人才招聘等服务。支持建设影视、版权等领域海外推广和数字化交易平台。"当前，我国数字文化贸易出口服务平台打造已取得初步成效，但平台功能、平台质量、平台全面性还有待提升。与此同时，我国数字文化服务出口竞争力当前还处在较弱水平，还有较大的提升空间，接下来，应以平台建设促进数字文化服务贸易发展，挖掘数字文化服务出口潜力，延伸产业链，建设全能数字文化贸易服务平台。首先，政府带头整合资源，建设运营数字文化产品和服务出口服务平台，从产

业信息普及、企业储备、营销策略及国际市场咨询等方面为企业提供全方位的服务，帮助数字文化企业实现产品及服务出口。其次，推动数字文化贸易领域资源开放共享，实现文化与贸易、数字、金融等领域深度融合，为加速推进数字文化贸易高质量发展提供有力支撑。最后，组织数字文化贸易企业广泛开展业务交流、招商推介、人员招聘等活动，从行业组织、专家智库、产业平台等不同角度，全方位搭建数字文化贸易企业发展平台，帮助企业扩大文化品牌影响力，引导数字文化出口企业向规模化、标准化、规范化的方向发展。

（四）完善知识产权保护体系，有效保护数字创新成果

知识产权保护对于鼓励创新至关重要，数字文化贸易中的知识产权问题涉及数字音乐、电子书籍、软件等数字化内容的复制、传播和销售过程中的法律保护问题。当前，基于数字知识产权的隐蔽性特质，盗版侵权案件频发，知识产权保护体系出台迫在眉睫。

从政府角度看，应细化数字文化贸易知识产权法律法规，出台知识产权保护政策，提供知识产权争端一站式解决方案，着力打击盗版、侵权等违法行为。

从数字文化贸易企业角度，应增强专利申请意识，尽早申请登记著作权、专利权和商标权；创新知识产权争端预警备案机制，提前咨询政府、事务所、仲裁机构知识产权侵权案件处理方案，加强与有经验企业的沟通交流，借鉴其诉讼经验，避免被侵权后短期内不便协调事件的发生；对于数字产品，改进技术加密手段，对被侵权可能性高的产品进行技术处理，部分产品可设置水印，防止其被套用、复制，对于线下产品，可设置防盗商标、真伪检验二维码等。

参考文献

陈伟雄、郝涵宇：《数字经济、文化距离与中国文化产品出口——基于39个贸易伙

伴国的实证研究》，《经济研究参考》2024 年第 2 期。

廖喜凤：《跨境数字贸易助推湖湘非遗文化国际传播的实践路径与体系构建》，《商展经济》2024 年第 4 期。

王朝晖、叶萌：《美韩数字文化贸易发展对中国的启示》，《北方经贸》2023 年第 7 期。

李康化、王禹鑫：《数字文化贸易的发展格局与提升路径》，《艺术百家》2023 年第 1 期。

方英：《文化强国战略下我国数字文化贸易高质量发展研究》，《人民论坛》2022 年第 20 期。

董思雁：《数字技术与我国文化贸易创新发展分析》，《时代经贸》2022 年第 12 期。

K. Daniel，D. B. Mitja，"The Impact of Cultural Proximity and Digital Dissimilarity on Cultural Trade，" *The International Trade Journal* 34（2020）.

O. Pirogova，M. Makarevich，O. Ilina et al.，"Optimizing Trading Company Capital Structure on the Basis of Using Bankruptcy Logistic Models under Conditions of Economy Digitalization，" *IOP Conference Series：Materials Science and Engineering* 497（2019）.

B.13
数字化时代下的音乐产业转型与创新[*]

孙俊新　秦玉秋[**]

摘　要：　全球市场数字化程度不断加深的时代背景下，数字音乐产业将是未来音乐市场竞争的主要赛道。当前，数字时代为音乐产业的创作和创新、收益分配模式和版权交易模式，以及音乐产业价值链的重构，都带来了极大影响。面对市场的急剧变化，中国数字音乐市场在从传统向现代音乐市场转型的过程中存在版权管理混乱、侵权行为频发、创作者收益不足使得市场活力降低等一系列问题。针对中国数字音乐时代面临的挑战，本报告给出相关策略，包括更新版权治理模式、改良平台音乐付费模式、增加侵权代价、多元化音乐人收入来源等，来规范数字音乐市场，激发音乐市场活力。

关键词：　数字音乐　音乐产业　版权

人类社会诞生之初，由于人类对声音的感知和对表达的需求，音乐就已诞生，而后千百年来其伴随着人类的发展衍生出产业并伴随着社会变化不断演进。而今，传统音乐产业面临着数字化转型。根据中国互联网络信息中心 2023 年发布的第 52 次《中国互联网络发展状况统计报告》，截至 2023 年 6 月，我国拥有超过 10 亿的网民，互联网普及率超过 75%，移动网络终端连接数超过 35 亿户，数字时代已经来临。在这个背景下，我们

---

* 本报告获得北京市社会科学基金青年学术带头人项目（项目编号：21DTR013）资助。
** 孙俊新，博士，北京第二外国语学院经济学院教授，首都国际服务贸易与文化贸易研究基地研究员，系主任，研究方向为国际文化贸易与投资、国际服务贸易与投资；秦玉秋，北京第二外国语学院国际文化贸易专业 2022 级研究生，研究方向为国际文化贸易。

需要探讨音乐产业未来的发展方向。本报告旨在通过对音乐产业的发展历程进行梳理，揭示数字化时代到来对音乐产业的影响，并深入探讨音乐产业在市场格局变化和科技革命不断影响产业贸易的双重背景下所面临的问题和挑战。最后，本报告将给出音乐产业数字化转型的方法和音乐产业创新发展的策略建议。

一　数字音乐产业的演变

（一）传统音乐产业到现代音乐产业的变迁

音乐市场最初的模式是音乐制作者制作音乐，音乐家现场演奏，观众付一定费用观看，或是街边"卖艺"演出，观众路过打赏。音乐市场真正实现产业化发展，是乐谱被通过机器印刷成活页乐谱售卖，买家购买后通过雇佣音乐家或者自行弹奏来演奏乐谱。随着录音技术和广播的发展，传统模式发生了颠覆性的变革。数字录音技术于20世纪60年代首次得到商用，日本广播公司联合 Nippon Columbia 及其旗下品牌 Denon 在日本开设了全球首家商业数字录音公司。随后的10多年间，英国和美国的公司也纷纷进行数字音频商业化的尝试，随着技术的不断革新，立体声数字音频录制技术在20世纪80年代初期被研发出来。1982年，第一张CD问世。录音技术使乡镇小众乐团、歌手和合唱团能够将自己的音乐作品传播到全国甚至全世界。尽管传统的歌剧院和音乐厅仍然存在，但录音的出现使得更多人有机会欣赏到顶级乐团、大乐队、流行歌手的歌剧和表演，打破了只有高收入人群才有机会享受优质音乐的限制。唱片业也逐渐取代了传统的乐谱出版，成为音乐产业中最重要的组成部分。数字技术开始发展后，音乐的可获得性不断增强，人们对录音音质的要求也逐渐提高，音乐市场竞争赛道也从简单的音乐复制转变为追求更高音质带来的体验。在这个背景下，数字音乐诞生。

数字音乐在20世纪90年代末和21世纪初开始崭露头角。1993年，第一个免费可下载歌曲的在线音乐网站 Internet Underground Music Archive

（IUMA）问世。它允许未签约的音乐家分享音乐、与听众交流，在将音乐家的音乐分发给粉丝的同时避开唱片公司，让很多想要曝光量的音乐家获得了机会。21世纪初，根据用户口味定制独家音乐包的功能开始出现，音乐网站开始具备社交功能，还能根据用户喜好推荐歌曲，这样的网站以潘多拉电台为代表。潘多拉电台推崇"免费增值模式"，用户可以选择免费收听音乐，但在播放过程中会插播广告。用户也可以支付每月10美元的费用，以享受无广告的不间断流媒体音乐服务。这种"freemium模式"的出现是数字音乐早期的一个重要创新，它差别定价的模式为用户提供了更灵活的选择和个性化的音乐体验，同时，付费订阅的模式也增加了企业收入和艺术家的版权费分成。这种模式使Spotify成为全球最受欢迎的音乐流媒体平台之一，并为音乐产业带来了新的商业模式和机会。这也是数字音乐付费的最早尝试。

（二）全球音乐产业发展现状

根据国际唱片业协会（IFPI）2023年的统计，在付费订阅流媒体的推动下，全球录制音乐行业在2022年的总收入达到262亿美元，同比增长9%，这已经是其连续第8年保持增长态势。流媒体收入中付费订阅收入增长10.3%，达到127亿美元。截至2022年底，付费订阅用户数量达到5.89亿。2022年，流媒体收入（包括付费订阅和广告支持收入）增长11.5%，达到175亿美元（见图1），占全球录制音乐行业收入的67.07%，其中付费订阅收入占录制音乐行业收入的48.35%，广告支持收入占18.72%（见图2）。

除了流媒体领域的增长外，2022年实体音乐收入也保持了一定的弹性增长（增长4.0%）。实体音乐收入包括CD、黑胶唱片和其他实体格式音乐带来的收入，2022年已经连续两年实现增长，尽管增速相比上一年的16.1%有所回落，但4.0%的增长仍相当可观，收入达到46亿美元，占整个市场的17.52%。实物唱片的销售在亚洲表现最好，亚洲地区实体音乐收入几乎占据全球的一半（占比为49.8%）。演出权收入（广播公司和公共场所使用录制音乐带来的收入）增长了8.6%，达到25亿美元，超过了疫情前

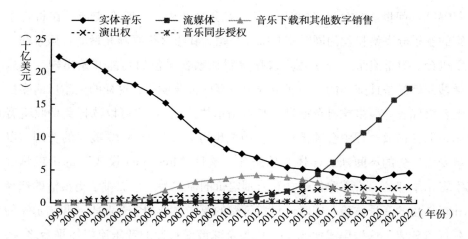

图 1　1999~2022 年全球录制音乐行业收入

资料来源：IFPI，"Global Music Report 2023"，https：//www.ifpi.org/wp-content/uploads/2020/03/Global_ Music_ Report_ 2023_ State_ of_ the_ Industry.pdf.

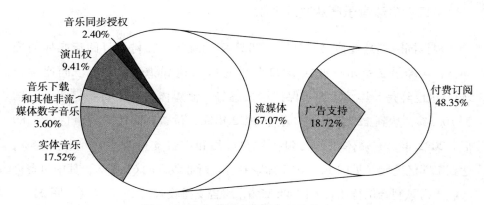

图 2　2022 年音乐产业各部门收益占比

资料来源：IFPI，"Global Music Report 2023"，https：//www.ifpi.org/wp-content/uploads/2020/03/Global_ Music_ Report_ 2023_ State_ of_ the_ Industry.pdf.

的水平，占全球市场的 9.41%。音乐同步授权收入（广告、电影、游戏和电视中使用录制音乐带来的收入）占据了市场总收入的 2.4%，保持强劲增长势头，增长幅度超过 20%，达到 6.404 亿美元。然而，在整个音乐市场中，音乐下载和其他非流媒体数字音乐收入仅有 3.6% 的份额。2022 年，这个收入类别再次成为唯一一个出现下滑的音乐收入类别，因为流媒体持续成为主导的数字音乐格式。其中，永久下载收入同比下降 19.6%，降至 6.444 亿美元，而包括移动个性化（mobile personalization）在内的其他非流媒体数字音乐格式（如 MP3 等）音乐收入增长了 12.2%。

2022 年，全球各地区的录制音乐收入均实现增长。亚洲地区的增长率达到了 15.4%，已经连续三年实现了两位数的增长，其中实体音乐收入占据了全球的近一半（49.8%）。日本作为亚洲最大市场，增长了 5.4%，而亚洲第二大市场中国则实现了惊人的 28.4% 的增长，首次进入全球前五。截至 2022 年 6 月，中国网络音乐用户超 7.2 亿，占网民数量的 69.2%。另外，截至 2022 年 6 月，对于与网络音乐传播息息相关的网络视频和短视频，中国网民使用率分别高达 94.6% 和 91.5%，这一数据在近年保持稳定增长。以短视频、直播、移动 K 歌为媒介的音乐盈利模式已成为在线音乐产业未来最具潜力的收入增长模式。[①]

二　数字时代对音乐产业的影响

（一）数字技术推动音乐创作和创新

数字技术对音乐创作和创新的推动是数字时代下音乐市场变革的重要趋势。随着数字技术的迅速发展和普及，音乐创作者和音乐产业受益于多样的数字工具和多功能数字平台。数字技术为音乐创作者提供了广阔的创作空间和丰富的工具。数字音频工作站、虚拟乐器和音频处理软件使得音乐创作者能够在计算机上进行音乐制作、编曲和混音。这些工具不仅提供了进行高质量的音频处理的能力，还使音乐创作者能够更加灵活地创作和开展实验，开拓出新的音乐风格和声音效果。国外已有多家创业公司发现了人工智能音乐

---

① IFPI，"Global Music Report 2023"，https：//www.ifpi.org/wp-content/uploads/2020/03/Global_ Music_ Report_ 2023_ State_ of_ the_ Industry. pdf.

创作的商机。例如 Splash，在产业链一端通过人工智能向音乐创作人和现有作品学习创作技能，在另一端用学习到的技能辅助音乐创作；Weav 也推出根据人的心情、情绪创作音乐的技术。

另外，数字技术在音乐创作中的数据分析和人工智能方面的应用也促进了创新。数据分析可以帮助音乐人了解听众的偏好和趋势，从而更好地调整创作方向。人工智能算法可以生成音乐，辅助创作者进行创作探索，甚至合成出以前没有出现过的声音。随着人工智能的普及，创作门槛的降低将会吸引更多人加入数字音乐的创作，进一步活跃音乐市场。

（二）数字音乐诞生新型收益分配模式

自 Spotify 开创订阅付费模式以来，数字音乐产业发展到今天出现了四大类盈利模式：听众付费下载收听模式、广告获取利润模式、会员增值服务模式和社交网络音乐传播模式。

听众付费下载收听模式是指用户通过在线音乐平台（如 iTunes、QQ 音乐等）支付费用来解锁特定音乐的收听或下载功能。版权方获得大部分版权收益，而平台方作为音乐服务提供平台则收取一定的中介费。然而，这种模式中存在一些用户通过售卖数字音乐非法获利或将数字音乐免费分享给他人供其复制的行为，扰乱市场秩序。

广告获取利润模式是在线音乐平台将线上广告位出租给广告商，平台根据用户画像精准投放广告，并根据广告需求设计广告投放形式，最终获取的广告利润需要与音乐版权方共享。然而，广告获取利润模式存在资金来源不稳定、过多的广告投放影响用户体验以及用户信息在未经合法授权的情况下被泄露的问题。

会员增值服务模式主要通过平台会员特权来吸引用户支付会员费。平台提供会员专享的免费音乐、音质提升、下载优惠、无广告服务等。会员增值服务所获得的利润由平台独享。然而，这种模式中也存在平台强制收集用户个人信息的情况，可能导致数据滥用问题。

社交网络音乐传播模式是基于社交平台的音乐盈利模式。网络和科技的发展使用户可以以较低成本在社交平台上上传和分享作品，而以平台为中心的"平台付费购买、用户免费使用"的版权交易模式也成为如今流行的版权消费模式。创作者可以通过积累粉丝来实现流量变现，而平台依赖创作者吸引其他用户和广告商的投资。平台还可以与数字唱片公司合作，后者可以在平台上发布最新发行的数字歌曲，平台则将这些信息精准推送给用户，实现平台和版权拥有方的双赢。

（三）数字音乐版权管理方式变化

中国数字音乐市场在初期发展阶段存在大量盗版侵权行为，根据 IFPI 在 2012 年发布的《2012 数字音乐报告》，2011 年及之前中国数字音乐的盗版率长期保持在 99%。[①] 为了整治国内市场，国家版权局于 2015 年发布了《关于责令网络音乐服务商停止未经授权传播音乐作品的通知》，要求所有数字音乐平台下架未经授权传播的音乐。随后，各大平台纷纷与版权所有人签署音乐独家版权协议，以确保拥有大量的歌曲资源，从而留住用户。这一时期对版权的保护措施使唱片公司和音乐人获得了充足的资金用于创新，也逐渐培养了用户付费听歌的习惯，签订独家版权协议成为整顿音乐行业和中国音乐创新的重要推动力。

然而，独家授权模式也加强了数字平台垄断市场的趋势。以腾讯为例，收购中国音乐集团后，腾讯拥有了庞大的市场份额，形成了垄断地位。借助其市场影响力和知名度，腾讯先后收购了大量独家版权，将热门和经典音乐的传播渠道限制在其旗下音乐平台上。这一做法在提升音乐传播门槛的同时，使竞争对手，特别是新兴的中小型公司失去了公平竞争的机会。随着单个音乐平台市场份额的不断扩大，知名度较低的中小音乐人的议价能力逐渐降低，他们为了获得曝光度和关注度，常常被迫与平台签订不利于音乐人自身的合同条款。在完全竞争的市场环境下，独家版权可以规范市场、刺激竞争，但在当前垄断格局下，独家版权往往成为巨头巩固其垄断地位的手段。

[①] IFPI, "Digital Music Report 2012", https://www.yumpu.com/en/document/read/11319363/digital-music-report-2012-ifpi.

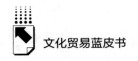

（四）数字经济模式下的音乐产业价值链重构

数字经济时代到来前，唱片录制一直是音乐产业市场结构的主导者，通常是由唱片公司与作曲人、作词人签约进行歌曲创作，然后由艺人和录音师进行歌曲录制。接着，唱片公司将录制好的唱片委托给音乐拷贝批量生产商，在 CD、磁带等介质上制作音乐，并通过发行商和零售商将大量复制的唱片与消费者对接。此外，现场演出也成为一种增加收益的方式，不仅是传统音乐产业的延续，同时还为歌手、经纪公司和唱片公司提供额外的增收渠道。

然而，随着数字音乐的兴起，线上传播几乎没有成本，用户可以免费获得并收听大量丰富的音乐。这给唱片公司造成了巨大的损失。在 21 世纪初，CD、黑胶唱片和盒式磁带的全球收入从 2000 年的 223 亿美元下降到 2010 年的 96 亿美元。①

为了应对数字音乐录音非法共享的兴起，唱片业采取了积极的法律维权行动。2001 年，唱片公司成功关闭了流行音乐网站 Napster，并威胁要对参与共享音乐录音文件的数千人采取法律行动。然而，这并没有减缓音乐唱片收入下降的趋势。随着 2003 年苹果 iTunes Store 的推出，合法的数字下载服务得到普遍使用。到 2011 年，包括美国、韩国、中国在内的部分市场数字音乐收益超过音乐产业整体收益的 50%。②

2010 年后，基于互联网的服务平台如 Deezer、Pandora、Spotify 和苹果的 iTunes Radio 开始提供基于订阅的付费流媒体服务。通过这些流媒体服务，用户可以支付订阅费以获得从音乐库收听歌曲和其他媒体内容的权利。相较于合法的数字下载服务，使用流媒体服务的用户并不下载歌曲文件或拥有歌曲文件，他们只能在继续支付订阅费用的情况下收听公司存储库中的音频。数字时代的音乐产业链条变得更加紧密，主体之间的联系通过数字音乐

---

① IFPI, "Global Music Report 2023", https://www.ifpi.org/wp-content/uploads/2020/03/Global_Music_Report_2023_State_of_the_Industry.pdf.

② IFPI, "Digital Music Report 2012", https://www.yumpu.com/en/document/read/11319363/digital-music-report-2012-ifpi.

平台和社交网络得到加强。唱片公司的核心地位被削弱，发行商和发行公司的作用逐渐减弱，因为歌曲发行不再需要制作实体音乐唱片，而是由音乐人直接与数字音乐零售商达成协议，并直接与消费者建立联系。在这个全新的价值链条下，各个主体可以突破传统服务提供模式的局限，同时参与价值链条的不同环节，从而丰富获利途径。例如，创作者可以不通过发行商和唱片公司，在数字音乐平台上直接推出他们的音乐作品。这无疑增强了音乐市场的活力，但监管力度不足和处罚力度不够也导致侵权行为时有发生。

三　中国在数字音乐时代面临的挑战

（一）版权管理存在困难，市场垄断仍然存在

在形成如今的独家版权模式之前，中国音乐市场上中国音乐著作权协会（音著协）和中国音像著作权集体管理协会（音集协）作为维护版权所有者利益和音乐市场秩序的组织承担着集中管理版权的责任。然而，由于中国的版权管理体制受《著作权集体管理条例》的规定，除了依法设立的组织外，其他组织和个人不被允许从事著作权版权管理工作。这种政策限制使得集体管理组织缺乏市场竞争、运营机制长期不明确、音乐高昂且效率低下等问题逐渐浮现，导致版权管理组织逐渐边缘化。2021 年，在腾讯音乐被处罚时，其拥有超过 4000 万首曲目的版权[1]，在中国在线音乐市场中的份额达 72.8%，网易云市场份额达 20.5%，二者合计在九成以上，而版权管理组织仅拥有不到 10% 的音乐版权[2]，其版权拥有量的不足使其无法充分发挥应有的作用。

尽管市场监管总局已对数字音乐寡头腾讯音乐施加处罚，但阿里旗下的虾米音乐仍由于缺少版权于 2021 年关停，数字音乐市场自那以后仅有腾讯

---

[1]　《腾讯音乐，不要也罢》，澎湃新闻，2022 年 3 月 25 日，https：//m. thepaper. cn/baijiahao_ 17282108。

[2]　《版权大战十年：价格涨了近千倍，音乐变得更好了吗？》，腾讯新闻，2021 年 8 月 24 日，https：//new. qq. com/rain/a/20210824A0DKLN00。

音乐和网易云音乐两家巨头。尽管腾讯音乐已被要求解除独家版权，但是其积累的影响力也吸引着版权拥有方向其聚集。国家处罚腾讯音乐和要求解除其独家版权并未改变其寡头垄断的局面。另外独家版权的取消也使得平台不再是音乐作品在信息网络中的合法权利人，平台丧失作为权利人维权的资质后对盗版音乐处置力度也会降低，这又使维权的压力回到版权方。相比经验丰富的音乐平台，部分版权方因经验、精力不足等直接放弃维权，发起维权的个人也只有半数最终可以维权成功。因为影响力不足等原因，大部分音乐人未加入音著协，这也使得中国音乐市场的版权管理持续存在问题。

（二）侵权行为更加隐蔽，权利人权益保障力度弱

随着时代发展，数字音乐市场已不仅局限于传统流媒体的形式，侵犯版权的行为也出现了更隐蔽的形式。社交网络音乐传播模式下，由于用户量庞大，对内容审核要求极高，投入大量资源也无法完全避免侵权行为的发生。盗用原创作品等侵权行为扰乱了平台秩序，打击了创作者的创作积极性，给版权所有者造成了损失，最终会导致平台吸引力严重下降并失去用户。

一旦平台中的音乐素材出现"版权瑕疵"，就会导致在用户引用和转载的过程中出现多次无意侵权，侵权行为的数量和危害在其中都有可能会被急速放大。2021年中国音乐著作权协会委托监测发现，快手平台涉嫌侵权的背景音乐素材多达1.55亿个。[①] 如今数字应用和社交模式不断创新，侵权行为难认定，侵权主体数量多，侵权发生形式多样、追责难度大、效率低等一系列问题，都成为制约中国音乐产业发展的重大因素。

（三）用户付费率低，创作者收益不足

在独家版权模式推广之前，由于市场上存在大量免费盗版音乐，用户未养成为电子音乐付费的习惯。传统模式里，数字平台主要通过广告来获利，

---

① 《上市前夕，音集协发文"声讨"快手：侵权数量高达1.55亿》，澎湃新闻，2021年2月4日，https：//m.thepaper.cn/baijiahao_ 11123742。

但随着监管力度的加大，平台普遍需要向版权方支付版权费用。传统的广告业务已经无法维持平台的基本现金流，因此平台只能通过限制用户对歌曲的收听范围来刺激用户开通会员或购买音乐包。2018 年，我国数字音乐付费用户在所有数字平台用户中的占比上升到 5.3%。① 然而，与国际音乐平台超过 40% 的付费率相比，我国用户的付费率明显偏低。②

在平台巨头的影响下，知名度不高的音乐人缺乏话语权，创作者的收益得不到保障。面对用户对音乐付费比例不高的情况，版权方大多只能通过高价出售版权来减轻成本压力。一些版权方能够获得高额的版权费用，但这只是少数情况。大型平台对授权音乐"一次购买、多次使用"的情况使得创作者多次售卖版权变得困难，平台一次性购买版权后，即使后续音乐获得大量传播，创作者也很难从中再获利。《2020 中国音乐人报告》显示，2020年只有不到 20% 的音乐人在数字音乐平台上获得超过 1000 元的收入，而超过一半的音乐人无法从他们自己的数字音乐作品中获得收入。③ 一些音乐人还面临着平台非法使用他们的作品而未支付版权费用的问题，同时也无法验证平台播放数据的真实性，多数创作者在与平台的博弈中处于劣势地位，这在一定程度上降低了创作者的创作积极性，最终会导致劣币驱逐良币，使得音乐市场上的作品质量逐年降低。

四 中国数字音乐市场未来发展策略

（一）版权治理需跟上时代

反垄断已成为当前发展的大趋势。平台主导的音乐版权独家授权时代已

---

① 《不断推陈出新，建立完整的互联网音乐娱乐生态 为优质的音乐作品付费》，国家互联网信息办公室官网，2019 年 5 月 1 日，https：//www. cac. gov. cn/2019-05/01/c_ 1124441643. htm。
② 《付费率创新高、探索元宇宙，腾讯音乐"一体两翼"半年考合格了吗》，"娱乐独角兽"百家号，2022 年 3 月 24 日，https：//baijiahao. baidu. com/s? id = 1728187225755557384&wfr = spider&for = pc。
③ 《中国传媒大学报告称 52% 的中国音乐人没有音乐收入》，"中国新闻网"百家号，2020 年 12 月 21 日，https：//baijiahao. baidu. com/s? id = 1686687658038821634&wfr=spider&for=pc。

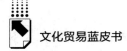

经过去，它在打击侵权盗版、培养用户付费习惯和维护市场秩序上发挥了重要作用，然而，随着平台经济的扩张，独家版权逐渐成为维护寡头企业垄断地位的工具，阻碍了经济社会的整体发展。因此，在版权治理方面需要进行下一步的部署。

随着技术的迅速发展，各行业间的壁垒逐渐降低，产业融合给侵权行为带来了新的挑战。解决版权治理问题需要运用更先进的版权保护技术，以应对这些新挑战。大型网络平台已经具备识别版权侵犯的技术能力，但在早期的"避风港"规则下，如果侵权受害人未向平台发起申诉，平台没有义务主动处理侵权行为。这是平台经济发展初期给予平台的宽松政策。然而，随着侵权行为的增加，国际上对政策的要求不断调整。自 2019 年起，欧盟要求大型网络平台积极承担版权过滤的责任，而不是等待侵权受害人的请求。此外，随着区块链、人工智能和大数据等技术的成熟，版权保护技术也迈上了新台阶。例如，利用 DMR（数字版权管理）技术，可以通过内容加密和要求付费使用，实现对平台版权的线上和线下同步管理。这些新技术为版权治理提供了新的可能性。

管理组织也应顺应时代，在新形势下发挥作用。音著协和音集协，分别作为我国合法管理音乐和音像作品著作权的管理组织，在过去治理卡拉OK、CD 等市场方面发挥了重要作用。随着数字化时代的到来，面对充斥着众多权利人和使用者的数字平台，协会仍应继续增强其代表作用，提升其影响力。在面对平台侵权行为时，协会应成为强大的后盾，维护广大著作权人的合法权益，确保音乐市场的健康有序发展。

（二）改良平台音乐付费模式

大数据时代下，加快建立透明收益分成机制是对创作者最大的保护。透明的收益分成机制旨在构建一个公正、透明的音乐付费模式，以使创作者能够充分受益于他们的创作。通过明确规定分成比例，实时共享数据报告以及建立透明的结算流程，创作者能够清楚地了解其作品在平台上的表现和所获得的收益。这种机制不仅有助于提高创作者对平台的信任度，还可以降低平台滥用权益的风险，从而创造一个更加有益于创作者发展的环境。透明的收益分成机制也会为平台带来积极影响。平台能够与创作者建立互信关系，吸引更多高质量的内容投入。用户受益于这一机制，能够更好地了解付费内容的质量，做出更明智的选择。

继续强化差异化定价策略。差异化定价策略包括多层次会员计划、定制套餐、分区内容订阅、时间限制特权以及包月或包年付费模式。在多层次会员计划中，平台将会员划分为不同层次，如基础、高级、豪华，每个层次享有不同独家内容和特权，高级会员计划提供更多优质内容、提前访问权和无广告体验，吸引用户升级成为高级会员。定制套餐根据用户兴趣和需求，提供个性化的付费选择，提高用户付费意愿。分区内容订阅将不同内容划分进特定订阅区域，用户可根据兴趣进行精准内容订阅。时间限制特权为用户提供短期高级特权体验，鼓励用户尝试高级会员服务，由此用户可能在试用期后付费继续使用。包月、包年付费模式则允许用户根据经济情况和使用习惯选择适合的付费周期。这些策略共同营造了个性化、灵活的付费环境，提高了用户满意度和付费参与度，为创作者和平台双方创造了更多收益机会。而实施此策略也需要平台深入了解用户和市场，确保各方面利益都得到有效平衡，以实现可持续发展。

（三）提升音乐侵权代价

当考虑在音乐产业中加强对侵权行为的制约时，提高罚款额度是一项强有力的策略。对于侵权者来说，罚款额度的大小常常决定了侵权行为是否值得冒险，进而影响侵权行为的发生率。这不仅仅针对平台，同时也针对侵权的个人。当罚款额度相对较低时，侵权者可能会将罚款视为相对较小的成本，从而在权益保护与经济收益之间选择经济收益。然而，一旦罚款额度得到提高，平台就会加强对音乐版权的审核，而可能面临更大的经济压力的侵权者，也会重新评估其从事侵权行为的风险与收益。

另外，提高罚款额度还有助于树立法律严肃性，并向社会传递出对侵权行为的零容忍态度。高额罚款不仅可以作为警示，引起潜在侵权者的注意，

同时也可以在社会上强化对合法版权保护的认知，从而提高侵权行为的社会成本。这种法律严肃性的增强，也可能在一定程度上降低侵权行为的社会认可度，进一步减少侵权行为的发生。

（四）多元化音乐版权人收入来源

多元化收入来源战略在音乐领域具有重要意义，它不仅是创作者实现可持续发展的途径，也能为平台和音乐产业创造更多增长机会。这一策略的核心在于，创作者不再仅仅依赖于传统的音乐销售模式，而是通过多样化的方式获取收益。

品牌合作和赞助为创作者提供了新的商业合作机会。与品牌合作，创作者可以将自己的音乐与品牌价值相融合，获得品牌赞助金和推广机会。演出和巡回演出也是收入的重要来源，创作者可以通过实体演出获取门票销售收入，同时还能够在音乐节等大型活动中展示自己的才华。在线直播和虚拟演唱会的兴起为创作者带来了全新的受众互动方式。通过在在线平台上举办虚拟演唱会，创作者能够不受地域限制地与粉丝互动，获得观众的捐赠和打赏，从而得到线上演出的收益。创作者还可以将自己的音乐授权给影视、广告等媒体使用，获得版权授权费。音乐教育和工作坊是另一个可探索的领域，创作者可以通过举办音乐教育课程、工作坊等方式，分享自己的音乐知识，获取教学费用。平台在多元化收入来源的过程中扮演着关键角色。平台可以为创作者提供品牌合作、线上演出等机会，为其创造更多的商业机会。通过将不同的创收渠道有机结合，创作者能够使收入增长更加稳健，降低风险。

多元化收入来源不仅是创作者增加创收的方式，还丰富了音乐消费者的体验，有利于推动整个音乐产业的创新与发展。这一策略的成功实施需要创作者、平台和音乐产业各方的紧密合作，以共同推动整个音乐生态的繁荣。

参考文献

陈煜帆：《后独家时代数字音乐版权市场的治理困境与应对策略——从平台经济领域的反垄断切入》，《出版发行研究》2022 年第 7 期。

韩飞雪：《产业融合视角下的"音乐+"：破解音乐产业发展中"鲍莫尔成本病"》，《艺术百家》2023 年第 1 期。

江凌、傅晓敏：《试论我国数字音乐产业的高质量发展——基于产业价值链结构的视角》，《南京艺术学院学报》（音乐与表演）2020 年第 2 期。

汪源：《基于营销传播视角下的短视频广告音乐效用研究》，《理财》2022 年第 12 期。

王经绫：《数字音乐产业的发展趋势及商业模式创新》，《深圳大学学报》（人文社会科学版）2023 年第 3 期。

王田、孙晔：《短视频版权共享模式下在线音乐的侵权治理研究——基于交易成本理论》，《北京联合大学学报》（人文社会科学版）2023 年第 1 期。

谢杨琳：《移动音乐社交平台的互动仪式链研究——以网易云音乐为例》，《新媒体研究》2022 年第 10 期。

信集：《"音乐+直播"构建数字音乐社交新生态》，《信息化建设》2021 年第 6 期。

张磊、许珩哲：《论技术发展与流行音乐产业的变迁》，《广东石油化工学院学报》2023 年第 2 期。

赵志安、王洪欢：《我国音乐经济的内涵特征、历史演进与发展路径》，《南昌大学学报》（人文社会科学版）2022 年第 4 期。

《音集协：要求快手 App 删除一万部涉嫌侵权视频》，"中国青年报"百家号，2021 年 2 月 1 日，https：//baijiahao. baidu. com/s？ id＝1690473816041228252&wfr＝spider&for＝pc。

IFPI，"Global Music Report 2023"，https：//www. ifpi. org/wp－content/uploads/2020/03/Global_Music_Report_2023_State_of_the_Industry. pdf.

Lauren Gil，"History of Music Streaming"，Sutori，https：//www. sutori. com/en/story/history-of-music-streaming--zqSr2qQSuWhuDsXbmAUxfi6Y.

B.14
文化数据跨境交易的模式、问题和发展研究

王海文　程　钲*

摘　要:　跨境文化数据交易将成为我国文化经济新的增长点。本报告首先厘清文化数据跨境交易的相关概念,结合案例探讨交易模式,归纳总结出当前文化数据跨境交易主要有"点对点""文化企业核心""平台交易"三种主要模式,指出存在的问题,如文化数据交易尚不完善、贸易壁垒增加、市场潜力未被激发等。最后提出加强顶层设计,减少交易各环节数字贸易壁垒以及推进文化数据跨境交易合作和谈判,争取国际话语权等对策建议。

关键词:　文化数据　跨境交易　交易模式

近年来,随着数字技术在全球的规模化应用以及数字经济的高速发展,各类数据呈现规模爆发式增长、海量式集聚的特征。数据作为数字时代新的生产要素,与资本、劳动、技术等传统要素相协同,在未来经济与贸易发展中正发挥着日益重要的作用。数据要素价值的充分释放重点在于交易流通,特别是数据的跨境流动对经济增长的促进和影响更加明显。

与此同时,文化数字化也在深入发展。我国"十四五"规划明确提出要"分类采集梳理文化遗产数据、建设国家文化大数据体系"。中共中央、国务院印发的《关于推进实施国家文化数字化战略的意见》《数字中国建设

---

* 王海文,北京第二外国语学院经济学院院长,教授,首都国际服务贸易与文化贸易研究基地研究员,研究方向为文化贸易、服务贸易;程钲,北京第二外国语学院国际文化贸易学硕士研究生,研究方向为文化贸易。

整体布局规划》《关于构建数据基础制度更好发挥数据要素作用的意见》等文件也对数据资源开发利用、文化产业数字化等做出具体的规划和要求，明确指出要针对数据确权、流通交易、数据安全等关键问题做好制度化，并通过数据交易等市场化资源配置方式让数据要素价值得到充分释放。自 2014 年以来，全国各地都在积极发展数据要素市场，各类数据交易平台和规划政策持续出台。全国文化出口基地、自贸试验区及服务出口基地在实践中也在积极推动数据跨境流动和交易的创新实践。

国外数据交易尤其是文化数据交易市场的建设和发展也如火如荼。境外数据要素流通及交易市场建设发展起步较早。在 2008 年经济危机前后，部分欧美数据交易平台萌芽，至今已经建成多个综合性数据交易中心、国际化数据交易平台和大量企业自建数据交易平台，还出现了数据市场、数据银行、数据公约等数据要素市场新形态，商业数据、大健康数据等的交易模式已经趋向成熟，并且自欧盟 2020 年发布《欧盟数据战略》等文件，推进数据要素相关法律制度建设以来，全球数据要素相关立法立规的进程被大大加快。

一　文化数据跨境交易模式

文化数据作为一个新兴概念，并没有一个统一公认的定义，较为常见的是文化大数据的研究中对文化大数据的定义，如《文化产业创新与视觉生产力——视觉工业前沿探索与案例解读》一书提出文化大数据是对各主体在文化产品或文化服务产业链各环节的文化实践过程中所产生的以原生数据及次生数据形式保存下来的图片、影音、文本等文件资料的总称。[①] 在此基础上，本报告参考 2022 年挂牌的全国文化大数据交易中心的交易标的及相关研究，将文化数据定义分为狭义的和广义的并对其进行分别定义。

狭义的文化数据是可被数字化或可被编码成字节等数字格式，并能够通

---

① 张之益主编《文化产业创新与视觉生产力——视觉工业前沿探索与案例解读》，光明日报出版社，2016。

过数字化渠道进行传播的可交易物，是对物质的和非物质的文化资源进行数字化采集后，所得到的数字化的文字、图片、声音、视频、动画、三维图像、立体模型等数字文化资源。其通常具有公益性质和不可直接交易性，往往需要经过技术加工才能具备交易价值。广义的文化数据是在狭义定义的基础上进行延伸得到的，是指以数字形式存在的文化数据产品和服务，一般以文字、图片、音视频等其他形式出现，通常包括传统文化产品的数字化版本以及以数字形式存在的文化产品与服务，是经过数字加工后的具备交易价值的数据产品及服务，典型的如数字视觉数据、数字歌曲、游戏版权等。

文化数据作为数据的一种，是国际文化贸易领域的新兴交易标的，与普通的数据相比具有一定的特殊性。特殊性首先在于其承载了巨大的文化价值，既有如数字敦煌、数字故宫等价值不可估量的数字文化遗产数据，也有如数字艺术藏品、数字电影、数字音乐、数字游戏等经过深度加工的文化数据产品及服务，蕴含了包括但不限于历史、艺术、文学、建筑遗产、音乐、传统、风俗习惯等多方面的丰富文化信息。其次，作为国际文化贸易标的物的一种，文化数据跨境交易兼有产品贸易和服务贸易的特点。文化数据从不可交易的基础文化资源到可交易的文化数据产品及服务，需要实现资源化、资产化和商品化转变，其涵盖文化数据生产、分配、流通和消费的全过程，文化数据的价值实现离不开高效开发和有效的市场配置。文化数据的跨境交易不仅能够有效促进国际文化贸易的发展，也能带动中华文化的传播和国际影响力的提升。然而必须看到，各国基于不同的数字经济地位和利益考虑，会建立各类数字贸易壁垒以保护本国的数字文化产业和数字经济利益，文化数据跨境交易不可避免会受到各类数字贸易壁垒的影响。

文化数据交易是市场经济条件下促进文化数据实现市场流通和资源最优配置的基本方式，跨境交易将更好地促进各国文化经济的发展。文化数据尚未形成大规模的市场交易，但数字艺术版权、数字游戏、数字艺术品等细分品类文化数据的跨境交易正在兴起。参考中国 2020 年颁布的《信息安全技术 数据交易服务安全要求》和国家信息中心颁布的《数据资产管理实践白皮书（5.0）》中对数据交易的定义，本报告将文化数据的跨境交易定义为，境内外的文化数据的供需双方之间以文化数据产品、服务及其衍生形态作为交易标的物，主要涉及文化数据供方、需方、核心文化企业、第三方数据交易服务平台等主体，在安全合规的前提下通过合同约定，进行的以"货币购买""以数易物""以数易数"等为主要形式的交易。在交易模式上，具体有文化数据直接交易模式、数据平台交易模式及"文化企业主导"交易模式等。

（一）文化数据直接交易模式

文化数据直接交易模式是指文化数据的供给与需求双方建立直接联系和交易关系（见图1），不需要第三方平台或中介机构，跳过中间环节直接签订数据交易合同进行交易，具有极高的交易灵活性和效率。这种模式比较适合线下数据交易，在当下全球文化数据交易体系尚处于发展早期的情况下，由于难以监管，交易不透明，涉及大量法律风险，故国际文化数据黑市比较普遍地采用此种交易方式。

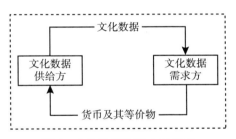

图1　文化数据直接交易模式

（二）数据平台交易模式

当前无论是国内还是国外，独立专门进行文化数据交易的平台都尚处于发展早期，模式并不成熟。但是数据交易平台和细分品类的文化数据交易平台发展如火如荼，其模式在总结归纳统一的文化数据跨境交易模式时具有重要的参考价值。

当前国内外数据要素流通速度快，数据交易平台建设取得显著进展。从涉及领域看，国内外数据交易平台主要分为涉及多领域数据交易的综合性数据交易平台和专注单一领域的细分数据类别交易中心两种类型。在国际上，美国的实时数据交易市场 BDEX、游戏文化数据交易平台 Steam、数字艺术藏品交易平台 OpenSea、开放位置数据库服务商 Factual，日本的大数据交易市场 Data Plaza 等平台表现较为突出。在国内，近年来全国各地设立诸多数据交易机构，如全国文化大数据交易中心、上海数据交易所、浙江大数据交易中心、北京国际大数据交易所等，主要倡导场内数据交易。总体来看，我国数据交易机构大都没有找到成功的商业模式，多数发展不良，但少数头部交易平台正快速发展并积极优化交易模式和提升商业效益。

1. 模式主要特征

通过分析归纳当前国内外主流文化数据交易平台和数据交易机构的运作模式，笔者发现数据平台交易模式是文化数据跨境交易的最重要的交易模式之一，总体而言，有以下特征。

首先在总体功能上，文化数据交易平台主要作为交易媒介，链接文化数据供需双方，并提供文化数据产品、服务、应用以及 API 等交易标的。文化数据交易平台自身基本不创造文化数据，其获取的数据大多源自第三方数据供应商、数据社区和个人创作者。

其次在文化数据交易平台的功能上，笔者将其总结为"两大全流程支撑+三大关键环节"。如图 2 所示，其分别为全流程技术支撑、全流程监管审查、数据入场环节、交易交付环节、交易保障环节。文化数据的交易尤其是跨境交易需要满足安全、可信、可追溯、高效、智能、稳定等诸多要求。这就需要交易平台提供全流程的技术支撑。其主要包括数据加工、区块链、数据增值、加密技术、分布式存储、智能合约、身份验证与权限管理、监管与合规技术以及性能优化技术等，这些技术共同构成了一个安全、高效、可信的文化数据交易环境。交易平台还需提供涉及多个方面的全流程监管审查，包括数据审查、市场准入等环节，涉及合规性、交易透明度与公平性、风险管理与监控等方面，这样才能确保数据交易平台的安全、合法和可信；文化数据入场交易前必须完成确权登记、审核挂牌申请、认定交易资格、挂牌和定价。在这一入场流程中，对交易平台而言，最重要的是在定价、品控和确权等步骤保证文化数据交易标的的合法性、合规性和安全性。在交易交付环节，交易平台需要保证能够顺利进行交易撮合、登记备案，在交易交付中尤其是在涉及跨境时，保证支付交付过程安全可靠便捷，并且能够控制汇率风险和合规要求。在交易保障环节，数据交易平台需要能够提供合约执行、数据安全保护措施、数据加密、访问控制、身份验证、数据备份和个人隐私监管等多个方面的保障，从而确保交易中双方的权益。

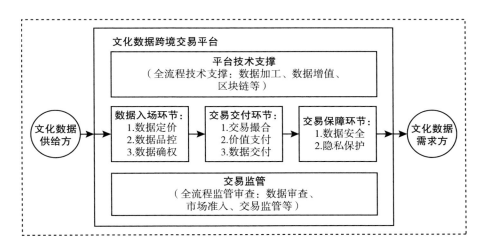

图2　数据平台交易模式

2. 游戏文化数据跨境交易典型平台 Steam

Steam 是全球最大的电子游戏数字发行平台，也是全球最大的综合性数字发行平台之一，根据统计机构 CompareCamp 2020 年的数据，全球 50%～70% 的电脑游戏下载量通过 Steam 产生。

Steam 作为一个以游戏为主的交易平台，专注于交易环节，其本身并不制作游戏，Steam 交易平台的核心是 Steam 商店，消费者可以在该商店购买、下载、讨论、上传与分享游戏和其他可下载内容，购买后平台将游戏或软件的许可证通过国际服务器网络使用专有的文件传输协议永久交付到消费者的 Steam 个人账户，允许他们在任何兼容设备上下载游戏，或在某些特定条件

下，消费者可以将游戏许可证转入其他账户。根据用户的国家或地区可以使用海外银行、第三方支付平台、WebMoney 支付系统、海外电汇等方式利用美元、人民币、欧元、英镑、俄罗斯卢布、巴西雷亚尔及印度卢比等货币进行交易。Steam 为了吸引大型游戏供应商，对通过其平台进行的销售和交易按照交易额收取 20%、25%、30%三个档次的佣金（见图 3）。

Steam 平台建立了一整套创意工坊和创新社区系统，供消费者提供反馈意见、收集产品使用信息以及上传自己的可交易内容，平台还提供数字版权管理（DRM）、反作弊系统、客户服务、社交网络、翻译服务和游戏流媒体服务等技术支持。Steam 的母公司 Valve 公司作为监管方，全流程监管 Steam 的运行和交易。

（三）"文化企业主导"交易模式

1.模式的主要特征

"文化企业主导"交易模式以文化数据企业为核心，企业不仅能够生产大量文化数据产品和服务，也能链接文化数据的供需双方。在产业链上游，企业通过创作者社区、创新平台、版权协议、战略合作关系等方式与供给方建立稳固的合作关系，获得可供交易的文化数据或原始的文化数据。将所有数据汇集到企业中，利用人工智能、区块链等技术，进行数据再加工并提供全方位"一站式"文化数据增值服务，同时利用自建的交易网站或平台，提供交易撮合、交易监管、数据安全隐私保护等服务，不仅满足下游大型文化数据需求商的需求，也能够满足个人消费者的"长尾市场"（见图 3）。

2."文化企业主导"交易模式典型企业——视觉中国

视觉中国是一家全球领先的中国视觉内容企业、数字版权交易平台及服务提供商，拥有超过 4 亿份图片、矢量图、音视频等文化数据资源。利用数字技术和上下游产业链资源的整合，以高质量的视频、图片、音乐等数字化文化数据为核心，自建了基于人工智能、区块链技术、云计算、大数据技术等数字化技术的数字版权交易平台。

视觉中国以文化数据和文化数据服务为核心。其交易模式的关键在于建

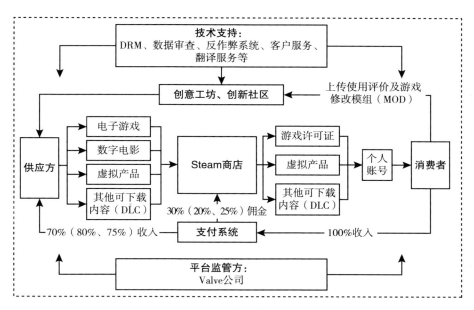

图 3　Steam 的全球交易模式

立了全球化的文化内容生态，包括了其自身创造和来自产业链上下游的优质
文化数据和文化数据服务，并且视觉中国旗下所有视觉文化数据附加有全面
的包括作品介绍、尺寸格式数据、技术数据、关键词标签等结构化元数据。
在图片、视频、设计素材等核心视觉文化数据产品的基础上，视觉中国还针
对部分客户在文化数据生产全流程的个性需求，提供定制商业摄影、设计服
务、视觉内容数字资产管理平台软件、视觉创意社区创作者用户行为数据、
丰富的垂类行业知识图谱、视觉创意应用等各类全方位"一站式"增值文
化数据服务。这是视觉中国建立以其自身为核心的文化数据交易模式的核心
竞争力。

　　视觉中国整合数字视觉内容产业链上下游资源。针对视觉文化数据产业
上游的专业供应商、个人创作者以及自有版权等内容创作者，视觉中国通过
旗下的 500px 全球摄影师社区、全球知名图片库 Corbis、爱视觉设计师社区
以及音视频素材交易平台光厂创意等平台，通过支付版权许可费和服务费激
励内容创作者上传有价值的视觉文化数据，以授权代理协议、战略伙伴关系

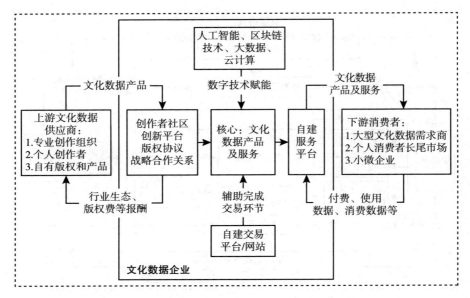

图4 "文化企业主导"交易模式

等方式，截至 2023 年底积累了超过 30 万名海外签约创作者、超过 20 万名国内创作者、超 300 家全球出版版权机构、覆盖全球 195 个国家和地区的超 2200 万名社区注册会员，为文化数据供给者提供全流程的作品上传、交易服务、数据分析、社区共享、市场指导等系列服务。[①] 面向下游的消费者和文化数据使用者，通过授权账号和许可协议的方式，让消费者可以购买或使用文化数据产品和服务，企业拿到版权收入后与上游供给者进行一定比例的分成。

　　根据客户体量和需求特点，视觉中国将下游市场进一步细分为重点客户、中小企业和小微企业与个人的长尾市场，有针对性地提供不同的产品、定价和服务。例如，视觉中国针对不同的业务和客户群体打造差异化服务平台。视觉中国还通过采用 B2B2C 模式与头部互联网大厂合作搭建 API 开放平台，满足小微企业以及个人长尾市场对智能创作、广告营销、搜索引擎、

---

① 《2023 半年度报告》，视觉（中国）文化发展股份有限公司，2023 年 8 月，https：//static.cninfo.com.cn/finalpage/2023-08-18/1217564369.PDF。

设计工具、智能终端等在不同的文化数据应用场景下的需求。

视觉中国拥有领先数字技术的关键加持。比如积极引入 AIGC 赋能文化数据的发展，AIGC 技术可生成符合特定条件或者具备特定特征的数字艺术作品及图像、文本、语音、音乐或其他形式的文化数据，且这些数据是全新的、由模型自动生成的，在视觉中国的开源大模型部署、训练、调优下，可以赋能其视觉文化数据产品和服务主业，帮助视觉中国提供安全合规可商用的 AI 智能服务。在文化数据确权与保护方面，针对文化数据的确权难题，在旗下的数字艺术品交易平台元视觉艺术网和 500px，在确保符合法律法规和相关监管规则的前提下，引入"可信时间戳"和区块链技术，生成唯一数字凭证，将原始的数字化艺术作品转化为数字资产，不仅能够清楚地确权，而且基于区块链技术，还能让每一件文化数据产品都不可复制、篡改和随意拆分。视觉中国在其 AIGC 业务中也创新探索 AIGC 存证溯源管理，针对 AIGC 的内容提供溯源和认证服务 AIGC-PAS，在来源追溯、授权背书、内容安全审核、第三方权利审核把关上提供多重保障，对网站上的 AIGC 辅助生成数据内容予以"显著标示"，确保数据合规、交付安全。视觉中国的文化数据交易模式见图 5。

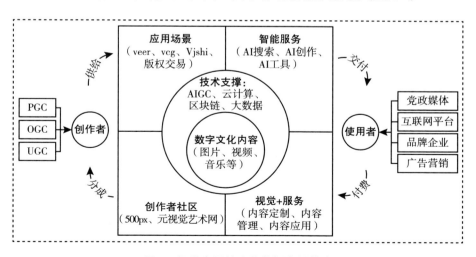

图 5 视觉中国的文化数据交易模式

资料来源：根据视觉中国官网信息绘制。

二 文化数据跨境交易存在的问题

（一）文化数据交易尚不完善

自进入数字化时代尤其是大数据时代以来，视频和图像数据是数据量增长的主要驱动力之一，社交媒体、视频分享平台的流行以及物联网设备的普及也推动了数据量的增长。音乐流媒体作为文化数据产品的一种，已代替传统的音乐下载成为全球数字音乐交易的主流（见图 6）。全球数据量正在呈指数级增长。这种趋势能够在很大程度上反映文化数据的发展趋势，随着技术的不断发展和新的数据来源的涌现，文化数据量的增长速度必然会进一步加快。

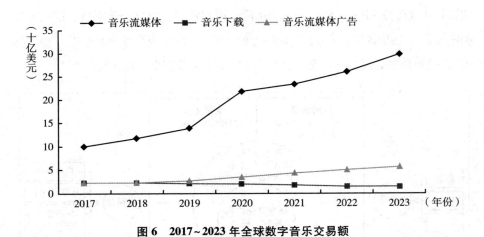

图 6 2017～2023 年全球数字音乐交易额

资料来源：Statista Market Insights.

但与文化数据量指数增长形成鲜明对比的是，全球文化数据的跨境交易仍处于发展初步阶段，虽然部分文化数据如视频数据交易发展较快，Netflix 订阅人数的增长就是个好例子（见图 7），但大多数文化数据以文化数据生成方自己开发利用为主或在限定条件下向特定机构开放权限，大量文化数据处于市场互相割裂、难以打通形成有效市场流动的"数据孤岛"状态，只有少数的小规模跨境交易，还有大量不合法合规的"数据黑市交易"。在这样的情况下，数据要素未能实现帕累托最优配置，文化数据的价值难以被最大限度地开发出来。

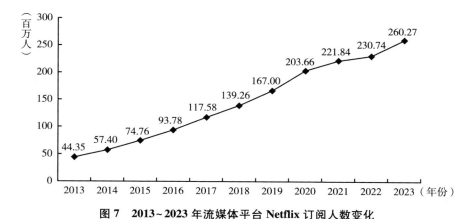

图 7　2013~2023 年流媒体平台 Netflix 订阅人数变化

资料来源：Netflix 官网。

现有的文化数据交易主体主要为特定品类的数据交易平台和企业，如专注于视觉文化数据交易的视觉中国、专注于游戏文化数据交易的 Steam 平台、专注于数字艺术藏品交易的 OpenSea 等细分品类的交易平台和企业。还有部分大型文化机构也在参与文化数据的交易，如敦煌研究院和腾讯合作，形成了数字藏经洞、数字敦煌、王者荣耀联名皮肤等涉及敦煌文化数据资源的商业合作成果。

文化数据跨境交易尚未形成规模，缺乏成熟的跨境交易机制和品类齐全的文化数据交易跨境交易中心，主要通过"文化企业主导"交易模式和数据平台交易模式，在特定的图片、电子游戏、数字音乐、数字版权、数字文化遗产、数字艺术藏品等细分领域进行，缺乏更具普遍意义的文化数据大类交易。

（二）文化数据跨境交易壁垒增高

文化数据的跨境交易在要素流通环节所遭遇的数字贸易壁垒显著增高。

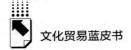

首先，文化数据作为一种特殊的数据，在流通环节中，不仅会遇到各国针对数据跨境流动设置的贸易壁垒，还会遭遇各国的文化贸易保护政策壁垒。世界主要国家都有专门的文化贸易保护政策来保护本国的文化产业，促进本国文化产业链的正常发展，并在国际贸易中保护本国文化经济免受外部竞争的影响。如法国实施了一系列文化贸易保护政策以保护本国文化产业免受外部竞争的影响，包括法语和法国文化的优先保护，并对法国电影、音乐和出版物等文化产品实施配额和补贴政策，以维护本国文化产业的发展。中国、加拿大、印度等国也采用电影、电视、广播和出版等领域文化进口限制、文化内容审查等措施以保护本国文化产品免受外部竞争的冲击。美国的文化出口无论是数量还是影响力都傲视全球，但也通过版权法保护知识产权，并以贸易协定和双边谈判等推动本国文化出口的进一步增长。

其次，文化数据作为数据要素的一种，在跨境流动过程中遭遇的贸易壁垒显著增高。许多国家和地区针对跨境数据流动实施了严格的数据隐私和安全法规，要求保护用户的个人数据和隐私信息。如欧盟发布的《通用数据保护条例》（GDPR）和《数据跨境传输标准合约条款》（SCCs）、美国加州颁布的《加州消费者隐私法》都类似规定了数据主体对数据的各项权利，规定中还包括对数据传输的限制和安全措施要求。许多其他国家和地区的数据隐私法规如加拿大的《个人信息保护和电子文件法》、澳大利亚的《隐私法》等也有类似的限制。

最后，出于国家安全和监管的目的，一些国家会对跨境数据流动施加限制，包括对特定类型数据进行审查和审批，以及对数据传输方的注册和监管提出要求。一些国家和地区也会制定数据本地化要求，即要求在其境内存储和处理特定类型的数据，或者在目标国家建立数据中心或采取其他措施来符合当地的数据本地化法规。在特殊情况下，通过技术手段、网络封锁和贸易和经济制裁来限制跨境数据流动也是存在的，即建立技术壁垒对特定网站和服务进行封锁、对网络流量进行审查和过滤或针对特定国家、实体或个人实施贸易和经济制裁，这些跨境流动限制壁垒会给企业和个人的跨境数据交易带来一定的挑战并可能导致跨境数据交易被限制或被禁止。

（三）文化数据跨境交易市场潜力未被激发

数字时代下，全球无时无刻不在产生海量的数据，也造就了数据要素流通巨大的交易潜力，而数据的价值要通过流通交易来体现。但现实是数据的市场潜力远远没有被充分激发。例如，我国每年全社会数据量增长率大致为40%，但真正能够被利用的数据的增长率只有 5.4%。[①] 出现这种情况的主要原因在于交易环节运行不畅，无论是场内交易还是场外交易，都缺乏健全的市场交易体系和全链条的生态，在交易环节存在大量数字贸易壁垒，数字服务税、数据确权制度、交易定价体系、收益分配生态、技术支撑以及数据跨境路径等都不完善。

以我国的数据交易产业为例，一方面，随着数字经济的飞速发展，数据产生量和商业数据交易市场需求不断呈指数级攀升；可同时另一方面，我国数据要素市场发展不尽如人意，整体来看处于停滞阶段，2014 年以来我国成立的大多数数据交易所都发展乏善可陈，累计成立的 47 家各地数据交易所中只有 32 家还处于存续状态，大约 1/3 的数据交易所已经注销或没有工商状态，现存的交易所也有相当大的比重几乎没有实质交易发生，仅有北京、上海、浙江、深圳等地的少数几家数据交易平台在探索中取得较为良好的发展。以 2015 年设立的具有标志性的大数据交易所贵阳大数据交易所为例，其 2023 年交易额仅有 1 亿多元，与设立之初年交易额超百亿的目标差距极大。

三 优化我国文化数据跨境交易的对策建议

（一）加强文化数据政策顶层设计

中共中央、国务院在 2023 发布的《数字中国建设整体布局规划》中明

[①] 《全国政协委员，中国证券监督管理委员会原主席肖钢：加快构建数据要素流通交易制度》，人民政协网，2022 年 5 月 18 日，https://www.rmzxb.com.cn/c/2022-05-18/3118424.shtml。

确指出，要在 2025 年实现数字文化建设跃上新台阶，到 2035 年文化作为"五位一体"的重要一环需要数字化发展更加协调充分。为了实现这一政策目标，就需要对尚待完善的文化数据政策进行扎实的顶层设计，用高级别政策强力支撑文化数据产业发展。

文化数据产业的核心依旧是"内容为王"，在供给端一方面推动现有文化产品和服务的数字化发展，另一方面鼓励支持文化企业、文化交易平台和其他相关组织对文化数据的开发和挖掘，让更多原始文化数据得以资源化、资产化、资本化，成为可交易的文化数据，打通文化数据相关数字基础设施大动脉，健全各级文化数据统筹管理机制，畅通境内境外文化数据交易，更好地配置文化数据资源。在政策层面，应制定促进文化数据产业发展的相关政策和法规，包括数据采集、存储、处理、共享、保护等方面的规范，确保产业健康可持续发展。扶持文化数据产业链上下游企业的发展，促进产业协同创新和合作，形成完整的产业生态系统。

（二）减少文化数据跨境交易各环节数字贸易壁垒

要发挥市场的经济主体作用，降低文化数据跨境交易在跨境交易模式各个环节所受到的数字贸易壁垒影响，推进文化数据资源的开发，减少文化数据跨境流动和交易的障碍。

增加对数字基础设施建设的投资，包括数据中心、通信网络、固宽带基础设施、云计算基础设施等，缩窄不同区域、行业和城乡之间的数字鸿沟。确保文化数据产业链不断增长的数字化需求能够在覆盖范围和质量方面都被充分满足。建立包括数据加密、数据安全、个人隐私管理等方面的健全的数字基础设施安全保障机制，推动数字基础设施向智能化方向发展，保护交易中的数据和隐私安全，提升数字基础设施的可信度和可靠性。

促进数字经济和文化贸易产业融合。加大对人工智能技术、区块链技术等技术在文化数据领域的研发投入，促进技术创新，提高对数据要素和技术性生产要素投入，提升文化数据生成的质量和多样性。鼓励产学研加强合作，完善文化数据领域人才的培养模式与保障机制。开展前沿技术研究，探索数字技术在文化数据创作、内容个性化定制等方面的应用。构建完整的数字技术产业生态系统，纳入技术提供商、数据创作者、文化机构、数字平台等各个环节，促进数字技术在文化数据跨境交易中的应用。

相比欧美等国，我国数字贸易相关立法和法规建设水平亟待提高，且在数字贸易领域执法具有一定的滞后性，这一现状难以为我国参与国际数字贸易规则制定及文化数据跨境交易谈判提供坚实的法律支撑。我国应在推进构建健全合理的国内数字贸易及文化数据跨境交易法律体系的基础上，取缔不符合发展现状的过时法规，补充相关法律空白，并就文化数据跨境交易的各类标准深度参与国际规则谈判，推进建立国际文化数据跨境交易标准化体系。

应建设好现有的国家文化大数据交易平台，摸索出一条适合我国的文化数据交易之路，扎实做好文化数据的国内国外流动和交易，为文化数据供需双方提供便捷的市场化交易渠道。帮助扶持现有的细分品类的文化数据核心企业如视觉中国等本土企业的国际化发展，打造若干家具有较高国际知名度和影响力的大型文化数据跨境交易企业。

（三）推进文化数据跨境交易合作和谈判并争取国际话语权

在我国国内国际双循环的新发展格局背景下，文化数据跨境交易链接了文化产业、数据加工、数据交易等上下游多个产业，是推动经济增长、促进我国文化产业高质量发展、加强全球经济互动的良好抓手。

首先我国应加强国际文化数据相关技术和文化数据贸易合作。人工智能、区块链等数字技术是文化数据跨境贸易的基础。我国是数字贸易大国而非强国，尤其是在数字文化贸易领域。当前我国的国际经济合作主要集中于资本和产品贸易等领域，在关键数字技术层面的合作相对较少，为此我国应加强与其他国家的重点数字技术合作和国际技术交流。当前，全球经济"逆全球化"趋势突出，贸易保护主义、孤立主义、贸易摩擦等现象频发。文化数据跨境交易中作为一个新兴朝阳领域，需要国际社会跨区域、跨国家、跨文化合作，更是面临着多方较量与制衡。我国应倡导国际文化数据流通与共享，并完善国家间的合作与监管机制，建立常态化协商机制和文化数据国际治理机制，确立统一的技术标准与规范，确保文化数据的互操作性和通用性，推进相关跨境合作与投资，构建良好的国际文化数据跨境交易生态，降低交易成本，促进数据交易的顺畅进行。

此外，要推动文化数据交易国际谈判，发出中国声音、提出中国方案。数据贸易规则相比数据贸易的快速发展具有相当大的滞后性，严重限制了数据跨境流动、数字技术创新和数据跨境贸易的发展。当前国际数字贸易规则尤其是数据跨境贸易规则并未完全形成，但美国和欧盟等国家和地区已经掌握先发优势，建立了数字贸易的"美式模板"和"欧式模板"，并通过双边、多边和区域谈判全球推广。相比之下，我国作为新兴数字贸易大国以及全球数字经济第二大国，在国际数字贸易规则制定中则没有获得与贸易地位相匹配的引领地位。我国应积极参与到国际数字贸易规则的制定中，尤其是在文化数据跨境交易这样一个细分市场的规则还处在空白状态的情况下，可以由此切入，逐步提高参与国际数字贸易规则制定的深度。在现有的贸易规则条款文本基础上，深入剖析贸易规则的关键争执议题，通盘分析各国利益诉求，自主形成一套符合我国和大多数国家利益的"中式模板"规则主张，推动全球建立互惠共赢的文化数据跨境交易新规则。

参考文献

黄阳华：《基于多场景的数字经济微观理论及其应用》，《中国社会科学》2023 年第2 期。

李海舰、赵丽：《数据价值理论研究》，《财贸经济》2023 年第 6 期。

李宏兵、王丽君、赵春明：《RCEP 框架下跨境电子商务国际规则比较及中国对策》，《国际贸易》2022 年第 4 期。

C. Sullivan, "EU GDPR or APEC CBPR? A Comparative Analysis of the Approach of the EU and APEC to Cross Border Data Transfers and Protection of Personal Data in the IoT Era," *Computer Law & Security Review* 35 (2019).

X. Zhang and Y. Wang, "Research on the Influence of Digital Technology and Policy Restrictions on the Development of Digital Service Trade," *Sustainability* 14 (2022).

B.15
国家文化公园国际化品牌建设的
路径研究

李嘉珊　张梦恬*

摘　要:　自 2017 年提出建设国家文化公园以来，在中共中央和国务院政策的整体指导下，相关省份围绕空间格局优化、环境配套基础设施建设等任务制定并实施了一系列规划，但综合梳理政府整体规划和理论学术研究，目前对国家文化公园国际化品牌的分析和对其构建路径的研究较少。本报告以完善对国家文化公园国际化战略中的国际化品牌构建的研究为目的，从品牌识别性特征设计、品牌生态系统构建、品牌市场和文化价值的释放三个角度，分析得到国家文化公园国际化品牌在建设初期将会呈现文化理念在品牌识别性特征中的体现更显著、与相关企业的创新性品牌互动更频繁、品牌的市场和文化价值在多个层面中持续释放的发展趋势的结论。最后提出设立专门机构、提高品牌设计创新水平、制定 IP 延伸和营销传播策略、将数字平台作为主要传播渠道以及完善品牌价值评估体系五个思路，从品牌内容生成、营销和传播策划以及后续现实表现评估等角度给出了相应建设路径。

关键词:　国家文化公园　国际化品牌　品牌建设

国家文化公园实体建设完成在即，如何提高国家文化公园在国内外的品牌吸引力与知名度的问题急需提上日程，对此应进一步厘清"为何"和

---

* 李嘉珊，北京第二外国语学院教授，国家文化发展国际战略研究院、中国服务贸易研究院常务副院长，研究方向为国际文化贸易、国际服务贸易；张梦恬，北京第二外国语学院国际文化贸易专业 2022 级研究生，研究方向为国际文化贸易。

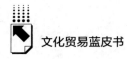

"如何"建设国际化品牌两个思路。国家文化公园相对于国家自然遗产公园，是国家公园的两大组成部分之一。先前众多学者已从不同学科角度，对国家文化公园的基本概念性特征、管理体制和政策、空间布局和景观设计、整体发展战略等基础建设理论研究进行逐一完善。李飞、邹统轩在早期对其概念和内涵进行界定时便提出，国家文化公园的建设以民族化和本地化以及国际化和普世化为立意，要以文化符号感召力形成文化认同。① 不同于美国和欧盟国家公园体系强调的"国家认同"和"区域文化认同"②，在作为多元一体的文化认同型国家的中国，国家文化公园是对"多民族文化认同"的诠释。因此，国家文化公园国际化品牌的构建目的便是以品牌理念和原创IP内容在国际经济和文化市场上实现"认同感"的建立。

目前从文化贸易视角对国家文化公园国际化品牌发展路径的研究尚有缺失，该视角要求研究过程中综合考量我国多民族历史文化与各国文化之间的共鸣点，以及不同国家文化消费市场差异，进而将品牌文化和IP市场价值最大化。国家文化公园是能体现我国传统历史文化的鲜明、生动的现实存在，在明确其建设目的和意义的基础上，本报告从国际化战略视角出发，基于合理的趋势分析和建设要素，探索我国国家文化公园中文化理念在初期国际化品牌标志设计中的应用，基于构建的品牌生态系统协同机制，研究了品牌IP内容延伸和营销策略、传播渠道拓展以及品牌价值评估体系构建方法，提出区别于国际上其他国家公园的符合我国多民族、跨流域的文化特点，能够讲好革命和改革发展历史故事的国际品牌的建设路径。

一 国家文化公园品牌建设趋势及路径分析要素

五大国家文化公园虽然各自都是一个整体，但其国际化品牌建设的过程涉及全体和单个国家文化公园品牌与特色IP内容的设计，以及多个文旅企

---

① 李飞、邹统轩：《论国家文化公园：逻辑、源流、意蕴》，《旅游学刊》2021年第1期。
② 钟晟：《文化共同体、文化认同与国家文化公园建设》，《江汉论坛》2022年第3期。

业品牌建设和联动问题，此外还需兼顾品牌的经济和文化价值在国家、企业和消费者中的释放作用。因此，上述复杂性要求在分析和建设我国国家文化公园国际化品牌时，应针对品牌的独立性、联动性和价值创造选取不同的建设趋势和路径分析要素，以更全面细致地把握品牌建设重点。

（一）国家文化公园国际化品牌建设趋势分析要素

鉴于我国国家文化公园品牌还处于建设初期，在品牌具体设计细节、企业及区域间品牌联想作用和联动实践等各方面发展还未完善，以下内容从构建特色国际化品牌的初印象、完善持续发展的基础以及释放市场和文化价值出发，确立了品牌识别、品牌生态系统和品牌价值三个分析维度，为国家文化公园国际化品牌发展初期的建设趋势判断提供基础理论支撑。

首先，拥有明确、一致且具有特色吸引力的国际化品牌识别特征，能够让我国国家文化公园在初次亮相于国际市场和消费者群体面前时，直观展现出区别于其他国家公园的品牌文化特色和差异性，为人们留下积极印象，从而促进后续品牌联想积累和消费者忠诚度提高。品牌识别是品牌所具有的独特的、可识别的特质和特征的总和，主要包括品牌视觉识别（如品牌标志、色彩方案和其他视觉设计元素）、品牌语言识别（如品牌语言风格、口号、品牌故事）以及品牌理念（如品牌愿景、使命和价值观）等要素，可通过搭建概念矩阵的方式对国家文化公园具有相关特征的文化元素进行提炼。

其次，一个具备由多样化单位构成的完整单位体系和合理互动模式的生态系统，是提高国家文化公园品牌韧性生长能力，支持品牌后续扩展和更新，从而使其适应不同市场和文化环境的基础。品牌生态系统是国家文化公园国际化战略中影响其长期稳定发展上限的关键因素。传统意义中品牌生态系统包括与该品牌相关联的所有实体，如供应商、分销商、合作伙伴，以及广告企业和社交媒体平台等。在国家文化公园的语境中，该生态系统则具体涉及国内文旅企业、国际文化企业和旅行机构、数字技术企业、广告企业和互联网传播平台等，另外鉴于国家文化公园由中央统筹、省负总责，分级管理、分段负责的工作格局，各级政府、国家文化公园建设工作领导小组和国

家文化公园专家咨询委员会等管理机构在确立品牌基调、以财务政策鼓励企业间通过多样化的品牌组合实现协同效应扩大化的过程中也起着关键作用。

最后，兼顾外在市场发展和内在文化传播的国际品牌价值，也是国家文化公园在国际化品牌建设过程中应秉持的初心。品牌价值的分析可分从市场价值和文化价值两个方向进行。一方面，国家文化公园国际化品牌的建设能够有效提升我国文旅服务产品在境外市场的知名度和吸引力，进而提高我国入境游经济效益，推动相关企业国际化发展和服务产品结构优化。除文旅产业外，长江、大运河国家文化公园品牌也将同时带动沿线乡村振兴事业发展。另一方面，国家文化公园是我国河流领域非遗文化，南北文化，民族文化和革命、改革发展历史的载体，从文化价值角度上看应起到夯实群众文化自信基础和对外讲好中国故事的作用。

（二）国家文化公园品牌建设路径分析要素

针对现有资源和实际发展阶段背景，并结合上述三个分析维度，提出以下四个针对性国家文化公园国际化品牌建设路径分析要素：一是在明确品牌定位基础上特点鲜明的品牌识别性特征设计，包括品牌视觉元素设计以及简括品牌理念的语言和声音设计；二是品牌 IP 构建和营销，根据品牌特点设计一系列原创文化内容，并将其人格化，实现将品牌转化为具有独特内涵、易于变现、具有持久生命力的知识产权的目的，并利用生态系统中其他品牌IP 资源，设定营销策略从而引起文化认同和共鸣，在国际范围内扩大消费者基础；三是品牌数字传播渠道拓展，通过丰富数字和网络平台上品牌信息的传播和推广渠道，优化国内外消费者接触品牌和与品牌互动时的情感及数字体验，进而提升消费者的品牌体验；四是品牌价值评估体系的建立，结合定性和定量的方式，制定符合国家文化公园品牌自身特点的评估体系。

二　国家文化公园国际化品牌建设趋势分析

各国家文化公园的整体管理体制、生态系统中各单位类型和互动模式发展十分相似。未来短期内，各国家文化公园国际化品牌战略设计趋势应有所重合。因此下文结合现存问题、相关文献研究以及国际市场需求，就品牌识别性特征、品牌生态系统构成和互动模式以及品牌价值表现三个建设要素，对其发展趋势进行分析。

（一）文化理念在品牌识别性特征中的体现更显著

2020 年 11 月，国家文化公园建设工作领导小组办公室发布《国家文化公园形象标志征集公告》，面向社会公开征集国家文化公园形象标志设计方案，但后续并未有显著成效，标志设计问题留存至今。且根据关于公众对国家公园品牌的认可度的研究，我国国家公园标志视觉设计普遍存在标志图形设计含义无法轻松解读、色彩设计老套、字体设计缺乏艺术设计感[1]等问题。可见，无论是国家公园还是国家文化公园，品牌形象标志设计、品牌语言设计都是其品牌迈向市场化、国际化发展道路必须面对的首要问题。

以现有国家公园标志识别设计为参考，其问题的根源可简单分为两种，一是设计者对品牌定位的理解不够全面和深刻，导致品牌资源特色表现不显著，品牌理念转译效率较低，无法产生记忆点，例如祁连山国家公园和武夷山国家公园均以蓝色和绿色作为基本色调，以"山"字形作为标志形象主体（见图 1）；二是标志的图案、颜色和字体设计过于单调，如将绿色的虎符轮廓作为标志主体的东北虎豹国家公园，无法将品牌理念和资源优势有效转化为图案语言和文字并直观地传达给消费者（见图 1）。

图 1　我国部分国家公园形象标识示例

资料来源：各国家公园百度百科条目。

---

① 刘明远：《国家公园品牌形象设计开发策略研究》，硕士学位论文，鲁迅美术学院，2023。

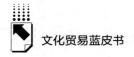

此外,国家文化公园的概念尚未在国际层面得到广泛传播,因此在整体国际形象识别性特征设计方面更应突出其区别于国家自然遗产公园的特性,使形象标识在承担文化遗产保护和传播责任的同时,兼具转译和叙事的功能。此外,现如今各国的国家公园在品牌设计和宣传的过程中,也在不断将品牌中的文化理念具象化。挪威和日本各有 44 处和 34 处国家公园,并在此基础上确立了一套简洁、具有设计感的品牌视觉系统。前者基于"入口"的概念(见图 2 左侧标志),代表从文明世界向自然世界的跨越,后续的品牌行为也一直与"保护自然生态"的文化理念保持一致;后者则以"日出霞光"为意象(见图 2 右侧标志),整体以彰显日本自然资源多样化的特色为目的,且"绶带"形状设计赋予其作为表彰象征的作用。

图 2　挪威(左)和日本(右)国家公园体系的统一视觉形象符号

资料来源:挪威国家公园和日本国家公园官网。

为避免国家文化公园在标志、语言和理念识别等问题上重蹈覆辙,也为了顺应国际品牌在视觉系统设计中对品牌文化理念进行意象化表达的需求,以及对画面、颜色和字体做出简洁设计的审美偏好,我国国家文化公园作为国家文化工程品牌,需从本质上区别于现有的自然保护区和其他文旅消费场所,因此历史文化元素和价值理念在品牌识别性特征中的体现应更突出。

在该趋势下,设计者需理解国家文化公园在"人-文化-自然"角度下的"生命共同体"建设理念①,并将其转化为国家文化公园整体标志形象和品牌文化理念的特色,在品牌视觉、语言和理念三项品牌识别特征中进行呈现,借此为"国家文化公园"整体品牌和其所包含的五个国家文化公园设

---

① 李飞、邹统钎:《论国家文化公园:逻辑、源流、意蕴》,《旅游学刊》2021 年第 1 期。

计统一而又独特的识别系统，将所有的利益相关者汇聚到同一个象征符号之下。长城、大运河、长征、黄河和长江国家文化公园代表的民族文化安全观、国家治理制度优势、革命史诗精神、文明记忆以及多样性文化和谐发展[①]等社会意蕴也需被纳入其品牌标志理念的参考范围，因此合理提取文化理念元素和总结资源优势，并通过视觉和语言文字对其进行艺术化转译是解决路径的关键。

（二）国家文化公园与相关企业的创新性品牌互动更频繁

文化认同不会直接显现，而是在文旅融合的过程中通过"体验"完成的[②]，品牌文化亦是如此。在文化强国建设背景下，文化和旅游企业成为国家文化公园品牌开展内容延伸时的主要合作对象。目前文化企业的品牌传播缺乏内外市场渠道对接，传统实体旅游企业建设国际品牌意识较弱，然而将其纳入国家文化公园国际化品牌生态体系中后，不仅能够有效对企业的品牌资源与国家文化公园的文化和旅游资源进行整合，而且可以通过品牌合作和数字传播，在将国家公园品牌带向世界的同时，整体提升我国文化和旅游产业品牌的国际竞争力和美誉度。

通过丰富品牌联动、拓展数字支持平台、构建原创 IP 内容进行全球品牌营销，是世界各国国家公园的常用国际化品牌营销战略，由此可以做到充分利用品牌生态系统资源，进而提升国际市场的参与度和品牌知名度。美国国家公园早期以"探索自然"和"冒险"为卖点，选择了迪士尼、华纳等家喻户晓的文化企业进行联名推广，进而快速提升知名度。美国国家公园也充分利用数字社交平台与消费群体进行互动，在纪念美国国家公园管理局建立 100 周年时，组织了名为"寻找你的公园"的活动，鼓励群众发现身边承载着地方民族文化记忆的公园和遗址，并在互联网上进行分享，活动在 19 个月内共有用户发布了超 160 万个帖子，这一活动成为 Instagram 和

---

① 李嘉珊：《国家文化公园国际化战略》，研究出版社，2024。
② 钟晟：《文化共同体、文化认同与国家文化公园建设》，《江汉论坛》2022 年第 3 期。

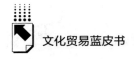
Snapchat 等平台的热门话题。整个活动期间地方公园的参观人数增加了 2000 万人。①

美国国家公园就此形成自己的 IP 内容，并开始尝试与其他制造类企业进行品牌联名，例如鞋类品牌 Chaco 在加入国家公园基金会后，调整了其周边产品，将不同的国家公园的识别性特征印在鞋身上，斯巴鲁也一度成为国家公园联名车辆品牌，使得美国国家公园品牌生态系统多样化水平不断提升。

可见，协调的国家文化公园品牌生态系统应当能实现各品牌之间互惠互利、需求统一，可以在解决我国文旅企业在国际品牌营销方面意识不足的问题的同时，促进国家文化公园国际化品牌 IP 的向外延伸和对外传播。本报告从系统的品牌内容延伸和品牌传播两大功能方面，构建了国家文化公园品牌生态系统协同机制（见图 3）。

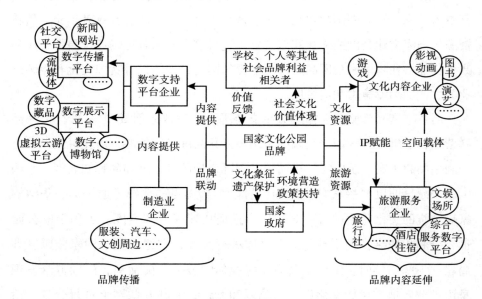

图 3　国家文化公园品牌生态系统协同机制

---

① Blake Smith, "The Evolution of the Marketing and Branding Strategies for the National Parks," *Electronic Theses and Dissertations* (2019).

　　首先，图 3 右侧文化内容企业和旅游服务企业将国家文化公园的文化和旅游资源与自身品牌资源相结合，实现了国家文化公园在原有品牌 IP 基础上的内容延伸和创新，为国际化品牌的传播提供了充足的内容支持。内涵逻辑在于，文化内容企业可以以游戏、戏剧、影视剧等形式对国家文化公园的 IP 内容进行内容延伸，并与旅游服务企业合作开发一系列"红色巡礼""文遗奇遇"等文化体验旅游产品，而旅游服务企业则在其中担负着为文化 IP 提供空间载体的任务，丰富了文化内容企业 IP 产品的呈现形式。

　　其次，对于国家文化公园的品牌 IP 及其延伸内容，一方面可通过图 3 左侧所示的国内和国际数字支持平台企业进行品牌化营销和数字化展示，同时为国内文旅企业品牌搭建国际市场联通渠道；另一方面还可选择与品牌调性相符合的国际制造业企业合作进行品牌联名，快速提高品牌海外知名度。

　　综上，在后续的协同规划中应评估相关企业品牌资源优劣势，结合国际知名国家公园品牌生态系统互动案例的经验，同时从构建 IP 内容、创新品牌联动和数字传播方式两方面丰富品牌互动模式，在国家文化公园国际化品牌与文化和旅游服务企业品牌之间建立品牌联想。

（三）品牌的市场和文化价值在多个层面中持续释放

　　国家文化公园的核心理念来自根植于我国政治、文化、社会现实环境的大型遗产保护与利用的创新思想[①]，其建设逻辑根源决定了它的品牌市场价值和文化价值应在国家、地区和个体多个层面持续释放。从市场价值角度上看，①根据线性文化遗产进行空间布局的国家文化公园涉及我国 10 多个省份，其国际化品牌的有效建设能够在国家层面提升我国整体生态旅游和文化旅游对境外游客的吸引力，以特色 IP 内容优化我国旅游服务产品结构，减少长期以来的旅游服务贸易逆差；②国家文化公园的国际化品牌建设需要充分利用当地社区的经济和企业品牌资源，推动地方现有大型文旅企业加强国际化合作，拓展数字传播渠道，顺势鼓励中小企业借助国家文化公园品牌平

---

　　① 李飞、邹统钎：《论国家文化公园：逻辑、源流、意蕴》，《旅游学刊》2021 年第 1 期。

台对接国际市场资源，让国家文化公园品牌和地方企业品牌联动效益实现最大化；③我国近年来流媒体和社交媒体平台迅速发展，个体经营户和自媒体博主成为我国文化和旅游产业经济的重要参与者，国家文化公园国际品牌系列 IP 内容能够为他们提供持续创作的素材，并刺激用户生成内容的创作，推动经济发展。

在文化价值视角下，①国家文化公园体现了中国化的理论创造与制度设计①，其国际化品牌的建立是讲好中国传统文化故事的重要实践，也是一次重要的展示中国道路话语体系的文化治理模式创新②；②国家文化公园的文化遗产保护功能能够覆盖各地方文化，同时国家文化公园国际化品牌作为一个统一而宏大的文化符号，具有很强的文化感召力和包容性，能将沿线众多文化子系统中的文化符号有机地联结起来③，实现地区文化本土化和民族化的统一；③国家文化公园品牌带有公益性和大众性，可以让消费者以低成本或零成本享受国家文化公园的娱乐教育功能，同时为每一个个体提供了新的文化视角，加深了大众对传统文化的理解，使其自发探索文化创新的多种可能性。因此，为保证国家文化公园品牌的市场和文化价值达到建设初期的设想要求，后续应当对其不断进行评估和优化，尽快结合定性、定量的方法构建品牌价值评估体系。

三　国家文化公园国际化品牌建设路径

根据以上品牌建设要素提炼和趋势分析，本报告从优化品牌国际化发展环境、创新品牌视觉和语言设计、基于品牌生态体系制定原创 IP 的延伸和营销策略、将数字平台作为主要国际传播渠道、完善品牌价值评估体系五个角度，结合国际案例对国家文化公园国际化品牌的构建和国际化发展路径设计提出具体建议。

---

① 柏贵喜：《系统论视域下国家文化公园建设：结构、功能、机制》，《中国非物质文化遗产》2022 年第 1 期。
② 钟晟：《文化共同体、文化认同与国家文化公园建设》，《江汉论坛》2022 年第 3 期。
③ 李飞、邹统钎：《论国家文化公园：逻辑、源流、意蕴》，《旅游学刊》2021 年第 1 期。

（一）设立专门机构部门承担优化品牌发展环境的功能

为协调各地区经济发展水平和特色文化，国家文化公园需要一套独立的管理体制和部门为其品牌的持续经营提供指导，并营造良好的政策、市场和法律环境。根据《长城、大运河、长征国家文化公园建设方案》的规定，国家文化公园的建设遵循统一规划、分级管理的原则，构建中央统筹、省负总责、分级管理、分段负责的工作格局，因此各级政府在进行各项政策制定和实行时，需要事先就内部管理机制进行统一协调。

为统一对不同区域不同类型的国家公园进行管理，日本和韩国在国家公园管理体系方面都选择了设立统一独立的管理局，并在短期内实现了高效管理。目前我国设有国家文化公园建设工作领导小组和国家文化公园专家咨询委员会等管理机构，也需尽快借鉴国际经验，建立专门的国家文化公园管理局，以适应不断提高的管理需求，不仅要增强对多民族文化遗产、跨区域自然景观的规划保护能力，还要提升决策和管理人员对国家公园的国际经营环境的敏感度。在实际发展中重视国际化品牌 IP 的延伸和联动所带来的整体与周边经济效益，设立专门的品牌运营部门对此进行整体策略的规划。

在此基础上，管理局应指导并确立整体品牌定位和各公园的品牌特色，结合品牌生态系统的各参与者的定位，制定一系列品牌建设的指导意见和行动计划，明确品牌发展的目标和路径。同时在财政与税收政策上，通过财政补贴、税收优惠等措施，支持相关文旅企业进行技术创新、品牌 IP 延伸和市场推广。此外还需承担优化知识产权市场环境的任务，完善品牌知识产权相关法律法规，为文化和旅游企业提供维权支持，加快公共信息平台和 IP 集中交易平台的建设。

（二）提高国际化品牌视觉和语言设计创新水平

在国际化品牌标志的视觉和语言设计上，需要提取更多文化元素，依据叙事逻辑进行创新。下文采取概念矩阵的分析方法，在确立了整体品牌理念的基础上，将五大国家文化公园各自的社会表征作为其品牌定位的基础，结合各个国家文化公园的沿线地区的文化资源，就如何在标志设计的视觉、语言层面提取具有识别性的文化要素建立了一个分析框架，并以长城国家文化公园为例进行试分析（见表1）。国家文化标志设计也是国家文化公园品牌独立话语体系的一部分，因此该分析框架遵循叙事逻辑，根据各品牌社会表征选取适应主题的历史文化故事作为叙事对象，图案元素、颜色和字体作为叙事因子，不同的组合设计方案和口号语言设计则作为叙事方式。

表1　长城国家文化公园标志中文化要素提取分析框架

国家文化公园国际品牌表征	视觉设计			语言设计		品牌理念
	图案元素	颜色	字体	历史文化故事	语言类文化资源	文化价值与品牌使命
长城国家文化公园："文化安全观"长城	烽燧、骑兵	代表长城砖的铁灰、铜灰；烽火燃烧的曙红；代表山水的三青、三绿色	小篆	《汉书·匈奴传》："汉边郡烽火候望精明，匈奴为边寇者少利"；《古塞下》："血染长城沙，马踏征人骨"	诗词	通过长城修建历史、军事史实展现古人和平交流的愿景。在当下国际动荡的背景下，长城国家文化公园将国土安全和现代文化安全理念相结合，引起世界人民的共鸣，发挥娱乐和教育作用

在上述试分析中，选取了长城安全观相关历史内容进行叙述，体现了中华民族文化中对守护国土的坚毅信念和奉献精神，在视觉设计中可用相关的"烽燧"和"骑兵"等作为意象，在颜色上选择适用的中式传统色彩相搭配，在字体上则选择了符合长城文化背景的小篆，对以上意象进行画面排列和艺术化创作后，可以诗词语言作为设计标志口号，实现形象标志对品牌价值和故事的传达。值得注意的是，各分段区域间的品牌与品牌的连接不能是机械地相加，而应通过建立统一的品牌理念进行耦合，保持叙事核心概念的一致，突出叙事要素的多样化。

此外，在叙事对象的选取过程中需要注重其与国际和时代背景的呼应点，除了非遗文化以外，沿线地区的新时代发展故事也是可待转化的珍贵历史经验，如长征国家文化公园中的红色旅游资源，在对高等级红色旅游资源进行开发与建设的同时，可以进一步发掘中小型资源的独特价值，加强对重要会议、重大事件等的宣传和推广。① 此外，国家文化公园作为遗产廊道的核心目标是帮助沿线地区经济发展，实现目标的途径是遗产保护，该做法的溢出效应是美化自然环境、丰富人文景观和形成社区认同②，因此其品牌叙事也能与文化记忆、乡村振兴等话题进行结合。

（三）基于品牌生态系统制定 IP 延伸和营销传播策略

在有了明确的品牌定位和独特的品牌故事后，国家文化公园可以在此基础上创建、丰富自己的 IP 形象。根据前文对品牌生态系统中品牌 IP 内容延伸功能的分析，首先，国家文化公园 IP 资源可以授权或出售给不同的演艺、影视、游戏和动画制作企业，创作出以国家文化公园 IP 为基础的各类演出、影片、主题游戏等文化作品，其他主题公园、旅行社以及线上综合旅游服务平台企业也可以适时与国家文化公园合作推出相应的"红色旅游""研学旅游""文化记忆"等主题旅游路线，结合自然景观特征推出"徒步旅行""露营旅行"等旅游模式和其他线下活动。此外，还可以运用以上逻辑，与国际文化企业和旅行服务机构共同就全球非遗保护项目等内容，利用双方的 IP 内容创新文化产品和旅游服务，进而在国际范围内实现品牌 IP 内容的衍生和二次创新。现有的大熊猫国家公园便通过文化创意创新联盟，有效推广了大熊猫 IP 的国际传播，以全球巡展等形式，提升国际社会对大熊猫保护的关注度，并促进了文化、商业和旅游的融合，让品牌 IP 的经济收益最大化。

然而在实践中，营销和传播模式应根据市场环境的变化而改变，需要采用合理的分析方法进行调整。美国黄石国家公园在国际化营销策略优化的过程中使用了扎根理论中的开放编码、轴向编码和选择性编码方法，在"定义现象—发展概念—发掘范畴"的分析逻辑的基础上，对核心现象和范畴

---

① 李磊、陶卓民、赖志城等：《长征国家文化公园红色旅游资源网络关注度及其旅游流网络结构分析》，《自然资源学报》2021 年第 7 期。

② 李飞、邹统钎：《论国家文化公园：逻辑、源流、意蕴》，《旅游学刊》2021 年第 1 期。

进行深入研究。黄石国家公园对过去和现在的不同营销和广告形式进行分类和标记，然后明确这些类别的差异性和概念集合，进而探索不同营销模式形式和效果的关联。这样的研究方法同样被应用在了对长征国家文化公园的社区参与逻辑的研究当中，研究者为相关文本资料逐句地贴标签，对类似标签进行概念化合并，在该基础上发现范畴，最终得到可以反映社区居民对长征国家文化公园的认知、态度的红色故事、军民鱼水情、乡土遗产、地方性饮食等 23 个范畴①，在深入归并和融合范畴后，找出当地人们在游览长征国家文化公园时的共鸣点。

后续研究可以参考扎根理论方法，在国家文化公园国际化品牌全球营销的过程中，根据消费者的不同文化背景和消费偏好，采样分析并提出差异化的国家文化公园营销策略和传播途径，包括选择什么类型的企业进行合作、使用什么样的合作模式和广告投放渠道，进而让品牌信息能够精准地触达目标消费人群。

（四）将数字平台建设为品牌国际传播的主要渠道

品牌生态系统的传播功能主要依赖于数字传播和数字展示平台。随着数字传播时代的到来，数字平台的丰富内容和多样化的功能类别都有效提高了国家文化公园的国际化品牌的知名度。国家文化公园可将 X 等社交媒体平台和 YouTube 等视频网站作为与境外消费者的互动窗口，并且通过事件营销进行远程互动。在国家文化公园建成纪念日、长征胜利纪念日以及民族节日等时间点，在国际社交平台上组织"照片里的文化记忆""我的民族象征"等系列线上分享活动，鼓励不同文化背景的人在此分享自己国家、社区和身边的文化故事，通过相似的文化共鸣点建立起认同感，同时用户生成模式还能让有关我国国家文化公园品牌理念的视觉传播内容激增。

---

① 李渌、徐珊珊、何景明：《文化记忆与乡村振兴：长征国家文化公园的社区参与——基于贵州省清镇市观游村索桥红军渡的个案研究》，《旅游科学》2022 年第 3 期。

另外，应充分发挥数字展示平台在丰富国际消费者数字化体验中的功能，根据不同文化主题建立不同的数字博物馆和 3D 云游平台，让人们可以打破地理和时间的限制，更细致地体验我国非遗文化和自然景观的魅力。在数字藏品方面，目前我国数字藏品都以免费形式向外发放，2022 年 7 月 24 日正值三大国家文化公园建设方案审议通过 3 周年，中国文化传媒集团联合国内头部综合性文娱企业三七互娱在国内发行了首期国家文化公园主题数字藏品。该系列国家文化公园主题数字藏品内容涉及五大国家文化公园，系列中的 5 款藏品分别名为万里长城、运河人家、长征史诗、九曲黄河、长江之歌，设计灵感均取材于各个国家文化公园的文化遗产和自然遗产。然而我国国家文化公园数字藏品品牌的国际化发展还需在完善我国知识产权相关法律法规、打破国际数据流动规则带来的限制后才能得到进一步深入研究。

（五）完善国际化品牌价值评估体系理论研究

价值研究是国家文化公园基础理论研究中最紧迫且具有全局性的学术问题。① 赵云、赵荣建立了一个涵盖建设和运营阶段全流程、动态性的国家文化公园价值评估框架，从顾客感知、社会认可和与无品牌区域相对比的角度，从"文化价值""公园区域的可持续发展""品牌优势"三方面对国家文化公园进行了定性评估。然而该评估体系暂未涉及国家文化公园品牌国际市场价值的评估。

由国家市场监督管理总局等于 2020 年发布的《品牌评价　原则与基础》（GB/T 39654—2020）对照了国际标准，可以为国家文化公园全球品牌的外在市场价值评估指标选取提供关键指导。品牌价值的定量研究是一个复杂的过程，需要综合考虑多个因素，包括市场表现、消费者认知、品牌忠诚度、品牌管理和法律保护等。以下两种方法可以用于对国家文化公园国际化品牌价值进行市场表现评估，并找出影响消费者行为的因子：一是

---

① 赵云、赵荣：《中国国家文化公园价值研究：实现过程与评估框架》，《东南文化》2020 年第 4 期。

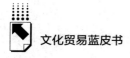
文化贸易蓝皮书

Interbrand 评估法，通过计算品牌带来的年平均利润和品牌因子来估算品牌价值，其中品牌因子包括市场特性、品牌年龄、品牌地位、业务范围、品牌趋势和品牌投资支持等；二是中国品牌力指数（C-BPI）评估法，基于消费者对使用或拥有过的产品或服务的反馈意见，测定影响消费者购买行为的品牌力指数。未来可以继续整合净推荐值（NPS）、顾客满意度（CSAT）等其他重要指标，应用逻辑归纳建立一个完整的定量研究体系。

B.16

IP 形象焕新：文化贸易产业的新亮点

——以冰墩墩为例

林存真　赵沅沣*

摘　要： 北京冬奥会吉祥物冰墩墩自发布以来，热度持续不减，成为中国文化与国际奥林匹克精神完美融合的典范。设计团队通过奥林匹克知识产权的再授权，不仅赋予了冰墩墩鲜活的生命力，在此基础上，结合中国春节文化和生肖文化，陆续推出了兔墩墩和龙墩墩等衍生产品，进一步丰富了冰墩墩的形象内涵和文化意蕴。冰墩墩 IP 的持续设计开发，不仅是对奥运遗产的长效管理，更是对中国文化传承和创新的积极探索。通过不断挖掘和整合中国传统文化元素，设计团队成功将冰墩墩打造成为一个具有深厚文化内涵和强大影响力的文化 IP，其成为中国文化贸易产业的新亮点。冰墩墩的成功也提供了一个宝贵的启示：在全球化的时代背景下，通过深入挖掘和传承本土文化，结合现代设计理念和技术手段，设计师完全可以打造出具有国际影响力的中国文化品牌，推动中国文化走向世界，为世界文化的多样性贡献中国智慧和中国力量。

关键词： IP 形象　文化创新　文化贸易

　　自 2019 年发布至今，北京冬奥会吉祥物冰墩墩热度不减。通过奥林匹克知识产权再授权，设计团队对冰墩墩进行了一系列开发和创造。以冰墩墩

---

* 林存真，中央美术学院教授、博士生导师、设计学院副院长，原北京冬奥组委文化活动部形象景观艺术总监，研究方向为艺术设计研究、文化创意研究；赵沅沣，中央美术学院博士研究生，研究方向为视觉系统设计策略。

形象为基础，依据中国春节文化和生肖文化推出的兔墩墩和龙墩墩网络热度持续提升，龙墩墩作为"北京礼物"和中国新年的"社交货币"再次成为年货顶流。冰墩墩IP形象的持续性设计开发，是对奥运遗产的持续运营与长效管理。这背后是奥林匹克文化与中国传统文化融合产生的巨大的文创经济价值以及文化推广和文化贸易产业创新价值。

一 IP形象的文化传播使命与价值

吉祥物已经成为奥运会品牌形象视觉系统中必不可少的一部分，是被赋予了奥林匹克精神的奥运IP形象。它是人类吉祥文化的物化体现，具有表达奥运会的使命与愿景的功能，是有形的奥运品牌文化资产，具有市场开发潜力。

IP形象承载丰富的文化内涵。奥运吉祥物作为全球备受关注的IP形象，生动展示了东道国的历史传统、自然环境和文化特征，是简单而高效的传播媒介。奥运吉祥物作为"奥运大使"，在发展公共关系方面，能够帮助人们更好地互动、交流、分享和述说故事，通过情感演绎，传播奥运精神和友善和平的价值观。世界著名经营大师沃尔勒说："如果说名称和标志是您的脸，让人记住您，那吉祥物则是您的双手，让您紧握着别人，与人产生情感，发生关系。"[①] 2016年里约奥运会及残奥会品牌总监Beth Lula这样描述里约奥运会吉祥物："吉祥物是奥运会最重要的象征之一，因为它们与公众，特别是儿童建立了一种情感联系，并且是这次活动的真正大使。"

吉祥物吸引和激励年轻人。吉祥物的创造是为了帮助奥运与年轻人特别是儿童建立联系其旨在鼓励年轻人参加体育运动并激励下一代。吉祥物提供了让奥运会接近年轻人的方式，采用儿童能理解的语言，创造奇思妙想、幽默和轻松乐趣。其欢迎与激励人们，为活动带来欢乐的气氛，增强受众对品

---

① 赵鑫：《吉祥物创意造型设计的多元化研究》，载彭贵军主编《中国创意设计年鉴·2016-2017（论文集）》，四川美术出版社，2018。

牌的好感。2012 年伦敦奥组委会主席塞巴斯蒂安·科曾表示：伦敦奥运会为孩子们设计了两个吉祥物。它们将年轻人与运动联系起来，讲述自豪的奥运会和残奥会历史。① 吉祥物在过去的 40 年里已成为奥运会的重要组成部分，通过将年轻人与运动的价值观联系起来，奥运吉祥物激励孩子们努力做到最好。

IP 形象具有丰富的市场开发价值。奥运会吉祥物作为奥运会标志性的 IP 产品，具有广泛的受众基础和强大的吸引力。由于吉祥物的设计通常充满创意和趣味性，它们往往能够吸引各个年龄层次的受众。无论是玩具、服装、文具还是其他相关产品，吉祥物的形象都能引起人们的兴趣和购买欲望，具有独特的商业价值。通过吉祥物的特许商品授权和市场开发，可以实现 IP 商业价值的最大化，为奥运会带来可观的收益。根据国际奥委会发布的《2022 年北京冬奥会市场营销报告》的数据，在北京冬奥会期间，从毛绒玩具、手办到钥匙链和徽章，以吉祥物冰墩墩为特色的冬奥特许产品已被证明是北京 2022 年特许经营计划的基石，销售额占所有销售产品的 69%。

二　冰墩墩 IP 形象的市场贡献

（一）社会反响

2022 年北京冬奥会吉祥物，作为赛事的视觉核心与形象标识的关键内容，承载着讲述北京冬奥会精彩故事的重任。它用鲜活的形象展示中华民族的独特性格、积极向上的精神面貌以及深厚的文化底蕴。在设计北京冬奥会吉祥物时，应确保它与奥林匹克运动的核心理念相契合，同时充分融入中国文化的精髓与价值观，以体现并反映北京冬奥会的使命愿景。吉祥物的设计应当与北京冬奥会的总体设计风格相关且一致。

冰墩墩的创作考虑了全球性、民族性、艺术性、创新性等多种因素，以

---

① 《2012 伦敦奥运会及残奥会吉祥物揭晓》，中国新闻网，2010 年 5 月 20 日，https://www.chinanews.com.cn/tp/news/2010/05-20/2293208.shtml。

确保其能够代表中国形象，展现京张地区的独特魅力，并深刻体现奥林匹克精神，为奥林匹克运动会留下宝贵的文化遗产。这是国际奥委会、国际残奥委会以及北京冬奥组委共同期待并追求的目标。冰墩墩的总体设计策略可以被概括为"广泛征集、层层筛选、重点修改、优化程序、加强反馈、反复论证、稳中创新"。

2018年8月8日，北京2022年冬奥会和冬残奥会吉祥物设计方案全球征集活动正式启动。北京冬奥组委官方微博专门推出了吉祥物设计征集话题，征集活动期间阅读量接近5000万次，是会徽征集话题同期阅读量的8.5倍。在征集阶段，新华社、央视、北京日报等媒体在重要时段和显著版面都对此进行了充分报道。截至2018年10月31日，征集活动共收到5816件吉祥物设计方案，这些作品包括来自全国31个省、自治区、直辖市，以及香港、澳门特别行政区和台湾地区的作品，以及来自五大洲35个国家的境外作品，充分展示了北京冬奥会吉祥物征集活动的较高参与度和强大的国际影响力。

2018年9月1日，北京冬奥组委联合教育部发文，提出将面向全国中小学生举办"我心中的冬奥吉祥物"主题活动。学校利用美术课和主题班会等形式，动员中小学生参与吉祥物创作。全国有超过4.5万所中小学校近1500万名中学生参与了该活动，各地共收集了约30万件学生作品。①

2019年1月7~8日，北京冬奥组委组织国内外知名专家召开吉祥物评审会议。评委涵盖造型设计、艺术理论、体育和奥运、动漫影视、儿童文学和玩具、残奥会、互联网等领域的专家。经过初评和复评，评选出10个入围作品，代表了10个创意方向，包括了中国特有珍稀动物、汉字、动漫、生肖瑞兽、冰雪运动、互联网、春节年俗等类别。②

冰墩墩的初始设计灵感来源于冰糖葫芦，修改过程中采用过的形象并不

---

① 《冰雪晶莹点亮梦想——北京冬奥会、冬残奥会吉祥物诞生记》，《工会博览》2019年第29期，第39~41页。

② 《冰雪晶莹点亮梦想——北京冬奥会、冬残奥会吉祥物诞生记》，《工会博览》2019年第29期，第39~41页。

只有熊猫，还包含了其他动物，如老虎、兔子、熊和鹿等。2019 年 4 月 12 日，在严格保密的情况下，北京冬奥组委邀请全国及北京市、河北省人大代表、政协委员，全国总工会、共青团中央、全国妇联、中国残联的代表，专业运动员、大中小学生和相关企业代表，以及国际奥委会代表等，形成了一个非常综合的意见群体，对设计方案进行评议。虽然不称之为评审，但他们的意见对于冰墩墩最终形象的确定起到了至关重要的作用。2019 年 7 月 10 日，冬奥组委邀请 240 名小学生对吉祥物设计方案进行了喜爱度调查。小学生年龄在 8~12 岁，他们表达了对设计方案的高度喜爱及浓厚兴趣。

冬奥会吉祥物的设计既要追求创新和前沿，又不能过于具有实验性。设计需要体现国家形象，并成为在国际上最有效的传播国家形象的元素。在这样的评判标准下，熊猫成为理想的选项，其形象具有国际认知度，无须过多解释和教育。只要熊猫的形象出现，人们自然会联想到中国。实际上，熊猫是唯一能够代表中国的动物，其地位无可替代。

在冰墩墩设计的初期构思中，其形象仅为冰糖外壳内包裹的熊猫，并未包含冰丝带头圈的设计元素。然而，在一次高级别的汇报会议上，一位领导提出了一个重要的问题，他从另一个角度思考了冰壳与熊猫的关系。他认为熊猫被冰壳所包裹，似乎被"冻在冰里"，这与冬奥会的主题精神并不相符。领导提出，冰墩墩与北京冬奥会的连接略显不足，除了肚子上的会徽外，没有其他明显的元素能够明确地与北京冬奥会相连接。他建议可以考虑使用北京新建场馆的标志性特征来增强冰墩墩与冬奥会的关联性。这次会议的核心议题并非审美层面的探讨，而是如何更有效地传达与传播设计理念。会议中提出的两点问题，正是设计团队在初期所忽视的。首先，冰壳熊猫与北京冬奥会的关联度不足，无法很好地呼应冬奥主题。其次，将冰壳套在动物形象上，可能会让人产生动物被"冰封"的误解，缺乏人文关怀。这两个问题促使设计团队对冰墩墩的形象进行重新审视。在会后，团队内部展开了深入的讨论，并决定将北京最典型的新建场馆——冰丝带作为灵感来源。团队尝试将冰丝带的俯瞰马鞍形外观转化为一个圈，并环绕在冰壳的边缘，逐步完成了现在的冰丝带头圈的设计，从而塑造出一个与北京冬奥会紧密相

连的全新形象。这一创新设计通过加入头圈元素，使得冰壳整体形象更类似于宇航员的服装。这一转变巧妙地改变了原本"动物被冰封"的概念，转化为给熊猫穿上了一件冰壳外套，从而赋予了冰墩墩更加生动和人性化的形象。这一设计上的巨大转变，无疑为冰墩墩赋予了更加丰富和深刻的内涵。

此后再也没有人问为什么熊猫被"冻在冰里"了。这个设计使得人们更容易理解其面向未来和科技感的概念。这一核心设计概念在后续的发展中逐渐演变，成为冰墩墩形象的重要组成部分。最初，冰壳被设想为一种"替换皮肤"的概念，类似于给熊猫换上一层新的外观。然而，当加入了冰丝带头圈后，冰壳的形象从单纯的皮肤变得更像一件衣物或装备，与设计团队的初衷更加契合。这一转变为后续的 IP 设计与开发提供了更多可能性。冰壳的颜色可以变化以适应不同的场合，如春节时的生肖服饰。这种"换皮肤"和"换装备"的概念，使得冰墩墩的形象更加多样化，也更符合设计团队的目标。这一设计思路早在 2019 年就已经确定，为后来数年工作提供了明确的方向。这种前瞻性的设计策略，不仅使冰墩墩的形象更加深入人心，也为其在后续市场开发中创造了巨大的商业价值。

在形态设计完成后，冰墩墩的生产也面临了一些挑战，尤其是外壳的材料选择。高透明的材料中，塑料是最方便的选择，但国际奥委会对环保和绿色生产有明确要求，不允许使用塑料。为了找到一个既环保又安全、透明度高，同时还要能与内部的毛绒材料相契合的材料，团队与产品生产商进行了多次会议和反复的试验。最终，经过多次努力，他们成功地调整了材料，使得冰墩墩的外壳既环保又安全，透明度良好，与内部的毛绒完美结合。这一创新在玩具行业中是前所未有的，冬奥会产品的设计带动了中国硅胶产业的发展。随着冰墩墩在全球范围内的热销，全国"一户一墩"的理想得到实现，这也带动了相关产业的发展。冰墩墩的生产过程中，硅胶模具的产能以及从材料提纯到生产的技术都有所提升。这充分体现了设计在整个工作过程中所起的巨大推动作用。

在冰墩墩设计之初，透明的冰晶外壳确实为山寨产品设置了一道防线。这是因为这种材料的生产需要大批量开模和统一制作，成本相对较高，使得山寨产品厂商难以仿制。因此，早期的冰墩墩假货非常少。然而，随着人们对冰墩墩的喜爱不断升温，市场供不应求。面对这种情况，市场部门紧急找到冬奥组委设计总监，提议是否可以取消冰晶外壳，改用单一材料以加快生产速度，让老百姓更早地拿到冰墩墩。设计总监坚决反对这一提议，认为人们喜欢的冰墩墩是有冰晶外壳的，如果只是给一个布制的冰墩墩，那就失去了其真正的意义。

为了确保吉祥物设计工作的快速推进，根据"边调整边查重"的思路，2019 年 6 月，北京冬奥组委将吉祥物设计方案查重的工作交给了国家市场监督管理总局以及国家知识产权局商标局。经过官方细致审查，在商标注册的全部 45 个领域中，并未发现与设计方案高度相似的商标存在。

2019 年 6 月 18~22 日，北京冬奥组委代表团赴瑞士洛桑和德国波恩，分别与国际奥委会和国际残奥委会就北京冬奥会吉祥物和冬残奥会吉祥物设计方案进行了沟通。2019 年 6 月 24 日，国际奥委会、国际残奥委会对吉祥物设计方案启动国际查重工作。经过国内外专业机构的严格查重，未发现与身穿冰晶外壳的冰墩墩相似的吉祥物和 IP 形象。2019 年 9 月 17 日，冰墩墩正式向全球发布。

冰墩墩的特许商品开发与生产使其从设计概念转变为现实生活中的实体产品，它不再仅仅是纸上的图案，而是变得触手可及，成为人们可以真正拥有和珍视的"生命"。2022 年 2 月 4 日，虎年立春之日，北京冬奥会盛大开幕之际，"冰墩墩"赢得了各国运动员、代表团成员和新闻工作者的热烈喜爱。访华的摩纳哥公国元首阿尔贝二世亲王也对面塑版的"冰墩墩"爱不释手，甚至想要带一对回家送给孩子。于是在 2022 年 2 月 6 日下午的中摩两国元首会见中，习近平主席提议，请阿尔贝二世亲王挑选一对钟爱的冰墩墩带回家，作为给孩子们的礼物，同时也带去来自中国的美好祝愿。

在北京冬奥会期间，冰墩墩在社交媒体领域迅速走红，连续多日成为公众热议的焦点，其设计团队也接受了国内外百余家媒体的采访。冰墩墩虽是一个虚拟形象，但背后真实演绎它的冬奥会志愿者们，以更加生动和直接的方式为这个玩偶注入了真实的灵魂与活力。无论是刻苦练习 4A 动作，还是

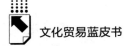

在开幕式上难以割舍舞台的情态，都给我们留下了深刻的印象志愿者们扮演的冰墩墩在赛事现场活力四射地舞动，或在奥运村里进行清扫、除雪、垃圾分类等劳动，与运动员们依依惜别，拉着行李箱下班……一个憨厚可爱、温暖人心的冰墩墩被各种镜头捕捉，生动地展现在社交媒体上，迅速赢得了众多粉丝的喜爱。"一墩难求"的现象激发了广大网民和社会大众的创造力。"万物皆可墩"，各地的网友们利用雪、橘子、米粒、烘焙蛋糕等各种材料，积极创作了各种版本的冰墩墩。表情包、求"墩"的歌曲等作品在互联网和社交圈中自发传播，进一步增强了公众对冰墩墩的渴望。大众是推动冰墩墩成为顶流的最强动力，人们借此方式表达了对祖国的深深热爱，以及对北京 2022 年冬奥会所象征的和平、稳定、美好生活的向往。冰墩墩成为这种集体情感的载体和桥梁，这正是吉祥物能够走红的社会心理动因。①

（二）经济价值

图 1 显示了北京冬奥会吉祥物特许产品售卖情况的官方统计数据。冰墩墩的爆火导致冰墩墩的相关特许产品市场断供。北京冬奥组委市场部与形象景观团队保持密切沟通，讨论市场反馈的问题。市场要求必须提供足够数量的冰墩墩商品，以满足每个家庭甚至每个人的需求。然而，现有的硅胶壳（冰墩墩的冰晶外壳）生产工艺无法满足这一庞大的需求。因此，形象景观团队需要考虑新的工艺和工具来应对市场的反馈。于是，为了解决快速生产的问题，设计团队将冰墩墩的冰晶外壳换成虎年的虎头帽服装，形成了虎墩墩。所以虎墩墩的出现是基于市场反馈的一个行为。后来，虎墩墩正式上市以后，在春节时段也迅速成为市场销售热点。

从冰墩墩设计的逐步演化中，可看出其灵感源泉与市场需求紧密交织。起初，在冰墩墩冰晶外壳的延展设计方面，设计团队主要考虑的是冰雪装备的更迭以及不同场景服饰的变换，对于全毛绒形象的设想并未明确成形。设

---

① 曹雪、钱磊：《2022 年北京冬奥会吉祥物"冰墩墩"设计历程》，《包装工程》2022 年第 10 期，第 14~27 页。

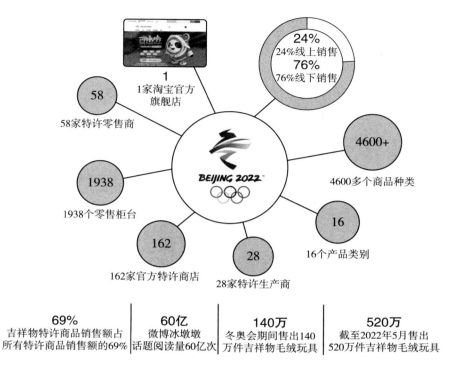

图 1　北京冬奥会吉祥物特许产品售卖情况的官方统计数据

资料来源：国际奥委会发布的《2022 年北京冬奥会市场营销报告》。

计团队曾构想改变冰壳的颜色与材料，为其增添多元化的材质与色彩。然而，市场对冰墩墩的购买需求日益增长，要求提供更多样化的外观选择。为了满足这一需求，设计团队决定尝试使用毛绒材质来制作冰墩墩的外壳。这一创新举措不仅为冰墩墩的形象注入了新的活力，更大幅提升了其市场潜力。因此，冰墩墩全毛绒形象的诞生，是市场反馈与设计团队创新思维珠联璧合的产物。此设计不仅契合了消费者的期待，更为冰墩墩赢得了更广泛的市场认可与经济价值。

奥运会所有的形象元素都被要求具备规范手册。冰墩墩也有清晰、严格的使用规范手册。虎墩墩的设计，其实并不符合冰墩墩的应用标准和使用规范。所以国际奥委会在审批时，把虎墩墩定义为一个与冰墩墩有所区别的新春特别版产品，它被视为冰墩墩的一个变形版本。无论是虎墩墩，还是后续的兔墩墩、龙墩墩，它们都不再被称为冰墩墩，而是被归类为冰墩墩的新春特别版。这些设计都以冰墩墩的 IP 原型为基础，经过创新和发展，形成了独立的分支。这一策略丰富了冰墩墩 IP 系列产品的多样性，为后续的市场开发提供了更多的可能性。

虎墩墩的上市时间在北京冬奥会赛时阶段。北京冬奥组委有权对冰墩墩进行市场开发。而在 2022 年 12 月 31 日，冰墩墩等北京冬奥会相关知识产权就要移交给国际奥委会,成为其名下的奥林匹克历史知识产权。而这个时间点，正是兔墩墩的上市时间。

《奥林匹克宪章》明确写道："为奥运会创作的任何吉祥物均应被视为奥林匹克标识，其设计方案必须由奥组委提交国际奥委会执行委员会批准。奥运会在筹备和庆祝期间进行，并在不迟于举办此奥运会的日历年年底结束，该期限届满后，此类标志、吉祥物以及其他标志、设计、徽章、海报、物品和文件的所有权利或与之相关的所有权利将完全归国际奥委会所有。"[1]

实际上，每届奥运会的吉祥物都会被纳入奥林匹克历史知识产权的体系。若某举办城市希望赛事结束后继续经营相关奥运特许商品，那么需要先由其所在地的奥委会与国际奥委会进行协商，然后再由经营企业向国际奥委会提交申请，并经过所在地奥委会的许可，各方达成一致后，才可在该奥委会的管理区域内继续生产和销售相关产品。若有新品上市，其设计亦需获得国际奥委会与所在地奥委会的认可。[2]

所以，兔墩墩的设计、生产和销售，必须征得国际奥委会和中国奥委会的同意和授权。兔墩墩，是要延续冰墩墩的品牌，让它留在北京成为奥运文化遗产。对于兔墩墩的重新审批来说，幸运的是虎墩墩在 2022 年初开了个好头，为国际奥委会提供了一个将中国春节文化和生肖文化与冰墩墩融合的正面案例。虎墩墩备受大家喜爱，冰墩墩也由此更受欢

---

① 国际奥委会:《奥林匹克宪章（2020 版）》，第 91 页。

② 姬烨:《"冰墩墩"变身"兔墩墩"背后的奥林匹克历史知识产权》，新华网，2022 年 12 月 28 日，http://www.news.cn/local/2022−12/28/c_ 1129239439.htm。

迎。这成为让国际奥委会对兔墩墩再次予以许可的一个原因。国际奥委会也乐于在中国春节时延续奥运文化和中国的生肖文化。这就是为什么虎墩墩的引入很重要：它给国际奥委会做了一个示范，这个示范是非常有益的。

尽管北京冬奥会已经结束，但冰墩墩 IP 仍体现出极大的商业价值。2022 年 12 月 28 日，北京冬奥会吉祥物冰墩墩兔年特别版——兔墩墩正式发布。两天之后，根据北京工美集团有限责任公司文化创意分公司微信公众号消息，王府井工美大厦兔墩墩系列商品已售完，元旦期间因兔墩墩系列产品无货，其自 12 月 31 日起暂停销售，具体恢复销售时间另行告知。兔墩墩接住了虎墩墩热销的接力棒。实际上，由于当时的生产压力，虎墩墩被设计为一款普通毛绒产品，去除了冰壳元素。而在设计兔墩墩时，设计团队进行了一些必要的调整，强调冰墩墩的冰晶外壳特征，保留冰墩墩的标志性元素，将冰晶外壳的特征添加到兔墩墩的脸上（见图 2），使其与冰墩墩原型联系更为紧密，系统性更强。兔墩墩之所以成为兔墩墩，是为了延续冰墩墩的品牌影响力。这一做法的市场反馈也非常好，设计团队重新找到了冰墩墩的系统性联系，这一点一直延续到后来。

图 2　虎墩墩（左）和兔墩墩（右）

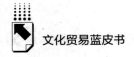

虎墩墩的成功为兔墩墩的设计奠定了良好的基础。而兔墩墩的设计在延续虎墩墩的创作初衷，对生肖文化、春节文化与冰墩墩形象进行融合的同时，强化了冰墩墩的 IP 形象，并借鉴北京"兔爷"等传统文化遗产进行创新设计，为市场带来持续的活力，续写冰墩墩 IP 的后冬奥故事。

兔墩墩一经发布，便成为文创传播的焦点。央视新闻以"冰墩墩送新春祝福 兔年特别版亮相"为标题，进行了专题报道。在社交媒体平台上，"冰墩墩变身兔墩墩"的微博话题在短短 9 小时内，阅读量便突破 1 亿次，更有多达 128 家媒体纷纷转载发布，形成了一场覆盖电视、广播、新媒体平台以及手机客户端的全媒体传播矩阵。这不仅是一次成功的奥运文化遗产推广，更是一次具有深远影响的现象级传播事件，为兔墩墩的推广和热销营造了热烈而积极的舆论氛围。兔墩墩的热销，也为设计和生产团队带来了更加强大的持续创作动力。

2023 年 10 月，在第三届"一带一路"国际合作高峰论坛的文创产品展区，冰墩墩与兔墩墩携手亮相。它们的形象深深打动了智利总统博里奇，他毫不犹豫地购买了毛绒玩具和盲盒作为纪念。在北京这个独一无二的双奥之城，持续看到"墩墩"系列商品和形象，打破了奥林匹克历史上的惯例。对于国际奥委会而言，这是一个前所未有的举措。国际奥委会官员认为，兔墩墩不仅没有违反奥运遗产开发规则，还在推广奥运文化的同时，巧妙地融入了城市特色。国际奥委会与中国奥委会共同批准兔墩墩上市，标志着"中国 IP 设计"成功敲开了奥运会历史知识产权授权的大门。

三 冰墩墩 IP 形象焕新市场表现
对文化贸易产业的启示

冰墩墩龙年新春特别版——龙墩墩于 2023 年 11 月 29 日正式发布。随后在 12 月 7 日大雪节气之际，该产品正式投入市场进行销售。图 3 展示了一系列龙墩墩产品。龙墩墩的销售量因中国春节拜年习俗的盛行与北京冬奥会两周年庆典的市场热度而显著攀升。这一增长态势不仅得益于奥运收藏市场近 20 年的深厚积淀，还受益于文化产品供给侧结构性改革和国潮复兴激发的新消费热潮，以及不断优化完善的设计、生产、物流和销售体系的全方位支持。①

图 3　龙墩墩产品

　　龙墩墩再次受到大众的喜爱，使得"墩墩"IP 从网络热门形象转变为了长期受欢迎的品牌。其中，最为显著的变化体现在"墩墩"形象的多样化呈现上。这只享誉全球的熊猫形象，先后融入了虎头、兔耳和龙身等不同的生肖元素。这一转变的背后，实际上隐藏了一条前所未有的奥运 IP 市场开发路径。

　　鉴于兔墩墩快速脱销的经验，开发团队推出了与龙墩墩相关联的 50 个品类的产品，并与中国联通、中国邮政北京市分公司、北京工美集团等多家企业合作，通过全国 400 余家门店进行销售。尤其在春节期间，增设了位于 T3 航站楼、免税店和庙会等的临时销售点，以满足广大消费者的需求。②

　　购买"墩墩"已逐渐成为人们的一种习惯。北京冬奥会期间民众排长

① 《"龙墩墩"的流量密码》，《北京日报》2024 年 2 月 8 日，第 7 版。
② 《"龙墩墩"的流量密码》，《北京日报》2024 年 2 月 8 日，第 7 版。

队购买冰墩墩的壮观景象还依稀在目。在 2022 年底，王府井工美大厦前再次出现了购买兔墩墩的长龙。开售后短短两小时，首批兔墩墩便全面售罄。时隔一年，在龙墩墩首发当日，工美大厦门前再次聚集了 100 多人的队伍。尽管实行了限购措施，首批 500 件货物几乎在瞬间被抢购一空。龙墩墩盲盒成为上市两个月以来销售最火爆的产品。仅工美大厦一家店售出的盲盒就接近 3 万个，此外还售出了 1.3 万个毛绒玩具。盲盒设计中融入的"四海之内皆兄弟"理念，既体现了中华民族对龙文化的尊崇，也契合了奥林匹克大家庭所倡导的"团结"精神。冰墩墩毛绒玩具曾在冬奥会期间成为销售冠军，截至 2022 年底，其销量已超过 550 万只。如今，热销商品的"顶流"地位不断轮转，这也反映了消费群体的年轻化趋势。"盲盒价格不到 100元，且自己组装的过程具有互动性，非常符合年轻人的消费心理。"华江文化集团董事长陈绍枢表示。在国际奥委会市场部在和中方开发团队召开的会议上，对这一热烈反响表示赞赏，他们认为这进一步证明了奥林匹克在年轻人中的吸引力不断增强。

在 2024 年 1 月 18 日举行的北京商业品牌大会上，北京市商务局党组书记、局长，原北京冬奥组委市场开发部部长朴学东以冰墩墩为例，分享了打造顶流品牌的 12 字心得——"打动人心、善解人意、利他优先"。尽管市场已经相对成熟，但龙墩墩的 IP 形象并非一时"灵感乍现"，而是深入研究和精心策划的成果。与外界的印象不同，这一形象背后蕴含着丰富的文化内涵和创意价值。

中国龙与恐龙之间存在明确的区分，这一差异在设计理念的源头上就应被鲜明地体现出来。作为文化交流的重要使者，中国自主设计的文化符号冰墩墩在全球范围内激起了强烈的共鸣，其后续的"墩墩"系列形象的内涵更是不断深化，向全世界展示了中国文化的独特魅力。作为一种神兽和精神象征，"龙"的形象及其内涵充满了复杂性和多样性。为了确保设计的精确与深度，一个由考古专家、美术史学者和设计专家组成的专业研究团队开始了关于中国龙的研究工作。他们回溯至拥有 6500 年历史的"中华第一龙"蚌塑龙，搜集了丰富的历史文献资料，提炼出龙角、龙耳、龙尾等各个部位特征的共性，进而在龙墩墩的设计中进行了精心的测试与融合。

"冰墩墩"的火爆不仅极大地促进了其生产和物流体系的优化与升级，更为中国 IP 设计和文化创意产业的繁荣发展提供了宝贵的实践经验。这一成就，为其长期受到关注和喜爱奠定了坚实的基础。中国拥有深厚的文化底蕴和丰富的创意资源，如何进一步挖掘和利用这些资源，对于设计师而言，无疑是一个重大的挑战。正如北京市文旅局副局长刘斌所言："既然国际奥委会赋予了我们这个宝贵的机遇，我们就必须紧紧把握。"他正在积极为"墩墩" IP 争取更多的展示平台，让这一融合了中华优秀传统文化与奥林匹克文化的 IP 能够持续得到推广、传承，成为连接不同文化、不同国家的桥梁。

2022 年北京冬奥会吉祥物冰墩墩是首个风靡全球的中国自主设计的吉祥物。冰墩墩已成为新时期中国文化发展的典型文化符号。奥运会结束后，冰墩墩作为奥运会历史知识产权，在多方协助下得以继续生产和销售。设计团队将奥林匹克精神、春节文化、生肖文化结合起来，以冰壳变化的形式，实现其长远的延伸和发展。

IP 形象推动文化贸易产业，离不开多种媒体的综合塑造。冰墩墩破圈现象可以理解为奥运文化 IP 以北京冬奥会为内容营销载体，在传统媒体、短视频、微信公众号、微博和移动客户端等媒体矩阵的共同作用下，产生了几何式的、多维度的价值裂变。① 吉祥物在赛前、赛时和赛后的传播过程管理对特许产品售卖、奥林匹克话题关注度等起到重要影响。在传播过程的研究与讨论中，应同时关注到自塑与他塑的预期和结果。应通过对传播策略的反馈和追踪，梳理传播路径和反馈结果。

依据中国媒体平台对于冰墩墩话题关注人群的画像，24~40 岁的年轻人是奥运吉祥物网络话题的主要受众。以中国市场和中国年轻人为例，扩展到奥运会举办国的年轻人，通过平台大数据收集，量化传播途径和人群画

---

① 程华栋：《"冰墩墩"破圈：体育文创 IP 的价值裂变》，《中国广告》2022 年第 4 期，第 44~46 页。

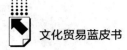

像，对网络视觉文化进行分析研究，探讨奥林匹克品牌的网络传播如何契合民众的情感需求，以及如何影响年轻一代积极主动的参与。帮助奥运文化建立起和年轻一代的关系，让他们参与到传播过程中。另外，创造无形资产和有效管理是奥运吉祥物长期成功的关键，可以使奥运遗产利用效益最大化。后奥运时代（赛后）奥林匹克品牌设计延伸策略也使奥运吉祥物和奥运城市形成绑定关系，吉祥物作为城市形象 IP，进一步体现奥运会对城市发展的促进作用，促进奥运文化在年轻群体中的传播与奥运精神的传承。

冰墩墩的成功是城市发展、国家级资源合作、文化消费需求增长、长期持续机遇长期持续存在的结果。打造典型的 IP 形象需要好时机、好设计、好制作的共同努力。应通过经过深思熟虑而制定的策略、矩阵宣传和设计引导，逐步完成文化贸易产业中 IP 形象的塑造。

实践创新篇

B.17

中国数字文化贸易发展问题
及政策优化研究*

孙乾坤　师　雯　暴　蓉**

摘　要：　伴随着中国式现代化的逐步推进，文化贸易与数字技术深度融合，数字文化贸易逐步成为提升我国文化国际影响力的重要途径。本报告通过对我国数字文化贸易发展状况和特征趋势进行深入考察，发现当前我国数字文化贸易呈现良好的发展态势，具有较为广阔的发展前景。进一步地，结合复杂的国内外形势，分析了我国数字文化贸易发展面临的机遇和挑战，并从数字技术创新、复合型人才供给和数字鸿沟等方面对存在问题进行深入探究。同时，系统归纳了国外数字文化贸易发展的政策经验及启示，提出我国应争取数字文

* 本报告系中国服务贸易协会课题"中国式现代化背景下促进数字文化贸易发展的政策设计研究"（课题编号：FWMYKT-202418）成果。

** 孙乾坤，北京第二外国语学院经济学院副教授，国际贸易系主任，首都国际服务贸易与文化贸易研究基地研究员，研究方向为国际经济与文化贸易；师雯，北京第二外国语学院经济学院硕士研究生，研究方向为国际经济与文化贸易；暴蓉，北京第二外国语学院经济学院硕士研究生，研究方向为国际经济与文化贸易。

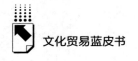
化贸易国际话语权、加大政府政策支持力度、培养数字文化贸易复合型人才、提升文化产业数字创新能力、加强数字文化贸易统计与监测等对策建议。

关键词： 数字文化贸易　数字技术　政策优化

　　近年来，世界各国对文化产业的重视程度不断提高，文化产业发展状况已经成为国家软实力的重要标志。2022 年，商务部等 27 部门发布的《关于推进对外文化贸易高质量发展的意见》指出要"大力发展数字文化贸易。推进实施国家文化数字化战略，建设国家文化大数据体系"。进一步地，党的二十大报告也提出要实施国家文化数字化战略，健全现代公共文化服务体系，创新实施文化惠民工程。可见，文化贸易已成为推进贸易强国建设、推动中华文化"走出去"的重要抓手，是全方位对外开放的重要组成部分。

　　作为一个历史悠久的文明古国，我国不仅拥有丰富的历史文物，还具有深厚的文化底蕴。随着中国经济社会的迅速发展和文化事业的不断进步，加强我国国际影响力变得愈发关键。为提升我国的文化软实力和文化影响力，我国需要采取积极措施。自 2011 年我国提出文化强国战略以来，我国对外文化交流和文化贸易不断增加，为提升我国国际影响力和国际形象提供了重要途径。目前，我国数字文化贸易正稳步发展，保持着良好势头。作为我国传统文化扩大国际影响力的重要突破口，数字文化贸易也成为我国贸易规模持续稳步增长的新动力。

　　然而，在当今多元文化逐步渗透融合的背景下，国际市场上文化产品的竞争日益激烈。同时，我国正处于数字文化贸易发展初期，这给我国在"中国式现代化"背景下推进数字文化贸易带来了一定的机遇和挑战。鉴于这一情境，本报告将结合"中国式现代化"的背景，全面考察我国数字文化贸易发展的现状及趋势、所面临的机遇与挑战、存在的问题和国外政策经验等方面，并提出相应的政策优化建议，以期为增强我国文化传播能力和国际影响力、推动我国数字文化贸易稳步发展提供借鉴参考。

一 我国数字文化贸易发展状况及趋势

（一）我国数字文化贸易发展状况

我国数字文化贸易发展较为稳定，但 2023 年整体收入较 2022 年有所下滑。海关总署统计数据显示，2023 年我国对外文化产品贸易进出口总额为 1663.63 亿美元，较 2022 年减少约 139 亿美元，同比下降 7.7%，其中，出口贸易额约为 1484.05 亿美元，较 2022 年下降 9.3%；进口贸易额约为 179.58 亿美元，较 2022 年增长 8.3%。① 我国数字文化贸易发展状况如下。

1. 我国政府高度重视数字文化贸易发展并出台一系列政策

近年来，我国政府高度重视数字文化贸易的发展，并颁布了一系列相关政策，如《关于推进实施国家文化数字化战略的意见》《关于推进对外文化贸易高质量发展的意见》《数字中国建设整体布局规划》等。这些政策旨在促进我国文化数字化基础设施建设、支持数字文化贸易发展、加强数字文化领域对外开放，打造自信繁荣的数字文化。

2. 数字文化贸易区域发展不平衡

我国数字文化贸易在区域发展方面存在不均衡现象。《2023 中国文化数字化创新指数（CDI）研究报告》对全国 31 个省（区、市）的文化数字化创新能力进行评估，报告显示，各地的文化数字化创新程度存在明显差异，北京、广东以及珠三角地区排名靠前。南方和东部地区拥有较好的文化资源和政策环境，有利于推动数字化创新。而其他区域则存在文化积淀不足、文化贸易数字化转型仍处于初级阶段等问题。长三角地区成为创新聚集地，该地区建立了全国 1/4 的 5G 基站。珠三角地区的产业交流非常活跃，并致力于实现经济、文化、社会民生和人才培养的协同发展。环渤海地区主要依赖传统信息服务作为主要的文化贸易来源。受制于产业结构和经济环境的影响，西北地区的经济动能相对较弱，存在着文化数字化技术驱动能力和产业

---

① 此处使用的 2022 年对外文化贸易数据为年度数据，2023 年数据为月度数据加总所得。

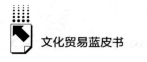

转化能力不足的问题。

3. 文化产品呈现多样性，海外市场规模逐渐扩大，出口压力增加

自《商务部等 27 部门关于推进对外文化贸易高质量发展的意见》发布以来，地方政府和企业纷纷开始重视培育网络文学、网络影像、视听作品等文化贸易产品的出口竞争优势并取得了一定成就。以网络文学和网络游戏为例，《2023 中国网络文学出海趋势报告》数据显示，2023 年我国网络文学海外市场收入超过 40 亿元，比 2019 年增加了 30 多亿元，海外网络作家约有 41 万名，海外原创作品达到 62 万多部，海外用户数量约为 2.3 亿。2020~2023 年，网络文学海外用户规模与收入总体提升（见图 1），网络文学市场已经拓展至全球 200 个国家和地区。网络游戏市场方面，中国游戏类文化产品主要出口至美国、日本、韩国及德国，其中前两者带来的收入占据中国网络游戏海外市场收入的一半以上（见图 2），但从数额上看，中国网络游戏的海外市场销售收入同比下降 5.65%，销售额连续两年下降至163.66 亿美元，海外游戏市场有望进一步扩大。

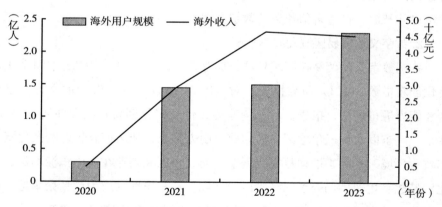

图 1   2020~2023 年网络文学海外用户规模与收入发展趋势

资料来源：《2023 中国网络文学出海趋势报告》。

（二）未来我国数字文化贸易的发展趋势

通过对网络文学、网络游戏等领域海外出口状况进行分析，我们可以观

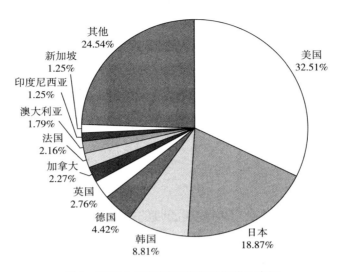

图 2　2023 年网络游戏海外市场收入来源

资料来源：《2023 年中国游戏产业报告》。

察到中国数字文化海外市场贸易规模逐渐扩大，并在某些领域具有一定的吸引力。然而，整体而言，中国数字文化产业仍然面临一定的挑战和竞争压力。这也促使中国数字文化产业不断进行创新发展和战略调整，以提高在国际市场上的竞争力。

以数字为基础的文化贸易在我国文化交易中的地位正大幅提升。2024 年国务院《政府工作报告》指出要"大力推进现代化产业体系建设，加快发展新质生产力"，而数字技术正是发展新质生产力的基础，各产业的数字化转型创新将成为未来国民经济和社会发展的首要任务。具体而言，新质生产力的发展更多依靠劳动力素质的提高、科技创新和产业升级。在新质生产力政策的引导下，可以预见我国各行各业将在科技创新和人才素质方面取得显著进步，进一步推动我国数字文化贸易快速发展并成为文化贸易的主导形式。近年来，我国在文化领域数字化政策环境和贸易模式的优化方面取得了显著进展，数字文化贸易在国际贸易中的地位日益重要。在趋势引领、数字技术推动、政策支持和规则保

障等多种因素的共同作用下，我国数字文化贸易发展动力将不断增强，发展前景较为广阔。

二 我国数字文化贸易发展面临的机遇和挑战

在当前国家政策的导向下，结合特定时代背景以及众多影响数字文化贸易发展的因素，我国数字文化贸易正迎来一系列发展机遇，但与此同时，也需面对和克服一系列挑战。

（一）我国数字文化贸易发展面临的机遇

1. 数字化发展机遇

近年来，各国日益普遍地将产业和贸易与数字技术相结合。在这一大环境下，全球数字技术和数字经济快速发展，国际数字内容文化市场也日益繁荣。人工智能、物联网、5G 网络、区块链等前沿科技赋能文化产业，数字技术在文化产业创作、生产、消费全链条上大幅提升了效率和便利性。例如，数字技术的广泛应用轻松将文化内容呈现在人们的日常生活中，使文化内容的获取和创作更加便捷。通过大数据的应用，可以更容易地了解消费者的偏好，实现文化内容的精准投放；而人工智能的运用则有助于提高交易效率，推动数字内容的更快速传播和更广泛消费。

2. 国家政策机遇

近年来，我国对数字化的重视程度不断提升，政府针对文化贸易发展建立了多种平台，同时发布了一系列指导性文件和政策，如《关于促进数据安全产业发展的指导意见》和《数字中国建设整体布局规划》等。这些政策的制定为数字文化企业发展提供了明确的指引和支持。

此外，我国不同的自贸区也开展了文化领域开放制度创新，对促进我国文化贸易产生积极影响。上海自贸试验区保税区充分利用其独特的区域优势，积极响应并实施国家文物局所授权的自贸试验区保税区内文物进出境创新制度。山东自贸试验区济南片区积极推动数字文化贸易，创新贸易模式，建设数字化平台，并制定了一系列文化产品数字化政策措施。在此背景下，我国数字文化贸易迎来了重要发展机遇。

（二）我国数字文化贸易发展面临的挑战

1. 国际话语权不足

在全球范围内，美国等少数发达国家主导着数字经济规则、标准的制定，这些国家开展数字文化贸易较早，无论是在文化生产质量方面还是在营销策略方面都积累了丰富的经验，处于领先地位。相比之下，我国数字文化贸易起步较晚，存在着明显的经验差距，缺少在标准制定与规则解释方面的话语权，而国际话语权的缺失将使我国数字文化贸易面临因少数发达国家设置针对性数字规则而受到限制的风险。

2. 贸易壁垒制约

随着数字技术的不断进步，电子商务和数字贸易得到相应发展。然而，各国在数字领域的规定和法律制定的差异导致了数字贸易壁垒的出现。数字文化贸易领域的壁垒主要体现在以下几个方面。首先，我国文化产品和服务出口可能面临东道国提出的交易限制和其他规则限制等歧视性待遇。其次，一些东道国为防止外来文化深度融入，会设立较为严格的审核标准或较高的市场准入门槛。同时，一些国家为限制本国数据的跨境流动，明确要求并制定了数据本地化存储或处理的相关规定，从而制约了数字文化产品和服务的流动，不利于我国数字文化产品进口。因此，以上壁垒的存在将阻碍数字文化的跨境交易与传播，给我国数字文化贸易发展带来挑战。

3. 文化距离问题

文化距离为开展数字文化贸易带来了一定的挑战，存在于宗教、传统习俗和价值观等各个方面。由于各国的历史发展背景差异造成的文化差异与文化认同程度的不同，不同国家的观众在面对外来文化产品时不免由于文化冲击而产生理解偏差，对新生文化产品的接受度因而大打折扣[1]，这种不适应

---

[1] 闫玉刚：《"文化折扣"与中国对外文化贸易的产品策略》，《现代经济探讨》2008年第2期。

即由文化距离引起。消费者因具有不同的文化背景而产生审美差异以及对外来文化缺乏认同感和理解能力。这进一步增强了文化产业在进行对外贸易决策和对外投资时的不确定性和风险性，从而导致贸易成本的上升。如果无法创作出符合相应地区观众偏好的产品，那么产品的市场需求将减少，甚至存在退出市场的风险。

4. 文化趋同风险

文化内容商业化会导致文化趋同的风险。参与数字文化贸易包括将文化内容以商品形式呈现给全球消费者的过程，而商业化不可避免地会带来行业内竞争，从而导致国际市场上文化产业日益商业化，文化内容日渐公式化和标准化，甚至失去传统文化的独特魅力，这可能会对文化多样性和独特性造成挑战。同时，随着商业化程度的加深，文化内容可能被迫趋向同质化，最终导致文化趋同的现象。这种现象可能会削弱各国文化的特色，进而影响到全球多元文化的传承和发展。因此，虽然数字文化贸易为文化内容的传播提供了新的机遇和平台，但也需要警惕其可能带来的文化同质化趋势，并采取相应的措施来保护和增强文化的多样性与独特性。

三　我国数字文化贸易发展存在的主要问题

当前，我国在关键数字核心技术领域存在一定的不足，数字文化贸易复合型人才相对较少，数字经济制度建设有待完善，同时还存在由数字鸿沟导致的文化领域区域发展不平衡的问题。

（一）数字技术创新发展不足

技术方面，贸易领域的数字技术应用为当前我国数字文化贸易的重心，而其中关键数字技术如高端芯片制造工艺、软件适配及实体设备制造等方面的核心技术仍被部分发达国家掌握。核心技术的缺失将在一定程度上威胁我国数字贸易甚至数字经济安全。因此，数字技术层面的创新发展不足是阻碍我国当前数字文化贸易发展的首要问题。此外，当前国际上如《全面与进步跨太平洋伙伴关系协定（CPTPP）》《数字经济伙伴关系协定（DEPA）》等贸易协定已体现出明显的数字规则的高标准发展趋势。近年来，我国也开始在自贸试验区试行制度创新以对接国际高标准数字贸易规则，但仍在数据资源产权确权、交易流通、消费者隐私保护方面存在制度建设不健全等问题，难以有效保护相关主体的合法权益。限制了我国数字文化贸易潜力的释放，不利于数字文化贸易领域的创新发展。

（二）文化贸易政策的扶持力度有待进一步加强

近年来，我国文化产业政策在税收、融资等方面逐步完善，但存在一定的不足之处，仍需要进一步优化。如我国部分从事文化贸易的中小企业在文化贸易数字技术创新方面未充分得到来自政府的财政支持，导致企业内部研发创新能力不足，缺少驱动企业长久发展的持续动力。尤其在文化企业融资方面，我国现有政策对文化企业投融资的支撑力不足，导致民间资本进入文化产业阻力较大，难以为文化企业提供充分融资支持，影响了创意研发。此外，一些文化项目的开展缺乏明确目标，导致资源使用不当，产出与投入不匹配，造成资源浪费问题。

（三）数字文化贸易复合型人才供给不足

数字技术赋能文化产业催生新的文化贸易模式，这种新模式对文化贸易人才提出了更高的要求。目前，我国数字文化贸易领域存在文化与数字复合型人才短缺情况。大多数从事文化贸易的人才仍专注于传统领域，缺乏具备跨行业知识技能的复合型专业人才。这一状况使得现代文化产业在跨行业发展方面面临着挑战。与传统的文化贸易相比，数字文化贸易复合型人才需要具备充足的文化产业知识、数字技术技能以及开阔的国际贸易视野，以应对数字化时代的快速发展和多元化需求。在互联网信息技术蓬勃发展的背景下，我国文化产业迫切需要吸纳数字技术领域的高端人才，以促进对外文化产业的创新发展。

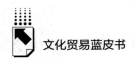

（四）数字鸿沟导致区域间文化领域发展失衡

我国中东部与西部地区的数字技术发展存在明显的不均衡现象。这种不均衡主要体现在获取信息和资源的能力、教育和技能水平等方面，数字技术发展迅速的地区得到了更好的发展，数字技术滞后的地区则日益落后，从而导致数字鸿沟的出现。数字鸿沟的存在不仅会限制我国文化输出的全面性，还会导致区域间文化领域发展失衡。每个地区都拥有独特的文化特色和资源，然而，数字鸿沟的存在扩大了区域间数字经济发展水平和数字技术的差距，不利于贫困地区充分推广当地文化遗产与文创产品，进而阻碍了当地文化收入和经济发展水平的提升。

四 促进数字文化贸易发展的国外政策经验及启示

中国在数字文化贸易领域的起步相对较晚，经验不足。相比之下，法国、美国等国家在出版物与版权、广播影视节目、数字文化创意与设计服务等方面处于全球领先地位，其文化作品被广泛传播至世界各国，可为我国数字文化贸易发展提供一定的经验启示。

（一）法国文化贸易政策

法国以其深厚的文化底蕴而闻名，一直以来高度重视文化产业发展。影视业、出版业和文化旅游业等文化产业是国民经济中的重要支柱产业。

法国文化产业是典型的政府主导型产业。法国政府高度重视本国文化发展，将文化权利写入宪法，并通过提供高额资金保障来支持本国文化产业的发展。其对文化产业的政府拨款不经由社会组织，而是直接流向重点文化企业及文化机构，这种财政支持的有效性以签订协议的方式得到保障，以确保政府管理目标的实现。

2010 年 9 月，法国启动了"文化、科学和教育内容数字化"工程，并提出了"数字化法国"的发展战略。此后，法国在图书出版、音乐、电影等各个领域逐步实施了文化数字化政策。政府通过广泛征集项目，并由专门评审委员会进行筛选，确定为各项目提供投资和补助的程度。

（二）美国文化贸易政策

美国在文化产品版权方面的严格规制可以追溯到 18 世纪，早在 1790 年，美国就颁布了《版权法》，为图书期刊、影视音像等各类出版物和文化产品提供知识产权保护保障，有效促进了美国数字文化领域的发展，使美国成为知识产权保护的受益者。美国虽未设立文化部，但其设立了国家艺术基金会等文化机构。早在 1965 年，美国通过了支持文化事业发展的法律，并依据此法设立了国家艺术基金会等机构（均为非营利性质），为文化事业规划协调和财政资助提供支持。此外，美国还通过法律法规和政策来激励中央和地方对文化产业进行投资。

（三）国外经验政策给我国发展数字文化贸易带来的启示

通过对法、美两国数字文化贸易政策发展特点进行分析发现，一国文化贸易模式的选择须适应本国国情。于我国而言，相较于部分发达国家，我国文化产业处于相对滞后的阶段，对数字文化贸易模式的选择和发展的侧重点应立足实现文化强国的建设目标，以扩大中华文化国际影响力为重点，构建更有效力的国际传播体系，以国家文化软实力的提升推动我国文化产业发展。

在政策支持与政府角色方面，法国政府通过宪法保障文化权利，直接对重点文化企业（机构）提供财政支持；美国虽然对文化产业采取自由开放态度，但政府仍通过法律规制和文化机构直接向文化团体和个人提供经济支持，且美国《版权法》为文化产业提供的法律保障促进了文化产品的创新创造。上述做法为我国数字文化贸易发展提供经验借鉴。如我国可加强政府在文化产业中的引导作用，以更加完善的知识产权法律体系为数字文化产业的健康发展营造良好的法治环境；以更加灵活多样的资助模式优化财政支持机制，确保资金精准流向关键领域和优质项目。总而言之，我国应构建政府

引导、市场主导、社会参与的多元合作机制，促进产学研深度融合，推动数字文化产业的协同创新和发展。

五　结论及政策优化建议

数字文化贸易正逐渐成为推动文化贸易规模扩大和结构调整的新动力，同时也成为中国文化走向全球、让世界了解中国的重要途径。综合本报告内容，得出以下结论：我国数字文化贸易面临数字化转型发展机遇，同时，国家政策支持也为我国数字文化贸易发展创造良好环境，但仍面临数字文化贸易规则制定的国际话语权不足、贸易壁垒制约、文化距离等挑战，还存在数字技术创新不足、高标准国际规则制约、复合型数字人才供给不足、数字鸿沟导致区域间文化领域发展失衡等问题。本报告结合复杂国内外形势，基于对我国当前数字文化贸易发展的现状、机遇与挑战的深入考察，为解决我国数字文化贸易发展存在的问题，提出系列优化建议，具体如下。

（一）争取中国在全球数字文化贸易中的话语权

在国际贸易中，拥有制定规则和标准的话语权至关重要，美国等少数发达国家在全球贸易领域，尤其是数字贸易规则方面掌握规则和标准制定的话语权和主导权，使其在国际贸易中具有一定优势。因此，我国也应通过积极对接高标准数字经贸规则、积极参与贸易谈判等方式，不断向外传递中国声音，在考虑我国实际发展需求的基础上，对外不断缩小与发达国家之间的标准差距，对内不断提高对规则的履行程度和加强对主体的权益保障。此外，对国内数字文化贸易体制的改革也需不断平衡文化企业发展需求和对接高标准经贸规则之间的关系，以提升文化企业发展实力和提高文化产品质量为根本，增强我国在数字文化贸易领域的话语权，同时谋求与发达国家之间建立互惠互利的合作关系，为企业创造良好的外部竞争环境。

（二）加大政府和政策的支持力度

政府的支持程度对一国文化产业的高质量发展至关重要，例如，在法国文化企业拓展海外市场、实现国际化的发展历程中，政府的政策支持功不可没。由此，我国政府也应在数字文化贸易领域为我国文化企业，尤其是中小企业提供有力支持，提升数字文化贸易在国家战略中的地位，并制定透明、直接的资助政策，鼓励中小企业的发展，直接向其提供文化创作方面的补贴和资助，充分发挥新兴企业的作用。对于大型企业，政府应该采取适度管理原则，给予其更大的发展空间，以促进我国数字文化贸易的发展。此外，文化企业的数字化转型也需要政府政策的倾斜，从数字技术创新、数字人才培育、政策便利化方面为文化企业提供支持，加速推进文化产业的数字化进程，从而提升其竞争力和创新能力，使中国在数字化时代的文化贸易中占据更加重要的地位。

（三）培养数字文化贸易复合型人才

数字文化贸易的发展需要相关人才具备多方面的能力，包括对文化贸易的认识、对领先数字技术的掌握以及对文化产业特性的了解等，同时还需具备创新思维。显然，传统的文化贸易领域人才已经难以适应新的数字文化贸易模式，迫切需要数字技术领域高端人才的加入。尽管中国政府在人才引进和教育资源配置方面已经取得一定成就，但高水平复合型数字化人才还相对较少。为此，中国政府可以根据数字文化产业的实际需求，进一步完善数字文化贸易复合型人才的培养体系。同时，应提供资助和补贴，积极支持人才培养，促进相关人才与文化贸易行业领先企业的合作，以加速跨学科复合型人才的培育。

（四）提升文化产业数字技术创新能力

在数字化时代，企业对数字技术的应用能力往往决定了一个国家在贸易竞争中的强弱地位。相比于传统的文化贸易，数字文化贸易的竞争力关键在

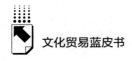

于创新的数字技术。"5G+"时代的到来，为中国数字文化贸易的发展创造机遇。我国数字文化贸易可以充分利用 5G 网络的技术优势，将人工智能、区块链等数字技术与文化贸易相结合，构建以数字化信息技术为基础的新兴贸易发展模式。同时，为促进我国各地区的均衡发展，需加强我国西部地区的数字基础设施建设，提供相应的资金和人才支持政策，确保其能够参与到数字文化贸易发展中，从而有效缩小数字鸿沟，促进不同区域数字经济协同发展。

（五）加强数字文化贸易统计与监测

目前，全球范围内尚未形成一套能够得到普遍认可的数字文化贸易统计与监测体系，因此，我国仅能通过采集个人文化娱乐服务贸易额等相关数据来评估数字文化贸易的发展状况，这显然与实际贸易金额存在较大偏差，为更准确地监测我国数字文化贸易的发展状况，亟须制定一套涉及统计口径、数字文化交付测度、数据颗粒度等方面的数字文化贸易统计与监测体系，为政府完善健全数字文化贸易政策提供数据支持。

参考文献

方英：《文化强国战略下我国数字文化贸易高质量发展研究》，《人民论坛》2022 年第 20 期。

魏鹏举：《数字时代的文化贸易：演变、机遇与挑战》，《江西社会科学》2024 年第 1 期。

花建、田野：《国际文化贸易的新趋势与中国对外文化传播的新作为》，《上海交通大学学报》（哲学社会科学版）2023 年第 4 期。

何传添、梁晓君、周燕萍：《中国文化贸易发展现状、问题与对策建议》，《国际贸易》2022 年第 1 期。

江小涓：《数字时代的技术与文化》，《中国社会科学》2021 年第 8 期。

蓝庆新、窦凯：《美欧日数字贸易的内涵演变、发展趋势及中国策略》，《国际贸易》2019 年第 6 期。

孟夏、孙禄、王浩：《数字服务贸易壁垒、监管政策异质性对数字交付服务贸易的影响》，《亚太经济》2020 年第 6 期。

赵玉焕、左粟民：《进口国（地区）数字经济发展对中国文化产品出口的影响研究》，《国际贸易问题》2024 年第 1 期。

B.18
后电影时代人口年龄结构
对电影票房的影响

——基于 2024 年春节档数据的实证研究

马宜斐　雷雅静 *

摘　要： 中国电影市场目前主力购票人群在猫眼 App 和灯塔 App 展示了不同的结果。"40+"观众消失论和"40+"观众占比增大、中国电影观众走向成熟两种观点同时存在。电影观众的年龄结构对电影产业影响较大。虽然在美国和加拿大市场观影人群也主要集中在 18~39 岁，但是他们的"40+"观影人群占比远高于中国。后电影时代有更多的新媒体抢夺年轻人的娱乐时间，而且人口出生率不断下滑，导致中国电影市场迫切需要开发"40+"人群消费潜力。本报告用人口普查数据和 2024 年春节档票房数据，实证分析了中国电影市场目前的观影主力为 00 后，并给出吸引"40+"人群观影的建议。

关键词： 后电影时代　票房　春节档

一　后电影时代购票人群年龄结构变化

后电影时代，中国电影市场上哪个年龄段的观众才是购票看电影的主力成为一个颇受争议的问题。电影观众的年龄结构不仅会影响电影内容的选

---

* 马宜斐，北京第二外国语学院教授，主要研究方向为文化金融、保险实务；雷雅静，北京第二外国语学院经济学院硕士研究生，研究方向为文化金融、保险实务。

择，还会影响电影的宣发形式、电影衍生品的设计以及电影背后资本的投向。后电影时代指新媒体比如电视、手机、电脑等出现后电影的拍摄、观影等不再局限于电影院等这一特定的观影情景的新媒介时代。在后电影时代，年龄很大程度上决定了观影媒介的选择。

作为国内最大的电影营销平台，猫眼 App 按年龄将 20 岁及以上的观众划分为 5 档。对于 20～39 岁的观众，每 5 岁一档；40 岁及以上的观众则归入同一档，这一档中的观众年龄跨度较大。然而，年龄跨度这么大的一档的人数只占电影观众的 14.7%（见图 1）。

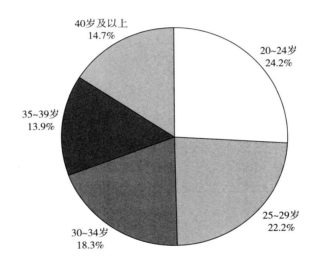

图 1 2022 年我国各年龄段电影观众的占比

资料来源：猫眼 App。

根据近年来的猫眼 App 购票数据，可以发现近年来从 17～18 岁开始观众占比迅速提升，在 22～23 岁观众占比达到峰值，27～30 岁占比开始快速下降。美国《综艺》杂志 2023 年 11 月发布的文章称中国影迷的平均年龄只有21.8 岁。[1]

―――――――――――

[1] 《美媒：中国影迷平均年龄21.8岁 电影市场变得更年轻》，"人民日报" 海外版，2015 年 11 月 9 日，http://m.haiwainet.cn/middle/3540916/2015/1109/content_29334849_1.html。

然而，也有数据显示：中国电影正在经历观影观众成熟的过程，观影人群平均年龄从 21.8 岁（2015 年）增长至 28.8 岁（2020 年）、30.3 岁（2022 年）。① 由图 2 可知，2019~2023 年 20 岁以下与 20~24 岁这两个年龄段的观众的占比呈逐年下降趋势。其中，20 岁以下的观众占比从 8%掉到了 5%，20~24 岁的观众占比从 30%掉到了 19%。从这组数据可见，新一代年轻人不再是电影院的观影主力军。② 相较于面对"技术鸿沟"的老年人，年轻人对新媒介更感兴趣，会有更多的观影媒介选择权。因此电影院观众流失的问题理论上在他们这个年龄段会更加突出。

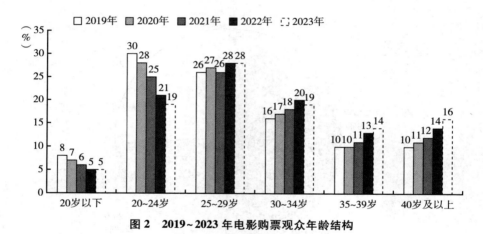

图 2　2019~2023 年电影购票观众年龄结构

资料来源：灯塔专业版 App 发布的《全国电影市场报告》。

好莱坞电影产业长期以来依赖于年轻观众群体，特别是 18~35 岁的观众，他们通常被视为电影票房的主要驱动力。比如 2020 年美国和加拿大市场上，12~17 岁（13%）、18~24 岁（12%）和 25~39 岁（28%）组别的观众购买的电影票相对于其组别人口在总人口中所占的比例要高，60 岁及以上组别的观众购买电影票比例有所下降。"40+"（40 岁及以

---

① 《躬身入局，青岛电影人的 2023》，"观海新闻"百家号，2023 年 12 月 4 日，https://baijiahao.baidu.com/s? id＝1784303494958067679&wfr＝spider&for＝pc。
② 《"暑期档"全国总票房破 48 亿，"00 后"却不是主力！影市陷危机，新一代年轻人开始疏离电影院》，腾讯网，2024 年 7 月 18 日，https://new.qq.com/rain/a/20240718A05RCE00。

上，下同）观众虽然不是主力，但其带来的电影票销售额也占到了33%（见图3）。

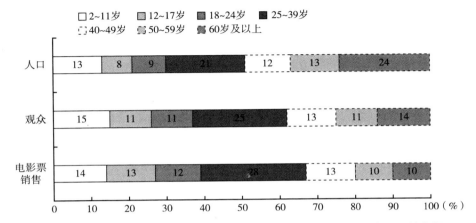

图 3 　2020 年美国和加拿大各年龄段人口、电影观众及其带来的电影票销售额

资料来源：《美国电影协会发布 2020 年影院和家庭娱乐市场报告（2）》，《中国电影报》2021 年 4 月 7 日，第 15 版。

二　后电影时代人口结构变化

在中国，虽然购票观看电影的人群的年龄分布存在争议，但人口变化趋势日益老龄化。国家统计局数据显示，2016~2022 年，中国人口出生率呈下滑态势。2014 年以来的"单独二孩""全面二孩"政策效果不如预期，自2017 年以来，中国出生人口和出生率呈逐年下降趋势，2020 年人口出生率已跌破 10‰。2022 年，中国人口出生率仅为 6.77‰（见图4）。

根据上述数据，未来 5 年中国 18~34 岁人口下降趋势明显（见图5）。这种情况下，如果仍以 18~34 岁人群为主要的电影受众，未来的票房将缺少人口的支撑。

在人口高度老龄化的美国，其国家卫生统计中心于 2024 年 4 月发布的数据显示，2023 年出生总人口下降 2% 至 359 万人，这也是 1979 年之后出

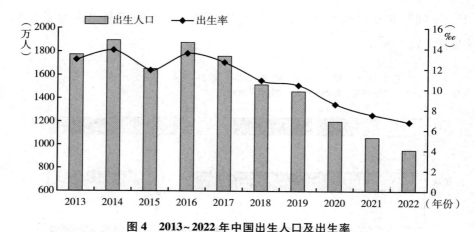

图 4　2013~2022 年中国出生人口及出生率

资料来源：国家统计局、前瞻产业研究院。

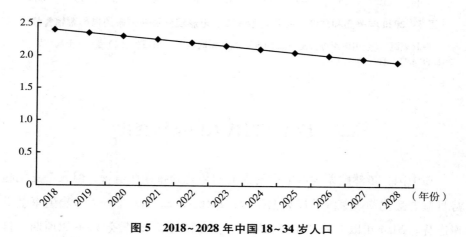

图 5　2018~2028 年中国 18~34 岁人口

说明：2024~2028 年数据为预测数据。

资料来源：国家统计局。

生人数最低的一年，那年美国约有 340 万名婴儿出生。从绝对数上看，美国 2023 年比 1979 年少出生了 19 万人。在同一个时间段，中国出生人口减少了 824.8 万人，这将对 15 年后中国的电影市场产生严重的影响。美国和加拿大电影观众中"40+"观众的占比大约是中国的 2 倍，因此人口结构变化对中国电影市场的影响远大于加拿大和美国等老龄化更加严重的国家。

三 2024年中国电影春节档的"怪"现象

2024年的春节档电影出现了几个"怪"现象。一是刘德华主演的《红毯先生》上映7天票房只有8149万元，巨亏的现实导致其选择撤档。1961年出生的四大天王之一刘德华到2022年已出道41年，2022年抖音线上演唱会在线观众超过3.5亿人。然而在2024年春节档，其主演的电影预估亏损2.3亿元。如此有号召力的男一号，为什么在2024年春节档不能成为票房的保证？二是香港电影《破·战》以首日票房1.5万元、观影人数393人创下今年春节档最惨电影纪录。2013年周星驰的《西游降魔篇》在大年初一上映，票房突破12.46亿元，并让中国人建立了春节看电影的新习俗。然而近年来香港电影在内地的票房再也没有往日的辉煌。2023年内地票房前十名没有一部香港电影，2024年春节档香港电影票房均不如人意。

出现上述现象和电影受众年龄结构的变化是否有关系？是不是由于刘德华和香港电影作为曾经的老IP对年轻人的吸引力减弱，年轻人更追求电影本身情节和内容，而不是演员"曾经"的知名度呢？

灯塔App和猫眼App的购票人年龄数据都主要来源于其自身的电影票务平台，都不能代表中国整体电影市场的全貌。因此本报告采用人口普查数据和2024年春节档的票房数据，运用OLS模型，分析电影院观影人群年龄结构的变化对春节档票房的影响，试图解释上述现象，并给出发展"40+"电影受众的相关建议。

四 观众年龄结构对票房影响的实证分析

（一）数据与变量

本报告自变量选择00后人口数（见表1）。00后是一个备受关注的群体，逐渐成为文化娱乐消费的主力军。数据来源于2020年第七次全国人口普查。普查数据分为三个部分，第一部分是全部人口数据，主要反映人口的基本状况，分为八卷，共 196 张表；第二部分是普查长表数据，主要反映人口的各种结构情况，分为九卷，共 218 张表；第三部分是附录，主要是普查的有关规定和技术文件等。本报告主要使用第一部分第一卷中各地区分年龄、性别的人口数据。

因变量选取 2024 年各省份春节档票房，数据来源于猫眼专业版 App，其提供了全国实时票房、影片票房、档期票房、各省份档期票房等数据。除了人口年龄外，影响电影票房的因素还有很多，包括放映场次、影院数和银幕数、地方经济发展水平、人均可支配收入等。本报告选取城市总人口、人均 GDP、人均可支配收入以及银幕数作为控制变量。（1）00 后人口数，指 2001~2010 年出生的人口数量。到 2024 年，00 后的年龄是 13~23 岁。因为预估 00 后才是看电影的主力，所以假设 00 后人口数多的省份，电影票房更多，也就是说 00 后人口数与春节档票房正相关。（2）总人口。随着人口老龄化和新生儿减少，人口越多的省份老龄化越严重，因此预估人口数与票房负相关。（3）人均 GDP 这个指标反映了省份的经济发达程度，经济越发达的省份，春节档票房就越高。（4）人均可支配收入。人均可支配收入越高，春节期间本地人口休闲的选择就越多，相对而言选择看电影的人数占比就会越低，因此预估对票房有负向的影响。（5）银幕数，银幕数越多，电影票房理论上就越高，两者正相关。

表 1　变量选择

变量	变量名称	变量含义	数据来源
自变量	$ln(after00)$	00 后人口数（万人）（取对数）	《中国人口普查年鉴 2020》
因变量	$ln(income)$	春节档票房（万元）（取对数）	猫眼专业版 App
控制变量	$ln(population)$	总人口（万人）（取对数）	《中国人口普查年鉴 2020》
	$PGDP$	人均 GDP（万元）	《中国统计年鉴 2020》
	$PCDI$	人均可支配收入（万元）	《中国统计年鉴 2020》
	$ln(screen)$	银幕数（个）（取对数）	《2020 全国影市年报》

本报告主要关注各省份 00 后人口数和春节档票房的关系，表 2 报告了对各变量的统计描述，主要关注的变量包括 00 后人口数、春节档票房、总人口和银幕数。从表 2 中可以看到，有大约一半的省份 00 后人口数是高于平均值的，但是最多的省份与最少的省份差异巨大。有一半以上的省份的春节档票房是超过了平均值的。表 3 显示了上述变量之间的相关系数。

表 2　对变量的统计描述

变量	样本数	平均值	中位数	最小值	最大值
自变量与因变量					
$ln(after00)$	31	5.392	5.619	2.410	7.295
$ln(income)$	31	9.792	10.07	6.424	11.29
控制变量					
$ln(population)$	31	8.146	8.282	5.899	9.442
$PGDP$	31	7.067	5.8	3.6	16.4
$PCDI$	31	3.240	2.78	2.03	7.22
$ln(screen)$	31	7.429	7.603	4.868	9.096

表 3　变量之间的相关系数

变量	$ln(income)$	$ln(after00)$	$ln(population)$	$PGDP$	$PCDI$	$ln(screen)$
$ln(income)$	1					
$ln(after00)$	0.873 ***	1				
$ln(population)$	0.904 ***	0.884 ***	1			
$PGDP$	0.363 **	0.121	0.081	1		
$PCDI$	0.396 **	0.150	0.122	0.938 ***	1	
$ln(screen)$	0.967 ***	0.848 ***	0.938 ***	0.356 **	0.403 **	1

注：*** $p<0.01$，** $p<0.05$。

（二）实证结果

经上文分析，影响春节档票房的因素有很多，但根据数据的可得性选取 00 后人口数、总人口、银幕数等主要影响因素进行计量分析，以春节档票

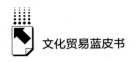

房作为被解释变量，00 后人口数作为解释变量设定如下经济模型，ε_i 为残差项：

$$y_i = \beta_0 + \beta_1 x_i + \varepsilon_i$$

首先考察人口年龄对票房收入的影响。表 4 的第（1）、（2）列使用猫眼专业版 App 的票房数据，报告了 00 后人口数对春节档票房的影响，由回归结果可知，00 后人口数越多，春节档票房就越高，且在 1% 的水平上显著，在考虑了总人口、人均 GDP 等控制变量后，回归结果依然在 5% 的水平上显著。这说明了随着第一批 00 后逐渐成年，他们具备了更强的消费能力，愿意为电影消费投入更多资金。越来越多的 00 后涌入电影市场，成为当代去电影院看电影的主力军，观影人整体年龄也在趋于年轻化。相比于 70 后和 80 后，00 后具有更强的消费能力、更加独特的观影需求和更为积极的社交分享习惯，这些都使得他们在电影市场中占据重要地位，但同时 00 后也更可能成为其他新媒介观众中的主体。

表 4　基准回归

变量	（1）$ln(income)$	（2）$ln(income)$
$ln(after00)$	0.779 *** (0.0810)	0.225 ** (0.0858)
$ln(population)$		−0.234 (0.284)
PGDP		0.0309 (0.0433)
PCDI		−0.0655 (0.112)
$ln(screen)$		1.061 *** (0.275)
常数项	5.592 *** (0.446)	2.597 *** (0.653)
R^2	0.7615	0.950
N	31	31

注：括号中为标准误，*** $p<0.01$，** $p<0.05$。

（三）稳健性检验

1. 更换数据来源

为了确保研究结果的稳健性，我们进行了一系列的稳健性检验。现有的票房实时监测软件中，猫眼专业版 App 和灯塔专业版 App 是使用人数较多、较为权威的平台，二者分别属于腾讯系和阿里系，背后的投资人不同，投资的影片也不相同，为了不同的经济利益，可能出现夸大票房、票房造假、雇佣水军等情况。为了防止平台票房造假的情况干扰统计分析结果，表 5 中，我们用灯塔专业版 App 的数据替代猫眼专业版 App 的数据，来排除不同平台票房数据差异产生的影响，检验发现本报告得到的结果是较为稳健的。

表 5 稳健性检验（一）

变量	(1)	(2)
	$ln(income\text{-}dt)$	$ln(income\text{-}dt)$
$ln(after00)$	0.783 ***	0.227 **
		(0.0859)
$ln(population)$		−0.239
		(0.285)
$PGDP$		0.0380
		(0.0433)
$PCDI$		−0.0845
		(0.112)
$ln(screen)$		1.070 ***
		(0.275)
常数项	5.572 ***	2.572 ***
	(0.447)	(0.654)
R^2	0.7625	0.950
N	31	31

注：括号中为标准误，*** $p<0.01$，** $p<0.05$。$ln(income\text{-}dt)$ 为 2024 年灯塔专业版 App 的春节档票房（取对数）。

2. 排除年份排片差异的影响

为了排除某一年份儿童片占比高导致 00 后带来的票房高的情况，我们用猫眼 2023 年春节档票房代替 2024 年的春节档票房进行回归。2023 年和 2024 年春节档影片类型不同，儿童片占比也不同，而表 6 的回归结果依然在 1% 的水平上显著，且系数为正，同样证实了 00 后正逐渐成为观影市场的主力军。随着 00 后涌入电影市场，观影结构逐渐年轻化，这种年轻化的观影结构使得电影市场更加活跃，票房潜力巨大。

表 6　稳健性检验（二）

变量	（1） $ln(income-23)$	（2） $ln(income-23)$
$ln(after00)$	0.803 *** (0.0881)	0.224 ** (0.0810)
$ln(population)$		−0.280 (0.268)
$PGDP$		0.0462 (0.0409)
$PCDI$		−0.0644 (0.106)
$ln(screen)$		1.136 *** (0.259)
常数项	5.257 *** (0.486)	2.099 *** (0.616)
R^2	0.7414	0.959
N	31	31

注：括号中为标准误，*** p<0.01，** p<0.05。$ln(income-23)$ 为 2023 年猫眼专业版 App 春节档票房（取对数）。

3. 以《红毯先生》为例进行回归

在主回归中，我们使用了 00 后人口数作为自变量，春节档票房作为因变量。在表 7 中，我们将自变量替换为部分年龄段人口占总人口比例，将因变量换成 2024 年春节档电影《红毯先生》票房，以考察 70 后、80 后、00 后占比对票房的影响。《红毯先生》由香港巨星刘德华主演，从年龄层次上看，刘德华的粉丝年龄跨度很大，其中，70 后、80 后和 90 后大多伴随着刘德华的电影和音乐而成长，对他有着深厚的情感，因此会成为《红毯先生》

的主要受众群体。由此我们提出假设：70 后、80 后占比越高，《红毯先生》票房越多；00 后占比越高，《红毯先生》票房收入越少。

通过对比替换前后回归的结果，我们发现回归结果依然是显著的。表 7 的第（1）列中，00 后占比与《红毯先生》票房的回归系数为负，而第（3）至第（6）列汇报了 70 后、80 后占比与《红毯先生》票房系数为正，且这一结果是显著的，说明 70 后、80 后占比越高，《红毯先生》票房越多，这两个年龄段的群体是该电影的主要受众群体。观看影片的 00 后占比较低，电影《红毯先生》的整体票房情况较为惨淡，最终于 2 月 16 日撤出春节档。

表 7 稳健性检验（三）

变量	（1）$ln(htxspf)$	（2）$ln(htxspf)$	（3）$ln(htxspf)$	（4）$ln(htxspf)$	（5）$ln(htxspf)$	（6）$ln(htxspf)$
$prop00$	-0.119 (0.0872)	0.00104 (0.0240)				
$prop80$			10.26** (3.07)	2.391** (0.923)		
$prop70$					9.155** (3.865)	1.662* (0.905)
$ln(population)$		-0.297 (0.257)		-0.341 (0.227)		-0.296 (0.240)
$PGDP$		0.0416 (0.0408)		0.0338 (0.0363)		0.0421 (0.0383)
$PCDI$		-0.00238 (0.108)		-0.0519 (0.0956)		-0.0237 (0.0998)
$ln(screen)$		1.410*** (0.259)		1.435*** (0.230)		1.392*** (0.243)
常数项	6.373*** (0.937)	-3.232*** (0.571)	3.898*** (8.95)	-3.122*** (0.455)	4.132*** (0.457)	-3.212*** (0.479)
R^2	0.0607	0.963	0.2457	0.971	0.1621	0.967
N	31	31	31	31	31	31

注：括号中为标准误，*** $p<0.01$，** $p<0.05$，* $p<0.1$。$prop00$ 指 00 后占比，$prop80$ 指 80 后占比，$prop70$ 指 70 后占比。$ln(htxspf)$ 为《红毯先生》票房（取对数）。

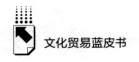

五 后电影时代电影院吸引"40+"观众的建议

鉴于人口出生率的下降，提高"40+"年龄段人群在电影院观影者中的比例，能有效减少人口结构调整和后电影时代新媒体的分流对电影票房市场的影响。中国电影观众中"40+"人群占比低，是多种原因导致的。比如，这一年龄段人群正处于职场升职加薪的压力中，而且家庭生活上有老下有小，导致时间有限、精力不足。有一些客观因素不可能通过电影行业改变，但是电影行业的改变可以使"有可能"看电影的"40+"人群，由不看转为看，由不常看变为常常看。具体可以从以下几个方面着手改变电影行业。

第一，题材多元化：开发和推广符合"40+"人群口味的电影题材，比如家庭伦理、历史传记、社会现实等，这些题材往往能引起这个年龄段观众的共鸣。例如，好莱坞在制作电影时会考虑到不同年龄段观众的喜好，推出多样化题材的电影以满足不同需求。据统计，中国影史上票房突破10亿元的电影中，对于《长津湖》系列电影、《我和我的祖国》、《芳华》、《悬崖之上》等电影，"40+"观众成了主力观影人群之一。例如《我和我的祖国》的观众画像中，40岁及以上人群占到21.2%，仅次于25~29岁群体；对于票房达57.75亿元的《长津湖》，这一比例则达到22.1%；而《悬崖之上》《芳华》的观众中"40+"观众更是分别占到24.5%和30%以上，"40岁及以上"成为观众最多的年龄段。这些都说明40岁及以上群体虽然渐渐远离电影市场，但只要有喜欢的题材，仍会走进电影院。

第二，文化消费的延续性："40+"的人群消费热情和消费能力是最高的，但是他们的消费重点转向了更能让他们感受文化魅力和进行文化参与的舞台剧、音乐会。电影作为最大众的文化消费品，实质上却远离了"40+"人群。能跟主创交流的舞台剧、有配套讲座的展览等延续性文化消费都深受"40+"人群的欢迎。经典的电影不应仅仅被展示在电影院的屏幕上，海外的"电影进社区"活动吸引了大量的"40+"观众。如在社区以电影粉丝团的形式组织编剧课程、开展剧本群演和朗读活动等电影相关增值服务都在帮助塑造"40+"人群的精神世界，受到他们的欢迎。

第三，营销策略调整："40+"人群看电影比年轻人更注重口碑，而不是广告和明星。"40+"人群比年轻人有更多的生活阅历和经验，针对某一个电影主题，他们会更有自己的体会和感受。片方可鼓励电影观众生成内容（UGC），如模仿电影中的经典台词或场景，通过用户自发的传播提高电影的社会话题度，然后通过社交媒体宣传、口碑营销和社区活动等，打造电影相关的热门社会话题，以提高这一群体对电影的认知度和兴趣。

第四，会员制度和票价优惠："40+"人群虽然最具有经济能力，但对价格会比其他年龄段更加敏感。可以推出会员制度，为"40+"观众提供特别优惠，如非高峰时段的折扣票价、会员生日活动等，以增加他们的观影频次。考虑到"40+"人群的社交需求，票价优惠方式可以多元化，比如家庭套票、闺蜜套票等，满足他们对生活仪式感的需求。

第五，社区和团体观影活动：与社区中心、企事业单位合作，组织团体观影活动，提供包场服务，鼓励"40+"人群参与，增加社交元素，提高观影的吸引力。

参考文献

陈瑜：《后电影观众：媒介视域下的电影观众问题》，《上海交通大学学报》（社会科学版）2022 年第 4 期。

侯东晓：《动力转换、"电影-观众"生成与异化的主体——论电影自动化的媒介谱系与观众的技术批判》，《当代电影》2024 年第 2 期。

〔澳〕理查德·麦特白：《好莱坞电影：美国电影工业发展史》，吴菁、何建平、刘辉译，华夏出版社，2011，第 109 页。

〔英〕斯蒂芬·迈尔斯：《消费空间》，孙民乐译，江苏教育出版社，2013，第 176、

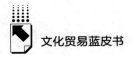文化贸易蓝皮书

197 页。

S. Lash，*Sociology of Postmodernism*（London and New York：Routledge，1990）.

L. Manovich，"What Is Digital Cinema?," in P. Lunenfeld（ed.），*The Digital Dialectic：New Essays on New Media*（Cambridge：MIT Press，2000）.

A. Darley，*Visual Digital Culture：Surface Play and Spectacle in New Media Genres*（London and New York：Routledge，2000）.

B.19
数字经济对中国对共建"一带一路"
国家文化产品出口贸易的影响研究[*]

李　萍　刘恬恬[**]

摘　要:　数字经济蓬勃发展推动我国文化产品出口贸易增长。本报告按照"发展现状分析—影响机制剖析—发展对策探讨"的基本思路展开研究。首先,分析中国对共建"一带一路"国家文化产品出口贸易的规模、结构、市场份额及其变动趋势。其次,测算中国与共建"一带一路"国家的数字经济发展水平和数字经济的开放程度,剖析其特征和成因。再次,阐释数字经济对中国文化产品出口贸易的影响机制,剖析源于供给端、需求端和流通端的促进效应,说明源于数字贸易壁垒的抑制效应。最后,基于研究结果提出对策建议:其一,加强共建"一带一路"国家数字基础设施建设和平台搭建;其二,对共建"一带一路"国家中数字经济发展不同程度国家实施差异化政策;其三,积极推动文化产业与数字经济深度融合;其四,积极推动共建"一带一路"国家数字贸易自由化和便利化。

关键词:　"一带一路"　数字经济　文化产品　出口贸易

---

* 本报告系北京第二外国语学院科研专项项目"双循环新发展格局下生活性服务业高质量发展研究"(项目编号:KYZX21A007)的阶段性成果。
** 李萍,北京第二外国语学院经济学院讲师,研究方向为国际贸易、会展经济;刘恬恬,北京第二外国语学院经济学院 2023 级国际商务专业硕士研究生,研究方向为国际贸易、会展经济。

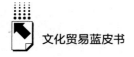

2024 年国务院《政府工作报告》强调，要推动高质量共建"一带一路"走深走实，加快建设西部陆海新通道。"一带一路"倡议于 2013 年首次被提出，旨在借助古代丝绸之路的文化符号，推动各国打造政治互信、经济融合、文化包容的利益共同体。不同于以往的国际合作，"一带一路"倡议将文化与经济、政治置于同等的战略地位，彰显了我国提升文化软实力和竞争力的现实需求。随着"一带一路"建设的深入推进、文化"走出去"战略的稳步实施，我国对共建"一带一路"国家文化产品出口贸易的重要性日益凸显。根据联合国商品贸易统计数据库，2022 年我国核心文化产品出口贸易额达 382 亿美元。其中，对"一带一路"国家中的 65 个国家核心文化产品出口贸易额为 64.8 亿美元，占我国核心文化产品出口贸易额的 17%，较 2015 年上升了 7 个百分点。2015~2022 年，我国对共建"一带一路"国家核心文化产品出口贸易额占我国核心文化产品出口贸易额的比重呈不断上升趋势。共建"一带一路"国家逐渐成为我国发展文化贸易的重要贸易伙伴，并已成为我国文化产品出口的重要市场。

与此同时，随着全球化、数字化的深入发展，数字经济在新一轮信息技术革命与产业变革中悄然兴起。不同于传统的经济模式，数字经济以数据为推动经济发展的关键要素，利用通信技术与信息网络推动效率提升和经济结构优化，给现代产业发展带来了新的机遇和挑战。数字经济对文化产业的影响尤为深刻。随着互联网的发展和普及，我国文化产品传播的范围不断扩大，传播效率显著提升，表现形式趋于多样化。数字经济的发展给文化产业带来了一系列变化，推动我国文化产品出口贸易增长。

2017 年，习近平主席在"一带一路"国际合作高峰论坛上首次提出共建"数字丝绸之路"的设想。此后，我国推出相关政策，旨在促进我国数字技术进步、数字经济发展，推动共建"一带一路"国家数字经济基础设施不断完善。一系列政策为推动共建"一带一路"国家数字经济发展和文化贸易合作做出重大贡献（见表 1）。

表1　中国推动共建"一带一路"国家数字经济发展和文化贸易合作的相关政策

年份	政策文件	主要内容
2016	《G20数字经济发展与合作倡议》	就数字经济发展与合作的共同原则达成共识,强调建立一种多利益攸关方的互联网治理模式,鼓励成员国缩窄各类数字鸿沟,促进创业、创新和经济活动,实现数字世界的互联互通。
2017	《文化部"一带一路"文化发展行动计划(2016—2020年)》	提出要顺应"互联网+"发展趋势,加强与共建"一带一路"国家在文化资源数字化保护与开发中的合作,推进互联网与文化产业融合发展
2023	《"一带一路"数字经济国际合作北京倡议》	倡导数字化转型,鼓励数字技术与制造业融合,利用信息通信技术改善文化教育、健康医疗、环境保护等领域公共服务
2023	《数字经济和绿色发展国际经贸合作框架倡议》	提出数字经济与国际合作四大支柱:营造开放安全的环境、提升贸易便利化水平、弥合数字鸿沟、增强消费者信任
2023	《坚定不移推进共建"一带一路"高质量发展走深走实的愿景与行动——共建"一带一路"未来十年发展展望》	制定未来十年发展的路径和举措,指出要加快推进跨境电商、数字教育、智慧城市、物联网、5G等领域合作,取得一系列务实合作成果

资料来源:中国一带一路网,https://www.yidaiyilu.gov.cn/policy。

对于经济欠发达地区,我国采取措施主动投资其数字基础设施,这对于提升当地网络覆盖率和民众互联网普及率发挥了重要作用。华为、中兴等企业在埃及、尼日利亚等国合作建设5G网络,提升了当地网络发展水平;阿里云在全球范围内建设数据中心,为共建"一带一路"国家提供大数据、云计算等服务。一系列措施为这些国家发展数字文化贸易提供了技术支持,为打通"一带一路"贸易通道、扩展我国文化产品出口市场创造了良好条件。

已有研究主要从经济、社会、文化、地理距离、贸易条件等方面探讨中国对共建"一带一路"国家文化产品出口贸易的影响因素。研究表明,适当的经济规模、人口规模、伦理意蕴以及贸易条件等因素对中国对共建"一带一路"国家文化产品出口贸易具有促进作用,较远的地理距离、文化距离等因素对文化产品出口贸易起到阻碍作用。① 关于数字经济对中国对共建"一带一路"国家文化产品出口贸易影响的研究相对较少,方慧和张潇叶认为,文化产业数字化具有显著的出口促进效应,且这种促进效应对共建"一带一路"国家、与中国签订自由贸易协定以及文化距离较小的伙伴国更为显著。② 近年来,随着共建"一带一路"国家数字化基础设施建设的不断完善、数字技术与文化产业融合的持续深化,剖析数字经济对中国对共建"一带一路"国家文化产品出口贸易的影响机理,对于明确我国文化产业发展方向、推动文化产业的国际化具有重大意义。鉴于此,本报告基于对中国对共建"一带一路"国家文化产品出口贸易和数字经济发展现状的分析,阐释数字经济对我国文化产品出口贸易的影响机制,进而探讨推进中国与共建"一带一路"国家数字经济合作和文化产品贸易的可行对策。

一 中国对共建"一带一路"国家文化产品出口贸易状况分析

近年来,我国不断加强与共建"一带一路"国家的文化贸易往来,对共建"一带一路"国家文化产品出口贸易额呈不断增加趋势。我国对共建"一带一路"国家的文化产品出口,主要体现在核心文化产品出口上。依据世界海关组织商品分类标准,可将核心文化产品划分为六大类:文化遗产、印刷品、声像制品、视觉艺术品、视听媒介、其他。根据联合国商品贸易统计数据库数据,2015~2022 年我国对共建"一带一路"国家中的沿线国家的文化产品出口贸易额呈波动增长态势。其中,2016 年,受全球经济形势

---

① 方英、马芮:《中国与"一带一路"沿线国家文化贸易潜力及影响因素:基于随机前沿引力模型的实证研究》,《世界经济研究》2018 年第 1 期;柴冬冬:《论"一带一路"的伦理意蕴及其对文化产业"走出去"的启示》,《同济大学学报》(社会科学版) 2020 年第 3 期;顾江、任文龙:《孔子学院、文化距离与中国文化产品出口》,《江苏社会科学》2019 年第 6 期;刘翠霞、高宏存:《"一带一路"文化产业国际合作的优势选择与重点领域研究》,《东岳论丛》2019 年第 10 期;向勇、李尽沙:《融合与共生:"一带一路"文化产业合作发展指数研究》,《深圳大学学报》(人文社会科学版) 2020 年第 4 期。

② 方慧、张潇叶:《中国文化产业数字化水平测度及其出口效应研究》,《山东大学学报》(哲学社会科学版) 2022 年第 3 期。

低迷、贸易保护主义与逆全球化思潮兴起等外部不利环境的影响，中国对这些国家核心文化产品出口贸易额较2015年有所下降；2017~2019年，中国对这些国家核心文化产品出口贸易额持续增长，这一时期我国文化贸易形势良好；2020年，受新冠疫情冲击，国际交流减少，导致中国对这些国家核心文化产品出口贸易额减少；2020年以后，中国对这些国家核心文化产品出口贸易额回归上升态势（见图1）。

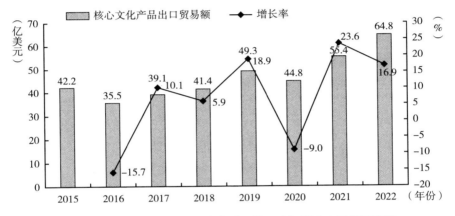

图1　2015~2022年中国对共建"一带一路"国家中沿线国家的核心文化产品出口贸易额及其增长率

资料来源：联合国商品贸易统计数据库。

具体来看，2015~2022年中国对共建"一带一路"国家中沿线国家的各类文化产品出口贸易额占比变动趋势存在差异：视觉艺术品类文化产品出口贸易额占全部核心文化产品出口贸易额的比重逐渐下降，以互联网和数字技术作为主要生产要素的视听媒介类文化产品出口贸易额占比显著上升，印刷品和声像制品类文化产品出口贸易额占比相对稳定。视觉艺术品、声像制品和视听媒介类文化产品贸易额占比较高，这三类文化产品可借助网络媒体平台和数字化技术创新扩大其影响力和贸易规模，数字经济的发展对其影响较大。印刷品和文化遗产类文化产品出口贸易额占比较低，其中2022年印刷品类文化产品出口贸易额占比约为5.7%（见图2）。从现实状况来看，数字经济可影响我国对共建"一带一路"国家文化产品出口贸易的结构和规模。

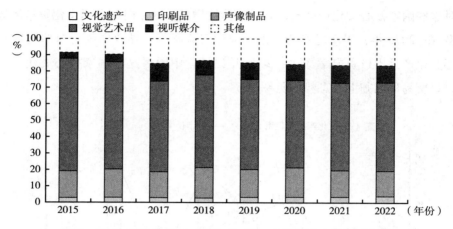

图2 2015~2022年中国对共建"一带一路"国家中沿线国家的各类核心文化产品出口贸易额占比

资料来源：联合国商品贸易统计数据库。

在共建"一带一路"国家中的65个沿线国家里，2022年我国对其的文化产品出口贸易额排名前十的国家为泰国、马来西亚、阿联酋、新加坡、越南、波兰、印度、沙特阿拉伯、印度尼西亚以及俄罗斯（见图3）。其中，

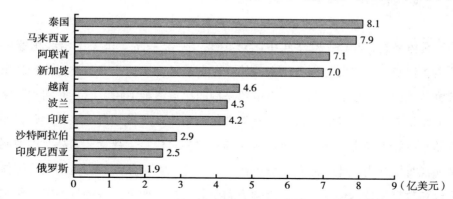

图3 2022年共建"一带一路"国家中的沿线国家里中国对其核心文化产品出口贸易额排名前十的国家

资料来源：联合国商品贸易统计数据库。

我国对泰国、马来西亚、阿联酋的文化产品出口贸易额总共为 23.1 亿美元，约占我国对共建"一带一路"国家中沿线国家的核心文化产品出口贸易总额的 35.6%，这三个国家的互联网普及率分别为 88%、97.4%、100%。

二　中国与共建"一带一路"国家数字经济发展状况分析

（一）中国数字经济发展状况

随着数字基础设施的不断完善，我国网络设施覆盖率和网络普及率呈稳步上升态势。根据国家统计局数据，2015~2022 年，我国移动电话普及率不断上升，平均每百人持有的移动电话个数从 2015 年的 109.3 个增至 2022 年的 132 个；我国互联网普及率呈逐年增长趋势，从 2015 年的 50.3% 增至 2022 年的 75.6%（见图 4）。

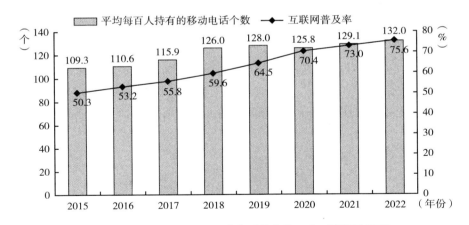

图 4　2015~2022 年中国移动电话持有状况和互联网普及率

资料来源：国家统计局。

我国网络基础设施也不断完善，截至 2022 年底，我国互联网上网人数达 10 亿人，域名数为 6.7 亿个，IPv4 地址数达 3.4 亿个，互联网宽带接入端口达 10.7 亿个，光缆线路长度达 5985 万公里。2020~2022 年，互联网建设各项指标不断改善（见表2），网络覆盖率不断上升。我国互联网建设取得了重大成效，为文化产品出口贸易提供了良好的数字化环境和技术基础。

表2 2020~2022年中国互联网建设状况

指标	2020年	2021年	2022年
互联网上网人数（万人）	98899	103195	106744
域名数（万个）	4197.8	3593.1	67369
IPv4地址数（万个）	34066.8	34388.1	34322.8
互联网国际出口带宽（Mbps）	11511397	13839969	18469972
互联网宽带接入端口（万个）	94604.7	101784.7	107104.2
移动互联网接入流量（万GB）	16556817.2	22163224.3	26175867.1
互联网宽带接入用户（万户）	48355	53578.7	58964.8
光缆线路长度（公里）	51692051.4	54808232.8	59580031.9

资料来源：国家统计局。

互联网的迅速发展带动了数字经济规模的不断扩大。《数字中国发展报告（2022年）》[①]指出，截至2022年，我国数字经济规模已达50.2万亿元，较2012年的11万亿元增长近4倍，数字经济与实体经济融合发展为我国经济增长做出重大贡献。作为互联网大国，中国积极开展国际交流与合作，推动其他国家数字基础设施建设，共享数字化发展成果，助力全球数字经济建设。

（二）共建"一带一路"国家数字经济发展状况

"一带一路"数字化建设与多数共建"一带一路"国家发展战略相契合。近年来，我国不断推动与共建"一带一路"国家共建数字合作机制，各国政府也十分重视并积极推动本国数字基础设施建设，数字经济建设成效显著。例如，新加坡积极推动先进的数据中心建设，推行数字身份认证

[①] 《数字中国发展报告（2022年）》，中华人民共和国国家互联网信息办公室官网，2023年5月23日，https：//www.cac.gov.cn/2023-05/22/c_1686402318492248.htm。

和电子支付等措施，有效促进了数字化服务的普及；印度尼西亚积极推动电子政务、电子商务和数字金融的发展，促进数字技术在各个领域的应用和创新；阿联酋致力于建设数字城市，推进智能交通、智能医疗等领域的发展。

世界银行 WDI 数据库资料显示，2015~2022 年共建"一带一路"国家移动蜂窝订阅数由 28.3 亿个增至 32.8 亿个，固定宽带覆盖率由 14%上升至 20.8%。共建"一带一路"国家互联网普及率呈现逐年上升趋势（见图5），2022 年其互联网普及率达 86.2%，较 2015 年的 52.4%提升了近 34 个百分点。互联网普及率的稳步提升反映了共建"一带一路"国家网络基础设施不断完善，人们交流和沟通信息的渠道趋于多样化、便利化。网民规模持续扩大、互联网普及率稳步增长，均为发展数字经济创造了良好条件。

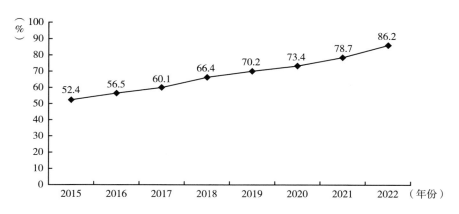

图5 2015~2022 年共建"一带一路"国家互联网普及率

资料来源：世界银行 WDI 数据库。

（三）中国与共建"一带一路"国家数字经济发展水平测算

关于数字经济发展水平的测度标准尚未统一，现有关于数字经济发展水平的测度方法可分为两类：其一，直接法，即在一定范围内估计出区域内数字经济规模体量，以此来代表区域数字经济发展水平；其二，间接法（又称对比法），即基于多个指标，根据不同维度进行综合测算，得到某一区域数字经济发展的相对状况。① 本报告主要采取间接法对共建"一带一路"国家的数字经济发展水平进行测算和比较。借鉴唐要家等的测度方法②，采取熵权法，基于数字基础设施建设、数字化创新能力与竞争力、数字经济普惠性与治理能力 3 个维度（一级指标）选取 10 个二级指标构建数字经济发展水平综合指数（见表3）。

表 3　数字经济发展水平综合指数的各级指标

一级指标	二级指标	指标解释	数据来源
数字基础设施建设	互联网普及率	使用互联网的人数（每百人）	ITU
	固定宽带普及率	使用固定宽带的人数（每百人）	ITU
	移动蜂窝订阅数	使用蜂窝技术提供公共交换电话网络（PSTN）访问的公共移动电话服务的订阅数量	ITU
	固定电话订阅（每百人）	固定电话订阅人数（每百人）	ITU
数字化创新能力与竞争力	高科技产品出口占比	高科技产品出口额（按美元计）的占比	WDI 数据库
	高等教育入学率	高等教育入学人数占比	WDI 数据库
	ICT 产品出口占比	ICT 产品出口占制造业的比重	WDI 数据库
数字经济普惠性与治理能力	监管质量	各国监管质量综合得分	WDI 数据库
	互联网安全器数量	每百万人拥有的互联网安全器的数量	WDI 数据库
	固定宽带费	用于衡量 ICT 价格	ITU

资料来源：世界银行 WDI 数据库、国际电信联盟（ITU）。

考虑数据的可得性，本报告选取包括中国在内的 54 个共建"一带一路"国家进行数字经济发展水平测算，得到反映 2022 年各国数字经济发展水平的综合指数以及各国在各个维度上的指数得分，并将 54 个国家按照综合指数从高到低排序，测算结果见表4。

---

① 徐清源、单志广、马潮江：《国内外数字经济测度指标体系研究综述》，《调研世界》2018年第 11 期。

② 唐要家、王钰、唐春晖：《数字经济、市场结构与创新绩效》，《中国工业经济》2022 年第 10 期。

表4　2022年54个共建“一带一路”国家数字经济发展水平测算结果

排名	国家	数字基础设施建设	数字化创新能力与竞争力	数字经济普惠性与治理能力	综合指数
1	新加坡	8.2	18.9	26.6	53.8
2	中国	37.7	13.7	1.3	52.6
3	菲律宾	5.0	27.6	0.9	33.5
4	捷克	6.4	9.3	17.6	33.3
5	爱沙尼亚	7.3	7.8	16.9	32.0
6	越南	6.0	23.6	1.7	31.2
7	印度	21.1	3.3	1.2	25.6
8	塞浦路斯	8.2	5.4	11.5	25.1
9	立陶宛	5.1	4.4	15.5	25.0
10	匈牙利	7.6	8.0	9.4	25.0
11	马来西亚	5.6	15.9	2.9	24.4
12	斯洛文尼亚	7.4	3.8	12.3	23.5
13	保加利亚	5.8	3.9	12.5	22.1
14	以色列	8.0	9.5	4.2	21.7
15	斯洛伐克	5.7	6.3	8.1	20.1
16	希腊	9.9	6.3	3.7	19.8
17	波兰	5.7	5.3	7.5	18.4
18	泰国	5.8	10.1	1.7	17.5
19	拉脱维亚	4.9	6.8	5.3	17.0
20	俄罗斯	9.5	3.0	4.5	16.9
21	克罗地亚	6.6	3.8	5.2	15.6
22	阿联酋	8.0	5.5	1.7	15.2
23	罗马尼亚	5.1	3.8	5.8	14.8
24	白俄罗斯	8.7	2.5	2.6	13.8
25	土耳其	6.2	3.5	2.7	12.4
26	文莱	5.8	0.8	5.6	12.1
27	印度尼西亚	7.7	2.9	1.5	12.0
28	哈萨克斯坦	3.6	6.3	2.1	11.9
29	黑山	7.1	2.7	1.5	11.4
30	沙特阿拉伯	7.7	2.0	1.3	11.0
31	蒙古	3.8	5.8	1.4	10.9
32	格鲁吉亚	4.9	3.0	2.4	10.2
33	伊朗	7.8	1.0	1.4	10.2
34	摩尔多瓦	5.9	1.6	2.5	10.0
35	亚美尼亚	4.1	4.5	1.2	9.9
36	波黑	5.7	1.6	2.3	9.6

排名	国家	数字基础设施建设	数字化创新能力与竞争力	数字经济普惠性与治理能力	综合指数
37	乌克兰	4.1	2.4	3.0	9.5
38	巴林	4.9	2.3	1.6	8.8
39	北马其顿	5.5	1.5	1.6	8.6
40	吉尔吉斯斯坦	2.2	5.1	0.9	8.2
41	黎巴嫩	3.5	3.6	0.8	7.8
42	埃及	4.8	2.2	0.8	7.8
43	乌兹别克斯坦	5.9	0.8	1.0	7.7
44	阿塞拜疆	4.9	1.3	1.1	7.3
45	卡塔尔	4.5	1.0	1.6	7.1
46	阿曼	3.6	1.9	1.3	6.8
47	阿尔巴尼亚	3.9	1.2	1.4	6.5
48	科威特	2.8	1.5	1.3	5.6
49	老挝	2.6	2.2	0.6	5.4
50	约旦	2.4	1.3	1.1	4.9
51	斯里兰卡	3.3	0.5	1.0	4.8
52	巴基斯坦	3.9	0.4	0.5	4.8
53	柬埔寨	1.4	2.3	0.6	4.3
54	尼泊尔	1.9	0.4	0.7	2.9

资料来源：笔者自行测算。

对测算结果进行分析，可得到以下结论。

第一，共建"一带一路"国家数字经济发展水平不平衡现象较为明显。综合指数最高的国家是新加坡（数值为53.8），综合指数最低的国家是尼泊尔（数值仅为2.9），两国的数字经济发展水平差距极大。表4中54个国家综合指数的平均数为15.7，与最高水平相差38.1，这反映出数字经济发展水平的国别差异较大。在54个国家当中，20个国家综合指数高于平均水平，34个国家综合指数低于平均水平，其中20个国家数字经济综合指数在10以下，其数字经济建设状况较差，且同其他国家差距明显。总体来看，这54个共建"一带一路"国家中多数国家的数字经济发展水平落后于平均水平，数字经济建设仍需加强。

第二，数字基础设施建设对数字经济综合水平的提升贡献最大。数字基础设施建设是发展数字经济的基础和依托，表4中的54个共建"一带一路"国家在该维度的平均得分为6.4。其次是数字化创新能力与竞争力，它反映了一国数字经济发展潜力，上述国家在该维度的平均得分为5.1。最后是数字经济普惠性与治理能力，它反映了民众在数字经济中的受益程度，上述国家在该维度平均得分为4.2。相较而言，数字基础设施建设在数字经济发展中更重要，对数字经济水平的提升作用较大，共建"一带一路"国家应高度重视数字基础设施的建设和完善。

第三，数字化创新能力与竞争力、数字经济普惠性与治理能力是共建"一带一路"国家数字经济建设与合作的重点领域。从数值上看，相较于数字基础设施建设，上述54个共建"一带一路"国家在数字化创新能力与竞争力、数字经济普惠性与治理能力方面的平均得分较低，分别为5.1、4.2，在两个维度上存在较大提升空间，且共建"一带一路"的各国得分差距较大。共建"一带一路"国家在完善基础设施的同时应当积极推动创新能力培育、着力提高数字治理水平，全方位提升数字经济综合发展水平。

（四）共建"一带一路"国家数字经济开放程度分析

本报告以数字贸易壁垒衡量一国数字经济的开放程度。数字贸易壁垒是国家出于对信息安全等因素的考虑在网络外部接入和数据跨境流动等领域采取的一系列限制措施，包括数据本地化障碍、技术壁垒、针对网络服务的贸易壁垒以及知识产权、法律责任规范与审查措施等歧视性壁垒。① 数字贸易壁垒不利于文化产品出口贸易，且会对数字经济产生抑制作用。数字服务贸易限制指数（DSTRI）由经济合作发展组织（OECD）发布，是国际上衡量数字贸易壁垒的主要指标之一。DSTRI 取值区间为 0~1，取值越接近 0，数字贸易限制越少，数字经济开放程度越高；取值越接近 1，

---

① 戴龙：《数字经济产业与数字贸易壁垒规制——现状、挑战与中国因应》，《财经问题研究》2020 年第 8 期。

数字贸易限制越多，数字经济开放程度越低。通过分析全球 85 个国家①
2014~2022 年 DSTRI 发现，共建"一带一路"国家中的沿线国家的数字贸易
限制水平远高于其他国家。2014~2018 年，共建"一带一路"国家中的沿线
国家的数字服务贸易限制指数呈高速上升趋势，这一时期数字技术发展较快，
关于数字贸易方面的管制也逐步增强。2019~2022 年，共建"一带一路"国家
中的沿线国家的数字服务贸易限制指数相对平稳。总体上看，2014~2022 年，
共建"一带一路"国家中的沿线国家与其他国家 DSTRI 的差距有所增大（见图
6）。与其他国家相比，共建"一带一路"国家中的沿线国家的数字贸易方面的

图 6 2014~2022 年部分国家数字服务贸易限制指数（DSTRI）

资料来源：OECD 数据库。

---

① 包括 32 个共建"一带一路"国家中的沿线国家与 53 个其他国家。32 个共建"一带一路"国
家中的沿线国家分别为捷克、爱沙尼亚、希腊、匈牙利、以色列、拉脱维亚、立陶宛、波兰、
斯洛伐克、斯洛文尼亚、土耳其、阿尔巴尼亚、波黑、文莱、柬埔寨、中国、印度、印度尼
西亚、哈萨克斯坦、老挝、马来西亚、黑山、尼泊尔、北马其顿、巴基斯坦、菲律宾、俄罗
斯、沙特阿拉伯、塞尔维亚、新加坡、泰国、越南。另外 53 个国家分别为澳大利亚、奥地
利、比利时、加拿大、智利、哥伦比亚、哥斯达黎加、丹麦、芬兰、法国、德国、冰岛、爱
尔兰、意大利、日本、韩国、卢森堡、墨西哥、荷兰、新西兰、挪威、葡萄牙、西班牙、瑞
典、瑞士、英国、美国、阿根廷、玻利维亚、巴西、喀麦隆、多米尼加、厄瓜多尔、埃塞俄
比亚、冈比亚、危地马拉、肯尼亚、科索沃、莱索托、马达加斯加、马里、巴拉圭、秘鲁、
卢旺达、塞内加尔、塞舌尔、南非、斯威士兰、乌干达、瓦努阿图、赞比亚、津巴布韦。

限制较多，管制也较为严格，这不利于其数字经济的发展，从而会扩大其同其他国家在数字经济建设方面的差距。

三　数字经济对中国文化产品出口贸易影响机制分析

数字经济对中国对共建"一带一路"国家文化产品出口贸易的影响可从两个角度进行分析：数字经济发展对文化产品出口贸易的促进作用、数字贸易壁垒对文化产品出口贸易的抑制作用。一国数字经济发展水平越高、数字经济开放程度越高，其发展国际文化贸易的条件就越好，也越有利于我国对其出口文化产品。反之，一国数字经济发展水平越低、数字经济开放程度越低，则越不利于我国对其出口文化产品。数字经济发展对中国文化产品出口贸易的促进效应可从供给端、需求端、流通端三个角度进行分析，数字贸易壁垒对中国文化产品出口贸易的抑制效应可从贸易成本增长、要素流动受阻、资源配置效率下降三个方面分析（见图7）。

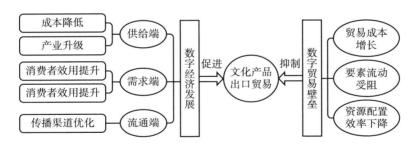

图7　数字经济对文化产品出口贸易的影响机制

（一）数字经济发展对中国文化产品出口贸易的促进效应

数字经济对文化产品出口贸易的影响主要体现在供给端、需求端和流通端三个方面：供给端是文化产业的核心竞争力所在，数字经济发展改善供给端质量，进而提升产品吸引力，带动需求端效用水平提升；在需求端，可以从消费者体验入手，提升交易满意度，进而推动出口目的国对本国文化产品

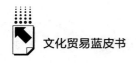

的消费和进口；在流通端，可以运用数字化技术精简流通环节，以提高贸易效率和便利度，降低交易成本。

1. 供给端：降低生产成本，助推产业升级

（1）成本降低效应

数字技术影响和改变了传统的文化产品生产模式，降低了文化企业的生产成本，这主要体现在三方面。其一，数字化生产流程简化了文化产品生产环节，可利用新媒体技术和网络平台对文化产品进行设计、模拟、加工和修正，在此过程中可节省大量的人力、物力和财力，有助于企业降低生产成本。其二，数字技术催生了新型文化业态，基于互联网平台创作的媒体艺术类文化产品不断涌入市场，这类文化产品的生产模式往往具有前期投入较高而边际成本极低的特点，其生产成本不会随着受众群体的扩大而大幅增长，这意味着可以用极低的成本尽可能地扩大产品市场，以实现企业效益最大化。其三，大数据和人工智能等技术的出现使文化企业能更精准地了解市场需求，实现文化产品的定制化生产，这有利于解决文化产品市场的供需错配问题，在降低信息搜寻成本的同时也可避免资源浪费，有助于企业控制成本。

（2）产业升级效应

数字经济的发展为文化产业转型升级提供了有力支撑。数字时代文化产品的表现形式趋于多样化，新技术的出现催生了一大批依托数字化手段诞生的创新文化产品。例如，现代技术与传统文化的结合赋予文化产品新特点，一些带有传统元素和现代化表达特点的文化产品广受追捧，走出国门并销往海外，对我国文化产品出口起到重要推动作用。除了文化产品的创新，数字经济还影响着我国文化业态与文化产业结构。数字技术的发展催生新型文化业态，出现了以互联网和数字媒体为载体的文化表现形式，这在一定程度上影响和改变着传统的文化产业结构。随着数字技术的不断完善，数字化与文化产业的融合成为未来文化产业的发展方向，推动我国文化产业转型升级。

2. 需求端：提升消费者效用，扩大市场规模

（1）消费者效用提升

新兴技术手段改善了消费者的消费体验，使消费者效用大大提升。以互

联网为代表的数字技术能够更好地满足消费者个性化、多样化需求，增强文化产品对消费者的吸引力，使文化产品的消费不再局限于传统的基于文字表达、视觉、听觉等的互动形式，消费者体验向多方位、多视角和深层次方向发展。例如，虚拟现实（VR）、增强现实（AR）等技术在文化领域的运用能给消费者带来更真实的互动体验，使消费者身临其境地感受文化产品传达的信息，满足其多方位的体验需求。受众对文化产品的消费也不再受时间、空间的限制，能够更好地满足消费者对文化产品的跨时段、跨区域消费需求，为大规模的文化产品贸易提供广阔空间。数字经济对消费者体验的改善进一步扩大了文化产品的市场规模，带动了文化产品出口贸易的增长。

（2）正网络外部性

网络外部性这一概念最早由 Rohlfs 提出，是指一种产品对消费者的价值会随着其他消费者对该产品消费数量的增加而增加，即更多消费者的加入会给网络中的消费者带来正向的效用和价值。[1] 网络外部性被认为是需求方规模经济的源泉。文化产品消费网络外部性可通过消费偏好外溢、知识和文化外溢促进我国文化产品出口贸易。[2] 基于数字经济产生的文化产品网络外部性主要体现在三方面。其一，互联网用户数量的增加促使文化产品受众群体不断扩大，更多消费者的加入增强了文化产品的品牌效应，带动了消费规模的增长。其二，互联网的发展降低了信息获取难度，带来了知识和文化外溢，有助于增强消费者的文化认同，促使消费规模进一步扩大。其三，网络外部性带来的规模经济效应可降低文化产品边际成本，带动整体利润增长，而企业在利润驱使下又会进一步扩大文化产品的生产和出口规模。

3. 流通端：优化传播渠道，降低交易成本

数字经济引发了文化产品传播方式的变革。传统文化产品的贸易多采取线下实体店销售的形式，这存在两方面局限：一是受时间、空间限制较大，

---

[1] J. Rohlfs, "A Theory of Interdependent Demand of a Communications Service," *Bell Journal of Ecnomics* 5 (1974).

[2] 汪颖、黄建军：《消费网络外部性、文化亲近与文化产品贸易——基于中国双边文化产品贸易的实证分析》，《当代财经》2014 年第 4 期。

且传播范围存在地域局限性，辐射范围较窄，难以扩大销售规模和影响力；二是成本较高，受租金、地理位置影响较大。数字技术的引入扩展了文化产品传播的空间范围，文化产品销售由线下转为线上，交易成本和信息搜寻成本大幅降低，文化贸易也不断突破时空限制。文化产品在世界范围内进行传播和交易，国际贸易的便利度大幅提升，对于推动我国文化产品出口贸易规模扩大发挥了重要作用。

（二）数字贸易壁垒对中国文化产品出口贸易的抑制效应

1. 贸易成本增长

数字贸易壁垒的直接影响在于显著提高企业的贸易成本。各国设置数字贸易壁垒的主要手段是限制数据跨境流动、限制跨境支付、提高技术门槛和在知识产权保护方面给予歧视性待遇等。数据的自由流动是我国与共建"一带一路"国家建立合作往来关系、开展数字贸易的基础。各国对数据流动的限制会阻碍区域数字化联通水平的提高，提高企业的海外销售成本，从而降低文化企业的出口意愿，对文化产品出口贸易起到抑制作用。跨境支付方面的壁垒如歧视性的结算方式、交易规则限制、安全标准规定等增加了跨国文化企业的交易风险，引致一些不必要的成本支出，也会造成企业贸易成本上升。此外，技术壁垒、知识产权保护等限制措施会增加企业的合规成本，商标和版权保护方面的歧视性待遇可能增加由于知识产权纠纷而产生的争端解决成本和诉讼成本。数字贸易壁垒可能引发的各类贸易成本增加，将削弱我国文化产品在国际市场的竞争力，不利于我国文化产品出口。

2. 要素流动受阻

数字贸易壁垒限制了数据、劳动力、资金、技术、知识文化等要素在国际范围内的自由流动。互联网对经济的拉动效应的根源就在于发挥其对数据及时进行生产、传输、处理、加工的功能，突破时间、空间上的局限，拉近各经济体之间的距离，实现各要素在全球范围内自由流动并带动全球经济增长。数字贸易壁垒为要素流动设置阻碍，降低要素流通效率，增加企业国际交流合作障碍。例如，对我国企业在跨境数据流动、设施联通、交易传输等方面的限制会阻碍企业对数字经济核心要素的获取以及对知识的共享和交流，导致企业难以通过知识和技术的外溢提升自身的生产效率和技术水平，这会降低其在全球价值链中的参与度和竞争力，制约我国文化企业国际业务的开展。要素流动的受阻将严重影响国际文化贸易合作与交流，对我国与共建"一带一路"国家的文化产品出口贸易造成影响。

3.资源配置效率下降

数字贸易壁垒降低了跨国文化企业的资源配置效率，不利于企业的资源整合与业务优化，可导致我国文化产品出口贸易竞争力下降。以互联网为代表的数字经济在全球资源合理配置中发挥着重要作用，随着网络时代信息传递愈发便捷，全球价值链分工日益细化，各国可以根据自身的资源禀赋提供产品和服务，数字供给过程趋于专业化和复杂化。各国对数字贸易的限制阻碍企业参与国际分工以及在全球范围内获取资源要素，不利于企业自身资源的整合优化。这可能导致企业无法在附加值更高的生产环节上集中优质资源，阻碍企业的业务优化，降低企业在国际市场上的竞争力。数字贸易壁垒带来的资源配置效率下降将影响我国文化产业的国际化进程，制约我国与共建"一带一路"国家的文化产品出口贸易。

四 对策分析

本报告通过分析中国对共建"一带一路"国家文化产品出口贸易和中国与共建"一带一路"国家的数字经济发展状况，发现中国与共建"一带一路"国家文化产业数字化发展存在三方面问题：其一，各国数字经济发展水平差距较大；其二，文化产业与数字化结合有待加强；其三，数字贸易壁垒阻碍数字经济发展。进一步地，本报告通过阐释数字经济对中国文化产品出口贸易的影响机制发现：数字经济能够通过影响生产、消费、流通等环节对我国文化产品出口贸易产生促进作用，而数字贸易壁垒会对我国文化产品出口贸易产生抑制作用。鉴于此，本报告提出以下对策建议。

第一，加强共建"一带一路"国家数字基础设施建设和平台搭建。共建"一带一路"国家数字化基础设施建设相对落后是国际数字文化贸易与合作的重要阻碍。我国应不断推动共建"一带一路"国家打造良好的数字经济发展格局，加强国际合作与交流，必要时为落后地区数字基础设施建设提供国际援助。未来要持续深化互联网、数据中心、人工智能以及卫星导航等基础设施在共建"一带一路"国家的深度部署和全面覆盖，为中国与共建"一带一路"国家文化产业合作及发展创造良好的数字化环境与合作基础。

第二，对共建"一带一路"国家数字经济发展不同程度国家实施差异化政策。部分区域数字经济发展的滞后会阻碍我国对共建"一带一路"国家文化产品出口贸易，我国可根据不同地区数字经济发展水平的具体状况，采取差异化的合作政策：对于数字经济发展落后国家，将重点放在对该国数字基础设施建设的帮扶上，为落后国家提供资金和技术支持，帮助其完成相关设施的搭建；对于数字经济发展水平较高的国家，将合作重心放在产业数字化创新能力培养和竞争力培育上，进一步深化我国与共建"一带一路"国家数字经济领域的合作，实现数字经济效益最大化。此外，我国与共建"一带一路"国家开展数字经济交流合作时还需关注数字经济的安全性和普惠性，促进数字经济健康有序发展。

第三，积极推动文化产业与数字经济深度融合。数字经济能够通过生产端、需求端、流通端作用于我国文化产品出口贸易，然而当前我国文化产业数字化技术应用程度有待提高，各部门应联合发力，共同助力文化产业数字化创新与发展。各级政府应完善相关政策，鼓励和扶持文化产业数字化发展，为文化创新提供奖励，为文化企业的数字化转型提供一个良好的制度环境。文化企业应不断提升自身数字技术运用和创新能力，加大对数字化产品的投资力度，推动管理体制变革、创新人才培养，使数字技术进一步融入企业发展规划，充分运用新手段、新技术实现企业升级发展。文化产品创作者应提升对数字技术的运用能力，将现代化手段融入产品的设计和内容创作中，不断提升产品质量和吸引力。总之，各方应协同发力，持续推进数字技术的普及和应用，使其赋能文化产业高质量发展、助力文化产品出口贸易。

第四，积极推动共建"一带一路"国家数字贸易自由化和便利化。当前，共建"一带一路"国家的数字贸易壁垒处于较高水平，一些国家对数字经济的管制严重阻碍了国家之间的数字文化贸易，也限制了我国文化产业的国际化发展。我国应加强同共建"一带一路"各国的协商和交流，积极与数字贸易壁垒较高的国家展开谈判，以降低交易门槛、提升交易效率。与此同时，我国应着力规范数字经济运作和交易秩序，增强与提升交易流程的规范性和透明度，营造一个高效、公平、开放、畅通的数字贸易环境，进而提升共建"一带一路"国家的贸易畅通度和数字经济开放度，促进共建"一带一路"国家数字经济和文化产业高质量、有特色、可持续发展。

B.20
数字文化贸易有效推进中日文明互鉴[*]

——以网络游戏《原神》为例

刘霞　黄铭姗　储照胤[**]

摘　要： 网络游戏是数字文化贸易的重要组成部分。《原神》作为成功出海的网络游戏精品，展现了对文化多样性的尊重及对优秀文化的兼收并蓄，有利于促进中外文明互鉴。本报告立足于推动文化数字化、文化高质量发展的政策背景，以《原神》为例，分析它是如何搭建文化交流平台、提升游戏服务质量、推动中日文明互鉴的，从"完善国际化人才培养体系"、"推进区域合作研发"和"提升游戏服务质量"三个方面，为通过数字文化贸易提升中华文化影响力、推进中外文明互鉴提出合理对策。

关键词： 数字文化贸易　服务贸易　文明互鉴　网络游戏

　　数字文化贸易孕育于数字化和传播技术迅速发展的土壤。在中国大力推动"文化数字化"和实行"促进文化高质量发展"等重大战略方针的背景下，数字化赋能文化贸易，推动对外文化贸易向高质量发展。近年来，我国

---

* 本报告系 2023 年北京第二外国语学院研究生科学研究项目一般项目"《原神》日本玩家对中国二次元文化逆向传播的认知与互动研究——基于数据挖掘的综合分析"（项目编号：11122018000）的阶段性成果。

** 刘霞，北京第二外国语学院经济学院副教授，首都国际服务贸易与文化贸易研究基地研究员，研究方向为国际文化贸易、创新与贸易、文化与创新；黄铭姗，北京第二外国语学院国际文化贸易专业研究生，研究方向为国际文化贸易；储照胤，中国传媒大学传播研究院传播学专业研究生，研究方向为跨文化传播。

的数字影视、网络文学、数字音乐、网络游戏等数字文化产品的出口迅速发展，为数字文化贸易的发展做出重大贡献。

同时，数字文化贸易可以促进文化产品和内容的国际传播，为中外文明之间的互动和互鉴搭建了新的平台。中国"走出去"的数字产品所承载着的中华文化元素，也将随着产品的出口而走出国门、走向世界。这不仅提高了中华文化的国际影响力，而且对中外文明互鉴起到了积极的推动作用。因此，作为推动中外文明互鉴、文化交流的重要方式，发展数字文化贸易是必然要求，也是促进文化高质量发展、培育带有中国特色文化品牌的重要手段。

网络游戏，作为一种数字化的文化媒介，在产品中承载着文化元素，能够在"走出去"的过程中推动中外文明互鉴和文化交流。2022 年 7 月，商务部等 27 部门发布《关于推进对外文化贸易高质量发展的意见》①，明确提到了积极培育网络游戏等领域的出口竞争优势，打造具有国际影响力的中华文化符号。由此可见，作为数字文化贸易的重要渠道，网络游戏的出口能够促进文化内容的跨国传播，搭建文化互动和对话的平台，由此推动中外文明的交流及互鉴。

在成功出海的网络游戏中，《原神》便是一个典型的例子。作为一个融入了多元文化的游戏，《原神》受到了来自世界各地玩家的喜爱，成功实现了游戏出海。同时，《原神》也将游戏作为传播中华文化的载体，实现了中华文化的国际传播，并带动了中日游戏从业者的合作及中日玩家的文化交流、相互学习，推动了中日文明互鉴。本报告将立足于推动文化数字化、文化高质量发展的政策背景，以网络游戏《原神》为例，分析该游戏是如何搭建文化交流平台、推动中日文明互鉴的，以期丰富数字文化贸易领域的相关研究，为国家如何通过数字文化贸易提升中华文化影响力、推进中外文明互鉴等课题寻找出合理的对策及建议。

---

① 《商务部等 27 部门关于推进对外文化贸易高质量发展的意见》，中国政府网，2022 年 7 月 18 日，https://www.gov.cn/zhengce/zhengceku/2022-07/30/content_5703621.htm。

一　网络游戏与数字文化贸易

　　网络游戏的出口是推动数字文化贸易的重要手段之一。在中国大力建设"文化强国"、推进"文化数字化"的背景下，大力推动中国优秀网络游戏产品的出口，能够促进中国对外数字文化贸易的高质量发展，推动中华优秀文化"走出去"。

　　近年来，中国游戏产业出海势头正盛，国际竞争力和国际影响力日益增强。根据中国音数协游戏工委、中国游戏产业研究院的《2021年中国游戏产业报告》，2021年，中国自主研发游戏海外市场实际销售收入继续保持快速增长态势，作为其海外市场的国家和地区数量明显增多，出海产品类型更加多元。①

　　作为本报告所探讨的个案，《原神》是中国成功出海的游戏产品之一。这是一款由中国游戏公司——米哈游科技（上海）有限公司开发的角色扮演游戏，自2020年9月发布以来在全球范围内都获得了广泛的关注和好评。在亚太地区，它也成为一种新的文化交往和经济交往载体。2021年7月27日，商务部服贸司发布了《关于公示2021—2022年度国家文化出口重点企业和重点项目名单的通知》②，《原神》被列为国家文化出口重点项目。此外，在被称为"游戏界奥斯卡"的The Game Awards（TGA）2021年度颁奖典礼上，《原神》作为首个中国原创游戏IP斩获2021年度最佳移动游戏奖；在TGA2022年度评选中，《原神》也已获得最佳持续运营游戏和最佳移动游戏提名。

　　相比于其他只代表单一文化的游戏，《原神》构建了一个名为"提瓦特"的多元文化开放世界，它由7个区域组成，各区域分别具有不同的地理文化特征。《原神》是一款以亚洲文化为基础的开放世界游戏，游戏中包

---

　　① 中国音数协游戏工委、中国游戏产业研究院：《2021年中国游戏产业报告》。
　　② 《关于公示2021—2022年度国家文化出口重点企业和重点项目名单的通知》，商务部官网，2021年7月27日，http://www.mofcom.gov.cn/article/h/redht/202107/20210703180727.shtml。

含了很多中日文化元素，如建筑、服装、食物、音乐等，这些文化元素可以促进中日两国文化交流和文明互鉴。其中的"璃月"和"稻妻"地区分别以中国和日本为原型，对两国文化和中日青年所共享并喜爱的"二次元"文化进行了有机融合，实现了中华优秀传统文化的创造性转化与创新性发展；同时，《原神》在尊重日本文化的基础上，在游戏的剧情、场景设计中还原了日本的文化元素，增强了日本玩家对《原神》的亲近感。

作为中国网络游戏的精品，《原神》在成功实现了游戏出海的同时，也将游戏作为传播中华文化的载体，实现了中华文化的国内传承和国际传播，展现了中国游戏产业发展的强大实力。《原神》的成功出海在为中国数字文化贸易的高质量发展推波助澜的同时，也在促进中日两国数字经济发展、促进地区产业合作及拓展文化产业市场等方面起到了积极作用。

（一）推动数字经济发展

《原神》在促进中日两国数字经济的发展中发挥了重要的作用。以艺术风格优秀的游戏角色为基础的游戏付费模式和虚拟道具交易为游戏公司与中国、日本地区的发行平台带来了丰厚的经济收益，为两国的数字经济发展提供了新的动力和机遇。

移动应用数据分析公司 Sensor Tower 的调查显示，2020 年 12 月 1 日，钟离这一角色上线首日，海外玩家在《原神》的付费总额高达 1550 万美元，刷新了中国手游在海外单日收入的最高纪录。此外，在 2020 年 12 月，《原神》在日本市场的收入占比达 30.3%，甚至超过了中国市场，可见日本玩家对钟离这一角色的喜爱程度之深，也体现了钟离这一中国风角色形象塑造的成功。

同时《原神》的成功也带动了相关产业的发展，如游戏周边、漫画、动画等，这些产业的发展也可以促进亚太地区的经济交流和合作。例如，亚太地区已经成为全球最大的游戏周边市场之一，中日合拍的《原神》系列动画促成了两国动画市场头部公司的强强合作，大量画师、自媒体工作人员也以生产与《原神》相关的二次创作作品为自己增加营收。

（二）促进地区产业合作

《原神》游戏在全球范围内都获得了广泛的关注和好评，各个国家和地区的游戏公司之间也围绕其开展了广泛的合作和交流。自该游戏发行以来，米哈游便分别在日本和新加坡设立了分公司，招揽亚太地区优秀人才，以更好地保证研发质量和运营水平。作为一个重量级的长期运营项目，《原神》项目组也积极寻求与日本地区外包公司的合作，与各类游戏公司在技术、艺术、发行等层面开展合作，为中日两国游戏产业的合作和发展带来了新的前景。

（三）拓展文化产业市场

《原神》游戏的成功也为中国游戏产业和文化产业的发展带来了重要的推动力量。游戏中充分展现了中国文化和日本文化的特色，为中国和日本的文化产业走向世界提供了新的契机和平台。此外，《原神》的成功也吸引了全球玩家的关注，为中日两国的文化和经济交流提供了更广阔的平台。

总之，《原神》在中国和日本两国的经济交往中发挥着重要的作用，游戏的成功为数字经济、文化产业和游戏产业的发展带来了新的机遇和前景，为推动中日两国的数字文化贸易发展做出了重要贡献。

二 《原神》中的二次元文化与中日文明互鉴

亚太地区是一个文化多样性非常强的地区，也是世界上最具经济活力的地区之一。在这个地区，文化交流和数字文化贸易之间有着密切的关系。同时，亚太地区的文化交流是一个非常广泛的话题，包括了各种文化领域，如宗教、语言、艺术、音乐、食品等领域的交流，由于历史和地理原因，各国之间的文化交流非常活跃。例如，中国和日本之间的文化交流可以追溯到公元前 3 世纪，其他与中国属于同一个文化圈的国家也和中国有着历史悠久的文化交流传统。

二次元文化，最早是指诞生于日本的动画、漫画、游戏等文化形式，这种文化形式在亚太地区非常流行。在中国和日本，由于二次元产业的蓬勃发展，越来越多的年轻人成为"萌系御宅族"，他们喜爱二次元文化，并愿意为二次元游戏进行消费。中国和日本两国之间在二次元文化领域的交流和合作非常活跃，在数字文化贸易方面开展了许多有益的实践。例如，中日两国的动画、漫画、游戏公司之间在版权交易、作品制作等方面进行了广泛的合作，为两国的二次元文化交流和发展做出了重要贡献。《原神》为中日玩家搭建了线上的沟通及交流平台。通过游戏平台，《原神》可以实现不同地区玩家的联机游戏、实时文字交流等。同样热衷于二次元文化的中日玩家可以通过游戏实现交友、交流、沟通和维持联系。二次元文化也成为中日两国年轻人之间交流和沟通的重要主题，他们通过游戏等形式了解和交流彼此的文化，这增进了两国青年之间的相互理解和友谊，推动了中日文明互鉴。

（一）表现地域文化

《原神》游戏中的世界观和角色设定都充分体现了中国传统文化和日本文化的特色，璃月、稻妻两大重要地图分别以中国和日本为原型，在地域风光、角色设计、游戏音乐、饮食文化、建筑风格、服饰造型等方面都充分展现了中国和日本的文化特色，为中日两国的文化交流和文明互鉴做出了重要贡献。

《原神》塑造了一个融入中国戏曲文化元素的二次元角色形象——璃月"云翰社"（戏曲结社）现任当家云堇。首先，云堇的常服设计参考了传统戏曲服饰，既以汉族传统纹饰方胜纹、云纹作为点缀，并加入绒球、翎子、云肩、戏帽等，又结合现代元素，设计出欧式服装样式的大裙摆，给玩家留下鲜明的记忆点。其次，《原神》将戏曲演员上场和下场时短促有力的"亮相"动作融入云堇的动作设计中，同时在设计时参考古典舞和武术等传统文化。为了将戏曲元素融入游戏，在角色的音频设计中，《原神》制作组邀请了上海京剧院国家一级演员杨扬为云堇的唱段《神女劈观》进行配音，保留了原汁原味的京剧唱腔，用传统戏曲文化演绎出一个鲜活的角色。

云堇无疑是向中日两国玩家展现中国传统戏曲文化的一个名片。当玩家被云堇的个人魅力吸引的时候，他们会主动地探寻角色背后隐藏的文化、接触戏曲并学习戏曲，甚至参与到传统戏曲文化的推广中，由此推动中日戏曲文化的交流和文明互鉴。

（二）区域合作研发

《原神》游戏能在全球范围内都获得广泛的关注和好评，少不了与日本二次元文化产业的合作与交流。以稻妻地区为例，《原神》的研发公司米哈游科技（上海）有限公司特派专员前往日本各大高校咨询当地文化学者，与本土艺术家共同设计游戏角色、音乐与场景，在尊重日本文化的基础上，还原了一个充满日本文化元素、静谧幽玄的神秘城邦。2022 年 9 月，《原神》宣布"破圈"消息，提出要从游戏项目进军到动画项目。其中，《原神》动画项目将由《原神》制作组与日本知名动画公司 ufotable（飞碟社）共同合作制作。

除了跟日本动画企业的合作以外，《原神》也在游戏音乐的制作上花费了许多心思。不仅在游戏中使用由二胡、笛子、古筝等乐器演奏的中国古典民乐，也融入三味线、尺八、太鼓、日本筝等日本传统民乐乐器的演奏，让中日音乐文化碰撞出新的火花。《原神》与日本历史最悠久的交响乐团东京爱乐乐团和日本顶尖民乐演奏家合作录制游戏音乐，让民族乐器与游戏场景氛围适配。通过中日音乐元素的融合和展示，能够让中国和日本的游戏玩家在沉浸于音乐中的同时，也能拥有基本的审美共鸣，感受到中日音乐文化的交融，从而推动中日文明的交流互鉴。

（三）玩家社交互动

网络游戏通常带有社交互动的功能。《原神》游戏中的社交系统和多人联机模式也为中日两国的文化交流和文明互鉴提供了新的平台，体现了游戏对服务贸易的促进作用。玩家可以通过游戏中的社交系统结识来自不同国家和地区的玩家，分享游戏心得和文化体验，增进彼此之间的理解和友谊。中日游戏玩家通过互动与交流，能够了解和学习到两国文化的方方面面，比如语言、礼俗等，这些互动与交流都能够推动中日两国的文明互鉴。

除此之外，《原神》的游戏爱好者们还在二次创作领域开展了广泛的交流和合作，根据游戏内容生产了大量质量上乘的文化作品，并在中国和日本的各大社交媒体平台上展映。比如，《原神》角色云堇的戏剧视频《神女劈观》广受日本玩家的喜爱，虽然其日文版视频的唱段中的唱词均为中文，但截至 2022 年 12 月 1 日，该视频在 YouTube 中有着高达 86 万次的播放量，许多日本游戏玩家在中国知名弹幕视频网站哔哩哔哩发布游戏实况视频，获得大量游戏粉丝的认可和称赞。

三 启示与建议

《原神》的游戏设计摒弃了"一元文化主体"的叙事形式，高质量还原了"人类命运共同体"中的多元文化，展现了制作团队对文化多样性的包容及对优秀文化的兼收并蓄，有利于促进文明的平等交流与互鉴。由此可见，优秀数字文化产品的贸易不仅能够推动文化的高质量发展，还能够促进中外文化交流与文明互鉴。基于《原神》的成功经验，本报告就"如何利用优秀数字文化产品的出口促进中外文明互鉴"提出以下建议。

（一）完善国际化人才培养体系

《原神》十分重视文化的海外宣传和文化融合，旨在通过促进文化附加价值的实现，拓展海外市场，实现产品本地化。要想通过数字文化贸易促进中外文明的交流与互鉴，复合型人才、交叉型人才的培养变得十分重要。

网络游戏通常具有社交互动和团队合作的特点。因此，产品运营从业人员不仅应该具备国际视野和经济思维，并且还应拥有一定的文化知识和专业素养，对当地玩家的消费心理和爱好都应当有一定的理解。只有引导真正热爱网络游戏的人员从事游戏行业的工作，才有利于激发产业活力，推动网络游戏产业的技术创新和持续稳定发展。

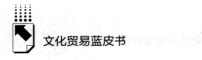

（二）推动区域合作研发

组织海外数字文化企业对接和交流活动，打造国际性产业展会和交易平台，能够促进数字文化贸易的国际合作。比如日本举办的东京国际电影节，涵盖动画、音乐、电影、游戏、新技术（VR/AR）、IP 等领域，为亚洲甚至全球的数字内容企业搭建了海外交易、拓展关系网、信息互联和商务洽谈的平台。

此外，政府也可以制定相关政策，鼓励和支持数字文化产品的区域合作研发，如提供财政支持、减免税收、加强知识产权保护、搭建项目平台、简化审批流程等，以降低合作研发的成本及风险。

（三）提升游戏服务质量

玩家在玩《原神》的时候，能在不同的地图欣赏到各具特色的音乐，感受到各国文化的魅力所在。为了提升服务质量，《原神》的音乐团队 HOYO-MiX 采用了"化用"的音乐理念，在运用二胡、琵琶等传统中国乐器音色的同时，还融入世界不同地区的音乐元素，给予玩家充足的感染力和高质量的游戏体验。由此可见，为了提高用户忠诚度，网络游戏应当从各方面入手，尊重文化多样性，关注不同地区的玩家习惯，及时了解用户反馈，努力提升服务质量。

《原神》继承中华文明深厚的文化底蕴，提炼具有中国特色的文化符号，将二次元文化与中华文化相融合，实现中华优秀传统文化的创造性转化与创新性发展。《原神》构造的虚拟的文化空间，以其特有的包容性摒弃了文化的单向输出模式，尊重和照顾不同地域、不同国家、不同人民的文化心理，通过网络游戏这一载体，使文化互动共融的过程变得更加便捷和高效。

网络游戏是中国数字文化产业的重要组成部分。在数字化、全球化的背景下，推动网络游戏的出海能够对文化产业的高质量发展及中华文化的"走出去"起到积极的促进作用。作为数字文化产业的发展重点，高质量的网络游戏能成为中华文化"走出去"的重要平台。作为国产游戏的精品 IP，

《原神》在"游戏出海"和"文化出海"中发挥了重要作用。

继承了中华优秀传统文化基因的《原神》，与日本文化深度融合，在日本市场获得了玩家的喜爱与追捧。由此可见，数字文化贸易能够有效推动中外文明的交流与互鉴。大力推动我国优秀网络游戏产品出海，一方面能提高中华文化的国际影响力，推动中华文化更好地"走出去"；另一方面能吸收海外优秀文化成果，以我为主、为我所用，促进中外文明的交流与互鉴。

参考文献

赵有广：《我国对外文化贸易逆差及其原因分析》，《国际贸易》2006 年第 10 期。

曲如晓、韩丽丽：《中国文化商品贸易影响因素的实证研究》，《中国软科学》2010 年第 11 期。

齐勇锋、蒋多：《中国文化走出去战略的内涵和模式探讨》，《东岳论丛》2010 年第 10 期。

范建华：《论节庆文化与节庆产业》，《学术探索》2011 年第 2 期。

〔日〕东浩纪：《动物化的后现代：御宅族如何影响日本社会》，褚炫初译，台北：大鸿艺术公司，2012。

臧新、林竹、邵军：《文化亲近、经济发展与文化产品的出口——基于中国文化产品出口的实证研究》，《财贸经济》2012 年第 10 期。

刘杨、曲如晓、曾燕萍：《哪些关键因素影响了文化产品贸易——来自 OECD 国家的经验证据》，《国际贸易问题》2013 年第 11 期。

盛斌、果婷：《亚太区域经济一体化博弈与中国的战略选择》，《世界经济与政治》2014 年第 10 期。

赵波、张春和：《论"一带一路"战略的文化意蕴——基于世界文化交往思想的视角》，《学术论坛》2016 年第 1 期。

范兆斌、黄淑娟：《文化距离对"一带一路"国家文化产品贸易效率影响的随机前沿分析》，《南开经济研究》2017 年第 4 期。

方英、马芮：《中国与"一带一路"沿线国家文化贸易潜力及影响因素：基于随机前沿引力模型的实证研究》，《世界经济研究》2018 年第 1 期。

陆菁、傅诺：《全球数字贸易崛起：发展格局与影响因素分析》，《社会科学战线》2018 年第 11 期。

史安斌：《从"跨文化传播"到"转文化传播"》，《国际传播》2018 年第 5 期。

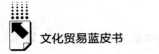

方英、吴雪纯：《我国文化贸易数字化发展的正效应及推进方略》，《现代传播（中国传媒大学学报）》2020 年第 11 期。

郭璇、徐欣怡：《中国移动游戏"出海"的机遇和路径》，《未来传播》2022 年第 5 期。

宣晶：《"新文化符号"出海，上海出品的〈原神〉掀起海外京剧热》，《文汇报》2022 年 1 月 6 日。

胡钰、朱戈奇：《网络游戏与中华优秀传统文化的当代传播》，《南京社会科学》2022 年第 7 期。

B.21
智能引擎驱动未来：人工智能
对中国电影产业国际化发展
战略的重构与探索

陈志恒　杨宗萱*

摘　要： 2024 年是"十四五"规划的关键之年，这一年，巩固和强化经济回升态势，推动经济实现质效双升，已成为我们的目标与使命。在当前全球化及科技迅猛发展的时代背景下，智能技术的不断进步正深刻影响着电影产业的变革，进而对文化形态的创新起到了积极的推动作用。在此背景下，人工智能不仅深刻影响了电影制作，更重塑了国际电影发行机制。为发掘我国电影产业国际化的独特优势与潜能，本报告从全球及中国双视角出发，深入探讨电影产业的创造性发展趋势，以期全方位把握未来发展动态。同时，在中国电影国际化的战略重构过程中，我们面临资金、技术及人才等多方面的挑战。为抓住此次历史机遇，我们必须优化机构设置、加快政策制定、完善标准体系、强化数据应用，并加强国际合作与交流，以推动电影产业对外贸易的蓬勃发展。

关键词： 电影产业　国际化发展　人工智能　新质生产力

2023 年，习近平在"一带一路"国际合作高峰论坛提出《全球人工智能治理倡议》，强调人工智能对文化传承和传播的重要性，展现了中国在全

---

* 陈志恒，中宣部对外文化交流（文化贸易）研究基地研究员、北京市特聘专家、星云系国际文化大数据交易中心创始人，主要研究方向为文化大数据和电影智能化；杨宗萱，北京第二外国语学院中国服务贸易研究院 2022 级硕士研究生，主要研究方向为文化贸易。

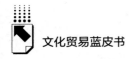

球治理中的积极姿态。同年，联合国成立高级别人工智能咨询机构，推动全球人工智能规范发展。2024 年，十四届全国人大二次会议强调深化人工智能研发应用，打造具有国际竞争力的数字产业集群，凸显我国发展人工智能的坚定决心。

是年，全球生成式人工智能领域投资额高达 252 亿美元，较前一年大幅增长，体现了该领域的迅猛发展。电影产业作为高新技术与创意的结合体，对文化产业及贸易具有深远影响。2023 年，中国电影市场总票房达到549.15 亿元，同比增长 82.64%，其中国产电影占据主导地位，彰显了中国电影市场的蓬勃活力与巨大潜力。电影产业与多个重要行业紧密相连，通过跨界合作推动了产业的持续发展与创新，构建了一个庞大的产业体系。国家对新兴生产力的形成给予高度重视，提出培育战略性新兴产业的战略方针。在此背景下，"人工智能+电影"的深度融合成为科技进步与创新引领下的先进生产力形态，推动了电影产业的技术革新和产业转型。

此种融合不仅为电影产业注入了新的创新活力，更进一步释放了电影及相关产业的发展潜能，使中国电影产业在全球人工智能改革浪潮中迎来了重要的战略机遇。中国电影的国际化发展现已进入"弯道超车"的新阶段，其高质量的国际化进程必将为推动人类社会的进步贡献力量。

一 人工智能在电影产业国际化发展中的应用与实践

随着人工智能技术日新月异的发展，全球范围内涌现出众多依托于强大计算能力和海量数据的杰出人工智能应用，为人工智能的广泛应用奠定了坚实基础。同时，作为文化产业价值链中最为生机勃勃的一环，电影产业链在人工智能视频生成技术的推动下，正迎来重塑与革新的广阔空间，为中国电影产业的国际化进程注入强劲新动力。目前，电影行业正经历一场以数字化、智能化、自动化为核心的深刻变革。人工智能技术将为电影工作者提供更为高效的创作工具、更为精准的发行手段以及更为可靠的国际发行渠道。

在人工智能技术的有力支持下，高端创意和艺术灵感将更加有效地转化为真实存在的作品，推动电影行业迈向新的繁荣阶段。

因此，我们应当深刻认识到人工智能技术对电影产业的深远影响，积极拥抱这一变革，加强技术研发与应用，为电影产业的持续健康发展注入新的活力。同时，也要注重在技术创新中保持文化艺术的独特性和原创性，确保电影产业在智能化浪潮中保持其独特的魅力与价值。

（一）人工智能在电影制作中的应用

在传统电影制作中，前期策划、剧本构思、视觉效果的呈现、特效制作及后期完善等诸多环节，无不充斥着繁复琐碎的工作，对电影制作团队而言耗时费力。然而，随着现代科技的飞速发展，特别是生成式人工智能技术的日新月异，电影制作领域正迎来一场前所未有的变革。

当前，技术的迭代更新与算力的显著增强，辅以大数据的不断积累，为人工智能技术在电影制作领域的应用提供了广阔的空间。基于深度学习和神经网络的人工智能应用软件如雨后春笋般涌现，不仅实现了从文字对话到文生图片，再到文生视频的跨越式进步，更将电影制作的边界拓展到了新的领域。全球首部 AI 长篇电影 *Our T2 Remake* 的成功首映，便是这一变革的生动例证。该片创作团队由全球 50 名艺术家组成，借助 Midjourney、Runway、Pika 等多款 AIGC 工具，实现了电影制作全流程的显著提速，创作周期由原先的数年大幅缩短至数月甚至数天，智能化变革正为影视行业注入新的活力。

值得注意的是，人工智能技术的运用不仅提升了电影制作的效率，还带动了制作成本的显著降低。成本的下降无疑为电影产业缓解了资金压力，使更多资源得到优化配置，金融资本的流向也更加多元化。这一变化使得电影创作的门槛大大降低，吸引了更多小型影视公司及个人创作者投身其中，实现了"每个人都能创作属于自己的电影"的美好愿景。人工智能的广泛应用，必将带来电影内容的极大丰富，海量作品将如潮水般涌现，推动电影产业走向更加繁荣的未来。

同时，人工智能在电影制作过程中扮演了多重角色。作为"风险规避

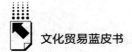

者"，人工智能在前期策划阶段就能对影片的商业前景、票房潜力及观众反馈进行精准预测，为制片人提供决策支持，有效降低电影开发的风险。作为"想象力变现开拓者"，人工智能能够生成数字大场景，帮助创作者将灵感快速转化为具体画面，打破了传统场景设计在资金和时间上的限制。作为"灵感生发领航员"，人工智能能为创作者提供大胆的假设和想象，通过实时人机互动激发创作灵感。作为"繁复工作替代专家"，人工智能能够处理海量数据，抓取关键信息，辅助创作者开展剧本校对、特效制作等工作，极大地提高制作效率。而作为"观众情绪捕捉者"，人工智能能够实时监测观众反馈，精准把握情感需求，为电影制片方提供个性化的营销策略，助力提升票房表现。

总之，人工智能技术的快速发展正在深刻改变电影制作领域的生态格局，为电影产业带来前所未有的发展机遇。我们有理由相信，在人工智能的推动下，电影制作将迎来更加美好的未来。

（二）人工智能对国际电影发行的重构

在传统国际电影贸易领域，版权交易流程历来复杂烦琐。面对国际市场的激烈竞争、人工智能技术的崛起，传统电影发行模式的局限性逐渐显现。借助电影大数据应用体系中的人工智能技术，电影国际发行模式不仅优化了流程，还得到了智能化重构，为中国电影的国际市场拓展及全球电影产业的共同发展注入了新的动力。

传统发行过程中，制片方需要耗费大量时间和精力与各国的发行商、电影节选片人等进行沟通与协商。其中版权交易、市场推广、观众定位等环节往往依赖于人工操作和经验判断，不仅效率低下，而且存在较高的误判风险。而人工智能平台通过深度学习、大数据分析智能算法等技术精准匹配供需双方的需求，实现自动化的资源对接和撮合，使得交易过程更加透明、高效。其甚至可以精准识别不同市场和观众的喜好与需求，从而制定出更具针对性的营销策略，如通过社交媒体和短视频平台实现影片的精准营销和推广，提高电影的曝光度和观众的观影意愿。这不仅能缩短发行周期、降低交易成本，还能提高发行成功率。同时，人工智能还能对交易数据进行实时监控和分析，帮助发行方及时发现潜在风险，确保交易的顺利进行。

同时，人工智能还能协助制片方在全球范围内寻找合适的以投代发的合作伙伴，共同推动项目的落地与实施。人工智能能超越国际电影发行的固定渠道和方式，推动了发行方式的创新。例如，利用虚拟现实和增强现实技术，为观众提供沉浸式的观影体验；借助区块链技术，确保版权交易的透明和安全；等等。这些创新举措不仅提升了观众的观影体验，也为以投代发的制片方带来了更多的商业机会。

二 人工智能在电影产业国际化发展中的创造性趋势

（一）人工智能背景下全球电影发展探究

1.破除国际垄断壁垒，发展中国家电影贸易迎来崭新机遇期

人工智能正逐步深入电影产业的各个环节，为发展中国家电影产业的国际化进程带来了前所未有的发展机遇。电影产业作为全球文化产业的核心部分，长期受少数发达国家主导，其市场格局呈现垄断态势。这些国家凭借强大的资本实力、先进的技术水平以及下沉的商业模式，在全球范围内获得了垄断地位。发展中国家在电影产业，特别是电影贸易领域，常处被动地位，缺乏国际话语权。然而，随着生成式人工智能技术的飞速发展与应用，电影行业的全球产业链与价值链正经历深刻变革。在此过程中，资源将依据各国对人工智能技术的掌握程度得到重新配置，技术领先国家将优先受益。基于这种新型产业分工体系，一个全新的产业格局正在逐步显现。

发展中国家积极顺应"人工智能+电影"发展趋势，采用"专精特新"模式，聚焦特定方向，提供专业化、精细化、特色化、新颖化的电影服务。发展中国家的这一努力已在特定领域取得显著成就，其电影作品在国内市场

占有一席之地，在国际上亦获认可。在这一过程中，发展中国家电影贸易，打破国际垄断封锁拥抱机遇期，成为一个备受瞩目的焦点。

2. 电影产业配套服务日趋完善，高质量影片支撑体系更加坚实

电影产业作为文化创意产业的核心板块，与高新技术产业、文化产业、金融业、广告业等服务业部门之间关联紧密，互为支撑。这些服务业部门在电影产业的稳健发展中发挥了极其重要的作用，共同助力电影行业的繁荣与进步。在此过程中，人工智能技术的广泛应用不仅有力推动了电影行业的创新发展，更对相关服务业产生了深远的影响。通过引入人工智能技术，电影产业与相关服务业的融合更加紧密，形成了显著的叠加效应，共同为文化产业的繁荣发展贡献力量。

高新技术产业中，科学技术为电影装备制造业与服务业搭建了坚固桥梁。智能软硬件、机器人、物联网器件、虚拟数字演员及虚拟现实等高新技术不断融入，提高了电影叙事表达的细腻度；同时，文化产业在大数据推动下取得新进展，基于数据挖掘的语料库构建和文化资源商业性转化为电影产业提供了丰富剧本素材。在金融行业，人工智能加速了金融产品和服务创新，电影智能信贷、保险等新型产品涌现，为电影产业提供灵活金融支持；广告产业也积极拥抱人工智能，研发新模式，提升电影的市场影响力和商业价值。这些变革共同推动了电影产业的繁荣发展。

3. 用户体验全面革新升级，交互式沉浸观影正式落地实现

交互式电影之兴起，源自观众对叙事开放性与体验沉浸式的追求。在此类作品中，观众紧追视点人物，创作者须运用技术灵活调整剧情以确保连贯性。随着虚拟现实与增强现实技术的成熟，头戴式显示器得以应用，隔绝观众视听，构建沉浸式电影叙事虚拟空间，极大提升观众体验与参与感。

同时，虚拟现实与增强现实技术为采用POV叙事手法的作品提供了更广阔的创作空间，使观众能身临其境代入第一人称视角，进行全开放或半开放交互体验，这有助于观众深入理解复杂故事情节。此举丰富了电影表现形式，为电影艺术发展注入新活力。

（二）人工智能视域下的中国电影国际化战略思考

1. 新质生产力赋能电影产业，激发创新创造新活力

习近平 2023 年 9 月在黑龙江调研时首提"新质生产力"概念[①]，该概念涵盖科技革命性突破、生产要素创新配置及产业深度转型升级，对电影业高质量发展意义重大。

随着国家文化数字化战略的深入实施，以数字化、网络化、智能化为标志的文化新业态蓬勃发展。根据国家统计局数据可知，2023 年全国规模以上文化及相关产业企业实现营业收入 129515 亿元，同比增长 8.2%。其中，文化新业态特征明显的 16 个行业小类营业收入达到 52395 亿元，增速高出整体水平 7.1 个百分点。上述数据表明，文化新业态已成为推动文化产业发展的重要力量，对提升电影业发展质量、实现高质量发展目标具有积极作用。

如图 1 所示，先进电影生产力由多种要素构成。"人工智能+电影"深度融合，展现出高科技、高效能、高质量的鲜明特点，成为新发展理念下先进生产力的代表。通过电影工作者的智慧、大数据支撑以及智能化软硬件的优化组合，我们实现了电影产业的技术突破、要素创新配置及转型升级，显著提升了电影全要素生产率。

人工智能技术的创新与行业应用，为影视创作注入了巨大的想象力和创造力。应充分利用人工智能赋能文艺创作的新质生产力，激发文化传承的新质传播力，推动中国电影产业高质量发展。在电影产出过程中，需集成视觉、听觉、语言、思维等多领域核心技术。新质生产力的注入使虚拟制作、数字人、3D 建模等技术为文化创意转化提供坚实支撑，电影产业不仅能创造经济价值，还能通过与其他生产要素融合放大价值创造效应，释放更强大的文化生产力。

[①] 《牢牢把握国家在发展大局中的战略定位　奋力开创黑龙江高质量发展新局面》，《人民日报》2023 年 9 月 9 日，第 1 版。

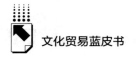

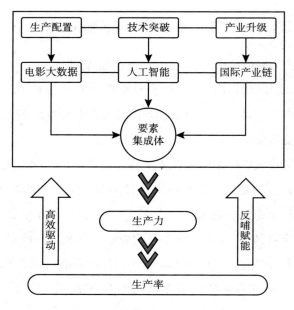

图 1　先进电影生产力解构

资料来源：笔者自制。

2. 人工智能技术与人口红利优势深度融合，双轮并驱塑造新型国际竞争中的独特优势

随着高新技术产业崛起，我国电影产业在人口红利基础上，借助人工智能技术，形成独特优势。我国电影从业人员众多，在生成式人工智能技术的推动下，初创团队及中小微企业因成本降低将迅速增多，为社会经济带来巨大收益。其对我国电影企业参与国际高端竞争具有深远影响，成为新时代中国国际竞争力的重要组成部分。

$$TR = R_{\text{AI}}L_{\text{S}} = R'_{\text{AI}}L_{\text{T}} = R''_{\text{AI}}L_{\text{E}} \tag{1}$$

$$R_{\text{AI}} = P_{\text{AI}}Q_{\text{AI}} \tag{2}$$

$$Q = AL^{\alpha}K^{\beta} \tag{3}$$

在深入分析人工智能对电影产业的经济影响时，我们引入公式（1），其中 TR 代表人工智能在电影产业中所产生的经济总效益。具体而言，R_{AI} 代表人工智能平均为每位电影从业人员带来的经济效益，R'_{AI}则代表其平均为每个电影团队创造的经济效益，而R''_{AI}则体现了人工智能平均对每个电影企业经济效益的提升作用。此外，L_S、L_T、L_E分别表示电影从业人员的总数、团队的总数以及企业的总数。

公式（1）揭示了人工智能在我国电影产业中的巨大经济潜能与成本节约潜力。充分发挥其优势，有望形成具有中国特色的竞争优势，使其成为推动电影产业持续发展的新动力。因此，规模以上及中小微文化企业在考虑人工智能转型时，应全面评估研发投入与预期收益，准确把握转型所带来的经济价值。科学合理利用人工智能技术，不仅有助于提升竞争力，更能为我国电影产业的国际化发展作出积极贡献。

在公式（2）中，R_{AI}代表人工智能在电影产业中所产生的经济效益总量，P_{AI}表示由人工智能创作出的单位电影产品或服务的价格，而Q_{AI}则是指人工智能产出的电影产品或服务的数量。公式（3）系柯布道格拉斯函数的经典应用，深入剖析了人工智能技术A、劳动力L、资本K对人工智能产出电影产品或服务数量的贡献程度。

人工智能技术迭代加速，素材库日益充盈。深度学习算法凭借丰富的素材数据优化模型，虽然国外科技巨头领先，但我国人工智能应用广泛，用户、团队及企业积极参与，为构建完善的汉语电影语料库及视频素材库提供有力支持，进而推动二度、三度创作，提升模型迭代效率。同时，我国人工智能在"从1到N"应用层面展现出巨大潜力，通过"干中学"深入探索底层算法逻辑，实现自主研发，为电影产业高质量发展提供本土化保障。此外，"从N到N"创新层面动能强劲，由图2可知，2022年，已授予的中国人工智能专利申请量为35310项，是美国的近3倍，我国人工智能专利申请量全球领先，成为技术创新的沃土，推动"N个专利"向"N个创新"快速发展。

3. 虚拟制片势头正盛，高质量电影大数据产出持续加速

虚拟制片技术，系通过高质量LED屏幕构建虚拟背景场景，并结合摄影机与计算机控制手段，实现现场拍摄与实时渲染的创新方法。该技术不仅

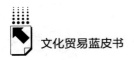

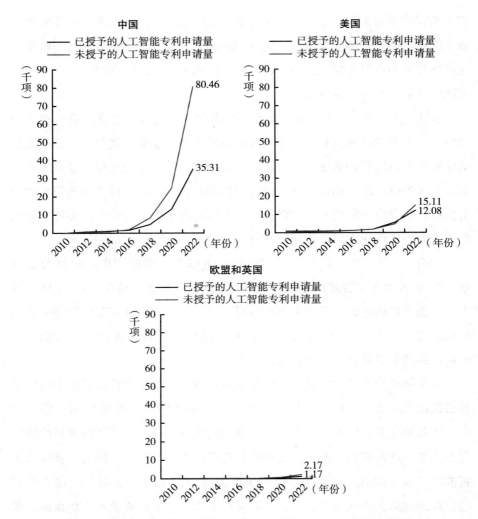

图 2 2010~2022 年中国、美国、欧盟和英国人工智能专利申请量情况

资料来源：Center for Security and Emerging Technology.

有效降低了制作成本，缩短了剪辑流程与制作周期，更成为推动电影产业持续发展的新增长极。自 2019 年起，虚拟制片技术在全球范围内展现出了迅猛发展的态势，大量 XR（扩展现实）虚拟影棚项目落地，为电影制作带来了革命性的变革。

在此过程中，人工智能的引入发挥了关键作用，显著提升了虚拟背景制作的效率与质量，优化了视频与音效处理，实现了素材的自动剪辑，并细化了模型特效，从而大幅提升了电影的呈现效果。这一技术的运用不仅丰富了电影制作手段，还为观众带来了更为逼真、震撼的视听体验。

此外，电影的价值开始远不止于票房收入和周边收入。一部电影可视为由成千上万个有效的数字资产和有价值的电影大数据构成的复杂系统。这些资产中包含的图片、音频、视频、特效、建模等素材，为电影的二度创作提供了丰富的资源。这些数字资产和电影大数据将成为未来电影生产与再生产的核心要素，有助于实现对现实世界的创造性数字孪生表达，具有巨大的经济价值。

我国凭借布局早、具备成本优势、基础设施完善以及产业链全面等有利条件，在全球虚拟制片市场中迅速崛起并持续扩大虚拟制片产业规模。未来，随着技术的不断进步和应用场景的不断拓展，虚拟制片技术将为我国电影产业的国际化发展提供更加强劲的动力。

三　人工智能浪潮下中国电影国际化
进程中的困境剖析

根据我国生成式人工智能发展的技术特征及政府在不同阶段所部署的核心工作，全面、深入地剖析人工智能时代背景下，中国电影国际化发展战略所遭遇的难题，对于实现加快"数字中国"构建、切实推进对外文化贸易高质量发展以及利用人工智能技术助力文化产业转型升级等战略目标，具有举足轻重的意义。现阶段，随着中国电影国际化发展战略的重构，我们亟须解决的紧迫问题主要有以下几方面。

（一）资金短缺制约发展进程，融资渠道需实现多元化

资金短缺已然成为电影产业链转型升级过程中的核心问题，尤其是融资渠道的单一性，严重制约了我国电影产业国际市场的持续拓展。这一瓶颈不仅拖慢了电影产业借助人工智能技术实现创新升级的进程，更影响了中国电

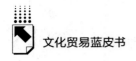

影国际贸易的高质量增长和更高层次的国际化发展。

在电影制作过程中，人工智能技术已渗透到剧本开发、智能拍摄、后期特效以及市场营销等各个环节。人工智能技术的应用大幅提升了制作效率，降低了成本，并丰富了视觉效果和观众体验。但高昂的技术研发和应用成本，使得众多电影制作公司望而却步，尤其是在高端人工智能研发项目中，巨大的资金缺口成为难以逾越的障碍。这无疑阻碍了中国电影产业在人工智能技术研发和应用方面的快速发展，进而影响了其在国际贸易中的竞争力。

当前，中国电影产业的融资渠道仍然以政府补贴、银行贷款和票房收入等传统渠道为主。但这些方式在额度、审批效率和风险控制等方面存在明显不足，难以满足电影制作公司的资金需求。社会资本和风险投资对电影与人工智能融合项目的参与度较低，导致优质项目缺乏必要的资金支持，延缓了相关技术的研发进程和市场化推广。同时，融资渠道的单一性也增加了中国电影国际贸易的风险。

为解决资金短缺问题并推动融资渠道多元化，电影制作公司应积极探索新型融资方式，如项目债券融资等，并充分利用互联网金融等新兴金融工具提高融资效率。同时，寻求与国际资本的合作也是丰富资金来源的重要途径。政府方面，应加大对电影产业的支持力度，出台相关鼓励和支持政策，引导更多社会资源流向电影与人工智能结合的创新项目，并通过提高补贴额度、优化审批流程和降低融资门槛等措施，为中国电影产业人工智能化的全球发展之路奠定坚实基础。

（二）技术适应性亟待提升，标准化需求日益紧迫

人工智能技术成熟度与稳定性的提升，已成为电影国际贸易中技术适应性与标准化方面的核心议题。虽然我国在此领域取得了显著成果，算法模型迭代速度之快令人瞩目，然而，我们也必须正视我国人工智能在稳定性与可靠性测试方面的不足，这些不足可能导致应用过程中的误差，对电影品质及国际市场接受度产生潜在影响。

当前，我国电影产业在人工智能应用方面尚缺乏统一的技术标准体系和

规范，这与国际电影市场人工智能应用标准化进程的缓慢相互叠加，为我国电影跨国合作带来了法律与技术上的双重风险。特别是在网络环境和硬件设备存在差异的背景下，在海外发行中国电影时需进行复杂的技术转换与适应工作，这无疑增加了国际化进程中的技术难度。同时，自然语言处理、图像识别等关键技术的局限，也限制了人工智能在影片翻译、字幕制作等领域的理想应用，影响了我国电影的国际传播效果。

更为关键的是，传统电影版权保护机制在人工智能技术的冲击下正面临严峻挑战。传统的版权保护主要基于对创作者身份的确认和作品原创性的判断，然而，在人工智能技术的深度介入下，作品创作过程变得多元且复杂，涉及多个主体和多种技术，这使得创作流程的界定变得模糊，版权归属和原创性判断的难度显著增加。此外，人工智能技术的便捷性也增强了数字化作品侵权行为的隐蔽性和复杂性，跨国环境下的侵权行为追踪和打击更为困难。尽管人工智能技术在图像识别、音频分析等方面有着广泛的应用，能够辅助识别潜在的侵权行为，但现有技术仍存在局限，尤其是对新作品的保护力度尚显不足。

因此，中国电影业需积极应对这一挑战，从多个层面推进人工智能技术的研发与创新。首先，我们应积极参与国际标准的制定，推动构建完善的人工智能电影产业应用标准体系，为我国电影产业的国际化发展奠定坚实基础。其次，应加强国内电影行业人工智能技术应用规范和评估标准的制定与实施，通过技术培训与指导提升行业技术水平与标准化程度。同时，加强人工智能技术研发投入，提升其稳定性与可靠性，降低技术风险，确保人工智能在电影全流程中的高效应用。此外，我们还应关注侵权识别技术的研发与应用，提升与扩大其准确性和应用范围，积极探索跨平台、跨领域的侵权识别关键技术，为版权保护提供有力技术支撑。

通过这些措施的实施，我们有望构建一个有利于中国电影国际化的人工智能应用生态，提升我国电影产业的国际竞争力。展望未来，人工智能将成为驱动中国电影产业持续发展的重要引擎，为我们打开更广阔的国际市场，实现中国电影的繁荣与发展。

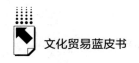

（三）人才储备存在短板，培养机制亟待创新

我国电影国际贸易领域在人才储备方面存在明显短板，现有的人才培养机制亦亟待创新。长期以来，该领域面临人才结构失衡、专业技能与岗位需求不匹配、创新能力不足等突出问题，这些问题主要源于现行教育体系和人才培养模式的不完善，已成为电影行业持续健康发展的瓶颈。特别是在电影行业与前沿科技深度融合的趋势下，人才储备的短板愈发凸显。

当前，我国电影教育和职业培训体系中，对数据分析师、算法工程师等关键人才的培养明显滞后，无法满足电影产业智能化升级的需求。随着人工智能技术的深入应用，部分现有电影从业者可能面临技术性失业的风险。因此，培养具备数据分析、内容创意、项目管理等能力的复合型人才，已成为当务之急。

人才是推动行业发展的核心力量。当前，对于该领域人才的职业定位和发展路径尚缺乏清晰认识，导致职业规划指导和晋升通道不明确，制约了人才的积极性和创新能力。为此，必须深刻认识到改革人才培养机制的重要性和紧迫性，从教育改革、人才培养机制创新和职业发展体系建设三个方面入手，打破传统框架束缚，创新教育模式，科学规划人才职业发展路径。

为有效补齐人才短板，推动电影产业与人工智能技术的深度融合，建议政府主管部门加大对电影从业者培训与再教育的投入力度，联合行业协会、培训机构等建立专门的再培训体系。通过实施详细的技能转型与提升计划，帮助从业者掌握新技术、新知识，提升专业技能和适应能力。同时，建立灵活的就业机制，为从业者提供更多就业机会和选择空间，鼓励跨领域合作，培养具备创新能力和跨界思维的新型电影人才。

综上所述，电影国际贸易领域的人才储备与培养机制改革已刻不容缓。通过全方位打造适应新时代需求的复合技能人才供应链，可以有效推动我国电影产业的持续健康发展。相关部门应高度重视，并采取切实有效措施加以推进。

四　基于新质生产力的中国电影国际化
发展建议与措施

习近平文化思想强调了文化自信的重要性，并指出要"坚守中华文化立场，提炼展示中华文明的精神标识和文化精髓"。中国电影产业，作为中华文化的重要传播窗口和国际文化交流的关键桥梁，正处在一个充满无限可能的历史交汇点，政府应积极倡导并鼓励利用人工智能技术革新内容产出与传播手段，以期提高文化产业的综合竞争力。但人工智能对电影产业的改造升级并非轻而易举，而是需要我们持续探索与实践。针对当前电影产业的发展瓶颈，结合人工智能的最新技术动向，本报告提出了一系列具体可行的建议措施，以推动人工智能与电影产业的全面融合，促进我国电影产业的快速转型与发展，为建设文化强国注入新的活力。建议如下。

（一）优化机构设置以加强指导，加快政策制定激发创新活力

1. 设立专项人工智能与电影融合部门，强化跨部门协调机制

应由电影行业主管部门积极发挥牵头作用，成立其直属的人工智能技术与电影融合部门，以专职负责研究和推广人工智能技术在电影产业中的应用。该部门应广泛汇聚行业内外专家之智慧，深入探索智能电影的发展路径，并制定相关技术标准和政策，以确保新技术与电影产业实现深度融合，推动电影产业的创新发展。同时，此部门宜联合科技部、文化和旅游部、国家互联网信息办公室等相关部委，构建跨部门协调机制，形成政策合力，以共同推进人工智能技术在电影产业中的深入应用。通过强化政策协同，优化资源配置，打破行业壁垒，进而促进电影产业的智能化发展，实现技术与产业的深度融合。相关部门应高度重视这方面工作，认真研究落实，以实际行动推动电影产业与人工智能技术的深度融合。

2. 完善政策扶持体系，推动电影产业人工智能健康发展

建议政府出台专项扶持政策，以财政补贴、税收优惠、融资支持等多维度措施，全方位减轻企业在转型升级过程中的经济负担，有效激励企业加大

在人工智能技术研发与应用方面的投入力度。同时，为确保人工智能技术在电影产业中的健康有序发展，应完善知识产权法律法规，建立健全与电影产业人工智能应用相关的法律法规体系，明确界定各方权益与责任，为创新成果提供强有力的法律保护。此外，还应加大对侵权行为的打击力度，维护市场公平竞争秩序，为电影产业的可持续发展创造良好法治环境。在推动人工智能技术应用的同时，必须高度重视数据安全和个人隐私的保护问题。务必采取切实有效的措施，确保电影产业在享受人工智能技术带来的便利与效益的同时，也能够保障数据安全和个人隐私不受侵犯，为电影产业的健康发展提供坚实的法治保障。

3. 优化产业链结构，强化相关机构国际贸易职能

针对当前中国电影产业链结构存在的诸多不合理之处及相关机构国际贸易职能日渐弱化等突出问题，我国亟须对电影产业相关机构进行深入优化与重组。在此过程中，应强化国家电影局国际处的出口职能，给予其更大的决策权和自主权，增加相关的资金投入和人员配备，以更好地统筹协调电影出口工作。同时，为提升中国电影在国际市场的知名度和竞争力，需组建一支具备市场经验、行业背景和跨文化沟通能力的专业国际市场推广团队，精准把握市场需求，制定并实施有效推广策略。此外，优化产业链布局亦至关重要，应加强各环节间的沟通与协作，推动资源整合和优势互补，形成各环节紧密衔接的高效产业链，促进电影制作、发行、放映等环节的协同发展，以推动我国电影产业持续健康发展。

（二）完善标准体系筑牢发展基石，强化数据应用引领电影创新

1. 构建全国统一的电影大数据平台

建议由国家电影主管部门统筹协调各方力量，联合各地电影管理机构、行业协会及企业，共同致力于推进一项具有战略意义的重大举措，即打造全国性的国家级电影大数据平台——全国电影大数据交易中心。此举旨在全面整合电影制作、发行、放映等各环节的数据资源，实现数据的互通共享与深度分析，从而为政府决策、行业发展和企业运营提供精准的市场分析和决策支持。

通过该平台的建设，预期能够消除数据孤岛，加强电影产业链各环节之间的信息交流与资源共享。同时，借助大数据技术的强大力量，可以深入探索电影市场的潜在需求与发展趋势，为电影产业提供科学、客观的市场分析报告。此外，该平台亦将为政府决策提供有力依据，有力支持电影产业政策的制定与实施，推动电影产业持续、健康地发展。

2. 加强电影大数据标准化建设

为推动电影大数据标准化进程，提高电影产业数据治理与应用水平，应制定统一的数据采集、存储、处理、分析和应用标准。此举旨在保障电影数据的准确性、完整性和一致性，为电影产业各环节提供坚实的数据支撑。同时，应建立权威、专业的电影评价体系，结合市场数据分析和专家评审，客观、全面地评价电影质量与市场潜力，以消除商业平台大数据工具的局限性，为电影产业投资、制作、发行等环节提供科学、理性的决策依据。此举将有助于推动电影大数据标准化进程，建立权威的电影评价体系，提升我国电影的整体竞争力和市场影响力。

3. 推动电影大数据技术创新与应用

鉴于当前科技发展的态势，宜借助人工智能技术，对电影大数据进行深度挖掘与智能分析，以洞察市场趋势并精准把握消费者需求。在此过程中，应引入先进的算法和模型，优化电影大数据的分析流程，提高分析能力和预测精度，确保所得结果的科学性和准确性。同时，推动大数据技术在电影制作、发行、营销等各环节的应用，以数据驱动提升电影产业的智能化水平。此外，还应积极探索基于电影大数据的增值服务，包括但不限于基于用户画像的个性化推荐、基于市场分析的定制服务等，以拓宽电影产业的盈利渠道。综上所述，深度挖掘和智能分析电影大数据，必将为我国电影产业的转型升级提供有力支撑，推动电影产业迈向更高水平。

（三）加强国际合作与交流，推动对外文化贸易扬帆远航

1. 以人工智能技术改造电影产业，深化优秀文化传承与创新

在以人工智能技术改造电影产业的过程中，我们应聚焦于优秀的传统文

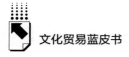

化、红色的革命文化和社会主义先进文化，以守正创新的态度，推动电影产业的深度发展。

传统文化是我国电影创作的宝贵财富，它承载着中华民族的智慧与情感。借助人工智能技术，我们可以深入挖掘传统文化的内涵，将其与现代电影语言相结合，创作出既具有民族特色又符合国际审美需求的优秀作品。通过人工智能技术，我们可以对红色革命文化进行深入研究与挖掘，将其转化为电影创作的灵感与素材。同时，我们还应注重红色文化的时代价值，将其与现代社会相结合，创作出既具有历史厚重感又具有现实意义的电影作品。社会主义先进文化则是我国电影产业创新发展的重要动力。借助人工智能技术，我们可以更加精准地把握现代社会的脉搏，创作出反映时代精神的作品。这既是对中国式现代化的有力传播，也是对我国电影产业智能创新的有力展示。

既要尊重传统、继承经典，又要敢于创新、勇于突破。只有这样，我们才能创作出更多具有中国特色、时代特征的电影精品，推动我国电影产业走向国际市场。

2. 建立国际电影大数据交易中心

我国应当尽快建立国际电影大数据交易中心，这是推动我国电影产业智能化、国际化发展的重要举措。它将有效整合全球电影资源，促进电影大数据的共享与交流。其将通过汇聚电影制作、发行、放映等各环节的数据资源，运用大数据、云计算等先进技术手段，为电影从业者提供精准的市场分析、用户画像等服务，助力电影创作与制作的智能化升级。

国际电影大数据交易中心将成为中外电影企业合作与交流的重要平台。借助该平台，中外电影企业可以开展深度合作与交流，共同开发电影市场，推动电影作品的国际化传播。通过数据共享、技术交流等方式，中心将促进中外电影产业的互补与共赢。同时，这一平台的建设将有助于推动文化贸易的发展。充分利用大数据资源，深入挖掘电影作品的商业价值，可以推动电影文化产品的对外贸易，助力中国电影产业走向世界舞台，展现中华文化的魅力与活力。

3. 关于加强与共建"一带一路"国家在电影智能化领域合作的建议

习近平提出："我们要坚持创新驱动发展，加强在数字经济、人工智能、纳米技术、量子计算机等前沿领域合作，推动大数据、云计算、智慧城市建设，连接成 21 世纪的数字丝绸之路。"①

目前，中国电影产业在人工智能技术的应用方面取得初步成果，不仅提升了电影制作的效率和质量，也为观众带来了更加丰富的观影体验。在此基础上，我国应积极发挥互联网设施优势、用户优势和应用优势，与共建"一带一路"国家在电影智能化领域展开深度合作，共同推动电影产业的智能化进程。

中国作为互联网大国，拥有庞大的用户基数和丰富的应用场景，这为电影智能化提供了得天独厚的条件。通过大数据分析、云计算等技术手段，我们能够更精准地把握观众需求，优化电影制作和发行策略，提高电影产业的竞争力。

与此同时，共建"一带一路"国家拥有丰富的文化资源和市场潜力，是中国电影产业拓展国际市场的重要合作伙伴。加强与这些国家在电影智能化领域的合作，不仅可以促进文化交流与互鉴，还能够实现资源共享和互利共赢。中国应与共建"一带一路"国家在电影智能化领域深度合作，共同开创电影产业的新篇章，共建"数字丝绸之路"，缩窄全球的"数字鸿沟"，促进全球文明的相互对话和融合。

中国电影国际化的格局正发生深刻改变，面对这些前所未有的革新，中国电影产业要迈入新时代、踏上新征程。正如硬币有两面，人工智能的崛起给中国电影产业带来了一系列的机遇和挑战。除了本报告中所提到的困境，人工智能在创作领域的介入也引发了关于艺术与创新之间关系的伦理层面的讨论。

回首过去，中国电影产业在人工智能的引领下已经取得了不可小觑的成就。展望未来，有理由相信，随着人工智能技术的不断进步和应用范围的扩

---

① 《习近平关于网络强国论述摘编》，中央文献出版社，2021，第 161～162 页。

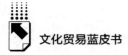

大，中国电影产业将迎来更加辉煌的未来。在这个过程中，期待政府部门能够给予更多的关注和支持，只有我们共同努力，不断创新和进步，才能在这个充满变革的时代中把握机遇，迎接挑战，共同书写中国电影产业的新篇章。

参考文献

黄浩权、戴天仕、沈军：《人工智能发展、干中学效应与技能溢价——基于内生技术进步模型的分析》，《中国工业经济》2024年第2期。

杜传忠、曹效喜、刘书彤：《人工智能与高新技术企业竞争力：机制与效应》，《商业经济与管理》2024年第2期。

Araya Sookhom et al.，"A New Study of AI Artists for Changing the Movie Industries," *Digital Society* 2（2023）.

Pei-Sze Chow，"Ghost in the（Hollywood）Machine：Emergent Applications of Artificial Intelligence in the Film Industry," *NECSUS_ European Journal of Media Studies* 9（2020）.

Guo Cheng，"Research on the Displacement Impact of Artificial Intelligence on the Film Industry," *Highlights in Business, Economics and Management* 28（2024）.

Yilun Zhu and Bo Zhang，"AI Film Creation Oriented Transformation in the Era of Artificial Intelligence," *Art and Design Review* 10（2022）.

Peiming Sun，"A Study of Artificial Intelligence in the Production of Film," *SHS Web of Conferences* 183（2024）.

B.22
国家文化出口基地发展的实践经验
与创新探索

李嘉珊 王子民 *

摘　要： 建设国家文化出口基地是激发文化产业发展活力、健全现代文化产业体系、推动对外文化贸易高质量发展的重要途径，也是推进社会主义文化强国建设的重要举措。自 2018 年商务部等部门公布首批国家文化出口基地名单起，国家文化出口基地建设探索已经过 5 年时间，基地在加强制度和政策创新、推动平台载体建设、优化营商环境、培育特色优势产业等方面取得积极成效。本报告根据实地调研成果深入了解国家文化出口基地建设发展现状，总结出重视文化资源挖掘转化，助力传统文化产业焕发生机；积极尝试政策创新；赋能作用显著；产业集聚效应不断增强；数字经济业态驱动创新发展；不同类型基地各具特色优势互补等基地建设特点。但也存在以下问题：各地发展不均，发展愿景与行动差异明显；国际文化贸易渠道有限，平台通达度不高；基地管理部门服务体系不完善，企业间协同合作不足；人才结构失衡，文化贸易人才缺乏；等等。为此，本报告提出以下建议促进国家文化出口基地高质量发展：深入落实建设方案与思路，推进基地文化贸易高质量发展；开展基地间协同合作，发挥资源互补优势；重视基地特色文化的创造性转化、创新性发展；抓住数字文化贸易的发展机遇，发展数字文化贸易新模式；培养适应基地建设国际化的产业营销、经纪人才。

---

* 李嘉珊，北京第二外国语学院教授，国家文化发展国际战略研究院、中国服务贸易研究院常务副院长，研究方向为国际文化贸易、国际服务贸易等；王子民，北京第二外国语学院中国服务贸易研究院 2022 级硕士研究生，研究方向为服务贸易与文化贸易。

关键词： 对外文化贸易　国家文化出口基地　文化产业

　　建设国家文化出口基地是商务部、中央宣传部等部门贯彻落实党中央、国务院决策部署的重要途径，是激发文化产业发展活力、健全现代文化产业体系、推动对外文化贸易高质量发展的重要途径，也是推进社会主义文化强国建设的重要举措。国家文化出口基地类型丰富，既包括行政区域，也包括经济和文化类园区，且重点突出、特色鲜明，发展的重点既包括中华传统文化出口，也包括新兴文化领域出口。自 2018 年首批国家文化出口基地公布起，各基地积极尝试政策创新、培育引进市场主体、挖掘文化与产业特色，发展动能不断增强，集聚效应逐步显现，但也存在政策体系不够完善、发展合力有待凝聚等问题。各基地创新发展的实践充分证明，国家文化出口基地建设有利于推动我国对外文化贸易高质量发展，有利于更好推动中华文化"走出去"，向世界阐释推介更多具有中国特色、体现中国精神、蕴藏中国智慧的优秀文化，提升中华文化影响力和国家文化软实力。

一　国家文化出口基地建设发展现状

　　2018 年 6 月 14 日，商务部、中央宣传部、文化和旅游部、广电总局共同认定的全国首批国家文化出口基地公布，包括北京天竺综合保税区、上海市徐汇区、江苏省无锡市等 13 家基地，第二批入选的 16 家国家文化出口基地的名单则在 2021 年 8 月 2~6 日公示，并于 2021 年 9 月 4 日在 2021 年服贸会上由商务部等部门正式授牌。2021 年 10 月，商务部、中央宣传部等 17 部门联合印发了《商务部　中央宣传部等 17 部门关于支持国家文化出口基地高质量发展若干措施的通知》，提出了健全共建机制、完善财政支持政策、优化金融服务、提升服务水平、深化国际合作等一系列工作措施，以进一步发挥基地在引领对外文化贸易创新发展、推动中华文化"走出去"等方面的重要作用。至 2023 年，首批基地已经经过了 5 年的建设期，第二批基地也已建设了 3 年。在建设期内，各基地充分发挥资源禀赋优势，打造上下游畅通的文化出口产业链，大力发展特色文化贸易，创新文化贸易平台载体，加大海外市场开拓力度，基地集聚、示范、引领效应不断增强。

从数据上看，2022 年 29 家国家文化出口基地实现文化进出口额 251.96 亿美元[①]，占全国文化贸易总额比重为 11.5%，相较于 2021 年国家文化出口基地出口额 167.7 亿美元[②]增长 50.2%。此外，在 2023~2024 年度商务部、中央宣传部、文化和旅游部、广电总局共同认定的 367 家国家文化出口重点企业以及 115 个国家文化出口重点项目中[③]，国家文化出口基地内入选的文化企业达 131 家，入选的项目达 49 个，占比均超过 1/3，表明国家文化出口基地在文化出口企业培育方面的作用不断增强。

此外，2023 年中国人民大学文化产业研究院发布了"2023 年中国文化产业竞争力百强区指数"[④]，在排名前 30 的文化产业综合发展指数百强区中，有杭州滨江区和西湖区、成都武侯区、长沙市开福区和天心区、广州天河区和番禺区、合肥蜀山区、济南历下区、海口龙华区、厦门湖里区等 11 个区县与国家文化出口基地相对应（见表 1）；产业影响力分指数 30 强中，杭州西湖区和滨江区、济南历下区、成都武侯区、广州天河区和番禺区、海口龙华区等 7 个区县与国家文化出口基地认定范围重合，且排名均在前 50%；产业生产力分指数 30 强中，广州天河区、成都武侯区、杭州西湖区、海口龙华区、合肥蜀山区、厦门湖里区、广州番禺区、杭州滨江区、济南历下区等 9 个区县与国家文化出口基地认定范围重合。还有更多与国家文化出

---

① 根据各基地统计数据计算。
② 《2021 年 29 家国家文化出口基地出口额超 167.7 亿美元》，中国经济网，2022 年 9 月 2 日，http://www.ce.cn/culture/gd/202209/02/t20220902_38080208.shtml。
③ 《关于 2023-2024 年度国家文化出口重点企业和重点项目的公告》，商务部官网，2023 年 10 月 20 日，http://www.mofcom.gov.cn/article/zwgk/gkzcfb/202310/202310 03447472.shtml。
④ 《"2023 年中国文化产业竞争力百强区指数"在深圳文博会首次重磅发布！》，"人大文化产业研究院"微信公众号，2023 年 6 月 9 日，https://mp.weixin.qq.com/s/A1cH9SVgf9_kHtvSmJvFYg。

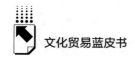

口基地处于相同城市及地区的区县入选文化产业综合发展指数百强区，表明国家文化出口基地对于本地以及地区的带动引领作用得到了切实发挥。

表1　2023年部分文化产业综合发展指数百强区与对应国家文化出口基地

序号	入选区县	对应国家文化出口基地
1	杭州滨江区	浙江省数字文化国际合作区
2	杭州西湖区	中国(浙江)影视产业国际合作区
3	成都武侯区	四川省成都市武侯区三国创意园
4	长沙开福区	湖南省长沙市
5	长沙天心区	湖南省长沙市
6	广州天河区	广东省广州市天河区
7	广州番禺区	广东省广州市番禺区
8	合肥蜀山区	安徽省合肥市蜀山区
9	济南历下区	中国(山东)自贸试验区济南片区
10	海口龙华区	海南省海口市复兴城互联网信息产业园
11	厦门湖里区	中国(福建)自贸试验区厦门片区

二　国家文化出口基地建设特点

虽然国家文化出口基地名单中东部地区和中部地区基地占比较高，但各基地的发展特点仍然具有较大差别，从影视、游戏等数字文化产业到彩灯、陶瓷、花炮等传统文化产业，从软件、旅游等文化服务出口到玩具、珠宝等文化产品出口，各基地根据自身文化资源建设发展文化产业和文化出口。同时，各基地的发展模式也有所差异，有的更加重视推动核心文化产业发展，培育具有国际影响力的文化品牌和文化企业，有的则通过引进成熟的文化内容创作企业与进出口贸易公司，与跨境电商、营销经纪等产业协同发展，再委托引进企业结合自身文化资源开展文化出口。以下为结合基地建设整体情况和基地创新实践案例总结的基地建设特点。

（一）重视文化资源挖掘转化，促进传统文化产业焕发生机

依托国家文化出口基地当地的特色文化建设文化品牌是资源丰富型基地

的重要措施，一方面，基地推动地方文化品牌建设能够培育具有国际影响力的本地文化品牌和文化企业，提升地方文化的国际影响力，推动优势文化产品的对外文化贸易发展。另一方面，也形成了地方传统文化与现代文化的融合发展，为地方文化的创新发展提供了新的思路和方向，为保护和传承文化遗产、挖掘和弘扬地方文化的特色和价值做出重要贡献。

以四川省自贡市国家文化出口基地为例，基地以"灯、龙、盐、陶"为特色，拥有极为丰富的自然、人文资源。作为中国传统工艺的代表之一的自贡彩灯有近千年的历史，素有"天下第一灯"之美誉，当地依托这一优势形成了完善的产业链条，并开展对外文化贸易。基地以彩灯服务出口以及彩灯和仿真恐龙产品出口为主要业务方向。自贡市政府顶层设计规划引领出口基地发展，成立由市委书记、市长任双组长的基地建设领导小组。积极开发文化贸易新元素，并逐渐发展成特色产业。基地企业研发创新意识不断增强，企业日益注重技术与文化产业的融合，力求研发更具创意和独特性的产品。

（二）积极尝试政策创新，赋能作用显著

国家文化出口基地是发展对外文化贸易的重要载体，激发各基地政策创新的积极性、创造性，在体制机制、平台载体、公共服务、贸易方式、监管举措等方面大胆创新，不断提升基地企业竞争力是基地建设成功的关键所在。在五年的建设期里，各个基地根据自身不同情况开展政策制定与创新，目前来看，政策创新主要集中在企业引进、培育支持，出口鼓励，平台服务以及融资支持等方面，人才引入政策较少或针对性较弱。

以北京市朝阳区国家文化出口基地为例，朝阳区以国家文化出口基地建设为重要抓手，充分发挥作为全国首个也是唯一一个国家级文化产业创新实验区的优势，利用文化双向交流窗口，充分发挥朝阳区建设国家服务业扩大开放综合示范区、自由贸易试验区（以下简称"两区"）叠加的优势，出台并完善《北京市朝阳区建设国家文化出口基地建设方案》，实施"六七三"行动，即：实施"六个一批"，明确"七项举措"，实现"三个目标"；

实施朝阳区文化产业发展引导资金管理办法，聚焦文化精品创作、品牌企业、文化科技融合、文化新消费、文化金融、园区提质增效、公共服务平台等领域，每年安排 1.5 亿元的专项引导资金，大力支持和引导文化科技、文化贸易企业快速发展；实施文化企业梯次培育的"领航计划""领鹰计划""蜂鸟计划"，对企业实施分层分类认定管理并提供精准配套政策服务，重点培育引进一批年收入超过 50 亿元的旗舰文化企业，培育扶持一批年收入超过 10 亿元的细分行业头部文化企业，培育壮大一批创新性强、发展潜力好的"专、精、特、新"文化企业。

同时，基地重视加强金融领域创新，发挥国家文创实验区企业信用促进会和文化金融服务中心的聚合作用，集成银行、信用评价、担保等多类金融服务机构资源为企业提供服务，鼓励各类金融机构针对文创企业发展特点，进一步探索创新文化金融产品服务，形成有场景、有活动、有政策、有项目的综合服务平台。设立规模 10 亿元的文化科技子基金（真格信远创投基金），目标投向为文化和科技融合领域重点项目，加快推进文化科技融合发展。设立北京银行国家文创实验区支行、杭州银行朝阳文创支行，结合"两区"建设和文化企业需求，推出"蜂鸟贷""科易贷""成长贷""智权贷"等 10 余个系列文化金融特色产品。

（三）产业集聚效应不断增强

国家文化出口基地的建设吸引了众多优秀的文化出口企业入驻，形成了完整的产业链和产业集群。这些企业在基地内相互合作、相互支持，形成了良好的产业生态。同时，基地的建设还为引进国内外知名文化企业提供了畅通的渠道，推动文化产业的发展和升级，并通过文化产业集聚，对区域经济发展产生了积极影响，带动了周边地区经济的发展，为当地居民提供了更多的就业机会和收入来源。

以上海仓城影视文化产业园区为例，上海仓城影视文化产业园区基地历经近 13 年发展，集聚国内外影视文化资源，实现三个第一，即国内同类园区中影视企业数量第一、影视产业产值第一、影视产业税收第一。入驻园区的影视类企业目前达到 5000 多家；园区内企业电影年产量占全国的 1/3，电视剧年产量占全国的 1/3，名人工作室年产值占全国的 1/3。影视产业集聚方面，仓城基地具备影视产业的完成产业链，从影视作品的拍摄、制作、发行到版权出口，都有专门的企业进行配合，整个园区团体性特别强，真正发挥了文化出口基地的作用。此外，基地还针对实际情况制定了相应的补贴措施来帮助企业，如一些企业获取国际知名奖项无法在国内申请奖金与补贴，基地将自行对这些园区内获奖企业进行补贴。

（四）数字经济业态驱动创新发展

随着科技的不断发展，国家文化出口基地积极探索新的文化贸易模式和业态。数字文化贸易作为数字技术赋能文化贸易的新业态成为当前发展的趋势和潮流，也为基地的建设增添新动能。数字文化贸易利用互联网、大数据等新技术手段，推动文化产品的数字化、网络化、智能化发展，拓展了文化贸易的领域和渠道。同时，基地还注重培育新兴文化产业，推动文化产业与科技、旅游等产业的融合发展。这种创新发展的趋势，为基地建设提供了新的动力和机遇。

以广州市天河区国家文化出口基地为例，基地充分依托天河区国家软件产业基地、国家网络游戏动漫产业发展基地、国家音乐产业基地、国家文化出口基地、国家文化产业示范基地、国家数字服务出口基地等对先进文化产业领域的示范效应，展现"国"字招牌对产业集聚的引领作用。目前，基地文化出口生态体系和服务体系基本形成，拥有五个不同级别的文化产业园区，集聚一批游戏动漫、数字创意、数字音乐、电子竞技等行业领域的特色文化企业，已发展形成以游戏动漫、数字音乐、电子竞技、数字创意设计等新业态文化创意产业引领发展，以演艺、影视、图书零售等传统文化娱乐业为辅助的文化产业大格局，并建立了涵盖法律、金融、智库、知识产权、营销等领域的一站式文化出海服务平台。

此外，浙江数字文化国际合作区国家文化出口基地作为全国唯一的国家级数字文化贸易功能区，依托浙江省文化产业和数字贸易独特优势，基地着重围绕动漫文创、网络文学、数字音乐、影视传媒、互动娱乐等数字文化产业和贸易进行产业规划和空间布局建设。基地按照建设方案积极推进"510融合发展工程",构建数字文化贸易的工业化、数字化、标准化、国际化和融合化"五大体系",搭建了国际动漫数字内容智创平台、"之江一号"AI表演数字动画平台、动漫数字化制作及衍生品开发智造平台、动漫数字化贸易平台、国际动漫技术标准研发平台、国际动漫交易公共服务平台和数字动漫文创产业融合发展平台等"十大平台"。目前,基地结合合作区技术研发平台建设,整合高校、科研院所,以及企业研究院、博士后工作站等平台,积极筹建数字文化研发和贸易实验室等研发机构,开展对数字文化贸易、政策等方面的研究,通过产学研联动高质量推进基地建设。

(五)不同类型基地各具特色优势互补

截至第二批国家文化出口基地名单公布,国家文化出口基地根据其载体,也就是划定范围以及项目运营方的不同,主要划分行政区基地和功能区,第一批8家属于行政区,5家属于功能区,第二批则有7家属于行政区,9家属于功能区,数量上呈现平衡发展的趋势,两类基地各有特色,具有通过基地间联动优势互补的可能性。

从规模上看,行政区国家文化出口基地一般以地市或区县行政区划为主,主要由地方政府直接管理运营,是管理范围最大,政策优势、运营资源、产业发展最为综合的国家文化出口基地类型。由地方政府直接运营的特点使得行政区国家文化出口基地的创新实践决策较为依赖主管部门的行政资源以及对文化创意与对外文化贸易的认识与发展意愿。同时由于基地管理范围较大,本地产业基础和经济发展程度也极大影响了基地的文化出口发展。

地方政府能够统筹本地区文化产业资源,更容易连通从生产到贸易的各个环节,实现基地内市场主体的联动,在政策创新上也相较于功能区有更大决定权。但同时,地方政府基层也存在管理工作繁重,对基地建设细节关注度不够,且日常工作重心主要在服务地方经济整体发展,在原本文化产业或文化出口发展有限的情况下,主动寻求文化出口发展的积极性不足的问题。

而功能区国家文化出口基地主要分为产业园、经开区、自贸试验区等，园区功能丰富且一般更具有针对性，在园区范围内更加高效地集聚产业、整合资源是功能区的独特优势，国家文化出口基地的荣誉和政策创新背书也能够部分解决功能区影响力、决策能力较弱的问题。

大部分功能区基地管委会专业程度相对较高，也有基地由一线文化出口企业受委托作为执行管理方，因此在基地建设中对企业引进培育有更丰富的实际工作经验，对于贸易促进、企业联动等活动的策划更加积极。但由于功能区定位不同，很多产业园、经开区对于发展出口的认知不足，自贸试验区内文化产品出口占比过少，导致了文化贸易发展意愿不足的问题。

三 国家文化出口基地建设中存在问题

（一）各地发展不均，发展愿景与行动差异明显

国家文化出口基地作为推动文化产业发展的重要载体，为地方文化产业发展提供了有力支持。然而，在基地建设过程中，各地的发展情况并不均衡，发展愿景与行动之间存在明显的差异。这种差异不仅影响了基地的整体发展效果，也给地方文化产业的健康发展带来了一定的挑战。

通过对 29 家国家文化出口基地的实地调研，总结各地发展不均原因如下。一是资源禀赋差异。各地在资源禀赋方面存在差异，如人才、资金、技术等资源的分布不均，导致各地在基地建设中的起点不同。二是政策支持力度不一，地方重视程度存在差异。各地政府对文化出口基地的支持力度存在差异，一些地区可能更加重视文化产业的发展，提供了更多的政策支持和资金扶持。部分地区由于产业覆盖范围较广，对于基地文化产业发展重视程度不足导致对应政策扶持力度不够等情况。同时，各基地实体范围并不一致，管理部门级别存在较大差异，在具体建设运营过程中所受重视程度存在较大差异。三是市场需求差异。不同地区的市场需求和文化消费习惯存在差异，导致各地在基地建设中的目标市场和产品定位有所不同。

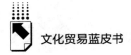

此外，各地对于基地的发展愿景与实际行动的差异也较为明显。一些地区可能将基地建设作为推动文化产业发展的核心手段，注重培育具有国际影响力的文化品牌和文化企业；而另一些地区可能将基地建设与其他产业协同发展，注重提升文化产业与其他产业的融合发展水平。缺乏专业人才和技术支撑也成为基地在实际建设过程中面临的重要问题，最终导致基地建设效果与发展愿景存在较大差异。

（二）国际文化贸易渠道有限，平台通达度不高

通过与基地企业进行座谈了解到，基地企业普遍面临着出口渠道存在限制的问题。目前，基地的贸易渠道相对有限，主要依靠传统的贸易方式和有限的展会、推介会等平台。同时，在现有的贸易渠道中，平台的通达度也不高。很多平台缺乏国际化、专业化的运营和管理，无法满足文化产品出口的需求。这导致基地的文化产品难以进入更广泛的国际市场，影响了基地的国际竞争力和影响力。大部分企业都是被动接单，缺乏主动开拓海外市场的能力，出口的部分相对较少。企业主要依赖网络销售平台，等待买家自行找到并购买其产品。这使得产品的销售渠道相对有限，企业难以主动找到更多客户，进而影响了出口业务的扩展。在这种背景下，企业被迫着发展自己的数字化平台，以提高自身在网络市场的影响力。然而，由于数字化平台的建设需要较大的投入和技术支持，导致企业的数字化平台影响力尚未达到预期。同时，部分基地在数字化平台建设方面存在不足，没有提供足够的支持和资源，使得企业在数字化转型上面临一定的困难。

（三）基地管理部门服务体系不完善，企业间协同合作不足

基地管理部门服务滞后，机制性文化贸易理论学习、政策解读与落实培训缺乏，不熟悉现有文化贸易统计体系，基地间企业间协同合作不足也是制约基地发展的重要问题。基地管理部门作为基地的实际载体，应该为基地内的企业提供全方位的服务和支持，体现在服务内容、服务效率和服务意识上。从目前的情况来看，管理部门提供的服务内容相对单一，主要集中在政

策解读、项目申报等方面，存在着不及时的问题，缺乏针对企业实际、及时需求的服务内容。管理部门在服务过程中效率有待提升，如项目审批周期长、服务流程烦琐等，影响了企业的实际运作。管理部门在服务过程中缺乏主动服务意识，不能及时了解企业的需求和问题，导致服务效果不佳。

另外，基地管理部门作为连接各基地内企业的"关节"，应该加强企业间的协同合作，共同推动文化产业的发展。然而，大部分基地内企业存在着协同合作不足的问题。一是信息共享不足。企业之间缺乏有效的信息共享机制，无法及时了解彼此的需求和资源，导致合作机会减少。二是合作模式单一。企业之间的合作模式相对单一，主要集中在项目合作、产品推广等方面，缺乏更加深入的合作模式。三是合作意愿不强。一些企业缺乏合作意愿，更愿意独立发展，不愿意与其他企业进行合作。只有通过完善管理部门服务体系、加强企业间的协同合作等方面的措施，才能为基地的发展提供有力的支持和保障。

（四）人才结构失衡，文化贸易人才缺乏

在 29 家国家文化出口基地的调研过程中，人才短缺几乎是所有基地发展面临的重要困境，人才结构失衡成为当前国家文化出口基地面临的一个重要问题。人才引流无针对性、国际人才引入困难、缺乏专业复合型人才、无法提供足够的优惠政策吸引国内高素质人才、人才流失率高等问题层出不穷。在文化产业领域，需要具备多方面的素质和能力，如文化创意、市场营销、国际贸易等。然而，目前很多地方的文化产业人才结构单一，以生产型人才为主，缺乏具备跨领域、跨行业能力的复合型人才，营销人才不足。这导致了基地在文化产品创新、市场开拓等方面缺乏足够的人才力量，其中文化贸易人才的缺乏严重阻碍了基地未来的发展。文化贸易是文化产业的重要组成部分，相关人才需要具备国际贸易、文化交流等方面的知识和能力。然而，目前很多地方的文化产业人才中，缺乏具备文化贸易能力的人才。这导致了基地在参与国际市场竞争、推动文化"走出去"等方面缺乏足够的人才支撑。

四　国家文化出口基地发展的对策建议

（一）深入落实建设方案与思路，推进基地文化贸易高质量发展

国家文化出口基地建设思路和框架既要考虑基地文化贸易的发展现状与特点，也要积极主动划定了高标准和高水平的建设目标。从发展阶段看，部分基地文化贸易规划起步较晚，实际出口业务规模不大，因此基地建设中许多隐藏的问题尚未显现，在未来的建设期中，基地需要积极发现问题、解决问题，切实落实建设方案。

尤其是在文化产业发展的扶持上，由于经济发展的客观差距实际存在，并非所有基地都能够像东部发达省市基地一样自然形成产业集聚与外溢的发展态势，需要文化产业基础较弱的基地付出耐心，加大力度吸引头部文化企业落户，并培育一批具有国际影响力的创新型文化企业，孵化一批数字文化贸易企业成长。适度调整文化企业结构，大力鼓励具有文化经纪业务的企业入驻基地，服务文化资源的创造性转化，创新性发展，在文化"引进来"与"走出去"中发挥市场化和专业化的功能和作用。同时，基地需要重视智库机构的支持，做到政产学研结合，借助智库机构的研究力量更加深入地了解国际文化市场与国际文化贸易相关内容，理清建设思路制定高水平建设方案，提升基地的专业化服务水平，推进基地文化贸易高质量发展。

（二）开展基地间协同合作，发挥资源互补优势

国家文化出口基地的评定充分考虑了各地区文化贸易的不同发展特点，不同区域间基地合作潜力巨大，基地间的合作机制的搭建也是基地建设中的应有之义，但由于各地基地的建设都在探索之中，也少有基地牵头构建跨区域的基地合作。2021年开封基地牵头发布的中部六省国家文化出口基地共建宣言是国家文化出口基地相互连接的积极举措，为探索国家文化出口基地建设迈出了重要一步。

未来需要更多基地建立、参与基地间合作机制，实现国家文化出口基地之间的紧密连接。可以与其他基地建立合作机制和平台，开展定期交流会、研讨会和合作洽谈活动，搭建合作桥梁，促进信息共享和合作项目的落地，提高不同地区基地资源的利用效率，发挥不同地区基地的优势特色，同时为拓展更广泛区域的国家文化出口基地合作积累经验。

（三）重视基地特色文化的创造性转化、创新性发展

各国家文化出口基地的文化资源特色十分鲜明，但不同于在国内文化产品市场的状况，以中国特色文化打入国际市场需要进行更多的国际化开发与转化，需要各国家文化出口基地与企业对文化资源进行创造性转化、创新性发展。需要将中国人熟悉的文化故事用符合其他民族文化心理的话语方式进行转化，打造既能适应国际传播规律，又能体现文化内涵的国际传播话语体系，满足国际文化消费的需要。此外，民族乐器、陶瓷、彩灯等文化产品的"走出去"也需要文化企业讲述好其内含的文化故事，通过民间交流项目等形式，构建民族文化产品的国际化形象，为文化产品的出口创造与扩展市场。

（四）抓住数字文化贸易的发展机遇，发展数字文化贸易新模式

数字文化贸易是当前开拓对外贸易的重要发展机遇，数字文化贸易成为进一步扩大中华文化国际影响力的重要突破口。近年来，我国数字文化产业的全方位发展，夯实了数字文化贸易的基础。特别是随着后疫情时代文化消费数字化转型，我国文化产业数字化发展迈向新台阶。2021 年全国 6.5 万家规模以上文化及相关产业企业营业收入 119064 亿元，比上年增长 16.0%。其中 16 个数字和网络文化特征明显的行业小类营业收入达 39623 亿元，比上年增长 18.9%，占文化企业营业收入的比重为 33.3%，数字内容的核心地位和主导作用进一步加强。依托于丰富的传统文化资源和强大的数字产品衍生能力，数字文化产业在国内国际两条线上，都呈现出良好的发展势头，成长为全球数字文化领域的新力量。建设数字文化产业强国成为我国文化强国建设中的重要组成部分。

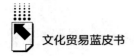

推动数字文化产业的国际化发展，发展数字文化贸易模式能够使国家文化出口基地文化产品出口从"借船出海"逐渐过渡到"造船出海"，以自建海外平台为贸易主渠道，运用数字技术探知和挖掘海外消费者的兴趣，培养稳定的海外受众，不断提升中华文化国际传播效能。需要重视利用全球开放资源，助推文化贸易提质增效。随着数字技术的发展，全球知识、信息和数据成为开放性资源，具有更快的传播速度和更容易获取等特点，因此，数字文化企业的传统"所有权"优势向数字化转型，企业新的竞争优势是能"利用"数字化的开放资源。在文化生产的环节，数字文化企业需要充分利用全球专业的内容创作人员，通过数字技术将企业和人才连接起来，实现信息数据的流通。在海外平台构建环节，可以把平台开发外包给专业的软件服务商，无需企业自身研发开发技术、招募开发人员和组建开发团队，使得海外平台构建更加专业化和高效。在文化传播环节，通过 YouTube、Twitter 和 Instagram 等社交媒体以及网红、明星和"大 V"等关键意见领袖实现内容的精准传播，使来自世界各地的数亿消费者能够接触到基地特色文化，扩大文化产品的影响力，增加对文化产品的认同。在产品销售环节，基地应当利用国际展会、跨境电商等形式将文化产品送入国际消费市场，实现出口基地内文化产品出口增长。

（五）培养适应基地建设国际化的产业营销、经纪人才

人才是开拓国际市场的核心要素，对于提升文化企业的走出去的能力至关重要，是国家文化出口基地建设的关键环节。在如今竞争激烈的国际市场环境中，文化企业必须拥有具有创造力和决策能力的人才才能在变革中保持竞争优势。具备优秀人才的文化企业能够加快创新的步伐，不断推出新产品、新服务或新商业模式，从而满足消费者的需求并拓展国际市场份额。目前国家文化出口基地企业大多存在营销、经纪等服务型人才不足的困境，也存在基地管理人员文化贸易相关知识缺乏的问题。因此，基地应高度重视文化企业人才的培养和引进，推动企业的可持续发展。

首先，基地可以采取差异化的吸引策略，建立人才吸引政策和创新机

制,为优秀人才提供良好的工作环境和发展机会。提供更具竞争力的待遇和福利,吸引更多优秀人才到基地工作。如提供远程办公和弹性工作时间等灵活的工作选择,以满足企业员工多样化的工作需求;提供舒适、安全、愉悦的工作环境;提供先进的工作设施和科技支持,以及营造和培育良好的工作氛围和团队合作精神。同时,制定科学的人才评价和选拔体系,通过多维度评估和公正选拔,选拔出真正适合基地发展需要的优秀人才。

其次,还可以加强与高校、研究机构的合作,建立人才培养的衔接机制,提供实习和实践的机会。基地可以为学生提供各类专业培训和发展机会,帮助他们不断提升自己的技能和知识水平,并为他们制定个性化的职业发展规划,使他们感受到在基地有广阔的发展空间,增加学生对基地文化企业的了解和兴趣。

最后,基地可以吸引国际一流的文化创意人才来到基地工作和合作,参与文化项目的创作和实施,提高基地的创意和设计水平。同时,基地的人才也可以有机会参与国际性的文化交流活动,拓宽视野,提升个人能力和国际竞争力。

国际借鉴篇

B.23
拉美地区数字文化贸易发展
现状、挑战及展望[*]

王 丽 黄晶晶[**]

摘 要： 拉美地区数字文化贸易近年来呈现出蓬勃发展的态势，这得益于互联网普及率的显著提高、数字技术的创新与进步，而信息产业及互联网政策的变革所营造的优质环境，政府对相关文化产业的支持，全球数据、信息和知识的跨境流动与共享也起到了推动作用。同时，拉美国家对数字基础设施建设和数字鸿沟问题比以往更为重视。然而，拉美数字文化贸易也面临着一些挑战：数字贸易国际规则制定的话语权较弱、互联网基础设施落后及创新型数字化发展不平衡、文化贸易政策的扶持力度和资金投入广度不足、全球数字文化贸易存在壁垒、存在知识产权保护和侵权问题。未来，随着数字技术的变革带来机遇，拉美地区在全球数字文化贸易

---

　 * 本报告系北京第二外国语学院 2023 年区域国别校级专项课题"中国与拉美国家数字文化贸易竞争性与互补性研究"（项目编号：QYGB23A032）的阶段性成果。

　** 王丽，北京第二外国语学院中国服务贸易研究院讲师，首都国际服务贸易与文化贸易研究基地研究员，主要研究方向为国际服务贸易与文化贸易等；黄晶晶，北京第二外国语学院中国服务贸易研究院 2023 级硕士研究生，主要研究方向为国际文化贸易。

中话语权提高，政府将持续为数字文化产业发展提供政策支持。互联网应用发展态势良好，数字文化产品国际化，拉美地区数字文化贸易有望继续保持增长势头。加强区域合作、推动数字化转型等将成为该地区数字文化贸易发展的关键。

关键词： 文化贸易 数字化 拉美地区

自疫情暴发的 2020 年起，互联网技术快速发展，数字经济展现出迅猛且充满活力的发展态势。经济合作与发展组织（OECD）认为数字经济是由数字技术驱动的、在经济和社会领域持续发展的综合系统。数字经济正逐步成为全球经济发展的重要支柱，为全球经济发展提供新的动力。到 2022 年，包括美国、中国和德国在内的世界五大经济体的数字经济规模达到 31 万亿美元，占国内生产总值的 58%。据全球移动通信系统协会（GSMA）计算，移动互联网普及率每提高 10%，国内生产总值就有可能增长 1.2%；而一个国家的数字化程度每提高 10%，国内生产总值就有可能增长 1.9%。

数字经济的发展为数字贸易提供了可能性。随着数字技术的广泛应用，人们借助数字技术买卖和交流，数字贸易得以顺利进行。数字经济的规模不断扩大，涵盖了越来越多的商业活动，为数字贸易提供了广阔的市场空间。

数字文化贸易是国际文化贸易的重要组成部分，也是一种新型的跨国文化贸易形式，其核心在于数字化技术在订购、创造、生产、流通及交付数字文化产品和服务中的关键作用。它以数字文化产业为基石，将数字内容作为贸易的核心对象，并将数字交付作为实现手段。其涵盖范围极为广泛，不仅涵盖了数字化的传统文化产品和服务，还囊括了数字文化技术服务、内容服务以及传播渠道服务等多元化内容。此外，它还涉及流媒体、短视频、虚拟现实等前沿数字文化产品和服务，其本质在于文化相关数据的跨境流动。① 济南市商务局服务

---

① 《数字文化贸易成一带一路合作新亮点》，中国服务贸易指南网，2022 年 9 月 22 日，http://tradeinservices.mofcom.gov.cn/article/ydyl/sedly/whty/202209/138461.html。

贸易处对数字文化贸易的定义是：以数字技术赋能文化贸易，以数字文化版权为贸易核心，以数字文化服务、数字文化相关产品以及数字平台文化产品为贸易标的，以数字设备及网络通信技术为依托进行的文化产品与服务跨境交易活动的总和。[①] 数字文化贸易作为近年来兴起的新型文化贸易形式，具有跨学科和数字化的特点，是国际文化贸易未来的发展趋势。各国纷纷加快发展数字文化贸易的步伐，拉美国家也不例外，积极投身于这场浪潮中。

一 拉美地区数字文化贸易发展现状

（一）数字技术的创新和发展是拉美地区数字文化贸易发展的重要推动力

在基础设施覆盖面和连通性方面，拉美地区的数字基础设施水平一般，但近年来其数量呈现迅猛增长的态势。21 世纪初以来，拉美地区的互联网市场飞速扩张。据世界银行统计，2018 年该地区个人互联网连接覆盖了 65.9%的人口。这一数字不仅反映了互联网在该地区的普及程度，也体现了该地区在数字基础设施建设上的巨大努力。据 Statista 全球统计数据库统计，2005～2018 年，拉美地区的互联网个人普及率的增长速度跃居世界第二。在此期间，全球个人互联网普及率共增长了 35.1 个百分点。[②] 在移动互联网领域，拉美地区同样表现出强劲的发展势头。到 2018 年，拉美地区已有 68%的人口经常使用互联网。而 2021 年，拉美地区的移动互联网用户达到 3.84 亿人。预计到 2025 年，这一数字将增至 4.4 亿人（见图 1）。同时，智能手机的普及率预计将在 2025 年增至 73%。这一数字不仅显示了拉美地区民众对移动互联网的高度依赖，也暗示着该地区在移动互联网应用和服务方面的巨大市场潜力。

中国和巴西在云计算基础设施方面的合作为巴西数字经济发展和工业现

[①] 《数字文化贸易的内涵和外延》，济南市商务局官网，2022 年 12 月 15 日，http：//jnbusiness.jinan. gov. cn/art/2022/12/15/art_ 8323_ 4771505. html。

[②] 王岩：《拉美数字经济发展提速 中拉数字贸易前景广阔》，《中国外资》2023 年第 19 期，第 40~43 页。

代化提供了重要支撑。位于圣保罗的首个腾讯云巴西数据中心于 2021 年 11 月正式启用，为巴西和其他拉美国家的客户提供计算、存储、大数据、人工智能、安全等方面的云服务，面向文旅、游戏、音视频等行业输出定制化解决方案。

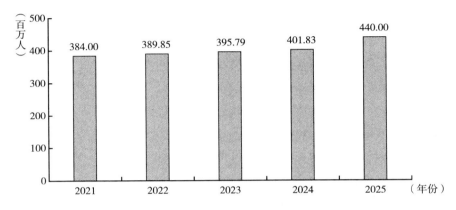

图 1　2021~2025 年拉美地区移动互联网用户数量

说明：2023~2025 年数据为预测值。
资料来源：Statista 全球统计数据库。

（二）拉美地区信息产业及互联网政策的变革创造了有利的发展环境

1979 年，巴西成立信息产业特别秘书处（SEPI），制定规范性法律，推动了信息技术部门制度化。1984 年，巴西颁布了《巴西信息产业法》，成立了国家信息产业和自动化委员会（CONIN），该委员会由国家总统担任主席，由政府和非政府机构共同组成。它负责制定和实施国家信息产业和自动化计划（PNIAA）。国家信息产业和自动化计划目前已经制定并实施。1985 年，迫于国际压力，巴西颁布了《软件法》，此后国际资本和技术产品开始流入巴西信息产业市场。20 世纪 90 年代，巴西的信息产业政策向软件技术开发行业倾斜，90 年代后期，巴西借鉴美国在信息产业管理方面的先进经验，将电信等领域的信息产业公司私有化，并先后制定了

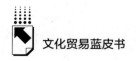

"互联网社会计划"和"信息社会计划",对外开放信息产业市场。2007年,巴西政府大幅减免信息产业的税收,鼓励个人购买电脑、手机等。2010~2011年实施的国家宽带计划（Programa Nacional de Banda Larga）将巴西的互联网接入成本降低了50%。其取得的成效是:拥有个人电脑的家庭比例大幅上升,能上网的家庭比例达到50%。①

互联网不仅为数字音乐的传播、制作和消费提供了便利,也推动了整个产业的创新和发展。得益于流媒体的发展,巴西的音乐产业如今已走在世界前列。根据国际唱片业协会（IFPI）的报告,2023年,巴西是世界十大音乐市场之一。2023年,全球的音乐销售额达到了262亿美元。拉丁美洲和加勒比海地区的音乐销售额取得了25.9%的显著增长,其中巴西增长了15.4%。代表巴西唱片公司和唱片制作商的专业音乐（Pro-Música）公司称,2023年巴西音乐市场的销售额达到了4.89亿美元。

与数字音乐服务平台SonoSuite连接的流媒体平台,如Deezer、Spotify、Amazon Music、YouTube Music、国际版抖音（Tik Tok）和Claro Música等,在巴西的受欢迎程度逐年提高。这些流媒体平台的日益普及表明了巴西民众对音乐的热爱,也凸显了在数字音乐蓬勃发展的大环境下,巴西市场为艺术家和音乐企业（包括唱片公司和分销商）提供的机遇。专业音乐公司的报告显示,按需流媒体服务目前是巴西音乐产业的主要收入来源,2023年其收入约占总收入的86%。2024年,巴西数字音乐市场预计将产生9.623亿美元的收入。

新冠疫情的暴发给全球带来了前所未有的挑战,促使拉丁美洲各国政府开始重视并着手解决数字鸿沟问题。拉美地区正在采取降低互联网接入价格等举措,减小互联网接入阻力,让更多的人能够上网。哥伦比亚将互联网定位为"基本公共服务",与水、电和煤气等日常必需品相提并论,凸显了互联网在现代社会中的不可或缺性。该国的法律要求电信运营商必须保障客户

<hr />

① 赖明明、袁翼伦、李志云:《希望与困难并存的南美洲第一大网络市场——巴西网络发展与研究报告》,《汕头大学学报》（人文社会科学版）2017年第5期,第144~153页。

的互联网服务，并在各种情况下提供基本的上网服务和免费短信套餐，这确保了即使在紧急情况下，人们也能维持基本的网络通信。无独有偶，此前智利和阿根廷也通过了类似的法律、法令，规定在疫情封控期间，将互联网纳入"公共服务"类别。世界银行技术专家道尔·加列戈斯（Doyle Gallegos）表示，应积极考虑制定将互联网纳入基本公共服务体系的法律。这一趋势预示着拉美地区将进一步加强互联网基础设施的建设，提高互联网服务的普及率和质量。① 这也为拉美地区的数字文化贸易提供了良好的环境。

（三）拉美国家政府拟立法鼓励文化产业发展

市场调研公司 Newzoo 的《2021 年全球游戏市场报告》显示，巴西已成为拉丁美洲乃至全球最具发展潜力的游戏消费市场，2021 年，巴西的移动游戏下载量达到 45.7 亿次，位居世界第三，拉丁美洲移动游戏市场的消费者消费支出达到 35 亿美元。巴西已稳固地占据了拉顶美洲游戏市场的领先地位，2021 年共有 8840 万玩家，本国游戏市场收入超过 10 亿美元。巴西的游戏受众呈现出鲜明的年轻化特征，18～34 岁的用户占到了近 60%。尽管巴西游戏玩家的付费意愿相对保守，2021 年付费游戏玩家仅有 5330 万人（见表 1），但随着当地电子支付的日益便捷，游戏市场的增长潜力将进一步释放。

巴西政府也看到了游戏行业的巨大潜力，并采取了积极的措施来推动其发展。2022 年 10 月 19 日，巴西众议院通过了一项关于电子游戏行业的法案（编号为 PL 2796/2021）。该法案旨在提高电子游戏行业的国内生产总量，推动经济发展并创造更多的相关就业岗位。2023 年 11 月 20 日，这项法案提交巴西参议院审查和修订，顺利通过后，法案于 2024 年正式生效。②

---

① World Economic Forum，"This Is How Latin America Is Addressing the Digital Divide amid COVID-19"，August 26，2021，https：//www. weforum. org/agenda/2021/08/latin－america－boosts－internet－access－digital－divide－covid19－pandemic/.

② 梁晓轩：《巴西拟立法鼓励游戏产业发展》，《检察风云》2022 年第 24 期，第 56～57 页。

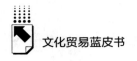

表 1　2021 年拉丁美洲和加勒比海地区各国付费游戏玩家数量

单位：百万人

国家	数量	国家	数量
墨西哥	45.3	哥伦比亚	13.3
危地马拉	3.5	厄瓜多尔	4.6
萨尔瓦多共和国	1.1	秘鲁	7.5
巴西	53.3	阿根廷	11.2
智利	5.9		

资料来源：Newzoo《2021 年全球游戏市场报告》。

（四）数据、信息、知识的跨境流动和共享

随着互联网技术的飞速发展和全球化进程的加速推进，巴西的"二次元"文化逐渐崭露头角，与日本流行文化形成深度交融。自 2000 年以来，动漫迷群体在巴西不断壮大，网络论坛、视频网站、社交媒体等渠道成为他们获取文化产品信息和资源的重要途径。对于在互联网时代成长起来的巴西新世代人群而言，动漫已成为他们生活中不可或缺的文化产品。他们通过数字在线平台交流心得、分享资源，形成独特的文化圈子。"二次元"文化在巴西城市文化中也并非新生事物，往往与其他地区的文化元素混合在一起。例如，巴西的大型动漫展（如 CCXP）和游戏展（如 BGS）经常吸引来自全国各地的日本流行文化爱好者。这些文化活动通常还包括其他流行文化元素，如西方电影、视频游戏、摇滚乐队和网络红人。巴西游戏调查（Pesquisa Game Brasil，PGB）数据显示，受访者中的电子游戏玩家占比从 2019 年的 66.3% 增长到了 2020 年的 73.4%，2021~2023 年这一比例依然维持在 70% 以上。[1] 目前，除了大家耳熟能详的 YouTube 和网飞（Netflix）之外，来自中国的国际版抖音（Tik Tok）、字节跳动旗下的海外音乐平台 Resso 和国际版快手（Kwai）等影音平台也深受巴西人的喜爱。数字平台的兴起为拉美地区的数字文化贸易提供了机遇。Spotify、网飞和亚马逊 Kindle 等数字平台进入该地区市场，为拉美文化产品的营销提供了便利。

---

① 梁颖怡、闵雪飞：《〈原神〉在巴西"启动"》，《文化纵横》2024 年第 1 期，第 98~106、159 页。

以上平台不仅为拉美地区的文艺作品创作者提供了更广阔的市场，还为拉美地区的消费者提供了更方便的产品获取途径。

由于地理位置、人力资源、行业变化以及疫情而形成的远程办公模式使拉丁美洲成为美国和欧洲制作公司开发动画和视频游戏的首选地区。2020年以来，墨西哥、智利、阿根廷和巴西的独立公司纷纷加强对动画产业的投资。动漫产业成为拉丁美洲经济增长的重要引擎之一。为了更好地适应数字化时代的需求，拉美地区的文化产业开始与国际合作伙伴进行跨国合作，开展合资项目。这些合作可以帮助提高文化产品和服务的品质，促进数字文化贸易的增长。

（五）对数字基础设施建设、数字鸿沟问题的日益重视

数字基础设施建设为数字文化贸易提供了必要的技术支持和资源保障。数字基础设施，包括通信网络、数据中心、云计算和人工智能设备等，是数字文化贸易得以开展的基础。这些设施保障了数字内容的传输、存储、处理和管理，使得数字文化产品能够高效、稳定地流通于全球市场。

拉丁美洲数字经济的增长速度快于非拉美地区的OECD国家，这一趋势确实令人瞩目。这一现象的出现，与拉美地区近年来在数字经济领域的积极投入和创新密不可分。与此同时，拉美国家与非拉美地区的OECD国家之间的数字鸿沟问题仍然存在，并且在该地区内部，不同国家之间的数字经济发展也存在明显的差异。

拉美地区的数字文化贸易正处于快速发展的阶段。政府在这一进程中发挥了重要的作用。其不仅提供了资金支持，还出台了一系列政策，鼓励文化产业的数字化发展，并推动数字文化产品在国际市场上的流通。此外，政府还加强了与其他国家和地区的合作，为数字文化贸易的发展提供了更广阔的空间。表2列出了拉美主要国家促进企业数字化转型的政策。数字平台也在推动拉美数字文化贸易的发展中扮演了关键角色。这些平台为文化产品提供了展示和交易的场所，使拉美地区的文化产品能够更容易地被全球消费者所了解和购买。同时，这些平台还通过数据分析、智能推荐等技术手段，帮助创作者们更精准地定位目标受众，提高产品的市场接受度。

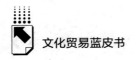

表 2　拉美主要国家促进企业数字化转型政策

国家	政府部门	促进企业数字化转型政策
巴西	由科技与通信部主要负责的"数字化发展工作组"	2013 年《促进公私合作项目》：巴西科技与通信部为公私数字化领域合作项目提供无偿融资担保，同时给予相关政策支持。 2016 年《智能巴西计划》：完善政府、科研机构和企业间合作，推动信息通信技术人才培养和资格认证，为民用和军事项目提供卫星宽带容量。 2018 年《巴西数字化转型战略》：通过不同类型的数字平台开发新的商业模式；调整有关数据管理的监管框架，以推动包括中小企业在内的企业进入全球市场；优先考虑卫生、农业、工业和智慧城市 4 个领域的数字化政策支持等
阿根廷	现代化部、科技部	2018 年《阿根廷数字议程》：①鼓励企业数字化；②支持数字化领域创新研发项目；③为数字化新市场提供宽松政策环境。 2018 年《中小企业数字化转型计划》：深化中小企业对数字化重要性的认识，提供数字化管理相关培训以及数字化方面技术援助
智利	数字化发展部际委员会、电信与运输部、经济部	2016 年《中小企业数字化平台项目》：政府资助虚拟平台，为中小企业提供数字化解决方案。 电信发展基金：由电信与运输部负责，通过公开招标投资支持开展数字化发展项目，注重项目应用性。 《2013~2020 数字化愿景议程》：以促进企业创新为目标，确定五大发展重点：增强连接性和数字包容性、数字化环境建设、人才培养、企业家创新精神、数字化服务
墨西哥	由总统领导的"国家数字化战略协调组"、电信与运输部、经济部	《2013~2018 年国家数字战略》，其中促进企业发展的行动方针包括：通过融资、培训和支持等方式，推动企业数字化工具的研发和推广；促进电子商务发展；形成灵活的监管框架；通过新的公共采购机制鼓励创业和创新；等等。 2014 年《数字化挑战计划》：通过公开招标促进企业创新，为公共问题提供数字化解决方案

资料来源：笔者根据公开信息整理而得。

二　拉美地区数字文化贸易发展面临的挑战

（一）在数字贸易国际规则制定中话语权较弱

在当前地缘政治紧张局势不断升级的背景下，各国间由于围绕利益的激烈博弈而形成了数字贸易壁垒，而数字文化贸易作为数字贸易的一个细分领域，所承受的压力也日益增大。随着数字时代的来临，传统的贸易规则和标准已难以适应这一全新的发展态势，迫切需要建立起一套与时俱进、全面适应新形势的规则体系。当前，数字贸易规则正进入密集的重构阶段，中国、美国、欧盟、东亚等国家和地区纷纷积极推行各自的数字贸易标准，力求在数字经济秩序的构建中占据主导地位。拉丁美洲在数字文化贸易规则制定方面缺乏发言权。一个国家的经济发展状况与该国家在国际上的话语权是紧密相关的。拉美地区由于数字经济发展相对滞后，难以在相关贸易规则制定中发出有力的声音。此外，拉美地区数字文化贸易研究尚处于初级阶段，缺乏完整的制度框架，这直接影响了拉美地区数字文化贸易的质量提升。

（二）互联网基础设施落后及创新型数字化发展不平衡

据 Statista 全球统计数据库统计，2023 年拉丁美洲的互联网普及率为 78.2%，高于世界平均水平（64.4%）。然而，巴西仍以 3G 信号为主，互联网接入费用相对较高。在发展中国家已经普及的 4G 互联网在巴西很多地区还没有普及，巴西智能手机用户一天中只有半天的时间能够接入 4G 互联网。这对数字文化贸易的发展十分不利。拉美地区目前的网络基础设施条件仍无法满足日益增长的住房和娱乐、工业生产等需求。虽然拉美地区的互联网发展近年取得了很大的成就，但其很大程度依赖于不同国家各自的基础设施建设和通信技术的普及，地区差异较大。这种不均衡的发展状况可能导致资源分配不均，一些地区或国家难以享受到先进的数字技术和创新技术带来的好处。这也限制了该地区数字文化贸易的整体发展速度和潜力。

（三）文化贸易政策的扶持力度和资金投入广度不足

拉美地区国家在发展文化产品数字贸易时确实面临着战略实施和政策效果上的挑战。当前，这些国家的许多相关战略主要以行政规章的形式存在，其影响力和实际效果确实有待提高。这可能与政策制定和执行过程中的多种因素有关，包括政策的明确性、连贯性、执行力度以及社会各界的参与程度等。

与此相对照，韩国以"文化立国"为目标，将数字文化产业视为国家发展战略性产业，对相关文化企业给予了全面支持和大幅优惠。这种战略定位和政策支持为韩国数字文化产业的发展提供了强大的动力。

数字文化产业的发展，包括数字技术的开发、推广和市场营销等方面确实需要资金的支持。然而，拉美地区文化产业的融资环境相对较差，投资者对数字文化产业的理解和认可程度有限。这在一定程度上限制了拉美地区数字文化产业的发展速度和规模。

（四）全球数字文化贸易存在壁垒

尽管在许多情况下，数字产品如软件、音乐、电影等被视为无形商品，但在某些国家和地区，拉美地区的数字文化产品仍可能受到关税的影响。针对数字产品的关税和配额依然存在。一些国家出于国家安全、隐私保护等考虑，对跨境数据流进行限制，这阻碍了拉美地区数字产品和服务的跨国交易。技术标准的不统一是数字文化贸易面临的一大壁垒。由于不同国家和地区在数字技术领域的发展水平、技术标准和规范等方面存在差异，数字文化产品和服务在跨境流通时面临技术兼容性问题。这增加了拉美地区数字文化贸易的技术难度和成本，限制了贸易规模的扩大。文化差异也是数字文化贸易面临的重要壁垒。由于不同国家和地区的文化背景、审美观念、价值观念等存在差异，拉美地区数字文化产品和服务在跨境传播时可能遭遇文化隔阂和误解，这限制了数字文化贸易的市场拓展和文化产品与服务的受众接受度。

（五）存在知识产权保护和侵权问题

互联网技术的发展是一把双刃剑，它在为数据与信息的传递和获取提供便利化渠道的同时，也带来了网络盗版和网络侵权等问题。一些不法分子利用互联网技术的便利，大肆进行盗版和侵权行为，给数字文化贸易的正常发展带来了严重的阻碍。此外，由于网络空间的匿名性和跨境性，网络侵权行为的查处和打击也面临着很大的困难。阿根廷也面临着网络知识产权侵权的挑战，随着电子商务平台的兴起和数字内容的普及，盗版数字内容和假冒商品的传播问题日益严重，针对网络知识产权侵权行为的执法工作既复杂又耗时。如何保护文化资产免受滥用和侵权是一个亟待解决的问题。拉美地区在版权保护和执法方面还存在不足，这可能使得拉美地区的文化创作者和企业对数字化传播持谨慎态度，进而影响数字文化贸易的创作和发展。此外，知识产权国际执法具有挑战性，尤其是在处理跨境侵权时，与国际执法机构和组织的合作至关重要。

为应对以上挑战，2014 年，巴西制定并通过了《巴西互联网民法》（又称《巴西互联网法案》），其规定了各种互联网治理原则，包括言论自由、互联网中立和隐私保护等。它还规定在巴西提供社交网络、电子邮件和搜索引擎服务的外国互联网公司必须在巴西建立数据中心。为确保巴西公民的互联网信息不会泄露到国外，2015 年 1 月，巴西司法部启动了对《巴西互联网民法》的修订，修订对象包括关于网络中立、用户数据的强制存储期、互联网服务提供商的责任和隐私保护的条款。拉美地区的监管体系比较完备。国际电信联盟（ITU）的《2020 年全球 ICT 监管展望》显示，截至2019 年，拉美地区仅安提瓜和巴布达、智利、古巴缺乏本国的 ICT 监管部门。

要解决拉美地区的数字文化贸易的版权问题，拉美国家政府需要在法律、技术和文化层面共同努力，以促进数字内容的合法传播、保护创作者权益，以期平衡文化传统和创新发展。

三 拉美地区数字文化贸易发展趋势与展望

拉丁美洲人口接近 7 亿人，人均国内生产总值接近 1 万美元，既是一个相对发达的市场，也是一个新兴经济体。这是一个巨大的市场，对数字化转型和发展有着巨大的需求。在科技革命和产业变革的新阶段，以数字技术和人工智能为代表的新技术、新业态是各国经济社会发展的有力支撑。拉美地区的数字文化贸易在此条件下的发展仍有得天独厚的优势。未来，拉美地区数字文化贸易的发展趋势体现在以下方面。

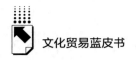
（一）政府为数字文化产业发展提供政策支持

政府的指导方针是文化产业发展的重要因素，数字文化领域的国际发展成功离不开强有力的政治支持。拉美各国政府应充分认识到数字文化产业发展的重要性，并给予其应有的战略重视。同时，应在政策和财政资源的分配中优先考虑新兴文化产业，鼓励其发展，充分重视新业态在拉动数字文化产品经济贸易发展中的作用。政府还可以通过适当的政策将文化贸易与数字技术更紧密地联系起来，加快文化产业的数字化进程。例如，通过政策将拉美文化特色与数字技术联系起来，创造具有独特魅力的数字文化产品。

（二）持续培训数字文化贸易人才

数字文化产业的发展需要懂国际贸易、懂前沿数字技术、懂文化产业特点的人才，需要以创新思维来推动数字文化产业的发展。拉美国家政府在相关领域的人才培训和教育资源配置有待进一步完善。可以通过国际交流与产学研相结合的方式，丰富复合型人才培养体系。同时，可以通过专项资金的形式支持人才培养，积极创造相关人才与行业领军人才合作的机会，并为数字文化产业的国际化发展创造人才基础。以华为与巴西的合作为例，华为通过华为认证和其他项目为巴西培养了15000多名技术人才。

（三）拉美互联网应用发展态势良好

数字服务贸易的创新效应表现出非线性特征，经济发展、城市化和人口老龄化均会导致数字服务贸易效应的指数式变化。经济社会越不发达和城市化水平越低的地区越容易从数字服务贸易的创新效应中获益。[①] 拉美地区庞大的人口基数为互联网行业的发展奠定了坚实的基础。随着该地区经济的快速增长和中产阶级的不断壮大，互联网普及率也在逐年提高，为网络通信、

---

① Huwei Wen, Wenjing Chen, Fengxiu Zhou, "Does Digital Service Trade Boost Technological Innovation?: International Evidence," *Socio-Economic Planning Sciences* 88（2023）.

电子商务和在线研究等互联网应用带来了巨大的市场潜力。网络通信在拉美地区互联网发展中具有独特的需求和基础。由于拉美地区的地理环境和人口分布特点，网络通信技术的发展对于改善当地通信状况、促进信息交流和经济发展具有重要意义。同时，随着移动互联网的普及和智能手机用户的增加，网络通信技术的应用场景也在不断扩展。在电子商务方面，拉美地区的消费者越来越注重线上购物体验，电子商务市场呈现出蓬勃发展的态势。跨境电商在该地区也有着广阔的发展前景，许多国际电商平台都在积极开拓拉美市场。

（四）拉美地区数字文化产品国际化

拉美地区拥有丰富多样的文化遗产和艺术作品，包括电影、音乐、文学作品等。数字化技术的普及和全球化通信网络的发展让拉美地区越来越多的文化创作者、艺术家和内容生产者开始利用数字平台将他们的作品推向国际舞台，其主要涉及在音乐、电影、文学和视觉艺术等领域取得较高国际知名度的拉美艺术家和作品。这种数字文化产品、服务国际化的趋势为拉美地区的发展带来了机遇，通过数字平台，拉美地区的文化产品能够超越地域和语言的限制，与全球各地的消费者进行互动，促进多样文化的交流和信息的共享。如今的翻译技术已不同以往，可以有效地将拉美文化产品国际化。因此，拉美数字文化贸易规模有望进一步扩大，更多地推广与输出本土文化和艺术作品。

拉美数字文化贸易的发展确实为当地文化产业带来了新的机遇和挑战，同时也极大地促进了数字文化产品、服务的出口与交流。随着数字技术的不断创新和全球数字经济的快速发展，拉美地区的文化产业正迎来前所未有的发展机遇。

首先，跨国合作和合资项目的增加为拉美数字文化贸易提供了更广阔的市场空间和更充足的资源整合机会。通过与国际知名企业和机构的合作，拉美地区能够引进先进的技术和管理经验，提升自身文化产业的竞争力。同时，这些合作项目也有助于拉美文化产品更好地融入全球市场，提升其在国

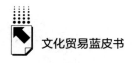

际上的知名度和影响力。

其次,全球消费者对多样性文化产品的需求日益增加,为拉美数字文化产品提供了更广阔的市场空间。拉美地区拥有丰富的文化遗产和艺术创作资源,这些独特的文化元素通过数字平台的传播,能够得到全球消费者的更多关注和喜爱。因此,拉美数字文化贸易规模有望进一步扩大,为当地文化产业带来更多的商业机会和经济收益。

最后,随着拉美地区互联网基础设施的不断完善和数字技术的普及,数字文化贸易的发展环境也日趋成熟。这为拉美地区的文化创作者和艺术家提供了更多的创作和展示平台,同时也为消费者提供了更加便捷和丰富的文化消费体验。

然而,拉美数字文化贸易的发展也面临着一些挑战。例如,如何保护当地文化产业的独特性和知识产权,防止文化产品的同质化竞争;如何提升数字文化产品的质量和水平,满足全球消费者的多样化需求;如何加强与国际市场的对接和合作,拓展更广阔的市场空间;等等。

综上所述,拉美数字文化贸易的发展为当地文化产业带来了新的机遇和挑战。通过加强国际合作、提升产品质量、完善市场体系等措施,拉美地区的数字文化贸易有望继续蓬勃发展,为当地文化产业的繁荣和全球文化交流做出更大的贡献。同时,随着拉美数字文化产品在全球范围内得到更广泛的认可和消费,其文化影响力也将不断提升,从而进一步推动全球文化多样性的发展。

参考文献

洪剑儒:《中拉双边经贸合作潜力逐步释放》,《国际商报》2024 年 1 月 10 日。

B.24
阿根廷音乐产业数字化转型
及其对中阿文化合作的启示 *

刘　鹏　袁华清**

摘　要： 阿根廷音乐产业成功的数字化转型不仅推动了本国音乐产业的繁荣，同时还为中阿文化合作提供了新的契机和更广阔的空间。研究发现：阿根廷的数字音乐产业规模增长显著且辐射带动力强，其在转型过程中呈现出积极拥抱数字技术、市场逐步向全球扩展和平台垄断性空前增强等特点；其数字化转型的主要动因包括互联网的全球普及、数字媒体软件的全球传播、音乐消费市场的多元化需求和政府版权保护政策的大力支持等。为促进两国之间的文化合作高质量发展，应加强数字音乐版权保护合作，推动建立中阿数字文化共享平台，利用数字技术大力推动两国在文化内容创作、制作和传播上的合作。

关键词： 音乐产业　数字化转型　文化合作　阿根廷

　　在全球化背景下，音乐作为文化交流的重要媒介，其发展和变革对于促进国际理解和合作具有不可估量的价值。在数字时代的浪潮下，全球文化产业正在经历前所未有的变革，特别是音乐产业。音乐是一个国家文化的重要组成元素，研究音乐产业的发展和转型对于把握当今世界文化产业的发展趋

---

　* 本报告系北京第二外国语学院 2024 年研究生教育教学研究项目"《拉美经济研究》课程思政示范课程建设"（项目编号：111220264003）的阶段性成果。

** 刘鹏，北京第二外国语学院欧洲学院副教授、秘鲁研究中心主任、硕士生导师，主要研究方向为拉美经济；袁华清，北京第二外国语学院中国服务贸易研究院 2023 级硕士研究生，主要研究方向为西语文化贸易。

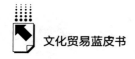

势具有重要意义。阿根廷是拉丁美洲代表性国家，阿根廷音乐产业的数字化转型进程不仅反映了技术进步对拉美艺术领域的影响，更是发展中国家文化产业模式转型升级的生动例证。

进入 21 世纪后，拉丁美洲的音乐市场发生了翻天覆地的变化。在 20 世纪 80 年代遭受了严重债务危机之后，由于无法偿还外债，拉美地区遭遇了"失去的十年"。由于政治动荡、盗版率高、市场潜力不可预测和资金不足等因素，外国艺术家和跨国公司长期认为进入拉美市场存在巨大障碍。但现如今拉美已经转变为一个全面普及全球性技术和符合数字媒体发展趋势的地区，并预计将成为全球发展最快的娱乐市场之一。① 其中，阿根廷凭借其独特的音乐风格和深厚的文化底蕴，在全球范围内享有盛誉。从情感丰富的探戈音乐到充满活力的民俗音乐，阿根廷音乐是当地人民文化身份和历史传承的重要组成部分。

在数字技术日益普及的今天，阿根廷音乐产业如何应对并利用这些新兴技术去适应时代大潮，不仅对阿根廷本土文化产业的发展至关重要，也对拉美其他国家音乐产业的数字化转型有很大影响。

研究阿根廷音乐产业的数字化转型，不仅可提供对全球音乐市场趋势的洞察，还可为中阿及中拉之间的文化产业合作提供宝贵的经验和启示。

一　阿根廷数字音乐产业现状

随着数字技术席卷全球，全球各个行业为了适应时代大潮，正逐步开展数字化转型。《阿根廷音乐白皮书》显示，阿根廷是数字媒体用户最多的国家之一，随着阿根廷数字媒体软件和互联网技术的应用普及，近年来阿根廷的数字音乐市场蓬勃发展，体现出规模增长显著、辐射带动力强等特征。

---

① Alexander Williamson, Opportunities in South America's Live Music Industry (Master's thesis, Berklee College of Music, 2014), p. 5.

（一）规模增长显著

随着互联网和移动设备的广泛使用，阿根廷的数字音乐市场近年来呈现出显著的增长态势。如今，阿根廷的音乐消费者特别是年轻一代越来越倾向于使用智能手机等移动设备和利用数字平台来收听音乐。Spotify、Apple Music、YouTube Music 等流媒体平台在阿根廷音乐市场中占据了主导地位，成为音乐消费的主流渠道。根据专业平台 Chartmetric 的数据，YouTube Music 和 Spotify 是阿根廷最知名、当地人使用率最高的音乐收听平台。[1] 阿根廷官方数据显示，在阿根廷人所使用的音乐流媒体平台中，2016 年使用最多的平台是 YouTube Music，有 84% 的阿根廷流媒体用户选择使用 YouTube Music 来听音乐，40% 的阿根廷音乐消费者选择 Spotify。[2]

（二）辐射带动力强

阿根廷的数字音乐市场迎来了独立音乐人和本土艺术家的崛起。科技公司和新兴数字平台成为音乐产业的重要参与者，对阿根廷音乐行业的格局产生了巨大影响。如今，数字平台为阿根廷的独立音乐人和小型音乐厂牌提供了更多的曝光机会，帮助他们获得更大的听众群体。此外，数字音乐平台也成为推广阿根廷本土音乐和文化的重要渠道。

二　阿根廷音乐产业数字化转型历程及其特点

（一）阿根廷音乐产业数字化转型历程

阿根廷音乐产业的数字化转型不是一蹴而就的，自 20 世纪 90 年代末以

---

[1] Gustavo R. Ameri, "La industria de la música en Argentina: de la creación al consumo entre tendencias y plataformas," *Centro de estudios en diseño y comunicación* 165 （2022）.

[2] CAPIF, "Cámara Argentina de productores de fonogramas y videogramas （2017）," in *Libro blanco de la música 2017* （Buenos Aires）.

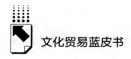

来，数字化潮流随着互联网技术逐渐渗透到拉丁美洲的各行业。阿根廷音乐产业总共经历了三个阶段，分别是 20 世纪 90 年代末到 21 世纪初的初期阶段、21 世纪初到 2012 年的发展阶段以及 2013 年以来的成熟阶段。

1. 初期阶段：探索与尝试（20世纪90年代末至21世纪初）

90 年代末以前，音乐商业模式是围绕着大唱片公司形成的，这些唱片公司通过其总部及其在各国的子公司将全球音乐产业数字化，阿根廷音乐产业的发展模式也是如此。随着实力的增强，这些大公司收购小唱片公司或与它们合作开发特定的另类音乐，从而垄断整个市场。①

阿根廷音乐产业的数字化转型始于 90 年代末期，当时互联网开始在全球范围内普及。最初，这一转型以从音乐 CD 到 MP3 文件的转换的形式出现，影响相对有限，一些先锋音乐公司开始探索数字音乐的在线销售和分发。虽然这时数字音乐市场规模较小，但其为后续的发展奠定了基础。而第一个通过软件实现音乐共享的平台 Napster 的出现，彻底改变了当时阿根廷的音乐市场和产业。Napster 平台提供无限量可免费获取的 MP3 格式音乐。这是一场改变了商业模式的革命，以至于 Napster 的负责人被美国唱片业协会（RIAA）告上了法庭。

之后，随身听和 MP3 格式音乐的普及以及智能手机上的音乐平台等各种技术产品的支持使音乐具有了便携性，阿根廷人逐渐习惯于以便携式设备听音乐，这推动了阿根廷音乐产业的数字化转型。

2. 发展阶段：市场扩张与技术成熟（21世纪初至2012年）

21 世纪初，随着宽带互联网和智能手机的普及，阿根廷的数字音乐市场开始出现显著增长。技术的进步、音乐流媒体服务的出现标志着阿根廷音乐产业数字化转型进入了新阶段。这些服务提供了更为便捷的音乐访问方式，改变了消费者的音乐消费习惯。本地音乐产业开始受益于数字化带来的机遇，越来越多的本土艺术家和音乐人加入数字化浪潮。譬如阿根廷的女性独立音

---

① Gustavo R. Ameri, "La industria de la música en Argentina: de la creación al consumo entre tendencias y plataformas," *Centro de estudios en diseño y comunicación* 165（2022）.

乐艺术家加苏（Cazzu），她的成功在很大程度上得益于对数字化平台的有效利用。加苏最初通过社交媒体与 YouTube 发布音乐作品和提升知名度。随着知名度的提升，她开始在各大流媒体平台，如 Spotify、Apple Music 等上发布音乐，并迅速获得了更广泛的听众。西班牙音乐制作协会的数据显示，她在2019 年发行的专辑《Error 93》的线上销量达到了 8400 万。通过数字平台对用户的广泛覆盖，Cazzu 的音乐获得了可观的流量和收益。她不仅在阿根廷本土获得成功，还在国际上获得了认可，尤其是在拉丁美洲的西语国家。

3. 成熟阶段：数字化全面转型（2013年以来）

从 2013 年，即阿根廷互联网普及率几乎达到 60% 的那一年起，阿根廷音乐产业开始全面向数字化转型。数字化转型不仅仅局限于音乐的传播，还涉及音乐的制作和消费环节。譬如在数字音乐制作方面，2021 年阿根廷音乐节最重要的制作人之一何塞·帕拉佐（José Palazzo）创建的 Cosquín Rock 音乐节把在科尔多瓦普尼拉山谷举办多年的音乐节转型为虚拟音乐节。他在阿根廷的不同地区为艺术家们搭建了多个舞台，每个舞台为每位艺术家安装了 4 台摄像机，允许观众选择不同的视角观看演出。[①] 在音乐消费环节则表现为：先由线上音乐发布会和线上演唱会引流，然后流媒体平台购买音乐版权或吸引音乐人入驻平台并向其收取入驻费，最后消费者付费购买流媒体平台的使用权。随着阿根廷数字音乐市场逐渐成熟，形成了由 YouTube、Spotify 等几大流媒体平台主导的市场格局。

（二）阿根廷音乐产业数字化转型特点

随着数字时代的来临、传统音乐产业的式微和数字平台的崛起，阿根廷音乐产业逐渐朝着数字化方向转型，其中积极拥抱数字技术、市场逐步向全球扩展和平台垄断性空前增强成为突出的特点。这种转变不仅改变了阿根廷音乐的传播方式，也革新了整个音乐产业的商业模式。

---

① Gustavo R. Ameri, "La industria de la música en Argentina: de la creación al consumo entre tendencias y plataformas," *Centro de estudios en diseño y comunicación* 165 (2022).

1. 积极拥抱数字技术

阿根廷音乐产业的数字化转型离不开数字技术的不断革新。随着智能手机的普及，阿根廷音乐产业适应了移动设备为主的消费趋势，优化用户移动端体验。而流媒体服务的兴起则是阿根廷音乐产业数字化转型的关键。这一变革不仅提供了新的消费方式，还改变了音乐的推广和分发模式。例如，Spotify 和 YouTube 等流媒体平台以及 Instagram 和 Facebook 等社交网络平台，都能让阿根廷艺术家获得大量有关自己音乐作品的数据，了解这些平台上的粉丝对自己的评价。这些数据可用于更好地了解不同平台上听众的点评和自己作品的风靡度，从而方便他们所在的音乐公司做出更好的决策，以迎合不同用户的独特口味。同时，随着社交媒体的整合和用户参与功能的增加，消费者可以就音乐内容本身和艺术家进行更直接的互动。

2. 市场逐步向全球扩展

数字技术的普及和应用使阿根廷音乐更易于打入国际市场，促进了本土音乐风格如探戈、民谣等在全球范围内的传播。在新冠疫情暴发后，阿根廷 Bresh 音乐节的负责人推出了居家音乐节（Bresh en casita），即每周六艺术家在家中实时使用 Instagram 平台进行直播，举办阿根廷线上音乐派对。音乐节的数据显示，2021 年居家音乐节在 Instagram 上的浏览量超过 800 万次。数字技术的应用使得此前仅面向本土居民的 Bresh 音乐节的受众市场扩展到了全球。

此外，数字平台促成了跨国界的音乐合作，这不仅局限于阿根廷艺术家与国际音乐家的合作项目，还有国外音乐公司与阿根廷乐队的合作。例如，CD Baby 是一家总部设在美国的唱片服务提供商，作为全球最大的音乐发行商之一，它为全球音乐家和唱片公司提供服务。CD Baby 主要通过与流媒体平台合作来盈利，其驻阿根廷的公司代表曾表示，如今的社交媒体不再仅仅是社交媒体，当阿根廷一些乐队在 Facebook 的页面上发布 Spotify 的链接时，只要他们的粉丝或者其他一些用户看到并点击链接收听，CD Baby 就能获取收入，这是因为 Spotify 等音乐流媒体平台上的音乐作品版权购自 CD Baby 音乐发行商。譬如 2020 年，CD Baby 数字版税收入的 40% 都来自 Spotify，而 Apple Music 则是 CD Baby 的第二大数字收入来源，占 18.5%。①

3. 平台垄断性空前增强

随着阿根廷音乐产业逐渐向数字化方向转型过渡，音乐家、音乐公司以及听众均从中受益。同时，数字时代下的阿根廷音乐产业平台垄断性空前增强。音像行业最大的分析公司之一 MIDiA 的报告显示，环球音乐、索尼音乐和华纳音乐三大唱片公司的收入占到了 2019 年阿根廷音乐录制行业总收入的 67.5%，从 2015 年的 150 亿美元增至 215 亿美元。独立唱片公司的收入占 28.4%，未签约艺人收入占 4.1%，其 2018 年仅占 1.7%，2019 年上升到 4.1%。② 虽然音乐传播的形式在变，但依然只有大公司才能分得大部分蛋糕。另外，由于其垄断性，这些平台对创作者的生存空间造成了一定的挤压。2015 年，在 Spotify 上，与唱片公司签约的音乐人收入为每用户 0.0011 美元，独立音乐人的收入为每用户 0.007 美元；而在 Youtube 上，与唱片公司签约的音乐人收入为每用户 0.0003 美元，独立音乐人的收入为每用户 0.0018 美元。③ 根据这些数字可以推断出，只有一个独立音乐人在 Spotify 上的月播放量达到 180000 次，或者在 Youtube 上的月播放量达到 700000 次，其月收入才能够达到美国 2015 年最低工资标准 1260 美元。④

音乐平台的垄断性空前增强意味着阿根廷整个音乐产业业务的发展和商业交流都以这些平台为核心。根据 Chartmetric 的数据，Spotify 平台在阿根廷仅一周的歌曲收听量就超过了 6 亿次。而作为阿根廷消费者和艺术家使用最广泛的平台之一，YouTube 平台与 Spotify 这类专业音乐流媒体平台

① Federico Moreno y Guillermo Quiña，"La industria musical argentina en tiempos del negocio digital：un análisis del lugar de las NTICs en las prácticas y discursos de sus actores，" *Hipertextos* 6（2018）：9.

② Gustavo R. Ameri，"La industria de la música en Argentina：de la creación al consumo entre tendencias y plataformas，" *Centro de estudios en diseño y comunicación* 165（2022）.

③ "Information Is Beautiful，" https：//informationisbeautiful.net/visualizations/how－much－do－music－artists－earn－online－2015－remix/。

④ Federico Moreno y Guillermo Quiña，"La industria musical argentina en tiempos del negocio digital：un análisis del lugar de las NTICs en las prácticas y discursos de sus actores，" *Hipertextos* 6（2018）：19.

相比，和唱片公司签订的协议很少，因此产生的广告收入主要还是归平台本身所有。

三 阿根廷音乐产业数字化转型动因

（一）互联网的全球普及

随着新兴技术的发展和普及，音乐产业的生产、分发和消费方式发生了根本性的变化，这一切主要得益于互联网的普及。互联网的普及为音乐的数字传播提供了基础平台，使音乐能够被更广泛地访问和分享，而智能手机和平板电脑的普及极大地影响了消费者的音乐消费习惯，使得音乐可以随时随地被接触和收听。

如图 1 所示，阿根廷在 2013~2022 年的固定宽带接入人口呈现持续上升态势。特别是 2020 年初新冠疫情暴发以来，出于对居家办公和室内娱乐的需求，阿根廷的宽带接入率迎来了爆发式增长，固定宽带接入人口到 2021 年突破了 1000 万人。如图 2 所示，阿根廷互联网的接入率也呈类似增

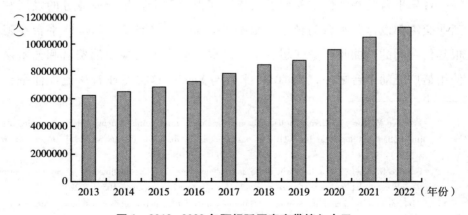

图 1 2013~2022 年阿根廷固定宽带接入人口

资料来源：世界银行。

长趋势。2020 年，阿根廷互联网接入率突破了 80%，可以说现如今阿根廷已经步入了互联网时代，互联网的普及推动了音乐产业的数字化转型，更好地满足了数字化时代的用户需求。

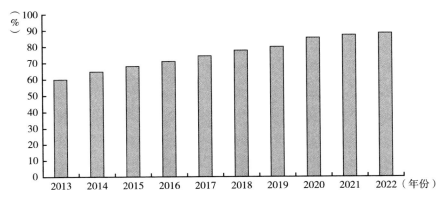

图 2　2013~2022 年阿根廷互联网接入率

资料来源：世界银行。

（二）数字媒体软件的全球传播

如今，Spotify、YouTube、Apple Music 等数字媒体的兴起改变了音乐的获取和消费模式，为用户提供了实时、便捷的音乐体验。一方面，Apple Music 和 Spotify 作为音乐媒体软件，利用大数据和算法分析，能够为听众提供个性化的音乐推荐，增强用户体验。数字技术的运用使得音乐人和唱片公司能够更有效地定位目标受众，优化推广效果。这些技术为音乐体验和表演提供了新的感受形式，增强了音乐的互动性和其带来的沉浸感。

另一方面，社交媒体软件已成为阿根廷音乐人推广作品的重要渠道之一，艺术家通过 Instagram、Facebook 等社交媒体平台与粉丝互动，收获了规模庞大的粉丝群体。值得注意的是，阿根廷社交媒体的活跃度远高于世界上的大多数国家：阿根廷 60% 的人口活跃在社交媒体上，平均每个用户在这些网站上每天花费约 4.3 个小时。阿根廷是全球社交媒体用户第三活跃的国家和地区，仅次于新加坡和中国香港，阿根廷人在社交媒体网站上花费的时间比任何国家都多。① Statista 的数据显示，截至 2023 年 1 月，阿根廷 YouTube 的使用人数达到了 3180 万人，YouTube 覆盖率高达 77.6%，由此可见阿根廷人在日常生活中对媒体的依赖程度极高，这也体现了数字音乐在阿根廷拥有广阔的市场。

如图 3 和图 4 所示，阿根廷主流社交媒体平台 Facebook 和 Instagram 的

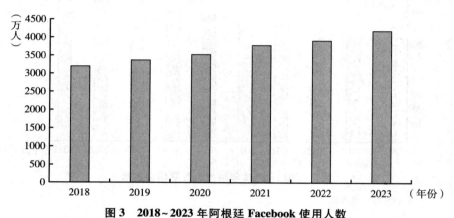

图 3　2018~2023 年阿根廷 Facebook 使用人数

资料来源：NapoleonCat.

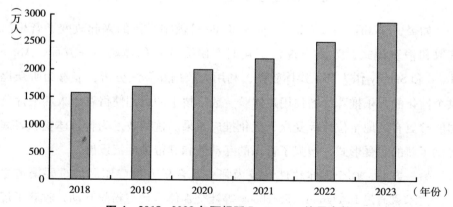

图 4　2018~2023 年阿根廷 Instagram 使用人数

资料来源：NapoleonCat.

---

① Alexander Williamson, Opportunities in South America's Live Music Industry (Master's thesis, Berklee College of Music, 2014), p. 25.

使用人数在 2018~2023 年一直处于增长状态，特别是 2020 年初疫情暴发以来，Instagram 使用人数增长大幅提速。社交媒体在阿根廷的高覆盖率直接影响了该国音乐产业的发展方向。在数字化转型的背景下，阿根廷音乐产业可以利用社交媒体传播音乐专辑以及举办线上音乐会。

（三）音乐消费市场的多元化需求

市场的需求是推动阿根廷音乐产业数字化转型的另一个关键因素。随着音乐消费者的偏好和收听习惯逐渐向便携化、数字化和个性化转变，阿根廷音乐产业为适应这些新的市场需求逐渐向数字化转型。

如今，阿根廷迎来了新一代年轻互联网用户的兴起。如图 5 所示，阿根廷人口普查结果显示，在阿根廷的人口年龄结构中，15~64 岁的人口在2001 年、2010 年、2021 年均一直占总人口的 60% 以上，这说明了阿根廷的音乐消费特点呈现"年轻化"和"数字化"趋势。相较于年长者，阿根廷青年们更加熟悉和乐于接受数字技术，他们的消费习惯对音乐市场产生了重大影响。年轻消费者倾向于获得新颖和即时性的音乐体验，这促使音乐产业探索更多创新的数字化方式。譬如，现代青年消费者希望能够随时随地访问

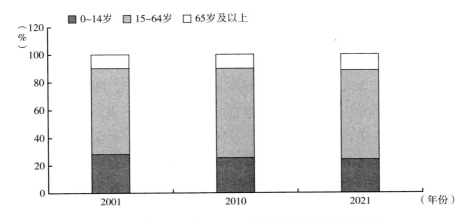

图 5 2001 年、2010 年、2021 年阿根廷各年龄段人口占比

资料来源：阿根廷国家统计局。

他们喜爱的音乐,这推动了音乐产业向线上发展,音乐作品转移到数字平台上。同时,阿根廷青年一代消费者对多样化的音乐类型和风格的需求大大增加,而数字平台能够提供更为广泛的选择,满足消费者的个性化需求,这也促使了阿根廷音乐产业向数字化转型。

阿根廷当代的音乐消费者从传统的音乐唱片购买,如购买 CD 及黑胶唱片等,转向了音乐共享和订阅模式,如流媒体平台服务。消费者期望得到更加个性化的音乐体验,包括定制化的播放列表和推荐。值得注意的是,布宜诺斯艾利斯两份主要的报纸 *Clarín* 和 *La Nación* 都设有音乐专栏,它们刊登的音乐日历和活动报道仍是阿根廷人们发现音乐活动的主要信息渠道。① 数字时代,阿根廷人倾向于通过网络来获取音乐资讯,利用报刊传播音乐活动的手段也朝着数字化方向转型。

(四)政府版权保护政策的大力支持

在音乐产业数字化转型的过程中,版权的问题尤为重要。没有有效的版权保护,音乐产业很难实现数字化转型,而阿根廷政府在这方面取得了显著成就。长期以来阿根廷政府很重视对知识产权的保护,相关政策的大力支持成为推动阿根廷音乐产业向数字化转型的关键因素之一。

1. 法律设定人性化

不同于美国、英国和加拿大等国所采用的盎格鲁-撒克逊法系法律,阿根廷采用的是以罗马法理念为基础的"版权"法律体系,即所有的知识产权相关的法条都建立在保护版权的基础上。而在盎格鲁-撒克逊法系下,单独针对版权的法条相对较少。此外,盎格鲁-撒克逊法系的版权法只涉及经济权利,而阿根廷的知识产权法同时也捍卫作者个人荣誉和声望等精神权利。譬如,面对音乐作者和表演者不统一的情况,阿根廷版权保护法规定,凡是在国家著作权局注册过的音乐作品,在音乐人进行表演前,需向国家唱

---

① Alexander Williamson, Opportunities in South America's Live Music Industry (Master's thesis, Berklee College of Music, 2014), p. 26.

片业协会申报。音乐表演的最终收入应按法律规定的比例支付给音乐作品作者。值得注意的是，根据阿根廷现行法律，作者、作曲家和表演者权利的所有者是艺术家自身，而不是公司，这一点与盎格鲁-撒克逊法系法律是不同的。

2. 保护范围全面化

阿根廷的音乐知识产权法所保护的范围涵盖了从音乐作品制作到最终发行和表演的方方面面。正是由于阿根廷政府版权保护政策的涵盖范围广，阿根廷音乐产业在向数字化转型的过程中避免了诸多版权纠纷。阿根廷政府版权保护政策保护的权益总共分为三个方面，一是作词和作曲的产权，二是音乐表演的产权，三是唱片制作的产权。

第一，在对词作者和曲作者的保护上，阿根廷第 11723 号法对词作者和曲作者应获得报酬的情形做了更加细致的规定，发行唱片、现场表演、影视剧中用曲、互联网使用以及用于移动电话铃声等情形都应支付产权费。第二，在对音乐表演的保护上，法律规定了禁止未经授权以任何方式复制、重录、租借、公开和交换表演作品。现场表演的版权受到法律的严格保护，这不仅保护了音乐人本身，也保护了观众的权益。第三，在对唱片制作版权的保护上，法律规定了唱片发行后，要根据唱片的生产量或销售量向唱片生产商收取一定的费用。

3. 保护机构细致化

为了切实保护音乐人的权益，阿根廷音乐集体管理协会（Sociedades de Gestión Colectiva）应运而生。该协会由三个部分组成，分别对应了版权保护相关法律的三个方面，这三个部分分别是阿根廷作家和作曲家协会（SADAIC）、阿根廷音乐表演者协会（AADI）与阿根廷录音制品和录像制品制作商会（CAPIF）。

这三个部分各司其职，共同致力于贯彻阿根廷音乐版权保护相关法律。譬如，在一场音乐表演会结束后，该场音乐会所获得总收益的 67% 由 AADI 负责分配，33% 则由 CAPIF 分配。具体来说，AADI 将音乐会 67% 的收益分配给音乐会的表演者以及所有演奏乐器和参与演出的工作者；而 CAPIF 则将 33%

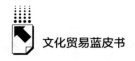

的收益分配给在音乐表演中所有音乐作品的作者，如作词者和作曲者等。

细致全面的政府版权保护制度框架为阿根廷音乐产业提供了稳定坚固的法律保障，为产业的数字化转型奠定了坚实的制度基础。得益于此，阿根廷音乐产业顺利进入数字化转型的快车道。

四　对中阿文化产业合作的启示

随着数字技术的渗透率越来越高，预计未来阿根廷音乐产业将继续受到如人工智能、虚拟现实等新兴技术应用与创新的影响。阿根廷音乐产业的数字化转型有望推动本土音乐的国际化，同时为音乐产业的持续发展带来新的动力。

与此同时，在经历了稳固政治关系、推进经贸合作、发展全面战略伙伴关系等不同阶段后，当前中阿两国关系正步入历史最好时期。[①] 而阿根廷音乐产业的数字化转型也为中阿文化产业合作提供了多方面的启示。

（一）加强数字音乐版权保护合作

版权保护问题是阿根廷音乐产业在数字化转型的过程当中面临的挑战之一。在中阿文化产业合作中，尤其是音乐产业的合作上，尤其需要重视版权保护的问题，因为数字音乐是与社会公众关系最密切、传播速度最快、传播范围最广的版权作品之一，既是版权产业的重要门类，也是激发数字经济发展活力的重要领域。[②] 在数字音乐版权问题上，我国在线音乐平台的发展目前仍然面临着在线消费难的问题，这与用户还没有形成良好的音乐消费习惯有关。[③]

---

① 林华：《阿根廷加入"一带一路"：中阿关系快速提升》，《世界知识》2022 年第 5 期，第62 页。

② 赖名芳：《数字音乐时代"版权蛋糕"该如何公平分配》，《中国新闻出版广电报》2023 年10 月 19 日，第 5 版。

③ 司思：《在线音乐平台版权运营现状、困境及对策研究》，《出版发行研究》2023 年第 7 期，第 64 页。

对此，在中阿两国音乐产业发展和合作过程中，可以采取以下具体对策。第一，两国可以共同制定并签署跨国数字音乐版权合作协议，建立起跨境合作的法律框架，以确保创作者的版权得到充分保护。第二，双方可进一步加强数字音乐产权保护的执法合作，携手打击盗版和侵权行为，确保各自数字音乐市场的良好运营和数字音乐产业的健康发展。第三，双方可定期合办数字音乐版权培训和宣传活动，以增强创作者、经纪人和业内从业人员的版权保护意识。

（二）推动建立中阿数字文化共享平台

阿根廷音乐产业的数字化转型展示了如何利用数字技术手段跨越地域藩篱进行文化传播和共享。中阿文化产业合作可以借鉴这一点，利用数字平台共享各自的文化精粹，共同建立中阿数字文化共享平台，在平台上分享音乐、电影、艺术等文化产品，以增进两国之间文化产品内容的共享和学习借鉴。同时，双方可以共同建设数字图书馆和档案馆，两国可以将可促进双方彼此交流的相关文献、历史资料数字化保存在数字档案馆中，以方便两国学者、其他研究人员和大学生进行访问，这有助于保护和传承中阿两国丰富的文化遗产以及推动两国人民之间的相知相亲。此外，中阿两国还可以利用数字技术搭建在线教育平台，推动中阿两国文化教育的共享与合作。可以通过在线课程、文化交流项目等形式，增进两国学生对彼此文化的了解，培养跨文化沟通能力。

（三）利用数字技术促进双方文化产业合作

中阿两国在数字技术的应用下，能够更高效地进行文化内容的创作、制作和传播。首先，通过数字媒体平台，中阿两国的创作者可以充分利用互联网的力量，突破地域限制，迅速将优秀的文化作品传递给全球观众。这不仅为两国的文化创作者提供了更大的展示平台，也丰富了全球观众的文化体验。

其次，数字技术的发展为虚拟现实（VR）和增强现实（AR）技术的

运用提供了新的可能性。中阿两国可以共同探索这些技术，为观众提供更具沉浸感的文化体验。通过虚拟博物馆、艺术展览等项目，人们可以在虚拟空间中感受到丰富多彩的文化，促进文化的交流与融合。

最后，中阿两国还可以搭建艺术家之间的交流和创作平台，推动音乐、电影等领域的艺术家进行深度合作与交流。通过该平台，艺术家们可以跨越时空限制，共同创作和分享各自的文化艺术成果。这有助于提高两国文化领域的合作深度，从而促进两国文化产业的共同繁荣发展。

参考文献

胡馨：《信息化时代音乐产业的数字化发展模式分析》，《经济师》2022 年第 2 期。

熊琦：《音乐产业"全面数字化"与中国著作权法三十年》，《法学评论》2023 年第 1 期。

唐宁：《数字音乐版权研究》，硕士学位论文，中国音乐学院，2020。

徐乐津：《中韩流行音乐音像出版物营销策略对比分析》，硕士学位论文，广东财经大学，2023。

Instituto nacional de la música de Argentina, *Manual de formación N° 1: Derechos intelectuales en la música* （2013）.

B.25

拉美国家参与数字文化贸易治理的
实践与启示*

——基于智利的经验研究

贾瑞哲 杨淳雅**

摘　要： 在数字文化贸易为全球经济增长注入新动能的背景下，数字文化贸易治理越来越成为各国密切关注的议题。智利通过国家数字发展章程和数字文化产业发展路线图，积极推动数字基础设施建设和核心数字文化产业发展，并在国际舞台上通过贸易体制内外双边和多边机制，参与全球数字文化贸易规则的制定，进而推动数字文化贸易治理。智利的经验为拉美国家提供了在国内实施先进数字文化政策和在国际上加强合作的双重启示，特别是在平衡国内文化多样性保护与面向国际市场开放方面。本报告还提出了对发展中国家基于智利经验发展数字文化贸易及参与数字文化贸易全球治理的建议：通过加强国内数字基础设施建设、针对性地发展优势数字文化贸易部门，以及掌握规则制定主动性、加强国际合作，共同推动形成更加公平和包容的全球数字文化贸易环境。

关键词： 数字文化贸易　数字文化贸易治理　拉美　智利

---

　* 本报告系国家社科基金青年项目"推进制度型开放下我国跨境服务贸易负面清单管理的重点与路径研究"（项目编号：23CJY076）的阶段性成果。

** 贾瑞哲，经济学博士，北京第二外国语学院经济学院讲师、硕士生导师，首都国际服务贸易与文化贸易研究基地研究员，主要研究方向为国际经贸规则与政策、服务贸易与服务业开放、文化贸易；杨淳雅，北京第二外国语学院中国服务贸易研究院 2022 级硕士研究生，研究方向为国际文化贸易、中拉经贸关系。

在全球化和数字化浪潮的推动下，数字文化贸易成为塑造国家文化影响力和促进经济发展的新兴领域，全球各国也越来越重视数字文化贸易的治理问题。当前，国内外众多学者对数字文化贸易的内涵进行了探索，本报告引用北京第二外国语学院国家文化发展国际战略研究院发布的《数字文化贸易发展研究报告》中对数字文化贸易的概念界定，即数字文化贸易兼具数字贸易和文化贸易的特点，具有三个贸易标的——"数字文化服务、数字文化相关产品和数字平台文化产品"[①]。尽管国际组织和主要经济体都高度重视数字文化贸易规则制定，但当前学者较多地关注数字贸易治理分歧，而尚未对数字文化贸易治理的范围做出明确界定。本报告认为，数字文化贸易治理包含各经济体参与国际和区域相关议题规则制定的行动以及各国政府为了促进数字文化贸易发展，运用经济、法律和行政手段，对数字文化贸易活动进行管理和调节的各种措施的总和两个层面[②]；包括数字贸易中与文化产品、服务及平台紧密相连的政策和规则以及文化贸易中涉及高新数字技术的政策和规则[③]两个议题。

拉美国家文化资源丰富，数字基础设施建设不断加强，正积极参与到全球数字文化贸易治理中，其中智利的表现尤为突出。智利作为拉美大国，不仅在国内推动数字文化贸易相关政策制定，而且通过与多国签订的自由贸易协定中涉及数字文化贸易的条款以及发起建立的数字经济伙伴关系协定（DEPA）等高标准数字贸易多边机制，展示了其在数字文化贸易治理方面的诉求和经验，以此寻求拉美国家跳出"中等收入陷阱"的经济发展新动力，并为发展中国家参与全球数字文化贸易高标准规则制定做出先行示范。

在此背景下，本报告重点关注智利在数字文化贸易治理中的实践，探讨

---

① 《我校教授在"首届数字贸易博览会·数字文化贸易高峰论坛"作成果发布》，北京第二外国语学院官网，2022 年 12 月 19 日，https：//www.bisu.edu.cn/art/2022/12/19/art_18951_307549.html。

② 黄龙：《我国数字文化贸易政策体系演变与发展趋势》，《科技传播》2022 年第 16 期，第 56~58 页。

③ 贾瑞哲、王仪茹：《中国数字文化贸易政策的实践特征与现实影响》，载李小牧、李嘉珊主编《中国国际文化贸易发展报告（2023）》，第 257 页。

其策略背后的动因、实施过程以及对拉美地区乃至全球数字文化贸易治理的影响。现有的关于拉美国家参与数字文化贸易全球治理的国内外研究较少。一方面，对于相关研究议题，国内外学者较多地以中国、美国和欧盟等数字经济最发达的国家和地区为研究对象，全球数字文化贸易广泛存在壁垒，各国诉求难以调和因而政策选择存在差异[1]，尤其是美欧存在围绕视听产品保护原则的争议[2]。另一方面，以拉美国家为对象的研究则较多涉及数字经济[3]、电子商务[4]等议题。周念利等研究了在 WTO 框架下拉美国家在数字贸易治理领域最重要的利益关切[5]，但目前针对智利等拉美国家在数字文化贸易治理中的具体做法和国际合作经验的研究尚不充分。本报告尝试转变视角，从区域国别层面通过系统梳理智利全面参与数字文化贸易治理的实践，评估其在参与国际数字贸易规则制定等方面取得的成绩，以及在平衡数字文化贸易自由化与文化多样性保护等方面的国际诉求。在全球数字经济日益成为国际竞争新焦点的背景下，智利的实践不仅为发展中国家提供了借鉴，也为全球数字文化贸易的合作与发展贡献了独特的拉美智慧。

一 智利参与全球数字文化贸易治理的实践现状

数字文化贸易作为国际贸易的新兴领域，涉及高知识和技术附加值及较为敏感的贸易内容，因而大国间有关数字经济、文化贸易规则的博弈日益激烈。当前在全球相关规则的制定过程中，大国往往占据主导地位。智利作为

---

① 孙铭壕：《文化服务贸易促进政策国际比较》，博士学位论文，中国社会科学院研究生院，2020，第 10 页。

② A. Vlassis, "European Union and Online Platforms in Global Audiovisual Politics and Economy: Once Upon a Time in America," *International Communication Gazette* 83（2020）.

③ 张宇、苏乐、李莉莎：《拉美国家数字经济效率及其收敛性研究》，《西南科技大学学报》（哲学社会科学版）2022 年第 3 期，第 1~10 页；楼项飞：《新冠疫情背景下中拉数字经济合作：机遇、挑战和前景》，《拉丁美洲研究》2021 年第 5 期，第 38~54 页。

④ 麦嘉璐：《拉美跨境电子商务平台美客多商业模式研究》，硕士学位论文，商务部国际贸易经济合作研究院，2022。

⑤ 周念利、吴希贤：《拉美国家数字贸易治理行动及诉求研究》，《拉丁美洲研究》2020 年第 3 期，第 66~83 页。

一个中等强国，正在开拓新的贸易领域，通过积极参与规则治理，智利可以确保其数字文化产品及服务在全球市场中具有竞争力，推动形成更加平衡和包容的全球治理体系。

（一）在贸易体制内深度参与数字议题

数字技术的飞速发展，对传统治理理念和治理工具提出了前所未有的挑战。数字贸易正在深刻影响国际贸易发展格局，但全球尚未形成正式的、具有约束力的多边数字贸易协定。实际上，国际贸易规则的制定者和引领者往往能从该类规则中获得比其他国家更大的利益。① 智利作为"两新一智"②中唯一的发展中国家，深度参与全球数字文化贸易治理，下面从三个方面梳理其中关于数字议题的实践。

1. 多边框架下与数字议题相关的提案

在 WTO 框架下，"电子商务"和"数字贸易"概念并未得到严格区分，WTO 通常采用"电子商务"一词，并将其定义为"通过电子方式实现生产、分配、营销、销售或交付商品与服务"。1998 年，为适应日益增长的电子商务需要，WTO 总理事会通过了《电子商务工作方案》（*E-Commerce Work Programme*），以审查与全球电子商务有关的贸易问题，规定不向电子传输征税。在新一轮多边回合谈判中，智利在 2016~2024 年通过 7 份提案和 2 份联合声明③深度参与《电子商务工作方案》的修订与完善。在 WTO 框架下，智利重点关注数字贸易便利化、网络安全等议题，参与提出制定电子商务贸易政策元素的初步清单，这些元素分为四个类别：建立监管框架，维护数据安全，注重消费者隐私保护；开放市场，支持电子商务的市场开发，包括推广电子签名、不向电子传输征税等；促进电子商务发展的倡议，包括发展无纸化贸易、制定海关便利措施等以及提升多边贸易体系

---

① 李杨、黄艳希：《中美国际贸易制度之争———基于国际公共产品提供的视角》，《世界经济与政治》2016 年第 10 期，第 114~136 页。

② "两新一智"是指当前全球数字贸易规则的重要发起国新加坡、新西兰和智利。

③ 笔者根据 WTO 公开资料整理得出。

的透明度。2019 年，智利与其他 WTO 成员方共同发表《电子商务联合声明》（*Joint Statement on Electronic Commerce*），强调推进 WTO 电子商务工作的重要性，表明启动 WTO 电子商务贸易相关方面谈判的意图，期待高标准成果。

同时，智利还从其他国际或区域组织寻求数字文化贸易的国际治理话语权。智利通过在经合组织（OECD）、拉美经委会（ECLAC）及亚太经合组织（APEC）等多边机制中加入数字贸易协定的讨论，在贸易体制内深度参与数字文化贸易治理。智利在 OECD 框架下，关注数字税收议题，通过参与发表《关于应对经济数字化带来的税收挑战的"双支柱"解决方案的成果声明》，表明其增强税收确定性、防止数字服务税及相关税收和贸易争端扩散的立场。智利通过在 ECLAC 框架下共同发布《数字议程 2024》以及在 APEC 框架下参与《2016—2020 年电信战略行动计划》《2016—2025 年科学、技术和创新政策伙伴关系战略行动计划》的实施，关注数字安全议题，促进区域数字市场开放和区域数字经济一体化。

2. 区域贸易协定框架下的数字相关议题

在区域贸易协定框架下，涉及数字文化贸易治理的数字议题主要体现在数字贸易规则与知识产权规则的相关具体制度上。整体上看，智利拥有南美洲地区最大的贸易协定网络。根据 WTO 区域贸易协定数据库，截至 2024 年4 月，智利签订了涵盖电子商务或知识产权规则的双边及区域贸易协定共 31个，约占南美洲总数的 43%。其中涵盖电子商务规则的区域贸易协定共有11 个（见表 1），涵盖与数字文化贸易关系密切的知识产权规则的协定共有20 个（见表 2）。

表 1 智利签订的涵盖电子商务规则的双边及区域贸易协定（截至 2024 年 4 月）

涉及电子商务规则的双边贸易协定		涉及电子商务规则的区域贸易协定	
缔约方	年份	协定名称	年份
欧盟	2003	太平洋联盟	2011
美国	2004	跨太平洋伙伴关系协定（TPP）	2005
中国	2006		

续表

涉及电子商务规则的双边贸易协定		涉及电子商务规则的区域贸易协定	
缔约方	年份	协定名称	年份
哥伦比亚	2009	全面与进步跨太平洋伙伴关系协定（CPTPP）	2018
澳大利亚	2009		
泰国	2015	数字经济伙伴关系协定（DEPA）	2020
英国	2019		

资料来源：笔者根据 WTO 网站整理。

表 2　智利签订的涵盖知识产权规则的双边及区域贸易协定（截至 2024 年 4 月）

涉及知识产权规则的双边贸易协定				涉及知识产权规则的区域贸易协定	
缔约方	年份	缔约方	年份	协定名称	年份
加拿大	1997	澳大利亚	2009	拉丁美洲一体化协会（LAIA）	1981
墨西哥	1999	土耳其	2011		
欧盟	2003	马来西亚	2012	欧洲自由贸易联盟（EFTA）	2004
美国	2004	中国香港	2014		
韩国	2004	越南	2014	跨太平洋伙伴关系协定（TPP）	2005
中国	2006	泰国	2015		
日本	2007	印度尼西亚	2019	全面与进步跨太平洋伙伴关系协定（CPTPP）	2018
巴拿马	2008	英国	2019		

资料来源：笔者根据 WTO 网站整理。

　　智利作为南美洲区域贸易协定的主要发起国，在推动区域经济一体化进程中高度重视电子商务议题，体现了其在促进跨境电子商务的便利化和规范化、推动数字经济合作方面的积极姿态。此外，知识产权是贯穿数字文化贸易最核心的轴线[1]，通过区域贸易协定，智利加强了双边与多边经贸关系，这同时也有助于智利在国际数字文化贸易中保护本国的知识产权，为其企业提供更为广阔的市场和更多的投资机会。

---

[1] 《专家齐聚探讨数字文化贸易发展新机遇、新趋势》，中国经济网，2022 年 9 月 4 日，http：//www. ce. cn/culture/gd/202209/04/t20220904_ 38083017. shtml。

3. 高标准数字经济规则与协定

由于数字贸易的特殊性，各国正在单独就数字贸易或数字经济达成协定，而不拘泥于达成全面的贸易协定。因此，数字贸易治理区域化与独立化的特征将会更加突出。[①] 智利是 DEPA 的发起方之一，也同时参与了其他国际或区域组织中的数字贸易协定。

一方面，DEPA 是全球首个数字经济伙伴关系协定，由新加坡、智利、新西兰三国于 2020 年 6 月 12 日线上签署，于 2021 年 11 月 23 日在智利正式生效，具有高度的创新性，是世界数字贸易治理的新兴力量。DEPA 规定了协定的适用范围和不适用范围，并定义了协定中使用的关键术语，如数字产品、电子传输、企业、个人数据等，同时建立监管框架，该协定帮助中小微规模企业充分利用贸易数字化的机会，旨在促进数字经济领域的合作，并标志着数字贸易国际规则进入专项条约的新时代，极大地促进了数字贸易国际规则的多元发展，为世界数字贸易制度安排提供了可资借鉴的模板。DEPA 设置了稳健、透明和可互操作的国际规则，为个人、企业和消费者提供更大的确定性，同时支持与促进包容和可持续的数字贸易，涵盖数字贸易政策的各方面基本要求。协定内容的模块式框架具有较高的开放性，成员可根据各自的条件选择加入协定的某些模块，为未来更加全面加入协定预留空间。DEPA 中与数字产品和相关问题的处理、数据问题、创新和数字经济等数字贸易重要方面相关的规定均会对发展进程中的数字文化贸易形成不同方面、不同程度的制约和规制。同时，智利作为高标准数字贸易规则的发起国之一，也通过便利数字贸易的开展全面参与全球数字文化贸易治理进程。

（二）寻求"文化自由贸易"和文化多样性保护的平衡

智利作为一个积极参与国际贸易和经济合作的国家，在拉美乃至全球寻

---

① 魏龙、黄轩、黄艳希：《全球数字贸易治理：规则分歧与策略选择》，《国际贸易》2024 年第 2 期。

求合作。在数字文化贸易方面，智利主要通过与部分国家建立文化战略联盟、在贸易体制外与国际或区域性组织签署文化合作协议以及在自由贸易协定中保留部分权利，促进本国数字文化贸易的发展并试图在"文化自由贸易"和文化多样性保护之间寻求平衡。

1. 以文化合作推动"文化自由贸易"

"文化自由贸易"强调减少贸易壁垒，促进文化产品和服务的自由流通。智利通过与部分国家和地区及联合国教科文组织（UNESCO）、南方共同市场（MERCOSUR）、安德烈斯·贝略协定（CAB）等国际或区域性组织建立战略联盟、签订合作协议等，实现数字文化贸易部分部门，特别是视听部门的合作和贸易便利化。视听产品和服务在数字文化贸易中的重要地位不仅源于其高经济价值，更在于其较好的社会文化"同化"作用①，智利与拉美多国及意大利、法国等国家对彼此做出促进视听行业全面合作和关税减免等承诺（见表3），从而进一步深化数字文化领域的自由贸易。

表3 智利签订的文化自由贸易合作协定（截至 2024 年 4 月 1 日）

单位：个

文化领域	数量	签订国或组织	主要内容
战略联盟 （Alianza Estratégica）	89	阿根廷、巴西、西班牙、法国、中国、约旦、以色列等国家和地区，UNESCO、MERCOSUR、CAB 等国际或区域性组织	促进电影、音乐、出版等数字文化贸易部门的合作与进出口；便利视听、印刷产品自由流通；保护他国文化内容知识产权；减免文化产品及文化服务关税；等等
视听和互动媒体 （Medios Audiovisuales e Interactivos）	10	巴拿马、法国、意大利、巴西、加拿大、阿根廷等拉美国家，世界知识产权组织（WIPO）	影视业全面生产合作；减免视听产品税收；与意大利互相取消视听产品例外待遇；参与视听作品登记；等等

资料来源：笔者根据智利文化部官网搜索整理。

---

① 李墨丝、佘少峰：《WTO 框架下视听产品贸易自由化的法律问题》，《国际贸易》2011 年第 4 期，第 62~68 页。

2. 在贸易体制内外深度参与数字语境下的文化多样性保护议题

智利参与的许多区域贸易协定中有关文化考虑的规定直接或间接与联合国教科文组织《文化多样性公约》的目标和原则相关①，从而在推动贸易自由化的同时保护本国的文化多样性和文化遗产，维护国家身份与文化主权。

智利在与美国、澳大利亚等部分国家签订的区域贸易协定中采用负面清单模式，使用"保留"（reservaciones）性质的措施以保护本国通信与文化产业的发展。如在通信领域，智利保留了包含电视广播、音频广播等的跨境卫星数字通信服务权利。在文化产业领域，智利则保留了根据任何现有或未来的双边或多边国际协议对文化产业采取或维持差别待遇的权利，涉及领域包括但不限于书籍、杂志、报纸的出版、发行或销售，电影或视频录像的制作、发行、销售或展示，音乐录音的制作、发行、销售或展示，无线电广播以及所有与广播、电视相关的活动和卫星节目服务等。智利通过在区域贸易协定中规定为国外企业提供文化和创意服务的限制，达到保护国内文化产业的目的，从而促进文化多样性保护。

同时，智利还在贸易体制外参与文化多样性保护议题的讨论（见表4），通过支持文化平权、保护文化遗产等非贸易手段参与数字文化贸易治理。

表4　智利在贸易体制外参与的文化多样性保护议题（截至2024年4月1日）

单位：个

文化领域	数量	参与国或组织	主要内容
文化产品 （Bienes Culturales）	7	UNESCO，阿根廷、巴西、厄瓜多尔、墨西哥、巴拉圭、秘鲁、乌拉圭、委内瑞拉等	建立文化产品和文化服务共同市场；参与在文化贸易过程中对非物质性文化遗产的保护行动
文化权利 （Derechos Culturales）	5	UNESCO、国际劳工组织（ILO）等	承诺维护性别、种族文化权利平等
遗产 （Patrimonios）	5	UNESCO、哥伦比亚等	维护文化多样性表达；促进文化遗产保护技术合作等

资料来源：笔者根据智利文化部官网搜索整理。

---

① 石静霞：《区域贸易协定（RTAs）中的文化条款研究：基于自由贸易与文化多样性角度》，《经贸法律评论》2018年第1期，第91页。

二 智利数字文化贸易政策制定情况

数字文化贸易作为数字贸易和文化贸易的交汇点,是数字经济以及文化经济的重要组成部分。智利数字经济和文化经济的快速发展离不开国内政策的推动,智利的数字文化贸易政策在时间上具备连贯性并注重政策覆盖广度,展现了一种综合性和战略性的双轨发展模式,旨在同步推动数字产业的整体增长与特定文化领域的繁荣,不仅为数字产业的整体发展奠定了坚实的基础,也为文化产业的各个细分市场提供了定制化的支持。通过政策制定,智利实现了数字经济与文化创新的有机结合,推动了智利在全球数字文化贸易中的影响力提升。

(一)注重综合性数字章程设计

数字经济,即基于数字技术的经济,通常包括通过使用数字技术开展的商业活动,也包括在虚拟环境中生产和销售的产品与服务。互联网的普及是电子商务乃至整个数字经济发展的基础,这一过程离不开国家政策的有效推动。智利政府于 2002 年开始设计国家数字技术发展框架,先后制定并实施了《2004—2006 年数字议程》(*Agenda Digital：Chile 2004-2006*)、《2007—2012 年数字发展战略计划》(*Estrategia Digital para Chile 2007-2012*)、《2013—2020 年数字议程》(*Agenda Digital：Imagina Chile 2013-2020*)、《数字议程 2020》(*Agenda Digital 2020*)、《数字化转型战略：2018—2022 年转型路线图》(*Estrategia de Transformación Digital del Estado：Hoja de Ruta 2018-2022*)和《2035 年数字化转型战略》(*Estrategia de Transformación Digital：Chile Digital 2035*)。这些数字议程和发展战略基本覆盖了数字化发展的各方面,包括数字基础设施、数字政府和数字教育等,并注重数字技术在企业尤其是中小企业中的应用。在 2024 年的数字战略中,智利为数字基础设施、公民数字技术能力、数字权利、经济数字化、国家数字化、网络安全和数字治理 7 个领域设定发展路线和目标,展现了智利通过制定数字章程参与全球数字文化贸易治理的制度安排。

在国家为数字化转型和技术应用确定的统一框架下，智利数字基础设施和数字经济得到快速发展，根据埃森哲与牛津经济研究院 2018 年底发布的数据，智利的数字经济占该国 GDP 的 22.2%，数字经济价值指数在拉美地区排名第 1。2022 年，在全球主要经济体数字贸易促进指数排名中，智利位列第 22，同比上升 1 位，是拉美地区中排名最高的经济体。[①]

（二）聚焦战略性数字文化产业发展路线规划

根据智利文化部分类标准，创意经济包含动画、视觉艺术、电影、出版、音乐、新媒体、虚拟现实以及电子游戏等文化经济领域，在智利的语境中，创意经济与文化经济基本等同。智利的数字文化政策主要围绕国家创意经济战略计划（Programa Estratégico Nacional de Economía Creativa）框架下的两份创意经济路线图以及文化创意产业出口导航展开，为智利创意经济贸易的开展提供了基本思路。

两份路线图在创意经济各分支产业（包括视听产业、音乐、设计、出版等）企业、智利生产促进公司（CORFO）、智利出口促进局（ProChile）、智利中央银行（Banco Central）、智利国家海关总局（Servicio Nacional de Aduanas）以及智利国家统计局（INE）等超过 100 个国际性、国家性和地区性的公立和私立主体的共同推动下得到践行，并在规划下设立了智利文化与创意经济卫星账户（Cuenta Satélite Economía de Cultural y Creativa），对智利创意经济生产总值、就业及进出口情况等进行统计。

2016 年发布的《创意经济路线图 1.0》（*Hoja de Ruta para los Subsectores Priorizados y la Gobernanza de los Esfuerzos de Fomento de la Economía Creativa*）提出要以出版业、音乐产业、视听产业和设计产业为四大轴心文化产业，通过为企业及个人提供技术培训、设备及资金，为各产业提供专项财政支持、制定统一品牌定位计划和数字化分类标准，促进智利重点文化产业发展。根

---

① 沈玉良、高疆、李鑫等：《数字贸易标准和规则推进：全球数字贸易促进指数分析报告（2022）》，《世界经济研究》2023 年第 10 期，第 18~29 页。

据智利文化部统计数据，在 2017~2022 年，智利在《创意经济路线图 1.0》的政策框架下共投入 504.77 亿智利比索用于支持 21 项具体战略措施的实行，以为国内文化产业提供发展平台。

2023 年发布的《创意经济路线图 2.0》（*Hoja de Ruta Futuro 2.0*）在 1.0 版本的基础上，模糊了对具体文化产业的区分，更加注重提高新兴创意产业和前沿数字文化产业的国际竞争力，为沉浸式技术、人工智能、非同质化通证（NFT）和区块链四大新兴数字技术设立中短期发展目标，注重知识产权数字化转型的实施，提出加强审批环节透明化、更新机制化，以服务于数字文化贸易的开展，并且通过设立促进夜经济和娱乐经济发展协会、建设创意旅游数字门户推动创意商业模式的多样化发展。

智利出口促进局在 2022 年发布的《智利文化和创意产业出口导航》（*Mapeo Exportador de las Industrias Culturales y Creativas en Chile*）中提出，要在可持续、包容、专业化、全球化、数字化和创新发展等价值观的引领下推动智利十大文化产业（动画、视觉艺术、表演艺术、视听、设计、出版、时尚、音乐、图形叙事和电子游戏）的国际化，并为智利创造新的文化"名片"。此外，该报告还分析了各文化产业的潜在国际市场，主要为美国、中国、日本、墨西哥和阿根廷等国家，这些市场将成为未来几年产业集中努力的方向和资源投入的焦点。智利出口促进局为智利十大文化创意产业出口设计了包括四大模块（"4C"①）的促进政策方案，通过促进地区间合作、开发行业部门品牌、简化办事程序以及提供数字技能与贸易技能培训等方式，推动智利数字文化产业国际化，提高智利海外文化影响力，从而优化智利国家形象。

三 智利经验对数字文化贸易的启示

（一）对发展中国家发展数字文化贸易的启示

一是加强数字基础设施建设、突出核心文化部门。一方面，智利政府通

---

① "4C"是指凝聚力（Cohesión）、竞争力（Competitividad）、协作（Colaboración）以及能力建设（Capacitación）四大模块。

过全面的国家数字发展章程推动了数字基础设施的建设，为发展数字文化产业打下基础，并通过数字化教育的普及，提高公民的数字素养，为数字文化贸易的发展培养必要的人才。另一方面，智利还通过设计数字文化产业发展路线图、出口导航，特别强调了国家战略性数字文化部门以及新兴数字文化贸易领域的作用，并为其提供了一系列的支持性项目。发展中国家可以从中学习到，制定具有前瞻性和连贯性的数字政策以及数字文化产业促进政策对于促进数字文化贸易发展至关重要。并且，智利在推动数字文化贸易发展方面采取了一系列具体措施，如建立出口平台、投资基金，这些措施有助于其数字文化产业进入国际市场并提升竞争力，也为其他发展中国家在数字文化贸易领域的发展提供了可借鉴的模式。发展中国家可以借鉴智利的做法，制定和实施具有连贯性的政策，确保政策的综合性和战略性，以促进数字技术在文化经济、文化贸易领域的广泛应用，同时通过制定专门的财政、税收和融资支持政策，鼓励本国文化企业的国际化，并通过建立国际合作平台，促进文化产品和服务的跨境交易。

二是依据国家发展特点制定相应政策。于发展中国家而言，中小微企业是文化经济的重要组成部分，政府应通过财政、税收和融资支持，帮助这些企业解决市场准入难题，鼓励其创新和国际化。在中小微企业的支持方面，智利政府的支持性优惠政策为其他发展中国家提供了范例。此外，保护文化多样性和加强知识产权保护是发展中国家在数字文化贸易中面临的重要挑战。智利政府通过立法和政策手段，保护本地文化遗产，同时鼓励文化产业的创新发展。发展中国家应加强对知识产权的保护，确保创作者和版权所有者的合法权益得到保障，以实现国家数字文化贸易的长期健康发展。智利无论是在区域合作层面还是国内数字文化产业发展章程层面都对知识产权保护做出了明确规定，可供发展中国家借鉴。

（二）对发展中国家参与数字文化贸易治理的建议

在数字文化贸易治理方面，发展中国家面临诸多难点。首先，北美、欧盟等发达地区当前在相关规则制定中占据主导地位，可能会导致全球数字文

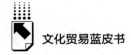

化贸易治理体系中出现垄断现象，这不仅会限制发展中国家在国际舞台上的影响力，并且由于大国与新兴经济体在数字文化治理模式上存在差异，这一现状也不利于发展中国家利益和需求的充分体现。其次，数字文化贸易治理边界的模糊性和动态性使得各经济体的治理空间相互交错，存在导致管辖权争端和执法权冲突的可能。为了克服这些困难，发展中国家需要重新考虑数字文化贸易治理模型，加强数据安全保障体系的建设，保护个人隐私，有效防范化解数字技术带来的风险隐患。① 发展中国家可以学习智利经验，从两方面入手，深度参与数字文化贸易治理。

一是掌握数字文化贸易规则制定的主动权。在全球化的数字经济背景下，发展中国家在数字文化贸易规则的制定过程中扮演着日益重要的角色。因此，发展中国家必须采取策略，以确保自身在全球数字文化贸易中的利益得到有效维护。智利作为 DEPA 的发起国之一，其在数字文化贸易领域的先进经验值得借鉴。智利的参与不仅提升了其在全球数字经济中的地位，而且在规则制定中成功反映了自己国家的利益和需求。这一经验强调了发展中国家在国际协定中积极参与的重要性，通过这种方式，可以提升国家在全球治理中的话语权，推动形成更加公平和包容的数字贸易规则。

二是加强国际合作和积极参与国际组织中的规则制定。发展中国家在数字文化贸易领域应加强国际合作，并积极参与国际组织中的规则制定过程。智利的实践表明，通过积极参与 WTO、OECD 和 APEC 等国际组织和多边机制，可以显著提升国家在全球数字文化贸易中的话语权和影响力，不仅有助于维护本国利益，还能促进营造一个更加公平和包容的全球数字贸易环境。

其他发展中国家可以效仿智利，与中国等合作伙伴共同推动"21 世纪数字丝绸之路"建设。通过国际合作，加速数字基础设施的建设，提升国内数字能力，进而促进基于数字技术的经贸合作。这一举措不仅有助于发展中国家跨越发展陷阱，还能促进区域内外的数字技术和新兴技术的应用，缩

---

① 蔡翠红、阚天舒、李艳：《全球数字治理：特征、实践与突破》，《中国社会科学报》2022 年 10 月 13 日，第 5 版。

小与发达国家在科技和创新能力方面的差距。此外，智利的经验还凸显了建立战略联盟和签订文化合作协议的重要性。发展中国家可以通过建立类似的合作关系，共享资源、技术和经验，共同应对数字文化贸易中的挑战。例如，通过与"一带一路"等国际合作框架的对接，发展中国家可以在全球数字文化贸易中赢得更大的发展空间，并在治理中发挥更重要作用。

Abstract

Facing the complex and changing international situation, the economic and trade development of all countries is increasingly affected by geopolitics, and China's foreign cultural trade is also facing certain challenges in the process of high-quality development, and the total amount of China's foreign cultural products import and export trade in 2023 showed a small downward trend, and the growth rate also slowed down. According to the statistics of the General Administration of Customs, the total import and export value of China's cultural products in 2023 was US $ 166. 363 billion, mainly focusing on cultural goods, arts and crafts and collectibles, which decreased by US $ 13. 90 billion compared with the same period in 2022, down 8. 4% year-on-year, while the export value was US $ 148. 405 billion, down US $ 15. 27 billion compared with 2022, down 9. 3% year-on-year. Only imports of cultural products showed a growth trend of 8. 3 per cent, up $ 1. 37 billion from 2022. Nevertheless, with the rapid development of digital technology also brings opportunities for the high-quality and innovative development of China's foreign cultural trade, and new cultural industries continue to show significant economic and trade-led effects. Cultural new industry mainly includes 16 fields such as broadcasting and television integration and control, Internet search services, other information services on the Internet, digital publishing, other cultural and artistic industries, animation, game digital content services, Internet advertising services, etc. The development of these fields plays a key role in the growth of the cultural industry as well as cultural trade. Meanwhile, in 2023, China's cultural trade with countries along the 'Belt and Road' has achieved qualitative improvement, demonstrating strong trade resilience and international competitiveness. At the same time, with the signing of cooperation documents for the construction of the 'Belt and Road' with more countries, the trade in cultural products and services between China and the 'Belt and Road' countries has gradually become closer. According to the data of China's Belt and Road Guide Network, over the past ten years, China has signed more than 200 cooperation documents on the construction of the Belt and Road with more than 150 countries and more than 30 international organisations. According to the United Nations Commodity Trade Statistics Database (UN Comtrade), in 2022, China's import and export of core cultural products and services to the co-establishing countries will amount to $24. 85 billion, with a major focus on visual arts and handicrafts.

Research Report on the Development of China's International Cultural Trade (2024) is divided into a general report, an industry chapter, a thematic chapter and a practical innovation chapter. The industry report provides in-depth analyses of nine key industry sectors, including performing arts, broadcasting, film and television, movies, book copyright, animation, games, cultural tourism, art, creative design, etc. The year 2023 is the inaugural year for the comprehensive implementation of the spirit of the 20th CPC National Congress, and a key year for the realisation of the objectives and tasks of the 14th Five-Year Plan. China's performing arts market demand has been fully released, concerts, concerts, musicals, professional theatres and other market scale continues to expand, the market spillover effect is increasingly obvious. At the same time, thanks to the deepening of support policies and the continued promotion of the 'Belt and Road' initiative, the 'Audiovisual China' series of activities continued to deepen its external promotion, the construction of cultural export bases continued to improve quality and increase efficiency, and new forms of business such as 'micro-short drama' and 'micro-short drama' flourished. With the continuous promotion of the 'Audiovisual China' series of activities, the continuous promotion of cultural export bases, the continuous improvement of quality and efficiency, and the flourishing development of new industries such as 'micro-short drama', China's foreign trade in broadcasting, film and television has been improving steadily. With the construction of China's cultural export bases and the close promotion of cultural cooperation with other countries, the total volume of China's book copyright trade has been relatively stable, a number of high-quality book works have been awarded prizes, international influence has been strengthened, and China has played an

increasingly important role in international book fairs, using high-quality books as a medium to tell the story of China. The thematic chapter focuses on the internationalisation of key national cultural export enterprises, the development of digital cultural trade in Latin America, the digital transformation of Argentina's music industry, the international branding of national cultural parks, and the revitalisation of the IP image of Bingdundun, etc. The chapter also further focuses on the development of China's digital cultural trade with new features and trends, the music industry in the era of digitisation, and cross-border trading of cultural data. The practice and innovation chapter provides qualitative analyses around the development path of digital cultural trade, the reconstruction and exploration of artificial intelligence on the international development strategy of China's film industry, and the innovative practice and experience exploration of the development of the national cultural export base.

This book makes comprehensive use of qualitative and quantitative analysis, case study method, literature analysis, empirical analysis and other research methods to conduct in-depth discussions and analyses on the development status quo, key cases, problems faced by the development as well as revelation and countermeasures of each typical industry, featured topic as well as practical innovation areas of China's foreign cultural trade. The book focuses on putting forward countermeasures and suggestions for the high-quality and innovative development of China's foreign cultural trade in terms of accelerating the opening of the market, realising the diversified development of China's cultural trade and mutual benefit and win-win situation, strengthening cultural branding and enhancing the international influence of cultural products and services, strengthening cooperation between culture and finance, promoting the high-quality development of cultural enterprises, and actively developing the digital cultural industry to comprehensively enhance the effect of international communication, as well as It also provides important experience and inspiration for the high-quality innovative development of China's foreign cultural trade and boosting China's foreign cultural exchanges under the background of digital economy.

Keywords: Digital Cultural Trade; New Cultural Industry; Digitalize Development

Contents

I General Report

Abstract：Cultural trade plays an important role in promoting China's cultural exchanges with foreign countries and social and economic development，and can effectively contribute to the construction of a socialist cultural power. In recent years，China has actively encouraged key cultural enterprises to participate in international competition，promoted the development of digital technology-enabled cultural industries，and continued to expand the development of import and export trade in high-quality cultural products and services. At present，China's foreign cultural trade presents the characteristics of continuous optimization of trade structure，the mode of trade is dominated by general trade，and the distribution of export trade of cultural products in various regions is still unbalanced. At the same time，with the continuous promotion of the "Belt and Road" initiative，cultural trade between China and the countries co-built under the "Belt and Road" has become increasingly active. In addition，with the support of policies，the construction of cultural trade platforms has been gradually improved，and digital cultural trade has gradually occupied an important position in foreign cultural trade. At the same time，there are still

problems such as insufficient openness in the field of cultural trade, weak international competitiveness of cultural trade enterprises, and the coexistence of capital shortage and financing difficulties of cultural trade enterprises. In this regard, this report puts forward countermeasure suggestions from the aspects of promoting the opening up of the cultural trade market, enhancing the influence of international cultural brands and strengthening the cooperation between culture and finance.

Keywords: International Cultural Trade; Digital Cultural Products and Services; International Cultural Exchange

Ⅱ   Industry Reports

B.2   Report on the Development of China's International

Cultural Trade in Performing Arts (2024)   *Zhang Wei* / 018

Abstract: This report summarises the current situation of China's performing arts market in 2023, including the full release of the backlog of market demand during the epidemic, structural changes in the performance market, obvious spillover effect of the performing arts industry, the continuous heating of tourism performing arts, the flourishing development of small theatres and new space for performing arts, and the innovation of the development mode of the performing arts industry by digital technology, etc., and analyses the characteristics of China's performing arts foreign trade based on such dimensions as the mode of online performing arts trade, the role of performing arts festivals in promoting the trading of performing arts, optimisation of the international competitive environment of the performing arts market, and the transformation of the trading of musical copyright from import to export. The optimisation of the international competitive environment of the performing arts market, the transformation of musical copyright trade from import to export and other dimensions analyse the characteristics of China's foreign trade in performing arts, focusing on the development trend of foreign trade in performing arts in the context of the comprehensive recovery of the performing arts market, and at the same time, pointing out that the online performing arts need a mature trade platform, the lack of digital profitability in the performing arts trade, the incubation of high-quality international performing arts brands needs to be accelerated, and the imbalance between supply and demand of the performing arts market in small cities is still an obvious constraint to the development of foreign trade in performing arts. At the same time, it is pointed out that the lack of digital profitability of online performing arts, the incubation of high-quality international performing arts brands need to be accelerated, and the imbalance between supply and demand in small cities' performing arts markets are still the main problems limiting the further development of the foreign trade in performing arts. The following is a summary of the results of the study.

Keywords: Markets of Performing Arts; Online Performing Arts; International Trade

B.3　Report on the Development of China's Foreign Trade

in Radio, Film and Television (2024)

Wu Siyu, Li Jidong / 038

Abstract: In 2023, China's radio, film, and television foreign trade remained stable and postive overall. Support policies were deepened, with a focus on the Belt and Road Initiative, while cooperation mechanisms were strengthened, consolidating the "Audiovisual China" series of activities. Concurrently, efforts to internationalize domestic audiovisual works were intensified, supported by technological advancements that bolstered international communication and influence. Improvements in the construction of cultural export bases were also pursued, alongside the rapid growth of emerging audiovisual formats like "short play," facilitating their overseas dissemination through diverse channels. Looking ahead, China aims to increase the supply of high-quality content, optimize work mechanisms, accelerate the development of new quality productive forces,

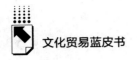
explore new trade models for the digital age, and advance the modernization of international communication systems for radio, film, and television, thereby contributing to the construction of the Chinese path to modernization.

Keywords: Radio, Film, and Television Industry; Foreign Trade; International Communication; New Quality Productive Forces

B.4   A report on the Development of Chinese Film International Trade (2024)   *Luo Libin, Qi Fang and Yuan Linfeng* / 058

Abstract: In 2023, the Chinese film and television industry witnessed a powerful resurgence. The total annual box office reached $7.793 billion, ranking second globally. However, the import film market presented new characteristics: despite a general increase in import film box office revenue, Hollywood blockbusters experienced a significant decline, failing to secure a position in the top ten. Japanese films, on the other hand, achieved outstanding performance in the import film market. Additionally, the quantity and box office revenue of imported profit-sharing films saw a substantial increase. The practice of "imported buyout films" continued to inject more diverse content into the market, while various film festivals and exhibitions were held domestically. Furthermore, global film box office continued to recover, with the international influence of Chinese cinema steadily strengthening. Nevertheless, Chinese capital participation in global film production decreased, prompting domestic films to expand international influence through remakes and adaptations. Leveraging initiatives like the "Belt and Road" for cooperation and exchange, Chinese films ventured abroad and found root in international markets. In the post-pandemic era, China should continue to prioritize the role of imported films in cultivating domestic market competitiveness and the international influence of Chinese cinema. This includes further opening up to imports, effective management of film scheduling, and strategic incorporation of co-productions. Moreover, emphasis should be placed on the significance of international film awards, alongside the organization of domestic international film festivals, as means to continually enhance the international influence of Chinese cinema.

Keywords: Chinese Film; Imported Film; Film Trade

B.5 Report on the Development of Foreign Trade of Book
Copyright in China (2024)

Sun Junxin, Lu Moxuan and Zhang Xiaoyu / 080

Abstract: 2023 marks a pivotal year for fully implementing the spirit of the 19th National Congress of the Communist Party of China and ushering in the crucial mid-term of the 14th Five-Year Plan. It also coincides with the tenth anniversary of the Belt and Road Initiative. The development trend of China's book foreign trade is promising. With the construction of China's cultural export bases and the promotion of cultural cooperation with other countries, the total import and export volume of Chinese book copyrights remains relatively stable, fostering closer cultural exchanges between China and the rest of the world. Various regions within China leverage their cultural resources to cultivate international brands for publishing houses. Additionally, numerous high-quality Chinese literary works have won awards, bolstering China's international influence. China's presence in international book fairs is increasingly significant, serving as a platform to narrate Chinese stories through top-notch publications. Despite the intricate landscape of the book industry, further efforts are needed to establish premium book brands, deepen the construction of copyright platforms, accelerate digital publishing, promote the digital transformation of the publishing industry, strengthen international exchanges and cooperation, and actively expand the international book market.

Keywords: Book Copyrights Trade; China-foreign Humanistic Exchanges; Digital Publishing

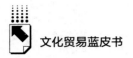

B . 6 China Animation Industry Foreign Trade Development

Report（2024）　　　　　　　*Lin Jianyong*，*Xie Yulan* / 099

Abstract：In 2023，the development of foreign trade of China's animation industry presents the characteristics of continuous compaction of industrial foundation，domestic animation gradually replacing imported animation，digital technology enabling the development of animation industry and trade. At the same time，the development of foreign trade of China's animation industry is also facing problems such as insufficient innovation of domestic animation content，incomplete industrial chain，further standardization of domestic animation market，and many challenges in the application of digital technology in animation creation. Based on this，this paper puts forward relevant suggestions such as improving the overall quality of the animation market，strengthening the brand building and IP operation of the animation industry，optimizing the policy environment of the animation industry，and making full use of digital technology.

Keywords：Domestic Animation；Foreign Trade；Digital Technology

B . 7 Foreign Trade Development Report of Chinese Game

Culture　　　　　　　　　　　　　　　　*Sun Jing* / 113

Abstract：In 2023，the global gaming market continued to grow，but at a slower pace，with China's gaming foreign trade experiencing a decline. This article explores the scale of the overseas gaming market，the profile of overseas gaming users，global game development technology，and Chinese game companies and gaming products in international market. It presents the current state of the global gaming market in 2023 and China's export of gaming culture. The article identifies two main issues in China's gaming culture foreign trade：a lack of diverse products to attract overseas players and a shortage of high-quality products with international influence. These problems stem from a lack of in-depth research into the overseas gaming ecosystem. To address these issues, this article proposes improvements in game research and product innovation to enhance the competitiveness of Chinese gaming foreign trade products in the global market.

Keywords: Game Culture; Foreign Trade; Product Innovation

B.8 China Cultural Tourism Services Trade Development
Report (2024) *Wang Haiwen, Li Jun* / 141

Abstract: After a period of adjustment, China's cultural tourism service trade has demonstrated new vitality and potential. Despite the complexities and uncertainties of the global economic landscape, especially in the international cultural tourism service market, China's cultural tourism market has shown a robust recovery. Additionally, the overseas tourism market is also experiencing a gradual rebound, highlighting the strong resilience and developmental potential of China's cultural tourism service trade. The extensive application of digital technology and the emergence of the platform economy have infused new energy into the cultural and tourism industry, driving innovation in products and services to meet the increasingly diverse demands of consumers. However, the development of China's cultural tourism service trade is confronted with challenges such as the need to enhance international recognition, intensify innovation in business models, strengthen coordination capabilities, and address the shortage of talent in the cultural and tourism sectors. To tackle these challenges, it is imperative to invest more effort in nurturing cultural and tourism enterprises, talents, and brands, to improve overall coordination and innovation capabilities, and to accelerate the pace of digital transformation.

Keywords: Cultural Tourism; Service Trade; Platform Economy

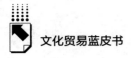
B.9 Report on the Development of Chinese Foreign Trade on

Art（2024） *Cheng Xiangbin, Yuan Yuxi* / 153

Abstract：Chinese art is renowned worldwide, and these exquisite and unparalleled artworks not only show the brilliance of Chinese culture, but also show the wisdom and creativity of the Chinese people, becoming a link between Eastern and Western cultures. With the rapid development of China's economy and the improvement of its international status, Chinese art has gradually attracted the attention of collectors and investors around the world with its profound cultural heritage and unique aesthetic value, playing an important role in international art trade. Thanks to the continuous growth of the Chinese art market and the continuous optimization of art trade policies, the scale of art trade in China will maintain stable growth in 2023. However, there are still the following problems in China's art market：difficulties in art valuation, slow progress in art financialization, lack of guarantee mechanisms for art transactions, and the need to improve overseas promotion of art. In this regard, this report proposes countermeasures and suggestions to promote the improvement of the art pricing system, promote the development of the art financial market, improve the art trading system, and enhance the innovation and dissemination capabilities of art.

Keywords：Art Market; Auction Market ; Art Trade

B.10 International Creative Design Trade Development Report

of China（2024） *Liu Xia, Huang Zhiyao and Zhao Jiqin* / 169

Abstract：The foreign trade of creative design industry is not only an important carrier of cultural exchange, but also a powerful gripper to enhance national cultural soft power and strengthen international influence. In recent years, the overall trend of China's creative design services in foreign trade has shown a slight fluctuation, and creative design products foreign trade is mainly fashion design. In addition, country areas are mainly concentrated in developed countries. At the same time, China's creative design foreign trade still faces problems such as weak originality, insufficient effective utilization of excellent traditional cultural resources, creative design foreign trade being trapped in the low-end links of the global industrial chain, and a shortage of funds for creative design foreign trade. Based on this, this paper puts forward corresponding countermeasure suggestions from the aspects of enhancing the original ability of creative design, changing the way of thinking of creative design creation, utilizing digital technology to promote the creative design foreign trade to the high value-added link, and strengthening the financial infrastructure construction of creative design industry.

Keywords: Chinese Creative Design; Foreign Trade; Digitization

Ⅲ Special Research Reports

B . 11 Current Situation, Problems and Countermeasures of
the Internationalization Development of Key National
Cultural Export Enterprises   *Li Jiashan, Zhang Yuqing* / 184

Abstract: As the process of globalization accelerates, the internationalization of key national cultural export enterprises has become an important part of the strategy of promoting China's cultural "going out". In recent years, national key cultural export enterprises have made remarkable achievements in digital cultural trade, promoting the international dissemination of unique traditional culture, and revitalizing thematic books in overseas markets, etc. However, there are still problems such as insufficient funds restricting the development of cultural enterprises, insufficient construction of internationalization platforms, the need to expand the export channels of the enterprises, and insufficient innovation, which greatly restricts the internationalization development of the enterprises. In this regard, the article puts forward countermeasures and suggestions to strengthen financial support to promote the steady development of national cultural export

enterprises, strengthen the construction of internationalization platforms to broaden their export channels, and encourage enterprise innovation to promote the sustainable development of national cultural export enterprises.

Keywords: Key Cultural Export Enterprises; Cultural Market; Internationalization

B.12 New Characteristics and Trends of the Development of China's Digital Cultural Trade

Li Jiashan, Yang Zongxuan / 197

Abstract: As an important part of cultural trade, digital cultural trade has increasingly become a new engine for the growth of cultural trade scale and optimisation of its structure, and an important way for Chinese culture to go global and for the world to know China. At present, the development of China's digital cultural trade is in a new period of strategic opportunity, presenting the digitalisation of cultural trade targets, cultural services can be stored, data and information reproduction, digital platform can be serviced, and cultural resources can be transformed into highly efficient features, etc. Looking to the future, China's digitalisation will bring about a series of in-depth adjustments to the trade and industrial relations, and the trend of cultural exchanges pan-security will be intensified, and the urgency of constructing statistical calibre of digital cultural trade in line with the international standards will become more and more important. In the future, China's digital evolution will bring about a series of deep adjustments in trade and industrial relations, the trend of pan-securitisation of cultural exchanges will intensify, and the urgency of constructing a statistical calibre for digital cultural trade in line with international standards will become more and more prominent. Based on the above new trends, the report finally proposes a multi-pronged approach of 'digging deep into digital resources to enhance the commercial value of digital IP; grasping the construction of talents to build a new high ground for the development of digital cultural trade; building an all-round digital cultural trade service platform to accelerate the development of digital cultural service trade; and perfecting the intellectual property rights protection system to effectively protect the achievements of digital innovation and other countermeasure suggestions.

Keywords: Digital Cultural Trade; Digitization; High-Quality Development

Abstract: In today's increasingly digitized global market, the digital music industry emerges as the primary battleground for future music market competition. The digital era profoundly affects music creation, innovation, revenue distribution, copyright trading, and the restructuring of the music industry value chain. However, China digital music market faces challenges such as copyright management chaos, frequent infringement, and inadequate creator earnings, hindering market vitality during its transition from traditional to modern markets. To address these challenges, this article proposes strategies including updating copyright governance, improving platform payment models, increasing the cost of infringement, and diversifying income sources to boost musician earnings, thereby standardizing the digital music market and reigniting market vitality.

Keywords: Digital Music; Music Industry; Copyright

Abstract: Cross-border cultural data transaction will become a new growth

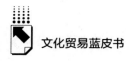
文化贸易蓝皮书

point of China's cultural economy. This paper first clarifies the relevant concepts of cross-border cultural data transaction, explores the transaction mode in combination with cases, summarizes the current cross-border cultural data transaction mainly includes "peer-to-peer", "cultural enterprise core" and "platform transaction", and points out the existing problems, such as the imperfect cultural data transaction, the increase of trade barriers, and the unstimulated market potential. Finally, it puts forward countermeasures and suggestions such as strengthening top-level design, reducing digital trade barriers in all aspects of the transaction, promoting cooperation and negotiation of cross-border cultural data transactions, and striving for international discourse power.

Keywords: Cultural Data; Cross-Border Transactions; Transaction Mode

B.15 Research on the Building Path of International Brand
Construction of National Culture Parks

Li Jiashan, *Zhang Mengtian* / 247

Abstract: Since the construction of the national cultural park was proposed in 2017, under the overall guidance of the policies of the Central Office and the State Council, the relevant provinces have designed and implemented a series of plans in segments around the spatial pattern, the environment, supporting infrastructure and other construction tasks, but the comprehensive overall governmental planning and theoretical and academic research, the analysis of the international brand of the national cultural park and the study of the construction path are less at present. This report aims to improve the study of international brand construction in the international strategy of national cultural parks, and analyses the initial stage of international brand construction of national cultural parks from the perspectives of brand identifying characteristics design, brand ecosystem construction, and release of brand market and cultural value, and finds that the embodiment of cultural concepts in brand identifying characteristics will be more significant in the early stage of international brand construction of national cultural parks, and the interaction of innovative brands with related enterprises will be more frequent, and the market and cultural value of the brand will be more significant at multiple levels. It is analysed that the initial stage of the international brand building of the national cultural park will show a trend of more significant embodiment of cultural concepts in brand identifying features, more frequent interaction with innovative brands of related enterprises, and continuous release of brand's market and cultural values in multiple levels. Finally, the establishment of a specialised agency, the improvement of brand design and innovation, the formulation of IP extension and marketing communication strategies, the use of digital platforms as the main communication channels, and the improvement of the brand value assessment system are proposed, which give the corresponding construction paths from the whole process of brand content generation, marketing and communication planning, and the subsequent assessment of the real performance.

Keywords: National Culture Parks; International Brand; Brand Building

B. 16　IP Image Refresh: A New Highlight
　　　in the Cultural Trade Industry
　　　—*Take Bing Dwen Dwen as an Example*

Lin Cunzhen, Zhao Yuanfeng / 263

Abstract: Since the release of the Beijing Winter Olympic Games mascot Bing Dwen Dwen, the popularity of the mascot has continued, becoming a model of perfect integration of Chinese culture and international Olympic spirit. Through the Olympic intellectual property rights reauthorisation, the design team has not only given the Bing Dwen Dwen vivid vitality, but also, on this basis, combined with the Chinese New Year culture and Chinese zodiac culture, successively launched the 'Rabbit Dwen Dwen' and 'Loong Dwen Dwen' and other derivatives, which further enriched the image connotation and cultural

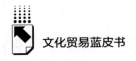
meaning of the Bing Dwen Dwen. Bing Dwen Dwen's image connotation and cultural meaning. In particular, 'Loong Dwen Dwen', as a 'Beijing gift' and the 'social currency' of the Chinese New Year, has not only been warmly sought after in the domestic market, but also won wide acclaim in the international market, becoming an important link between China and the world. The continuous design and development of the Bing Dwen Dwen IP is not only a long-term management of the Olympic legacy, but also a positive exploration of Chinese cultural heritage and innovation. Through continuous excavation and integration of traditional Chinese cultural elements, the design team has succeeded in making Bing Dwen Dwen a cultural IP with deep cultural connotation and wide influence, and become a new highlight in the development of China's cultural trade industry. The success of Bing Dwen Dwen also provides a valuable revelation: in the context of the era of globalisation, through in-depth excavation and inheritance of local culture, combined with modern design concepts and technological means, designers are fully capable of creating Chinese cultural brands with international influence, promoting Chinese culture to the world, and contributing to the diversity of the world's cultures with China's wisdom and Chinese power.

Keywords: IP Image; Cultural Innovation; Cultural Trade

IV   Practice and Innovation Reports

B.17   Research on Development Problems and Policy

Optimization of Chinese Digital Culture Trade

Sun Qiankun, Shi Wen and Bao Rong / 279

Abstract: Accompanied by the gradual progress of Chinese-style modernisation, cultural trade and digital technology are deeply integrated, and digital cultural trade has gradually become an important way to expand the international influence of China's culture. Through an in-depth examination of the development situation and characteristic trends of China's digital cultural trade, this report finds that the current digital cultural trade in China presents a good development trend and has a broader development prospect. Further, combined with the complex domestic and international situation, it analyses the opportunities and challenges facing the development of China's digital cultural trade, and conducts an in-depth exploration of the existing problems in terms of digital technological innovation, the supply of composite talents and the digital divide. At the same time, it systematically summarises the policy experience and revelation of the development of digital cultural trade in foreign countries, and puts forward several aspects of policy suggestions that China should strive for the international discourse right of digital cultural trade, increase the support of government policies, cultivate composite talents for digital cultural trade, enhance the digital innovation capacity of cultural industry, and strengthen the statistics and monitoring of digital cultural trade.

Keywords: Digital Cultural Trade; Digital Technology; Policy Optimization

B. 18　The Impact of the Age Composition of Population
　　　　on Box Office Revenue in the Post-Movie Era
　　　　—*A Empirical Study Based on 2024 Spring Festival Data*
　　　　　　　　　　　　　　　　Ma Yifei, Lei Yajing / 294

Abstract: Regarding who the main ticket-buying crowd is in China's movie market, the data from Cat's Eye App and Lighthouse App give different answers, with both the disappearance of the "40 +" audience and the increase in the proportion of the "40 +" audience, as well as the maturity of China's movie audience, existing at the same time. Although moviegoers in the U. S. and Canada are also concentrated in the 18−39 age group, the proportion of "40+" moviegoers in these markets is much higher than that in China. In the post-cinema era, more new media are stealing young people's entertainment time, and the declining birth rate has created an urgent need for China's movie market to tap into the consumption potential of the "40 +" demographic. Using census data and 2024

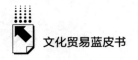

Spring Festival box office data, this report empirically analyzes that the main moviegoers in China's movie market are now the Post 00s, and offers suggestions for attracting the "40+" demographic.

Keywords: Post-Movie Era; The Cinema Ticket Office; The Spring Festival Box Office

B.19   A Study on the Impact of Digital Economy on the Export Trade of Cultural Products Between China and the Countries Building the "Belt and Road" Together

Li Ping, Liu Tiantian / 309

Abstract: The vigorous development of digital economy promotes the growth of our cultural products export trade. This paper carries out research according to the basic idea of "analysis of the development status-analysis of influence mechanism-discussion on development countermeasures". Firstly, it analyzes the scale, structure, market share and change trend of the export trade of cultural products between China and countries along the Belt and Road. Secondly, it calculates the development level and opening degree of digital economy between China and countries along the "Belt and Road", and analyzes its characteristics and causes; Furthermore, the paper explains the influence mechanism of digital economy on the export trade of Chinese cultural products, analyzes the promotion effect from the supply side, the demand side and the circulation side, and explains the inhibiting effect from the digital trade barrier. Finally, based on the results of the study, countermeasures are proposed: firstly, to strengthen the construction of digital infrastructure and platforms in countries along the Belt and Road; secondly, to implement differentiated policies for countries with different degrees of digital economy development along the Belt and Road; thirdly, to actively promote the deep integration of cultural industry and digital economy; and fourthly, to actively promote the liberalisation and facilitation of digital trade in countries along the Belt and Road.

Abstract: Online games are an important part of digital cultural trade. As an online game masterpiece that has successfully gone to sea, Genshin Impact has demonstrated its respect for cultural diversity and its eclecticism of outstanding cultures, which is conducive to the promotion of mutual understanding between Chinese and foreign civilisations. Based on the policy background of cultural digitization and high-quality development of culture, this paper will take 'Genshin Impact' as an example to analyze how it builds a cultural exchange platform, improves the quality of game service, and promotes the mutual understanding between Chinese and Japanese civilizations, and analyzes how it improves the system of international talent cultivation, promotes regional cooperation in research and development, and enhances the quality of game service. From the three aspects of 'perfecting the international talent training system', 'promoting regional cooperation in R&D' and 'improving the service quality of the game', it seeks reasonable countermeasures to enhance the influence of Chinese culture and promote the mutual understanding between Chinese and foreign civilisations through digital cultural trade.

Keywords: Digital Cultural Trade; Service Trade; Civilization Mutual Learning; Online Game

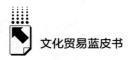
文化贸易蓝皮书

B . 21 Intelligent Engine Driving the Future: Reconstruction
and Exploration of the International Development
Strategy of China's Film Industry by Artificial Intelligence

Chen Zhiheng, Yang Zongxuan / 341

Abstract: In 2024, as the key year of the 14th Five-Year Plan, it has
become our goal and mission to consolidate and strengthen the economic upturn,
and to promote the economy to achieve a double rise in quality and efficiency. In
the current era of globalization and rapid development of science and technology,
the continuous progress of intelligent technology is profoundly affecting the
transformation of the film industry, which in turn plays a positive role in promoting
the innovation of cultural forms. In this context, artificial intelligence has not only
profoundly affected film production, but also reshaped the international film
distribution mechanism. In order to explore the unique advantages and potentials of
the internationalisation of China's film industry, this paper discusses the creative
development trends of the film industry from both global and Chinese perspectives,
with a view to grasping the dynamics of future development in an all-round
way. However, in the process of strategic reconstruction of China's film
internationalisation, we are faced with the challenges of capital, technology and
talent. In order to seize this historic opportunity, we must optimise the institutional
setup, accelerate policy formulation, improve the standard system, strengthen the
application of data, and enhance international cooperation and exchanges, so as to
promote the vigorous development of foreign cultural trade.

Keywords: Film Industry; International Development; Artificial Intelligence;
New Quality Productivity

Contents ↖↘

Abstract: Building a national cultural export base is an important way to stimulate the development vitality of the cultural industry, improve the modern cultural industry system, and promote the high-quality development of foreign cultural trade. It is also an important measure to promote the construction of a socialist cultural power. Since the Ministry of Commerce and other departments announced the first batch of national cultural export bases in 2018, it has been 5 years since the exploration of the construction of national cultural export bases. The bases have achieved positive results in strengthening institutional and policy innovation, promoting platform carrier construction, optimizing the business environment, and cultivating characteristic and advantageous industries. This report provides an in-depth understanding of the current situation of the construction and development of national cultural export bases based on field research results, and summarizes the importance of exploring and transforming cultural resources to help traditional cultural industries revitalize; Actively attempting policy innovation; The empowerment effect is significant; The agglomeration effect of industries continues to strengthen; Digital economy formats drive innovative development; Different types of bases have their own unique advantages and complementary construction characteristics. But there is also uneven development in different regions, with significant differences in development visions and actions; Limited international cultural trade channels and low platform accessibility; The service system of the base management department is not perfect, and there is insufficient collaboration between enterprises; Imbalance in talent structure and lack of cultural and trade talents. Therefore, this report proposes the following suggestions to promote the high-quality development of national cultural export bases: deeply implement the construction plan and ideas, and promote the high-quality development of cultural trade in the bases; Carry out collaborative cooperation between bases and leverage the complementary advantages of resources; Emphasize the creative transformation

443

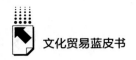
and innovative development of the characteristic culture of the base; Seize the development opportunities of digital cultural trade and develop new models of digital cultural trade; Cultivate industrial marketing and brokerage talents who are adaptable to the internationalization of base construction.

Keywords: Foreign Cultural Trade; National Cultural Export Base; Cultural Industry

V   International Experience and Lessons

B . 23   Development Status, Challenges, and Prospects of
Digital Cultural Trade in Latin America

Wang Li, *Huang Jingjing* / 376

Abstract: In recent years, digital cultural trade in Latin America has shown a booming trend, thanks to the significant increase in Internet penetration, innovations and advancements in digital technology, and the favorable environment created by reforms in the information industry and Internet policies. The support from governments for related cultural industries, as well as the cross-border flow and sharing of global data, information, and knowledge, have also played a pivotal role. Simultaneously, Latin American countries are paying more attention to digital infrastructure development and digital divides than ever before. However, digital cultural trade in Latin America also faces several challenges: having little voice in the formulation of international rules for digital trade, lagging Internet infrastructure and prominent digital divides, insufficient support and funding for cultural trade policies, barriers in global digital cultural trade, and issues of intellectual property protection and infringement. Looking forward, with the opportunities brought by digital technology transformations, Latin America's increasing voice in global digital cultural trade, governments' continuous policy support for the development of digital cultural industries, positive development trends in Internet applications, and the internationalization of digital cultural products, the digital cultural trade in Latin America is expected to maintain a growth momentum. Strengthening regional cooperation and promoting digital transformation will become key factors in the development of digital cultural trade in this region.

Keywords: Cultural Trade; Digitization; Latin America

B.24 Digital Transformation of Argentina's Music Industry and its Implications for Sino-argentine Cultural Cooperation *Liu Peng, Yuan Huaqing* / 391

Abstract: The successful digital transformation of Argentina's music industry not only promotes the prosperity of the country's music industry, but also provides new opportunities and broader space for Sino-Argentine cultural cooperation. The study finds that Argentina's digital music industry has grown significantly in scale and has strong radiation power, and its transformation process is characterised by the active embrace of digital technology, the gradual expansion of the market to the global market, and the unprecedented increase in the monopoly of platforms; the main drivers of its digital transformation include the global popularity of the Internet, the global dissemination of digital media software, the diversified needs of the music consumer market, and the strong support of the government's copyright protection policy. etc. In order to promote the high-quality development of cultural cooperation between the two countries, it is necessary to strengthen cooperation in digital music copyright protection, promote the establishment of a Sino-Arab digital culture sharing platform, and make use of digital technology to vigorously promote cooperation between the two countries in the creation, production and dissemination of cultural content.

Keywords: Music Industry; Digital Transformation; Cultural Collaboration; Argentina

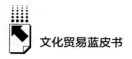

B.25 The Practice and Inspiration of Latin American Countries
Participating in Digital Culture Trade Governance
—*Based on Chile's Experience*   *Jia Ruizhe, Yang Chunya* / 407

Abstract: Against the backdrop of digital cultural trade injecting new momentum into global economic growth, the governance of digital cultural trade has increasingly become a topic of close attention for all countries. Chile has actively promoted the construction of digital infrastructure and the development of core digital culture industries through its national digital development charter and digital culture industry development roadmap, and has participated in the formulation of global digital culture trade rules in the international arena through bilateral and multilateral mechanisms within and outside the trade regime, thereby promoting digital culture trade governance. The Chilean experience provides Latin American countries with dual insights into promoting advanced digital cultural policies domestically and strengthening co-operation internationally, particularly in balancing the protection of cultural diversity domestically with the opening up of international markets. The article also puts forward recommendations for developing countries to build on Chile's experience in developing digital cultural trade and participating in the global governance of digital cultural trade by strengthening domestic digital infrastructure, targeting the development of advantageous digital cultural trade sectors, as well as seizing the initiative in rule-making and strengthening international cooperation, so as to jointly promote a fairer and more inclusive global digital cultural trade environment.

Keywords: Digital Culture Trade; Digital Culture Trade Governance; Latin America; Chile

社会科学文献出版社

皮 书

智库成果出版与传播平台

❖ 皮书定义 ❖

皮书是对中国与世界发展状况和热点问题进行年度监测，以专业的角度、专家的视野和实证研究方法，针对某一领域或区域现状与发展态势展开分析和预测，具备前沿性、原创性、实证性、连续性、时效性等特点的公开出版物，由一系列权威研究报告组成。

❖ 皮书作者 ❖

皮书系列报告作者以国内外一流研究机构、知名高校等重点智库的研究人员为主，多为相关领域一流专家学者，他们的观点代表了当下学界对中国与世界的现实和未来最高水平的解读与分析。

❖ 皮书荣誉 ❖

皮书作为中国社会科学院基础理论研究与应用对策研究融合发展的代表性成果，不仅是哲学社会科学工作者服务中国特色社会主义现代化建设的重要成果，更是助力中国特色新型智库建设、构建中国特色哲学社会科学"三大体系"的重要平台。皮书系列先后被列入"十二五""十三五""十四五"时期国家重点出版物出版专项规划项目；自2013年起，重点皮书被列入中国社会科学院国家哲学社会科学创新工程项目。

皮书网

（网址：www.pishu.cn）

发布皮书研创资讯，传播皮书精彩内容
引领皮书出版潮流，打造皮书服务平台

栏目设置

◆ **关于皮书**
何谓皮书、皮书分类、皮书大事记、
皮书荣誉、皮书出版第一人、皮书编辑部

◆ **最新资讯**
通知公告、新闻动态、媒体聚焦、
网站专题、视频直播、下载专区

◆ **皮书研创**
皮书规范、皮书出版、
皮书研究、研创团队

◆ **皮书评奖评价**
指标体系、皮书评价、皮书评奖

所获荣誉

◆ 2008 年、2011 年、2014 年，皮书网均
在全国新闻出版业网站荣誉评选中获得
"最具商业价值网站"称号；
◆ 2012 年,获得"出版业网站百强"称号。

网库合一

2014 年，皮书网与皮书数据库端口合
一，实现资源共享，搭建智库成果融合创
新平台。

皮书网

"皮书说"
微信公众号

权威报告·连续出版·独家资源

皮书数据库
ANNUAL REPORT(YEARBOOK)
DATABASE

分析解读当下中国发展变迁的高端智库平台

所获荣誉

- 2022年，入选技术赋能"新闻+"推荐案例
- 2020年，入选全国新闻出版深度融合发展创新案例
- 2019年，入选国家新闻出版署数字出版精品遴选推荐计划
- 2016年，入选"十三五"国家重点电子出版物出版规划骨干工程
- 2013年，荣获"中国出版政府奖·网络出版物奖"提名奖

皮书数据库　　"社科数托邦"
　　　　　　　　微信公众号

成为用户

登录网址www.pishu.com.cn访问皮书数据库网站或下载皮书数据库APP，通过手机号码验证或邮箱验证即可成为皮书数据库用户。

用户福利

- 已注册用户购书后可免费获赠100元皮书数据库充值卡。刮开充值卡涂层获取充值密码，登录并进入"会员中心"—"在线充值"—"充值卡充值"，充值成功即可购买和查看数据库内容。
- 用户福利最终解释权归社会科学文献出版社所有。

数据库服务热线：010-59367265
数据库服务QQ：2475522410
数据库服务邮箱：database@ssap.cn
图书销售热线：010-59367070/7028
图书服务QQ：1265056568
图书服务邮箱：duzhe@ssap.cn

社会科学文献出版社 皮书系列
SOCIAL SCIENCES ACADEMIC PRESS (CHINA)

卡号：399345319277
密码：

S 基本子库
UB DATABASE

中国社会发展数据库（下设 12 个专题子库）

紧扣人口、政治、外交、法律、教育、医疗卫生、资源环境等 12 个社会发展领域的前沿和热点，全面整合专业著作、智库报告、学术资讯、调研数据等类型资源，帮助用户追踪中国社会发展动态、研究社会发展战略与政策、了解社会热点问题、分析社会发展趋势。

中国经济发展数据库（下设 12 专题子库）

内容涵盖宏观经济、产业经济、工业经济、农业经济、财政金融、房地产经济、城市经济、商业贸易等 12 个重点经济领域，为把握经济运行态势、洞察经济发展规律、研判经济发展趋势、进行经济调控决策提供参考和依据。

中国行业发展数据库（下设 17 个专题子库）

以中国国民经济行业分类为依据，覆盖金融业、旅游业、交通运输业、能源矿产业、制造业等 100 多个行业，跟踪分析国民经济相关行业市场运行状况和政策导向，汇集行业发展前沿资讯，为投资、从业及各种经济决策提供理论支撑和实践指导。

中国区域发展数据库（下设 4 个专题子库）

对中国特定区域内的经济、社会、文化等领域现状与发展情况进行深度分析和预测，涉及省级行政区、城市群、城市、农村等不同维度，研究层级至县及县以下行政区，为学者研究地方经济社会宏观态势、经验模式、发展案例提供支撑，为地方政府决策提供参考。

中国文化传媒数据库（下设 18 个专题子库）

内容覆盖文化产业、新闻传播、电影娱乐、文学艺术、群众文化、图书情报等 18 个重点研究领域，聚焦文化传媒领域发展前沿、热点话题、行业实践，服务用户的教学科研、文化投资、企业规划等需要。

世界经济与国际关系数据库（下设 6 个专题子库）

整合世界经济、国际政治、世界文化与科技、全球性问题、国际组织与国际法、区域研究 6 大领域研究成果，对世界经济形势、国际形势进行连续性深度分析，对年度热点问题进行专题解读，为研判全球发展趋势提供事实和数据支持。

法律声明

"皮书系列"（含蓝皮书、绿皮书、黄皮书）之品牌由社会科学文献出版社最早使用并持续至今，现已被中国图书行业所熟知。"皮书系列"的相关商标已在国家商标管理部门商标局注册，包括但不限于LOGO（▨）、皮书、Pishu、经济蓝皮书、社会蓝皮书等。"皮书系列"图书的注册商标专用权及封面设计、版式设计的著作权均为社会科学文献出版社所有。未经社会科学文献出版社书面授权许可，任何使用与"皮书系列"图书注册商标、封面设计、版式设计相同或者近似的文字、图形或其组合的行为均系侵权行为。

经作者授权，本书的专有出版权及信息网络传播权等为社会科学文献出版社享有。未经社会科学文献出版社书面授权许可，任何就本书内容的复制、发行或以数字形式进行网络传播的行为均系侵权行为。

社会科学文献出版社将通过法律途径追究上述侵权行为的法律责任，维护自身合法权益。

欢迎社会各界人士对侵犯社会科学文献出版社上述权利的侵权行为进行举报。电话：010-59367121，电子邮箱：fawubu@ssap.cn。

社会科学文献出版社